Check 32

Wirtschaftslehre
für Zahnmedizinische Fachangestellte

Peter J. Schneider
Manfred Zindel
Roland Lötzerich

westermann

Auf verschiedenen Seiten dieses Buches befinden sich Verweise (Links) auf Internet-Adressen.
Haftungshinweis: Trotz sorgfältiger inhaltlicher Kontrolle wird die Haftung für die Inhalte der externen Seiten ausgeschlossen. Für den Inhalt dieser Seiten sind ausschließlich deren Betreiber verantwortlich. Sollten Sie bei dem angegebenen Inhalt des Anbieters dieser Seite auf kostenpflichtige, illegale oder anstößige Inhalte treffen, so bedauern wir dies ausdrücklich und bitten Sie, uns umgehend per E-Mail unter www.westermann.de davon in Kenntnis zu setzen, damit der Verweis beim Nachdruck gelöscht wird.

7. Auflage, 2014
Druck 1, Herstellungsjahr 2014

www.westermann.de

Druck und Bindung: westermann druck GmbH, Braunschweig

ISBN 978-3-8045-**5770**-3

Vorwort

In der 7. Auflage präsentiert sich das Buch für Zahnmedizinische Fachangestellte in seiner bewährten Form. Es setzt darauf, dass eine Fachkraft in einer Zahnarztpraxis nicht nur gute Fachkenntnisse im zahnmedizinischen Bereich oder im Abrechnungswesen haben muss. Mindestens ebenso wichtig für den Erfolg einer Zahnarztpraxis sind das Auftreten und das Verhalten der Mitarbeiterinnen im täglichen Umgang mit den Vorgesetzen und vor allem den Patienten. Daher wird den Themen Kommunikation und Umgang mit Patienten in dem Buch ein großer Stellenwert eingeräumt.

Im Mittelpunkt des Buches steht das Praxisteam der Zahnärztin Frau Dr. Heilmann und ihrer sechs Mitarbeiterinnen, von denen sich zwei in der Ausbildung befinden. Durchlaufen Sie mit diesem Team im Teilbereich Wirtschaftslehre bzw. Praxisorganisation die sieben Lernfelder des Rahmenlehrplans. Erleben Sie dabei Praxissituationen, von denen Ihnen die eine oder andere aus Ihrer eigenen Erfahrung bekannt vorkommen dürfte.

In der 7. Auflage wurde Check 32 in allen Bereichen aktualisiert. So werden nicht nur die aktuellen Sozialversicherungsbeiträge und damit verbunden die aktuellen Lohnabzugsrechnungen, sondern auch die Europäische Krankenversicherungskarte ausführlich dargestellt.

Der Reiz des Buches bestand von Anfang an darin, dass alle Lerneinheiten mit praxisnahen Beispielen und Tipps versehen sind. Gerade die Auseinandersetzung mit Situationsbeschreibungen aus dem Praxisalltag öffnet die Tür zu einem Lernprozess, der Spaß macht.

Dies hoffen wir auch für Sie und wünschen Ihnen viel Freude beim Arbeiten mit Check 32 und schon jetzt den nötigen Erfolg bei den anstehenden Prüfungen.

Ihr Autorenteam
April 2014

Unser Praxisteam:

Dr. Andrea Heilmann, Zahnärztin, 42 Jahre

Corinna Maybaum, Zahnarzthelferin, 32 Jahre, ledig

Carmen Kirsten, Zahnarzthelferin, 42 Jahre, übernimmt die Halbtagsstelle, die M. Harris noch während der Probezeit aufgibt

Manuela Harris, Zahnarzthelferin, 47 Jahre, Halbtagsstelle nach mehrjähriger Elternzeit

Selin Kahya, auszubildende Zahnmedizinische Fachangestellte, 18 Jahre, im 1. Ausbildungsjahr

Saskia Schultz, Zahnarzthelferin, 28 Jahre, geht bald in Mutterschutz

Lucia Fernandez, auszubildende Zahnmedizinische Fachangestellte, 20 Jahre, im 3. Ausbildungsjahr

Die einzelnen Kapitel des Buches bestehen aus folgenden Bausteinen:

Die Kapitel beginnen mit einer Einstiegssituation, die überwiegend aus dem beruflichen Alltag unseres Praxisteams stammt.

Hieran schließen sich Fragen an. Diese sind als Anstoß für eine Weiterbeschäftigung mit der beschriebenen Problemlage zu verstehen.

Hauptteil

Unterstützt durch Bilder, Übersichten und Tabellen können Sie sich im Hauptteil mit allen wichtigen Hintergrundinformationen vertraut machen.

Praxistipp

Hinweise zur Bewältigung von Alltagssituationen in der Zahnarztpraxis befinden sich an geeigneter Stelle im Informationsteil.

Merke: Fakten, die für Ihre Ausbildung und spätere Berufsausübung besonders wichtig sind, wurden in Merkekästen hervorgehoben.

Arbeitsaufträge

Innerhalb der Lernfelder befinden sich zahlreiche Arbeitsaufträge, die zur Wiederholung und zur Anwendung des Lernstoffes dienen und Ihre Kommunikationsfähigkeit schulen sollen.

→ Dieses Verweissymbol finden Sie im Text, wenn Inhalte an einer anderen Stelle des Lehrwerksverbundes ausführlich behandelt werden.

Lernfeld 6

Praxisabläufe organisieren 205

Lernfeld 1

Im Beruf und Gesundheitswesen orientieren

In diesem Lernfeld reflektieren Sie Ihre Situation in der Praxis mit dem Ziel, teamorientiert zu arbeiten.
Sie kommunizieren im Praxisteam und mit Personen des beruflichen Umfeldes und entwickeln Lösungsstrategien für dabei auftretende Probleme.
Tätigkeitsfelder und Funktionsbereiche in der Zahnarztpraxis werden von Ihnen identifiziert, beschrieben und mit Arbeitsabläufen verknüpft. Dabei wird der für das eigene Handeln relevante rechtliche Rahmen einbezogen.
Sie skizzieren die Zahnarztpraxis als wirtschaftliches Dienstleistungsunternehmen des Gesundheitswesens und ordnen sie in das Wirtschaftsgefüge ein.
Zur Vorbeugung möglicher Risiken für Sicherheit und Gesundheit am Arbeitsplatz und zur aktiven Mitgestaltung Ihrer Berufsausbildung und späteren Tätigkeit informieren Sie sich über Unfallverhütungsvorschriften, gesetzliche und vertragliche Regelungen von Ausbildung und Berufstätigkeit sowie soziale und tarifliche Absicherungen. Dazu werten Sie Vertrags- und Regelwerke aus und entwickeln und artikulieren eigene Interessen.
Für die Informationsbeschaffung nutzen Sie aktuelle Medien.

1 Viele Patienten haben Angst vor ihr …

Die Zahnarztpraxis als Teil des Gesundheitswesens in Deutschland

Rückentext der Postkarte, die die Praxis Dr. Heilmann regelmäßig an Stammpatienten verschickt:

„ERINNERUNG VORSORGE – Ihr Lächeln ist uns wichtig! Bitte rufen Sie uns an, damit wir für Sie einen neuen Vorsorgetermin reservieren können. … damit Ihr Lächeln strahlend bleibt!“

Mit gut über 70.000 Zahnarztpraxen (2012) und mehr als 9.400 gewerblichen zahntechnischen Dentallabors ist Deutschland mit Abstand Europas größter dentaler Einzelmarkt.
Deutschland wendet laut einer Studie der OECD mehr als 10 % des Bruttoinlandsproduktes für die Gesundheitsversorgung seiner Bevölkerung auf. Das ist der höchste prozentuale Anteil in Europa.
Das im internationalen Vergleich hohe Versorgungsniveau in Deutschland, das bislang in großem Umfang von den gesetzlichen Krankenkassen getragen wird, ist aber immer weniger bezahlbar geworden. In Zukunft wird ein wachsender Anteil der Kosten für die dentale Versorgung von den Patienten selbst aufzubringen sein. Die Bereitschaft dazu ist vorhanden, wie auch eine Umfrage des Bundesfachverbandes der Arzneimittelhersteller bestätigte. Danach sind fast 46 % der deutschen Bevölkerung bereit, mehr Eigenverantwortung im Gesundheitswesen zu übernehmen. Und dies gilt nicht nur für die Gesunderhaltung der Zähne. Was in den Ländern Nordamerikas längst zur gesellschaftlichen Selbstverständlichkeit gehört, entwickelt sich zunehmend auch in Europa: ein ästhetisches Zahnbewusstsein. Immer mehr Menschen investieren auch hierzulande in die Schönheit ihrer Zähne. Dazu gehören unter anderem zahnfarbene Füllungen, Kronen aus Keramik, Veneers, Zahnaufhellung oder die Zahnregulierung im Erwachsenenalter.
Diese Ansprüche werden zu Patienten führen, die zwar bereit sind selbst zu zahlen, aber auch mit einer hohen Erwartungshaltung an Qualität, Innovation und Service in die Zahnarztpraxis kommen. Diesen Herausforderungen müssen sich Zahnärzte und Zahntechniker erfolgreich stellen.

Wie ist das Gesundheitswesen in Deutschland aufgebaut?

1.1 Unser Gesundheitswesen

Unter dem Gesundheitswesen verstehen wir alle Einrichtungen, deren Ziel die Vorbeugung von Erkrankungen (Prophylaxe, Prävention), deren Erkennung (Diagnostik) sowie deren Behandlung (Therapie) ist.

1.1.1 Aufgaben und Aufbau des Gesundheitswesens

Folgende Aufgaben werden vom öffentlichen Gesundheitswesen, der ambulanten Versorgung in den Arzt- und Zahnarztpraxen, dem Krankenhauswesen und den Apotheken wahrgenommen:

- **Gesundheitsschutz**
  Allgemeine Hygiene, Schutz vor Erkrankungen, Unfallverhütung, Seuchenbekämpfung, Überwachung der Pharmaindustrie, Apotheken usw., Arbeits- und Betriebsmedizin, Überwachung der Gesundheitseinrichtungen
- **Gesundheitspflege**
  Bewahrung der Bevölkerung vor gesundheitsschädlichem Handeln mit
  - primärer Prävention: durch „unspezifische Maßnahmen" (fördern die Gesundheit und verhüten Krankheiten durch gute Ernährung, sauberes Wasser, adäquate Kleidung und Wohnung, Umweltschutzmaßnahmen, Hygienemaßnahmen) und „spezifische Maßnahmen" (Impfungen, Rauchverbote, Verbote für Alkoholwerbung usw.)
  - sekundärer Prävention: Krankheitsfrüherkennung durch Filter- und Vorsorgeuntersuchungen
  - tertiärer Prävention: Sie soll bei eingetretener Krankheit ein Fortschreiten bzw. eine Rezidivbildung verhüten. Sie fällt in den Bereich der Rehabilitation und der kurativen Medizin.
- **kurative Medizin**
  Maßnahmen zur Wiederherstellung der Gesundheit

Unser Gesundheitswesen gliedert sich in drei Bereiche:

Öffentlicher Gesundheitsdienst	Ambulante Versorgung	Stationäre Versorgung
Das sind Einrichtungen der Kommunen, Kreise, Länder und des Bundes, z. B. die Gesundheitsämter, der medizinische Dienst der Versorgungsämter, Bundeswehrkliniken, schulzahnärztlicher Dienst. Sie sind für die gesundheitliche Aufklärung der Bevölkerung zuständig.	Sie erfolgt vor allem in den Praxen der niedergelassenen Ärzte und Zahnärzte. Aber auch in den Krankenhäusern werden zunehmend kleinere Eingriffe ambulant durchgeführt. Die Patienten werden nach erfolgtem Eingriff nach Hause entlassen. Zahlreiche zahnklinische Leistungen erfolgen ambulant.	Sie ist die typische Versorgung in Allgemeinkrankenhäusern, Spezial-, Schwerpunkt- und auch Zahnkliniken. Hierzu gehören auch Rehabilitationsmaßnahmen sowie die Behandlung chronisch Kranker.

1.1.2 Öffentliches Gesundheitswesen

Es umfasst alle Einrichtungen des öffentlichen Dienstes, die den Gesundheitsstand der Bevölkerung feststellen (ermitteln), ihn überwachen, fördern und Gefahren für diesen Gesundheitsstand erkennen und bekämpfen. Dies geschieht auf internationaler sowie nationaler Ebene.

In der Weltgesundheitsorganisation **„WHO" (World Health Organisation)** sind über 150 Länder organisiert. Sie ist eine Unterbehörde der UN (Vereinten Nationen) und hat folgende Aufgaben: medizinische Forschung, Seuchenbekämpfung, Kontrolle und Standardisierung von Heilmitteln sowie eine Zusammenarbeit und Aus- und Weiterbildung der Men-

schen im Gesundheitswesen, um eine bestmögliche gesundheitliche Versorgung möglichst aller Völker zu erreichen.

Die **oberste Gesundheitsbehörde** in Deutschland ist das Bundesministerium für Gesundheit. Es ist zuständig für

- die gesetzliche Krankenversicherung,
- die Studien- und Approbationsordnungen für Zahnärzte und Ärzte,
- das Bundesseuchen-, Medizinproduktgesetz und andere gesetzliche Regelungen,
- das Gesetz zur Ausübung der Zahnheilkunde,
- die Gebührenordnungen für Zahnärzte (GOZ) und für Ärzte (GOÄ)

usw. → www.bmg.bund.de

Das **Bundesinstitut für Arzneimittelprodukte und Arzneimittelsicherheit (BfArM)** ist eine selbstständige Bundesoberbehörde im Geschäftsbereich des Bundesministeriums für Gesundheit mit folgenden Hauptaufgaben:

- Zulassung und Registrierung von Arzneimitteln: Dabei wird der Nachweis der Wirksamkeit, Unbedenklichkeit und der angemessenen pharmazeutischen Qualität geprüft.
- Sammlung und Auswertung von Berichten zu unerwünschten Arzneimittelwirkungen und Treffen von Maßnahmen zur Risikominimierung.
- Erlaubnisse zur Teilnahme am legalen Verkehr mit Betäubungsmitteln und Grundstoffen.
- Beratung von Regierung und Parlamenten (Bundestag und EU).

Beim BfArM müssen auch besondere Vorkommnisse bei der Anwendung von Medizinprodukten gemeldet werden.

Noch zwei weitere Bundesministerien haben Einwirkungen auf das Gesundheitswesen:

- Das Bundesministerium für Arbeit und Soziales (BMAS) ist zuständig für die gesetzliche Sozialversicherung (außer Krankenversicherung), Jugendarbeitsschutz, Mutterschutz, Kündigungsschutz und andere Arbeitsschutzgesetze.
  → www.bmas.de
- Das Bundesministerium für Umwelt, Naturschutz und Reaktorsicherheit ist zuständig für die Reinheit unseres Trinkwassers, die Entsorgung oder das Recycling von Sondermüll wie z. B. Amalgam.
  → www.bmu.de

Paul-Ehrlich-Institut (Bundesinstitut für Impfstoffe und biomedizinische Arzneimittel) Es prüft, überwacht und spricht Zulassungen von Sera und Impfstoffen aus. Auf der Homepage können sich sowohl Bürger als auch Ärzte und Apotheker informieren.
→ www.pei.de

Robert Koch-Institut (Bundesamt für Infektionskrankheiten und nicht übertragbare Krankheiten): Die Kernaufgaben des RKI sind die Erkennung, Verhütung und Bekämpfung von Krankheiten, insbesondere der Infektionskrankheiten.
→ www.rki.de

Bundeszentrale für gesundheitliche Aufklärung (BzgA): Sie hat das Ziel, die Bereitschaft der Bürger zu einem verantwortungsbewussten, gesundheitsgerechten Verhalten und zur sachgerechten Nutzung des Gesundheitssystems zu fördern. Sie führt bundesweite Aufklärungskampagnen durch und stärkt durch Qualitätssicherungsmaßnahmen die Wirksamkeit der gesundheitlichen Aufklärung.
→ www.bzga.de

Auf Länderebene sind die **Innenministerien oder die Ministerien für Arbeit und Gesundheit** (oder so ähnlich, je nach Bundesland verschieden) zuständig. Sie führen die Maßnahmen aus den Bundesgesetzen durch, beaufsichtigen das Krankenhauswesen, Apotheken, Gesundheitsämter u. a. und sind zuständig für Prüfungen bestimmter Berufe im Gesundheitswesen wie Krankengymnasten, Krankenpfleger, Krankenschwestern, Physiotherapeuten usw.

Daneben gibt es auf Landesebene die Landeskrankenhäuser sowie die **medizinischen und chemischen Landesuntersuchungsämter**. Erstere führen bakteriologische und virologische, parasitologische, serologische und mykologische Untersuchungen durch. Letztere untersuchen Lebensmittel, Trink- und Brauchwasser, Pflanzenschutzmittel usw.

Die **Gewerbeaufsichtsämter** sind bei der Bekämpfung von Berufskrankheiten, Unfallschutz, technischem Arbeitsschutz und Schutz der Anwohner vor gesundheitsschädigenden Einwirkungen durch Betriebe usw. zuständig. Letztlich gibt es noch die **Tierärztlichen Untersuchungsämter**.

In den jeweiligen **Landkreisen oder kreisfreien Städten** nehmen die Gesundheitsämter die verschiedensten Aufgaben wahr. Die wichtigsten sind:

- **amtsärztliche Zeugnisse und Gutachten** (z. B. Arbeitsunfähigkeit, Einstellungsuntersuchungen, Pensionierungen usw.)
- **Aufsicht und Kontrolle über das Gesundheitswesen**
  - z. B. über Krankenhäuser, Alten- und Pflegeheime, über medizinische Berufe (Personenkartei der Zahnärzte und Ärzte sowie deren Helfer/-innen, Krankenpfleger/-innen) usw.
  - über Apotheken und das Betäubungsmittelgesetzt
  - über meldepflichtige Krankheiten (Bundesseuchengesetz, Desinfektionen)
- **Untersuchungen und Gesundheitsberatungen** wie Impfungen, Mütterberatungen, Schüleruntersuchungen (Schulzahnarzt), Präventionen, Betreuung Suchtkranker usw.

1.1.3 Krankenhauswesen

Wenn man nicht mehr ausreichend in Praxen versorgt werden kann, wird man in einem Krankenhaus stationär oder auch ambulant versorgt. Dies ist in folgenden Krankenhäusern möglich:

- **Allgemeine Krankenhäuser:** Grund- und Regelversorgung
- **Fachkrankenhäuser:** Sie versorgen Patienten in einer bestimmten Fachrichtung (z. B. Zahn-, Kinder-, Augenklinik).
- **Sonderkrankenhäuser:** z. B. Psychiatrisches Landeskrankenhaus, Bundeswehrkrankenhaus, Reha-Kliniken, Uni-Kliniken)
- **Belegkrankenhäuser:** Ein Belegarzt hat eine eigene Praxis und belegt daneben auch noch Betten in einem Krankenhaus. Den von ihm dort betreuten Patienten berechnet er seine ärztlichen Leistungen (Kasse oder Privat). Das Krankenhaus berechnet dann den um die Arztkosten gekürzten Pflegesatz zusätzlich.

Krankenhausträger können sein:

- öffentliche Träger (Land, Kreis, Stadt, Rentenversicherungsanstalt, Berufsgenossenschaft),
- freie gemeinnützige Träger (Kirchen, Caritas, Rotes Kreuz),
- private Träger (Unternehmungen, wie z. B. Rhönklinikum AG, Asklepios Kliniken usw.).

Finanzierung

Zwischen den Krankenhäusern und den Krankenkassen werden Pflegesätze ausgehandelt. Diese werden dann (inkl. ärztlicher Versorgung) berechnet. Privatpatienten müssen bei der Arztwahl noch dessen Liquidation bezahlen. Immer mehr Krankenhäuser berechnen ihre Leistungen nach diagnoseorientierten Fallpauschalen (DRGs). Hierbei entfällt der Reiz, Patienten länger im Krankenhaus zu behalten, als es notwendig wäre.

1.1.4 Zahnmedizinisch-zahntechnische Versorgung

Ein Teil dieses Gesundheitswesens ist die zahnmedizinisch-zahntechnische Versorgung. Diese findet überwiegend in allgemeinen Zahnarztpraxen statt. Behandelt werden die Patienten aber auch in Kliniken für Mund-, Zahn- und Kieferkrankheiten, Krankenhaus-ZMK-Abteilungen und Spezialpraxen, wie oralchirurgische und kieferorthopädische Praxen, sowie in Bundeswehrkrankenhäusern und -zahnstationen.

Voraussetzung zur Ausübung einer Zahnarztpraxis ist der erfolgreiche Abschluss eines Zahnmedizinstudiums an einer Hochschule und eine anschließende Anerkennung durch das zuständige Regierungspräsidium (= Approbation). Der Doktortitel kann erworben werden, ist aber nicht zwingend notwendig.

Die Kassenzulassung kann erst nach einer zweijährigen Assistenzzeit beantragt werden.

Die privaten Zahnarztpraxen werden von einzelnen oder mehreren Zahnärzten geführt. Diese sind als Freiberufler private Unternehmer/-innen, die in unserer Marktwirtschaft allen Erfolgsmöglichkeiten, aber auch Risiken ausgesetzt sind.

1.2 Kooperationsformen bei Zahnärzten

Die Dienstleistung von niedergelassenen Zahnärzten gibt es neben der Einzelpraxis auch als Zusammenarbeit mit Berufskolleginnen/-kollegen:

Praxisgemeinschaft
Mehrere Zahnärzte arbeiten räumlich zusammen, bleiben aber rechtlich selbstständige Partner. Gemeinsam genutzt werden nur die Räume und das vorhandene Inventar, außerdem wird das Personal gemeinsam beschäftigt. Eine solche Form der Zusammenarbeit kann man auch als „Kostengemeinschaft" bezeichnen.

Berufsausübungsgemeinschaft
Hier schließen sich mehrere Zahnärzte zu einer wirtschaftlichen Abrechnungsgemeinschaft zusammen, geben also ihre Eigenständigkeit auf. Früher bezeichnete man diese Kooperation als Gemeinschaftspraxis. Neben einer örtlichen BAG gibt es auch die überörtliche Berufsausübungsgemeinschaft, d.h., es können auch Zweigpraxen an unterschiedlichen Vertragsarztsitzen betrieben werden.

Eine gemeinsame Berufsausübung setzt die auf Dauer angelegte berufliche Kooperation selbstständiger, freiberuflich tätiger Zahnärzte voraus. Erforderlich ist hierfür eine Beteiligung aller Mitglieder der Berufsausübungsgemeinschaft an deren unternehmerischem Risiko und Teilhabe an unternehmerischen Entscheidungen sowie eine gemeinschaftliche Gewinnerzielungsabsicht. Die Abrechnung vertragszahnärztlicher Leistungen einer BAG erfolgt unter einer Abrechnungsnummer und ist über einen Datensatz einzureichen.

1.3 Berufsorganisationen der Zahnärzte

Die Interessen der Zahnärzte in Deutschland werden von verschiedenen Einrichtungen vertreten. In „freien Verbänden" ist die Mitgliedschaft freiwillig. Außerdem müssen alle Zahnärzte als Pflichtmitglieder in der Zahnärztekammer sein. Kassenärzte sind daneben auch noch Mitglied der Kassenärztlichen Bundesvereinigung. Die beiden Letzteren sind Körperschaften des öffentlichen Rechts.

1.3.1 Die Bundeszahnärztekammer (BZÄK)

BUNDESZAHNÄRZTEKAMMER

Die Bundeszahnärztekammer (BZÄK), Arbeitsgemeinschaft der deutschen Zahnärztekammern e. V., ist die Berufsvertretung aller deutschen Zahnärzte auf Bundesebene. Mitglieder der BZÄK sind die Zahnärztekammern der Bundesländer, die Delegierte in die Bundesversammlung, das höchste Entscheidungsgremium der Bundeszahnärztekammer, entsenden. Die Präsidenten der Landeszahnärztekammern bilden gemeinsam mit dem Präsidenten und den Vizepräsidenten der Bundeszahnärztekammer deren Vorstand.

Im Einzelnen gehören zu den Aufgabengebieten der Bundeszahnärztekammer:

- die Vertretung des zahnärztlichen Berufsstandes gegenüber Politik, Medien und der Öffentlichkeit,
- das Hinwirken auf die Schaffung von Rahmenbedingungen zur Erbringung und Anerkennung zahnmedizinischer Leistungen,
- die Koordinierung und Durchführung länderübergreifender Aufgaben der Verbandsmitglieder,
- die Koordinierung und Weiterentwicklung der zahnärztlichen Aus-, Fort- und Weiterbildung in Zusammenarbeit mit zahnärztlich-wissenschaftlichen Organisationen,
- die Vertretung der Interessen der Zahnärzteschaft auf europäischer und internationaler Ebene,
- eine gezielte Öffentlichkeitsarbeit im Interesse der Zahnärzte und Patienten.

→ Vgl.: www.bzaek.de, „über uns"

Wenn Sie Fragen haben oder sich ganz aktuell informieren wollen, surfen Sie doch einfach mal auf die entsprechenden Homepages. Jede Landeszahnärztekammer hat unterschiedliche Infos auf ihrer Website. Daher sollten Sie nicht nur zu der für Sie zuständigen, sondern auch einmal zu LZKs anderer Bundesländer surfen.

Land	Homepage
Bundeszahnärztekammer	www.bzaek.de
Baden-Württemberg	www.lzkbw.de
Bayern	www.blzk.de
Brandenburg	www.lzkb.de
Bremen	www.zaek-hb.de
Hamburg	www.zahnaerzte-hh.de
Hessen	www.lzkh.de
Mecklenburg-Vorpommern	www.zaekmv.de
Niedersachsen	www.zkn.de
Nordrhein-Westfalen: Nordrhein	www.zaek-nr.de
Nordrhein-Westfalen: Westfalen-Lippe	www.zahnaerzte-wl.de
Rheinland-Pfalz	www.lzk-rheinland-pfalz.de
Saarland	www.zahnaerzte-saarland.de
Sachsen	www.zahnaerzte-in-sachsen.de
Sachsen-Anhalt	www.zaek-sa.de
Schleswig-Holstein	www.zaek-sh.de
Thüringen	www.lzkth.de

1.3.2 Die Kassenzahnärztliche Bundesvereinigung (KZBV)

KZBV

Die Aufgaben der Kassenzahnärztlichen Bundesvereinigung wie auch ihrer Mitgliedsorganisationen, der Kassenzahnärztlichen Vereinigungen der Länder, resultieren aus den gesetzlichen Aufträgen im vierten Kapitel des Sozialgesetzbuches V (SGB).

Die KZBV ist eine Körperschaft des öffentlichen Rechts. Sie vertritt die Interessen der Vertragszahnärzte („Kassenzahnärzte") Deutschlands. Die wichtigste Aufgabe der KZBV wie auch der Kassenzahnärztlichen Vereinigungen der Länder ist die Sicherstellung der vertragszahnärztlichen Versorgung. Das heißt: In verbindlichen Verträgen mit den gesetzlichen Krankenkassen werden die Rechte und Pflichten der Vertragszahnärzte festgelegt, aufgrund derer die zahnärztliche Behandlung einschließlich der Versorgung mit Zahnersatz und kieferorthopädischer Maßnahmen der gesetzlich Versicherten und ihrer Angehörigen durchzuführen ist.

Im Einzelnen gehört zu dem Aufgabengebiet der KZBV:

- die Wahrung der Rechte der Zahnärzte gegenüber den Krankenkassen;
- die Wahrung der Interessen gegenüber der Aufsichtsbehörde und dem Gesetzgeber;
- die Sicherstellung (Gewährleistung) der vertragszahnärztlichen Versorgung entsprechend den gesetzlichen und vertraglichen Bestimmungen;
- die Sicherung angemessener Vergütung für die Vertragszahnärzte;
- die Vereinbarung von Bundesmantelverträgen;
- die Regelung der länderübergreifenden Durchführung der zahnärztlichen Versorgung und des Zahlungsausgleiches zwischen den Kassenzahnärztlichen Vereinigungen der Länder.

Die Kassenzahnärztliche Bundesvereinigung untersteht der Aufsicht des Bundesgesundheitsministeriums. Sie ist in 17 regionale bzw. Landesverbände unterteilt.

→ www.kzbv.de

Empfehlenswert ist auch der Besuch der Seite von www.zm-online.de.

Weitere Organisationen:

Organisation	Link
Bundesverband der deutschen Kieferorthopäden	www.bdk-online.org
Freier Verband Deutscher Zahnärzte e.V.	www.fvdz.de
Deutscher Arbeitskreis für Zahnheilkunde	www.daz-web.de
Vereinigung Demokratische Zahnmedizin	www.vdzm.de

1.3.3 Berufsverband der Arzt-, Zahnarzt- und Tierarzthelferinnen

Zahnarzthelferinnen und Zahnmedizinische Fachangestellte können sich im Verband medizinischer Fachberufe e. V. organisieren.
Der Verband medizinischer Fachberufe e. V. vertritt und unterstützt die Helferinnen und Fachangestellten besonders in folgenden Schwerpunkten:

- Er tritt für die gesellschaftliche Anerkennung der Zahnmedizinischen Fachangestellten, Arzt- und Tierarzthelferinnen und die Sicherung der qualifizierten Arbeitsplätze ein und handelt angemessene Tarifverträge aus.
- Er engagiert sich für die zeitgerechte Ausbildung in diesen Berufen und bietet ein eigenes umfangreiches Fort- und Weiterbildungsprogramm an.
- Er berät und vertritt seine Mitglieder in Fragen des Arbeitsrechts.
- Er bietet für die Kolleginnen ein bundesweites Netzwerk, das es ihnen direkt vor Ort ermöglicht, ihre beruflichen Probleme mit Gleichgesinnten zu diskutieren und sich über Entwicklungen zu informieren.

Der Verband medizinischer Fachberufe e. V. ist in 4 Landesverbände mit insgesamt ca. 120 Bezirksstellen vertreten. Als unabhängige Gewerkschaft ist er keiner Dachorganisation untergeordnet.

Die Mitgliedschaft ist freiwillig und kostet einen relativ geringen Monatsbeitrag. Mitglieder erhalten das monatlich erscheinende Verbandsorgan „praxisnah“ mit vielen wertvollen Informationen. Mitglieder sind zudem in Prüfungsausschüssen regionaler Zahnärztekammern und in Berufsbildungsausschüssen vertreten. Es gibt zahlreiche Bezirksstellen, in denen die Mitglieder mit ihren Anliegen betreut werden.

Anschrift: Verband medizinischer Fachberufe e. V.
Gesundheitscampus 33, 44801 Bochum

→ www.vmf-online.de

Verband medizinischer Fachberufe e.V.

Zahnmedizinische Fachangestellte können sich aber auch in der Gewerkschaft „ver.di“ organisieren, die dem Deutschen Gewerkschaftsbund (DGB) angegliedert ist.

→ www.verdi.de

Praxistipp

Wertvolle Tipps im Internet finden Sie auch auf folgenden Seiten:

www.zahn-online.de
- das Informationszentrum der Zahnmedizin in Deutschland

www.praxisfit.de
- alle Infos rund um den Beruf der Zahnmedizinischen Fachangestellten, Fachausdrücke usw.

Arbeitsaufträge

1. *Welche Aufgaben haben die Bundes- und Landeszahnärztekammern?*
2. *Warum schließen sich Zahnärzte in Berufsverbänden zusammen?*
3. *Surfen Sie doch einmal zu der für Sie zuständigen und einigen anderen Landeszahnärztekammern und tragen Sie die für Sie wertvollsten Infos in der Klasse zusammen.*
4. *Informieren Sie sich im Internet und diskutieren Sie dann, ob Sie evtl. dem Verband medizinischer Fachberufe e. V. oder der Gewerkschaft ver.di beitreten sollten.*

2 Dienstleistungs- oder Wirtschaftsbetrieb? Die Zahnarztpraxis im Wirtschaftsgefüge

Ein ganz normaler Tag in der Praxis von Frau Dr. Heilmann

8:30

In einer halben Stunde öffnet die Praxis. Doch zuvor wird im Praxisteam der Tagesablauf geklärt. Im Terminbuch und in der Patientenkartei ist alles genau festgehalten.

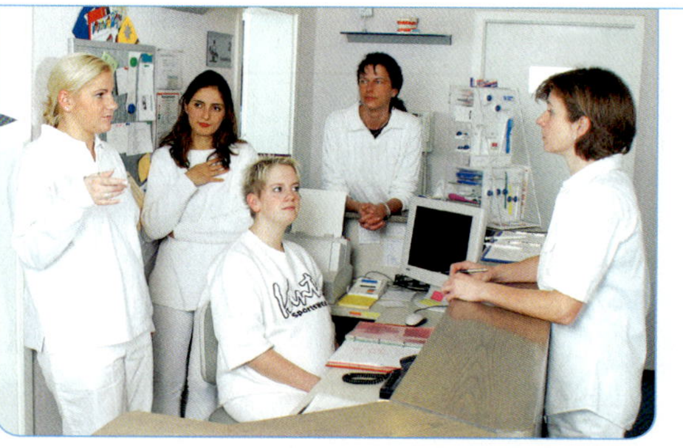

9:15

Der erste Patient kommt.
Alle wichtigen Daten werden geklärt.

9:30

Schon nach kurzer Zeit kann der Patient ins Behandlungszimmer gehen.
Lange Wartezeiten gehören dank genauer Terminabsprache der Vergangenheit an. Im Behandlungszimmer legen Sie die Instrumente bereit. Während der Behandlung müssen die Zahnmedizinischen Fachangestellten immer genau wissen, welche Hilfsmittel der Zahnarzt gerade braucht.

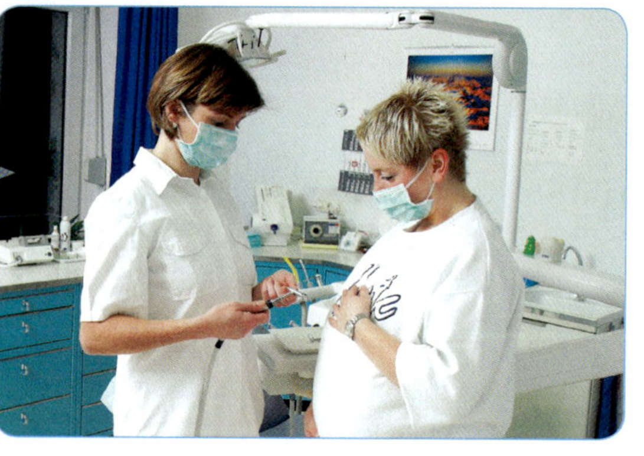

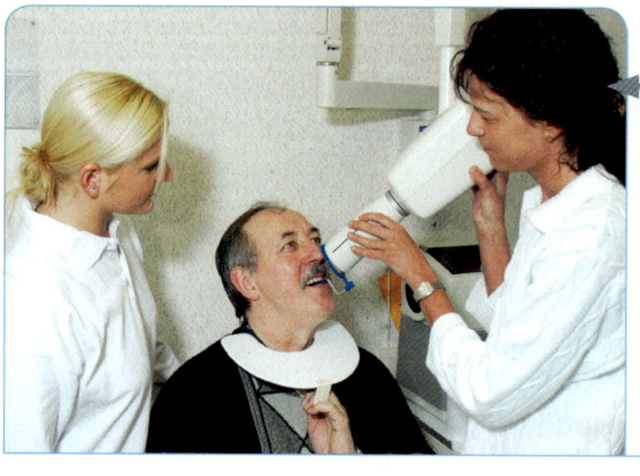

10:30

Vor der nächsten Behandlung ist eine Röntgenaufnahme nötig. Natürlich kennen sich die Zahnmedizinischen Fachangestellten am Röntgengerät perfekt aus.

nach: http://www.zahn-forum.de/zf/zf.nsf/name/EinTaginderPraxis-DE

Eine Füllung wird vorbereitet – bei den Materialien haben sie den notwendigen Überblick.

11:15

Teamwork ist Trumpf. Gespräche unter Kolleginnen sorgen für ein prima Klima.

12:00

In der Praxis muss alles 100-prozentig hygienisch sein. Die Zahnmedizinischen Fachangestellten sorgen dafür, dass Keime keine Chance haben.

13:00

Eine Gruppe Kinder ist in die Praxis gekommen: Jetzt sind pädagogische Fähigkeiten und Prophylaxe-Know-how gefragt.

15:00

Zeit für ein wenig Verwaltung: Die Datei muss immer auf dem neuesten Stand gehalten werden. Und auch Abrechnungsarbeiten wickeln Zahnmedizinische Fachangestellte routiniert über die Praxis-EDV ab.

16:00

- *Wie sind Zahnarztpraxen strukturiert?*
- *Welche Konflikte entstehen durch die Aufgaben, einerseits zum Wohle der Patienten da zu sein, andererseits aber eine wirtschaftlich erfolgreiche Praxis zu führen?*

macht auch Implantologie. Die Praxisbroschüre sollte natürlich mit der Homepage abgestimmt werden. Sie muss beim Patienten Interesse wecken und darf ihn nicht mit zu vielen fachlichen Informationen und unverständlichen Fremdwörtern erschlagen.

Gratulationen

Gratulationen bei Geburt, runden Geburtstagen, Hochzeiten oder anderen besonderen Ereignissen können in Form einer Bildkarte, auf der das Praxisteam abgebildet ist, verschickt werden. Gerade ältere Menschen freuen sich, wenn ihr Zahnarzt an sie gedacht hat.

Corporate Identity

Ein gemeinsames Erscheinungsbild von Praxis und Praxisteam wirkt professioneller auf die Patienten. Folgende Möglichkeiten bieten sich an:

- Praxislogo: Ein gleiches Praxislogo ist auf allen Rezepten/Notizzetteln und anderen Mitteilungen sowie Stempeln, Briefen, Visitenkarten und anderen Formularen enthalten. Es sollte auch auf allen Schildern in der Praxis, auf den Namensschildern der Mitarbeiter, aber auch in den Anzeigen für Urlaub, Personalsuche, auf der Homepage, in der Praxisbroschüre usw. wiederkehren.
- Einheitliche Berufskleidung: Tragen alle Mitglieder des Praxisteams einheitliche Kleidung, wird den Patienten der Teamgeist gezeigt.
- Einheitliche Argumentation: In Teambesprechungen sollten einheitliche Argumente, Begriffe und Redewendungen für bestimmte Fälle festgelegt werden.

Informationsabend

Ein Informationsabend in Ihrer Praxis oder z. B. bei Frauenvereinen usw. über richtige Zahnpflege, Implantate oder Ähnliches trägt zur Patientenbindung bei und eröffnet die Chance, neue Patienten zu gewinnen.

Belohnung der Patienten

Kleine Spielsachen, eine „Tapferkeitsmedaille" oder ein „Selfie" im Behandlungsstuhl lassen bei Kindern schnell den Bohrer oder die Spritze vergessen. Erwachsene kann man vielleicht mit der Kopie eines Zeitschriftenartikels über Krankheiten, Ernährung, Wellness usw. interessieren.

Patienten- und Praxisanalyse

Die Gründe zu kennen, weshalb Patienten eine bestimmte Praxis aufsuchen und Kollegen gerade diese Zahnarztpraxis empfehlen, sind Voraussetzungen für eine erfolgreiche Praxis. Anhand von Checklisten, Patientenbefragung oder in Teamdiskussionen sollte das Praxisteam herausfinden, was die Patienten an dieser Praxis und Ihrem Team schätzen (und natürlich auch, was sie weniger gut finden). Diese Analyse hilft, die Qualität der Praxis zu verbessern.

Praxiseinrichtung

Eine gemütliche Atmosphäre im Wartezimmer, sinnvolle Kinderspielecken, ausreichend neue Zeitschriften, Blumen, schöne Bilder und Einrichtungen usw. und vor allem ein sauberer und hygienischer Eindruck steigern das Vertrauen des Patienten in das Praxisteam.

Nebenleistungen

Das Besorgen eines Taxis, Ausleihe von Regenschirmen im Bedarfsfall u.a. erhöhen die Patientenbindung.

2.4 IGeL - Individuelle Gesundheits-Leistungen

Patienten können neben den von den Kassen bezahlten Leistungen noch weitere sogenannte „Individuelle Gesundheits-Leistungen (IGeL)" wünschen. Diese Leistungen werden dann aber nicht von der GKV übernommen, obwohl sie oftmals durchaus sinnvoll sind. Daher erfolgen IGeL nur auf ausdrücklichen Wunsch des Patienten. Diese Leistungen werden immer mehr in Praxen angeboten. Ziele sind,

- den wirtschaftlichen Erfolg der Praxen zu erhöhen und Kürzungen wegen der Sparpolitik im Gesundheitswesen auszugleichen, aber auch
- ein Serviceangebot für die Patienten.

IGeL spielen oftmals im Bereich der Prävention eine besondere Rolle. Die Kassenärztliche Bundesvereinigung hat zur Erklärung dieser Leistungen eine spezielle Liste herausgegeben oder veröffentlicht. Beispiele hierfür sind Schönheitsoperationen oder Wunschleistungen, wie die Krebsvorsorgeuntersuchung beim Hautarzt. Auch zusätzliche Früherkennungsuntersuchungen (z.B. mehr als drei Ultraschallaufnahmen in der Schwangerschaft) stehen auf der IGeL-Liste. Beim Zahnarzt zählen u.a. die **professionelle Zahnreinigung** und das **Bleaching** zu diesen Leistungen.

Auch IGeL verkaufen sich nicht von selbst. Die Wartezeit in der Praxis kann daher als Informationszeit für IGeL genutzt werden. Diese Infos könnten im Praxis-TV, in der Praxisbroschüre oder auf der Praxishomepage gegeben werden. Neugierig machen kann man die Patienten auch mit Infopostern an der Wand z.B. im Wartezimmer oder mit speziellen IGeL-Infobroschüren.

Nachdem ein erstes Interesse beim Patienten geweckt wurde, sollte das IGeL-Angebot persönlich vorgestellt und auf dessen Vorteile für den Patienten hingewiesen werden. Fachleute raten, dass dies unbedingt von der ZFA geschehen sollte.

> *Praxistipp*
>
> Vorsicht: Seien Sie nicht aufdringlich bei der Beratung oder dem Hinweis auf IGeL. Der Patient muss immer selbst die Notwendigkeit erkennen und daher die Leistung wünschen. Sonst kann er sich überrumpelt fühlen und in Zukunft die Praxis meiden.

2.5 Jede Zahnarztpraxis bekommt die Patienten, die sie verdient

Zu diesem Schluss kommt eine Studie über das Zahnärzteimage, die von einem Team um den Augsburger Prof. Riegl veröffentlicht wurde. Hier einige Fragen:

Wie werden Zahnarztpraxen heute von Patienten beurteilt? Was macht sie aus dem Blickwinkel von Patienten zu Spitzenpraxen, zu Geheimtipps, also zu Zahnärzten mit exzellentem Ruf? Wie informieren sich Menschen über Zahngesundheit? Im Folgenden finden Sie die Ergebnisse der Studie, die die Meinung von 3000 Patienten aus 400 Praxen untersuchte.

2.5.1 Rundum-Zufriedenheit bei Patienten

Anders als viele Zahnärzte vermuten, hat „Excellence“ für Patienten nicht so sehr mit Luxusausstattung, Praxisgröße und Fachlichem zu tun, sondern mit der gesamten menschlichen Qualitätsfaszination beim Praxisbesuch. Qualität beim Zahnarzt ist nur dann etwas wert, wenn sie vom Patienten als Laie wahrnehm- und beurteilbar ist und damit bevorzugt werden kann.

2.5.2 Zahnarzt-Ranking

Mit „besser als andere Zahnärzte“ beurteilen Patienten ihre(n) eigene(n) Zahnärztin/-arzt aus folgenden vier Hauptgründen:

1. Es wird mehr Freundlichkeit erlebt (52 Prozent).
2. Es gibt haltbarere, gründlichere zahnärztliche Arbeiten (44 Prozent).
3. Die Behandlungen sind komplikationsfreier und schonender (36 Prozent).
4. Es wird bessere Prophylaxe geboten (35 Prozent).

2.5.3 Patienten ins Team aufnehmen

Gut beurteilte Praxen besitzen einen Wissensvorsprung über ihre Patienten, nicht nur über deren Zahnstatus, praktizieren harmonische Teamarbeit und nehmen Patienten quasi in ihr Team mit auf, damit sie sich wie in Abrahams Schoß fühlen können. Die Patienten müssen weniger warten, vor allem nicht auf dem Behandlungsstuhl mit Latz. Sie erfahren mehr über das Zahngeschehen in ihrem Mund, die verwendeten Materialien und müssen keine Angst vor „Zeitbomben“ im Mund haben.

2.5.4 Minuspunkte

Die weniger gut beurteilten Praxen sind häufig in die Jahre gekommen, haben angeschmutzte Teppiche, verkalkte Mundspülbecken, sie begrüßen mit Handschuhen, haben eine kritische Stimmung im Team, irritieren mit häufigem Personalwechsel und verhandeln mit dem flach liegenden Patienten über wichtige Entscheidungen.

2.6 Formelle und informelle Praxisorganisation

Die zahlreichen und vielfältigen Aufgaben, die in den verschiedenen Praxen erfüllt werden müssen, erfordern, dass das Praxisteam, die Apparate, Räume und die Informationen so aufeinander abgestimmt und verkettet werden, dass ein möglichst reibungsloser Ablauf gewährleistet wird. Hektik und Stress bei Patienten und Fachangestellten lassen sich so abbauen oder ganz vermeiden. Im Mittelpunkt der Praxis stehen die Patienten. Dennoch muss auch unter Kostengesichtspunkten geplant werden. Gut die Hälfte des Umsatzes einer Zahnarztpraxis entfällt im Durchschnitt auf die Praxiskosten. Zahlreiche Praxen haben dabei mit steigenden Kosten zu kämpfen. Daher sollte mit einer reibungslosen Praxisorganisation versucht werden, durch Rationalisierung die Kostensteigerung aufzuhalten oder sogar Kostensenkungen zu erreichen.

2.6.1 Formelle Organisation

In modern geführten Praxen wird im Praxisteam gearbeitet. Wichtig dabei ist aber ein Organisationsplan, nach dem Kompetenzen und Aufgaben der einzelnen Teammitglieder festgelegt werden. Alle Vorgänge, die sich in Praxen immer wiederholen, können so in organisierten und vorausgeplanten Abläufen vollzogen werden. → Kap. 16, S. 119 ff.

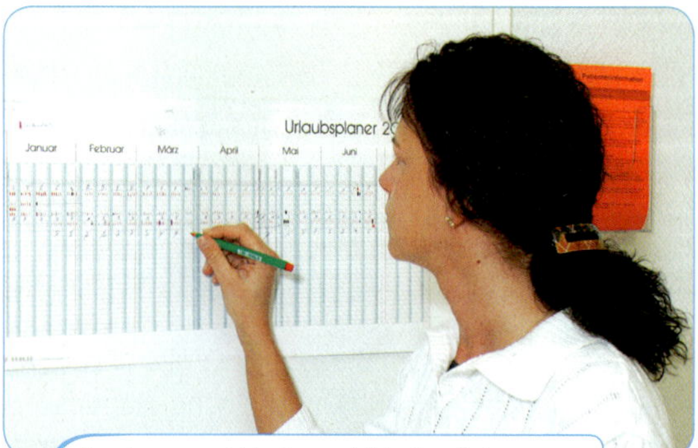

Durch genaue Urlaubs- und Arbeitszeitplanungen werden Leerzeiten der Mitarbeiterinnen verhindert.

Feste Organisationsabläufe können für viele Bereiche wie z. B. für Röntgen, Labor- oder Apparatebelegungen, für Assistenz an Behandlungsstühlen, den Empfang usw. erfolgen. So wird festgelegt, wer welche Aufgaben wahrnimmt, aber auch Urlaubs- oder tägliche Arbeitszeitplanungen wie z. B. Jobsharing müssen organisatorisch geregelt werden.

Eine gute formelle Praxisorganisation sollte folgende Ziele verfolgen:

- zufriedene Patienten durch reibungslosen Ablauf und kurze Wartezeiten sowie eine weitestgehende Berücksichtigung der Patientenwünsche,
- ordnungsgemäße Erledigung der Aufgaben ohne Beanstandungen,
- Verminderung der Praxiskosten durch wirtschaftliches Arbeiten, d. h. möglichst keine Überschneidungen der Tätigkeiten und auch möglichst wenig Leerzeiten der Mitarbeiterinnen.

2.6.2 Informelle Organisation

Auch in gut organisierten Praxen kommt es aber immer wieder zu unvorhergesehenen Zwischenfällen, die eine strukturierte Ablauforganisation sprengen und ein hohes Maß an Flexibilität des Praxisteams erfordern. Der Ausfall eines Gerätes, plötzliche Notfälle z. B. durch Schmerzpatienten oder mehr als die veranschlagte Zeit bei der Behandlung eines Kindes, eine unvorhergesehene Wurzelbehandlung oder Schwierigkeiten bei einer Zahnextraktion usw. erfordern Improvisation und Flexibilität der Fachangestellten. Der unvorhergesehene Ausfall einer Mitarbeiterin durch Krankheit oder Ähnliches kann ebenfalls zu spontanen Umorganisationen führen.

Bei diesen Unwägbarkeiten ist das Praxisteam gefordert. Spontane Absprachen und Änderungen untereinander, ohne die Zahnärzte während oder zwischen den Behandlungen damit zu belasten, sind notwendig. Diese informelle Organisation erfordert Flexibilität, Übersicht und vor allem Teamfähigkeit. Besonders wichtig ist der reibungslose Ablauf, ohne dass die Patienten mit einer hektischen Praxisatmosphäre konfrontiert werden. Denn sie sollen sich in der Praxis wohlfühlen und dem Praxisteam vertrauen. → LF 6, Kap. 2 und 3

2.6.3 Führungsstile

Natürlich ist die Zahnärztin/der Zahnarzt oder sind mehrere Zahnärzte als Eigentümer auch die Führungspersonen ihrer Praxis. Dabei gibt es ganz verschiedene Führungsstile. Diese werden von der Art des Verhaltens der Ärzte gegenüber den Helferinnen und deren Persönlichkeitsmerkmalen geprägt.
→ LF 13, Kap. 1

Arbeitsaufträge

1. *Stellen Sie die Zielkonflikte in der Zahnarztpraxis dar.*
2. *Warum wird Praxismarketing in Zukunft immer wichtiger?*
3. *Unterscheiden Sie zwischen erlaubter und verbotener Werbung in Zahnarztpraxen.*
4. *Welche Marketingmaßnahmen führen Sie in Ihrer Praxis schon durch und welche Erfahrungen haben Sie damit gemacht?*
5. *Welche der genannten Marketingmaßnahmen finden sie am effektivsten? Begründen Sie Ihre Meinung.*
6. *„Praxismarketing - meine Praxis ist dafür zu klein", sagte der Zahnarzt. - „Dann erst recht", entgegnet der Berater. Erklären Sie diesen Dialog.*
7. *Erklären Sie die These eines Marketingexperten: „Ihr stärkster Marketingmitarbeiter ist Ihr Patient."*
8. *Begründen Sie folgende These mit evtl. Beispielen aus Ihrer Praxis: „Glaubwürdigkeit, Begeisterung, Lächeln und sich Zeit nehmen sind kostenlose Marketinginstrumente und zudem noch die effektivsten."*
9. *Was sollten Sie beachten, wenn Sie mit Patienten über IGeL sprechen?*
10. *Welche Gefahr birgt IGeL für die Praxis?*
11. *„Sie können nur so gut sein wie Ihre beste Praxismitarbeiterin." Erklären Sie diese These eines Marketingspezialisten im Hinblick auf den Verkauf von IGeL.*

3 Traumberuf oder nur Job?
Der Ausbildungsberuf „Zahnmedizinische Fachangestellte" und andere Berufe des Gesundheitswesens

Selins Wunschberuf

„Sie wollen also die rechte Hand des Zahnarztes werden und gleichzeitig die Ansprechpartnerin der Patienten. Dazwischen noch den Praxisablauf und die kaufmännischen Tätigkeiten erledigen - das ist nicht einfach ...", beginnt Frau Dr. Heilmann das Vorstellungsgespräch.
„Ich gehe gern mit Menschen um, bin kontaktfreudig, beende die Realschule mit gutem Abschluss und möchte gern Zahnarzthelferin werden. Diesen Beruf fand ich bei jedem Zahnarztbesuch interessanter. Denn er ist auch sehr vielseitig und bestimmt nicht langweilig ...", erwidert Selin.
„‚Zahnarzthelferin' gibt es heute nicht mehr", korrigiert die Zahnärztin. „Der Beruf heißt heute ‚Zahnmedizinische Fachangestellte', fährt sie fort, „man will damit symbolisieren, dass es ein sehr vielseitiger und anspruchsvoller Beruf ist."
Das Vorstellungsgespräch nimmt seinen Lauf ...

Welche Aufgaben haben Zahnmedizinische Fachangestellte?

3.1 Berufe im Gesundheitswesen

Bei der Berufswahl konnte sich Selin damals noch nicht so genau festlegen. Ein sozialer oder pflegerischer oder noch lieber ein Beruf im Gesundheitswesen sollte es schon sein. Doch welcher? Es gab im Jahre 2013 über 330 Ausbildungsberufe. Sie sind in 13 Berufsgruppen unterteilt (Stand BIBB: 2009). Die Berufsgruppe „Gesundheit" hat die Nummer 10.

Die wichtigsten Berufe im Deutschen Gesundheitswesen:

Heilberufe
Arzt, Zahnarzt, Tierarzt, Heilpraktiker, Apotheker

Helferinnenberufe
- Ausbildungsberufe: Zahnmedizinische Fachangestellte, Medizinische Fachangestellte, Tiermedizinische Fachangestellte, Pharmazeutisch-kaufmännische Angestellte
- Fortgebildete Zahnmedizinische Assistentinnen (Beispielhaft für Fortbildungsberufe): Fortgebildete Zahnmedizinische Fachangestellte (ZFA, Prophylaxe oder Verwaltung), Zahnmedizinische Prophylaxeassistentin, Zahnmedizinische Fachassistentin, Zahnmedizinische Verwaltungsassistentin, Dentalhygienikerin

Heilhilfsberufe
- Berufe der Primärversorgung: Rettungsassistent, Krankenschwester, Hebamme, Entbindungspfleger
- Pflegeberufe: Altenpfleger, Altenpflegehelfer, Krankenpflegehelfer, Kinderkrankenpfleger

- Diagnostisch-technische Berufe: Assistent im Gesundheitswesen, Medizinisch-technischer Radiologieassistent, Medizinisch-technischer Laborassistent, Medizinisch-technischer Assistent, Zytologisch-technischer Assistent, Pharmazeutisch-technischer Assistent, Operationstechnischer Assistent, Veterinärmedizinisch-technischer Assistent
- Therapeutisch rehabilitative Berufe: Krankengymnast, Masseur, Logopäde, Medizinischer Bademeister, Ergotherapeut, Arbeitstherapeut, Diätassistent, Erzieher, Kinderpfleger, Orthoptist

Nichtärztliche Berufe
Psychologe, Psychagoge, nichtärztlicher Psychotherapeut

3.2 Zahnmedizinische Fachangestellte: Die Anforderungen steigen

Im Durchschnitt begannen in letzter Zeit jedes Jahr zwischen 12 000 bis 14 000 Schülerinnen eine Berufsausbildung als Zahnmedizinische Fachangestellte.

Der Beruf lässt sich so charakterisieren: Personenorientierte Dienstleistung und Patientenbetreuung sind von großer Bedeutung. Dementsprechend werden den Auszubildenden Fertigkeiten und Kenntnisse zu Kommunikationsformen und -methoden, zum Arbeiten im Team und zum eigenverantwortlichen Handeln im Rahmen ihrer späteren beruflichen Tätigkeit vermittelt. Um einen dauerhaften Erfolg in der Prävention zu sichern, spielen zudem Kenntnisse und Fertigkeiten in der Individual- und Gruppenprophylaxe eine größere Rolle. Auch die Praxisorganisation und -verwaltung erfordert heute in der Zahnarztpraxis prozessorientiertes Denken, um die immer komplexeren Abrechnungs- und Verwaltungsarbeiten zu bewältigen. Einerseits gibt es in diesem Tätigkeitsbereich immer mehr gesetzliche Vorgaben, die beachtet und umgesetzt werden müssen, andererseits wird die Anwendung von Informations- und Kommunikationssystemen immer wichtiger (PC, Anwendersoftware, Datentransfer, Internet usw.). Auch nimmt die Qualitätssicherung und -verbesserung im Rahmen des Qualitätsmanagements einen ganz eigenen Stellenwert ein. Damit der berufliche Alltag bewältigt werden kann, ist der Erwerb von Handlungskompetenz, ergänzt durch Methoden- und Sozialkompetenz erklärtes Ausbildungsziel.

3.2.1 Arbeitsgebiete

Zahnmedizinische Fachangestellte sind überwiegend in Zahnarztpraxen, in kieferorthopädischen, in oral- und kieferchirurgischen Praxen sowie Zahnkliniken tätig. Sie werden auch im öffentlichen Gesundheitswesen, in der Dentalindustrie, bei Krankenkassen und Rechenzentren eingesetzt. Ihre Tätigkeitsbereiche liegen insbesondere in der Assistenz bei der Behandlung, in der Prophylaxe und in der Praxisorganisation und -verwaltung, wozu auch die Durchführung sämtlicher Abrechnungen gehört.

3.2.2 Handlungs- und prozessorientierte Ausbildung

Nach der neuen Ausbildungsverordnung muss in Zukunft handlungs- und prozessorientiert ausgebildet werden. Das heißt: Neben neuen fachlichen Anforderungen in der Ausbildung muss auch die Fähigkeit zum selbstständigen Planen, Durchführen und Kontrollieren vermittelt werden, wobei weitere persönliche Qualifikationen, wie beispielsweise Team- und Kooperationsfähigkeit, Entscheidungsfähigkeit, Qualitätsbewusstsein und prozessorientiertes Denken, Ausdrucks-, Transfer- und Konzentrationsfähigkeit gefördert werden müssen. Teilweise sind diese Kriterien auch in der Prüfung zu berücksichtigen.

3.2.3 „Persönliche Qualifikationen" oder „Schlüsselqualifikationen"

Das sind berufs- und fachübergreifende Fähigkeiten, die so fundamental sind, dass sie nur in geringem Maße vom technischen Fortschritt und anderen Veränderungen in der Arbeitswelt entwertet werden. Einfach gesagt, bekommt der Mensch dadurch einen Schlüssel in die Hand, mit dem er sich beispielsweise selbstständig neues Fachwissen oder einen Berufsweg erschließen kann.

Im Rahmen der Kommunikations- und Kooperationsfähigkeit gehören allerdings auch Qualifikationen wie „Ausdrucksfähigkeit" dazu.

Viele Lernziele in dem neuen Ausbildungsrahmenplan sind neben dem fachlichen Inhalt geeignet, bei der Azubi die folgenden „Schlüsselqualifikationen" zu fördern. Diese werden unter übergeordneten Zielbereichen genauer definiert:

Zielbereich	Arbeitsplanung und -ausführung, Ergebniskontrolle	Sozialkompetenz, Kommunikation, Teamarbeit	Methodenkompetenz, Lernverhalten	Handlungskompetenz, Selbstständigkeit und Verantwortung	Psychische und physische Beanspruchung
Wesentliche Einzelqualifikationen	Organisationsfähigkeit Koordinationsfähigkeit systematisches Vorgehen vorausschauendes Denken prozessorientiertes Denken Genauigkeit	Soziale Verantwortung Einfühlungsvermögen patientengerechtes Verhalten Ausdrucksfähigkeit	Umsetzen von theoretischen Grundlagen in praktisches Handeln rationelles Arbeiten Einsatz von Lerntechniken Weiterbildungsbereitschaft	Zuverlässigkeit Entscheidungsfähigkeit Qualitätsbewusstsein Erkennen eigener Grenzen und Defizite Mitdenken Transferfähigkeit	Konzentrationsfähigkeit Aufmerksamkeit Umstellungsfähigkeit

aus: praxisnah, Magazin des Berufsverbandes der Arzt-, Zahnarzt und Tierarzthelferinnen, Heft 9, 2001.

Arbeitsaufträge

1. *Diskutieren Sie über die Liste von persönlichen Qualifikationen, die eine Zahnmedizinische Fachangestellte haben sollte – welche finden Sie sehr wichtig, welche angebracht oder auch welche überzogen?*
2. *„Kaum ein anderer Beruf ist so vielseitig wie der der Zahnmedizinischen Fachangestellten. Sie ist die ‚rechte Hand des Zahnarztes'. Sie arbeitet im Team, assistiert dem behandelnden Zahnarzt, bereitet die Behandlung vor und erweist sich als verständnisvolle Psychologin, wenn beim Patient mal die Nerven flattern." (aus: www.zahn-forum.de von der Landeszahnärztekammer Baden-Württemberg)*
   Diskutieren Sie die Aussage unter Berücksichtigung erster Erfahrungen aus der Praxis.

4 Alles geregelt …
Der Berufsausbildungsvertrag und das Berufsbildungsgesetz (BBiG)

Selin hats geschafft

„Nur nicht schon wieder eine Absage!“, denkt Selin, als sie den Brief öffnet – Absender „Zahnarztpraxis Dr. Heilmann“. Denn Absagen hat sie schon einige bekommen – doch diesmal hatte sie ein gutes Gefühl. Ihre schriftliche Bewerbung war top. Daher wurde sie auch zum Vorstellungsgespräch eingeladen. Auch in der Praxis waren sie alle sehr freundlich gewesen, einschließlich Frau Dr. Heilmann.
Endlich hat sie den Brief geöffnet und überfliegt den Text. Dann ein lautes „Juchhu – ich habs geschafft!“
„Frau Dr. Heilmann freut sich, dass Sie unser Praxisteam verstärken wollen … Wir bitten Sie, zur Unterzeichnung des Ausbildungsvertrags am 16.03. … um 17:00 Uhr in unsere Praxis zu kommen. Da Sie noch nicht volljährig sind, bitten wir Sie, einen Erziehungsberechtigten mitzubringen …“
„Endlich geschafft“, denkt Selin, das muss sie gleich Hendrik mit einer SMS mitteilen.

Was muss bei Abschluss eines Berufsausbildungsvertrages beachtet werden?

4.1 Der Abschluss des Ausbildungsvertrages

In Deutschland herrscht Vertragsfreiheit, d. h., die Vertragspartner sind frei im Aushandeln der Vertragsbedingungen, soweit sie dabei nicht gegen Gesetze verstoßen. Allerdings wird durch immer mehr Regelungen und Gesetze zum Schutz des Verbrauchers und der schwächeren Vertragspartner diese Vertragsfreiheit eingeschränkt, bei Abschluss eines Berufsausbildungsvertrages z. B. durch das Berufsbildungsgesetz und das Jugendarbeitsschutzgesetz. → LF 9, Kap. 5

Minderjährige, die zu Beginn des Ausbildungsverhältnisses das 18. Lebensjahr noch nicht vollendet haben, müssen eine ärztliche Bescheinigung über die Erstuntersuchung (§ 32 Jugendarbeitsschutzgesetz) vorlegen. Das für diese Untersuchung zu verwendende Formular ist beim Einwohnermeldeamt oder der Stadtverwaltung erhältlich.

Der Berufsausbildungsvertrag muss vor Beginn der Berufsausbildung schriftlich abgeschlossen werden. Dabei müssen beide Vertragsparteien, der Ausbilder (z. B. Zahnarzt) und die Auszubildende (ZFA), unterschreiben. Bei Minderjährigen ist zusätzlich die Unterschrift des gesetzlichen Vertreters notwendig. Der unterschriebene Vertrag muss dann der zuständigen Landesärztekammer zur Eintragung in das Verzeichnis der Berufsausbildungsverhältnisse eingereicht werden. Denn erst mit dieser Eintragung ist ein anerkanntes Berufsausbildungsverhältnis begründet. Die Eintragung wird aber nur vorgenommen, wenn der Berufsausbildungsvertrag dem Berufsbildungsgesetz und der Ausbildungsordnung entspricht.

→ Hilfreiche Tipps für Ihre Bewerbung finden Sie im Internet unter www.top-bewerbung.de.

Wichtig ist, dass **vor Beginn der Ausbildung** eine sogenannte **„G-42-Erstuntersuchung“** durchgeführt wurde (BG = Berufsgenossenschaftlicher Grundsatz). Dies gilt für alle „Tätigkeiten mit Infektionsgefährdung“. Dazu gehören auch Zahnmedizinische Fachangestellte. Die genauen Untersuchungsanlässe für arbeitsmedizinische Vorsorgeuntersuchungen werden durch die Verordnung der arbeitsmedizinischen Vorsorge (ArbMedVV) vom 1. Dezember 2010 vorgegeben. Die Kosten für die Erstuntersuchung trägt der Ausbilder, also die Zahnarztpraxis. Das Ergebnis ist Bestandteil der Personalunterlagen.

Diese Untersuchung ist alle **zwei Jahre** zu **wiederholen**. Bei besonderen Anlässen, wie z. B. nach Infektionen oder Verletzungen, bei denen möglicherweise ein Infektionsträger eingedrungen sein könnte, bei Unfällen oder bei sonstigen begründeten gesundheitlichen Bedenken, kann eine Nachuntersuchung auch vorzeitig erfolgen.

4.2 Rechte und Pflichten in der Ausbildung

Das **Berufsbildungsgesetz** formuliert die Pflichten des Auszubildenden und des Ausbildenden.

§ 6 BBiG Die/der Ausbildende verpflichtet sich

(1) dafür zu sorgen, dass der/dem Auszubildenden die Fertigkeiten und Kenntnisse vermittelt werden, die zum Erreichen des Ausbildungszieles nach der Ausbildungsverordnung erforderlich sind. Sie/Er hat die Berufsausbildung nach Maßgabe der in § 1 genannten Vorschriften unter Berücksichtigung der Erläuterungen zur Ausbildungsverordnung so durchzuführen, dass das Ausbildungsziel in der vorgesehenen Zeit erreicht werden kann;

(2) die/den Auszubildende/-n persönlich auszubilden oder einen persönlich und fachlich geeigneten Ausbilder ausdrücklich damit zu beauftragen;

(3) der/dem Auszubildenden vor Beginn der Ausbildung die gültige Ausbildungsverordnung kostenlos auszuhändigen;

(4) für einen ordnungsgemäßen und regelmäßigen Berufsschulbesuch der/des Auszubildenden zu sorgen und die dafür erforderliche Zeit zu gewähren;

(5) der/dem Auszubildenden vor Ausbildungsbeginn das Berichtsheft für die vorgesehene Ausbildungszeit zur Verfügung zu stellen und ihr/ihm Gelegenheit zu geben, das Berichtsheft in Form eines Ausbildungsnachweises während der Ausbildungszeit ordnungsgemäß zu führen und regelmäßig abzuzeichnen;

(6) der/dem Auszubildenden nur Verrichtungen zu übertragen, die dem Ausbildungszweck dienen und ihren/seinen körperlichen Kräften angemessen sind;

(7) dafür zu sorgen, dass die/der Auszubildende charakterlich gefördert sowie sittlich und körperlich nicht gefährdet wird;

(8) sich von der/dem jugendlichen Auszubildenden eine Bescheinigung gem. §§ 32, 33 JArbSchG (Jugendarbeitsschutzgesetz) darüber vorlegen zu lassen, dass diese/-r
   a) vor der Aufnahme der Ausbildung ärztlich untersucht und
   b) vor Ablauf des ersten Ausbildungsjahres nachuntersucht worden ist;

(9) unverzüglich nach Abschluss des Berufsausbildungsvertrages – spätestens vor Beginn der Berufsausbildung – die Eintragung in das Verzeichnis der Berufsausbildungsverhältnisse beim zuständigen zahnärztlichen Bezirksverband zu beantragen (Die Vertragsniederschriften und – bei Auszubildenden unter 18 Jahren – eine Kopie der ärztlichen Bescheinigung über die Erstuntersuchung gemäß § 32 JArbSchG sind diesem Antrag beizufügen.);

(10) die/den Auszubildende/-n rechtzeitig zu den angesetzten Zwischen- und Abschlussprüfungen anzumelden und für die Teilnahme freizustellen sowie der Anmeldung zur Zwischenprüfung bei Auszubildenden unter 18 Jahren eine Kopie oder Mehrfertigung der ärztlichen Bescheinigung über die erste Nachuntersuchung gemäß § 33 JArbSchG beizufügen.

§ 7 BBiG Pflichten der/des Auszubildenden

Die/der Auszubildende hat sich zu bemühen, die Fertigkeiten und Kenntnisse zu erwerben, die erforderlich sind, um das Ausbildungsziel zu erreichen. Insbesondere verpflichtet sie/er sich

(1) die ihr/ihm im Rahmen ihrer/seiner Berufsausbildung übertragenen Verrichtungen und Aufgaben sorgfältig auszuführen;
(2) auf Höflichkeit, Sauberkeit und Hygiene zu achten;
(3) am Berufsschulunterricht und an Prüfungen und Ausbildungsmaßnahmen außerhalb der Ausbildungsstätte teilzunehmen;
(4) den Weisungen zu folgen, die ihr/ihm im Rahmen der Berufsausbildung vom Ausbildenden oder von anderen weisungsberechtigten Personen, soweit sie als weisungsberechtigt bekannt gemacht worden sind, erteilt werden;
(5) alle im Rahmen der zahnärztlichen Praxis wichtigen Vorkommnisse unverzüglich der/dem Ausbildenden mitzuteilen;
(6) die für die Ausbildungsstätte geltende Ordnung sowie die festgesetzte Arbeitszeit zu beachten;
(7) das vorgesehene Berichtsheft ordnungsgemäß zu führen, regelmäßig der/dem Ausbildenden vorzulegen und von ihr/ihm unterzeichnen zu lassen;
(8) Geräte, Instrumente und sonstige Einrichtungen pfleglich zu behandeln und sie nur zu den ihr/ihm übertragenen Arbeiten zu verwenden;
(9) über Patienten- und Praxisbelange Stillschweigen zu wahren, die ihr/ihm in Ausübung ihrer/seiner Ausbildungstätigkeit anvertraut oder bekannt geworden sind (§ 203 StGB, Schweigepflicht);
(10) der/dem Ausbildenden im Erkrankungsfalle unverzüglich im Laufe des Vormittags des ersten Fehltages von der betrieblichen Ausbildung, vom Berufsschulunterricht oder von sonstigen Ausbildungsveranstaltungen schriftlich, telefonisch oder durch einen Beauftragten Mitteilung zu machen. Dauert die Arbeitsunfähigkeit länger als drei Kalendertage, hat die/der Auszubildende eine ärztliche Bescheinigung über das Bestehen der Arbeitsunfähigkeit sowie deren voraussichtliche Dauer spätestens an dem darauf folgenden Arbeitstag vorzulegen. Die/der Ausbildende ist berechtigt die Vorlage der ärztlichen Bescheinigung ab dem ersten Krankheitstag zu verlangen;
(11) soweit auf sie/ihn die Bestimmungen des Jugendarbeitsschutzgesetzes Anwendung finden, sich gemäß §§ 32, 33 dieses Gesetzes vor Beginn der Ausbildung ärztlich untersuchen und nach Ablauf des ersten Ausbildungsjahres nachuntersuchen zu lassen und die Bescheinigung hierüber der/dem Ausbildenden vorzulegen.

4.3 Tägliche Ausbildungszeit

Die Anrechnung der Berufsschulzeiten auf die Ausbildungszeit und die Freistellung nach der Berufsschule sind im Jugendarbeitsschutzgesetz geregelt. An einem vor 09:00 Uhr beginnenden Unterrichtstag dürfen Auszubildende vorher nicht in der Praxis beschäftigt werden. Diese Regelung gilt auch für volljährige Auszubildende. Ansonsten sind die Anrechnung auf die **Wochenarbeitszeit** und die Freistellung nach der Berufsschule unterschiedlich zu handhaben, differenziert nach Minder- oder Volljährigkeit der Auszubildenden.

Volljährige Auszubildende können generell nach der Berufsschule in der Praxis beschäftigt werden. Auf die Wochenarbeitszeit werden grundsätzlich nur die tatsächlichen Unterrichtszeiten einschließlich der Pausen angerechnet.

Minderjährige Auszubildende dürfen an einem Berufsschultag mit mehr als 5 Unterrichtsstunden (also 6 oder mehr) nicht mehr beschäftigt werden. An einem zweiten „langen" Berufsschultag oder an einem Berufsschultag mit maximal 5 Unterrichtsstunden entfällt die Freistellung. Bei zwei Berufsschultagen mit mindestens 6 Unterrichtsstunden obliegt dem Praxisinhaber die Entscheidung, an welchem Tag die Freistellung erfolgt.

An einem Berufsschultag mit mehr als 5 Unterrichtsstunden sind 8 Zeitstunden auf die Wochenarbeitszeit anzurechnen; an dem zweiten Berufsschultag dürfen nur die tatsächlichen Unterrichtszeiten einschließlich der Pausen auf die Wochenarbeitszeit angerechnet werden (siehe auch Jugendarbeitsschutzgesetz).

Urlaub
Die Dauer des Urlaubs pro Kalenderjahr richtet sich nach den gesetzlichen Vorgaben. Für volljährige Auszubildende ist der gesetzliche Mindesturlaub von derzeit 24 Werktagen zu gewähren.

→ LF 1, Kap. 9.3

Bei minderjährigen Auszubildenden ist gemäß § 19 Abs. 2 Jugendarbeitsschutzgesetz die Dauer wie folgt festgelegt:

Der Anspruch auf Erholungsurlaub für Jugendliche, die zu Beginn des Kalenderjahres

- noch nicht 16 Jahre alt sind, beträgt mindestens 30 Werktage;
- noch nicht 17 Jahre alt sind, beträgt mindestens 27 Werktage;
- noch nicht 18 Jahre alt sind, beträgt mindestens 25 Werktage.

Als Werktage gelten alle Kalendertage, die nicht Sonn- oder gesetzliche Feiertage sind. 24 Werktage entsprechen also 20 Arbeitstagen oder 30 Werktage entsprechen 25 Arbeitstagen. Diese Berechnung geht von 5 Arbeitstagen pro Woche aus.

4.4 Die Probezeit

Die Ausbildung beginnt mit einer Probezeit. Diese muss mindestens einen und darf höchstens vier Monate betragen.

In dieser Probezeit soll die Auszubildende prüfen, ob ihr die Ausbildung und der Ausbildungsbetrieb zusagten, ob sie gesundheitlich und persönlich für die Ausbildungstätigkeiten geeignet ist. Der Ausbilder soll ebenfalls feststellen, ob die Auszubildende für diese Tätigkeit geeignet ist, ob sie sich in das Praxisteam integriert und ob sie den Anforderungen der Tätigkeiten und der Ausbildung entspricht. Daher kann innerhalb der Probezeit von beiden Vertragspartnern das Ausbildungsverhältnis fristlos und ohne Angabe von Gründen gekündigt werden.

Nach Beendigung der Probezeit haben die Auszubildenden einen besonderen Kündigungsschutz. Der Ausbilder kann dann während der gesamten Ausbildungszeit keine ordentliche Kündigung gegenüber der Auszubildenden aussprechen.

Eine außerordentliche, d. h. fristlose Kündigung ist nur aus wichtigem Grund durch beide Vertragspartner möglich. Diese ist allerdings unwirksam, wenn der Kündigungsgrund dem Kündigenden länger als 2 Wochen bekannt ist, bevor er die Kündigung ausspricht.

Fehlzeiten in der Schule als Kündigungsgrund
Wiederholte und teilweise erhebliche Fehlzeiten des Auszubildenden sind als schwere arbeitsvertragliche Pflichtverletzungen, nämlich als eine beharrliche Arbeitsverweigerung anzusehen. Ein solches Verhalten rechtfertigt eine fristlose Kündigung. Allerdings ist zu berücksichtigen, dass das Interesse des Auszubildenden an der Fortsetzung des Ausbildungsvertrages in dem Maße an Bedeutung gewinnt, in dem das Berufsausbildungsverhältnis fortschreitet. Eine fristlose Kündigung kurz vor Abschluss der Ausbildung oder vor dem Prüfungstermin ist daher kaum gerechtfertigt.

(Landesarbeitsgericht Düsseldorf, Urteil vom 15. April 1993 5 Sa 220/93)

Praxistipp

Von einem „wichtigen Grund“, der eine fristlose Kündigung nach der Probezeit rechtfertigt, kann nur bei einem schwerwiegenden Vorfall gesprochen werden: z. B. Diebstahl, Tätlichkeit, regelmäßiges Zuspätkommen, Arbeitsverweigerung, Beleidigung des Ausbilders oder der Patienten.

4.5 Beendigung des Berufsausbildungsverhältnisses

Das Berufsausbildungsverhältnis ist immer mit dem Ablauf der Ausbildungszeit beendet.

Besteht aber die Auszubildende vor Ablauf der Ausbildungszeit ihre Abschlussprüfung, so ist das Berufsausbildungsverhältnis bereits dann beendet. Wenn eine Auszubildende die Abschlussprüfung nicht besteht, verlängert sich das Berufsausbildungsverhältnis auf ihren Wunsch hin bis zur nächstmöglichen Wiederholungsprüfung. Der Verlängerungszeitraum beträgt höchstens ein Jahr.

Merke: Bei bestandener schriftlicher Prüfung endet Ihr Ausbildungsverhältnis am Tag des Bestehens der mündlichen Prüfung. Werden Sie übernommen, erhalten Sie ab dem darauf folgenden Tag das Gehalt der Zahnmedizinischen Fachangestellten.

Wird die Auszubildende nach bestandener Prüfung weiterbeschäftigt, ohne dass hierüber ausdrücklich etwas vereinbart worden ist, beginnt ab dem nächsten Tag nach der mündlichen Prüfung (praktische Übungen) ein Arbeitsverhältnis. Die entsprechende Vergütung fällt ebenfalls ab diesem Tag an. Ihre Höhe ist mindestens das tariflich festgelegte Gehalt.

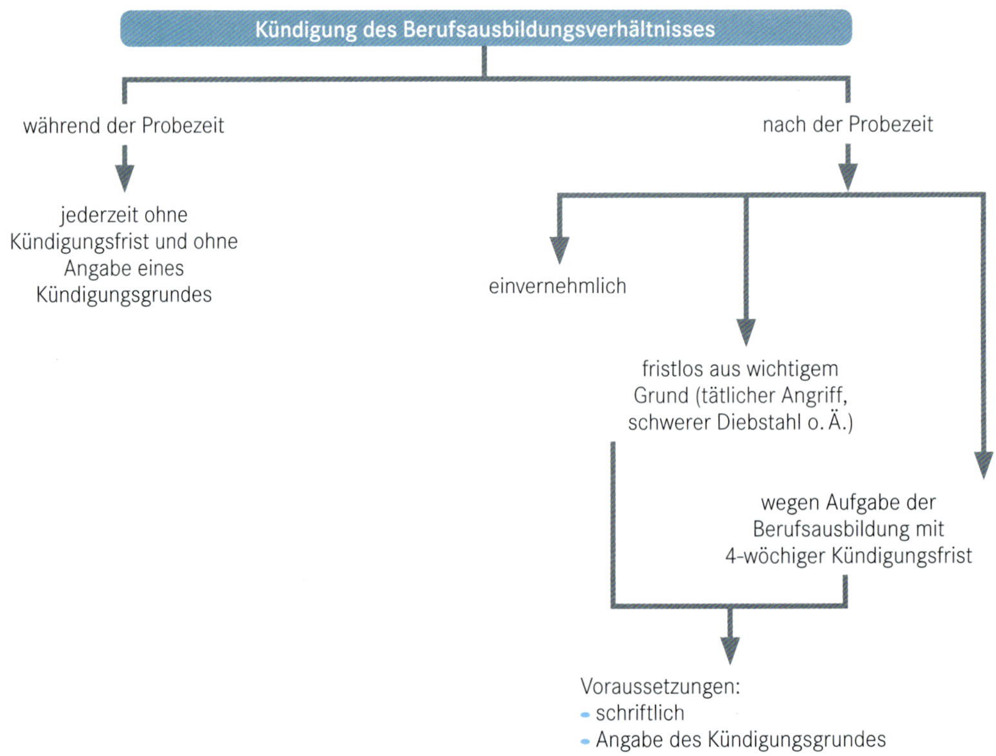

Wird die Auszubildende nach bestandener Abschlussprüfung nicht weiterbeschäftigt, so ist der Ausbilder verpflichtet, der Auszubildenden mindestens ein einfaches Zeugnis auszustellen. Auf Verlangen muss er ein qualifiziertes Zeugnis formulieren.

→ LF 1, Kap. 14

Arbeitsaufträge

1. *Warum gibt es die Probezeit und was sollten Sie während dieser beachten?*
2. *Unter welchen Umständen könnte Ihre Berufsausbildung vorzeitig beendet werden?*
3. *Lesen Sie die Pflichten des Ausbilders und der Auszubildenden nach Berufsbildungsgesetz durch. Diskutieren Sie ihre Umsetzbarkeit in der Praxis.*
4. *Eine Auszubildende erhält im dritten Ausbildungsjahr 570,00 € (brutto). Am 22. Juni 20.. besteht sie die Abschlussprüfung. Da sie als Zahnmedizinische Fachangestellte übernommen wird, arbeitet sie am nächsten Tag in derselben Praxis weiter. Wie viel € (brutto) verdient sie im Juni, wenn ihr Anfangsgehalt als Zahnmedizinische Fachangestellte pro Monat 1.300,00 € (brutto) beträgt?*
5. *Eine Kündigung ist bekanntlich eine einseitige Willenserklärung, bedarf also nicht der Zustimmung des Betroffenen. Trotzdem muss man sie nicht unbedingt widerspruchslos hinnehmen. Aber: Genauso wie es Gründe für eine Kündigung geben muss, muss auch derjenige, der sich dagegen wehren will, gute Argumente haben.*

   Rollenspiel: *Bilden Sie drei Schülergruppen, die folgende Rollen einnehmen:*

   Gruppe A: Chefin, die die Kündigung zu begründen hat.

   Gruppe B: Auszubildende, die gegen die Kündigung vorgeht.

   Gruppe C: Richterin, die nach der Anhörung ein Urteil zu fällen hat.

   Phase a) *Die Gruppen A und B (es sollten maximal 6 Mitglieder pro Gruppe sein) bestimmen eine Gruppensprecherin, die später die erarbeiteten Argumente vorträgt. In einer Zeit von ca. 20 Minuten erarbeiten Sie Gesichtspunkte, mit denen Sie ihre jeweilige Position möglichst überzeugend untermauern. Die Gruppe C beschäftigt sich damit, welche Fragen die Richterin während der Anhörung an die beiden Gruppen stellen kann, um der „Wahrheit“ auf die Spur zu kommen.*

   Phase b) *Anhörung der beiden Parteien vor dem Richtergremium: Der Redeanteil jeder Partei soll maximal 5 Minuten betragen.*

   Phase c) *Richterspruch mit Begründung durch die Gruppe C*

5 Ausbildung in Schule und Praxis
Die duale Ausbildung zur Zahnmedizinischen Fachangestellten

Ursprünglich dachte Selin, dass sie die Berufsschule freiwillig besuchen könne, weil sie ihre Schulpflicht erfüllt habe. „Denn mit der Schule habe ich doch keinen Vertrag geschlossen", so Selin. „Wichtig ist doch nur, dass die Praxis und der Ausbilder den Ausbildungsplan einhalten und dafür sorgen, dass ich die Prüfung schaffe. Wie ich das mache, ist doch eigentlich egal, oder?"
Selin begann die Ausbildung am 1. August. Der Berufsschulunterricht startete wegen der Sommerferien erst am 29. August. In diesen vier Wochen war Selin in die Handhabung der Telefonzentrale eingewiesen worden und wusste, wie man Kleingeräte sterilisiert. Ein Ausbildungsgespräch hatte aber noch nicht stattgefunden.

Welche Aufgaben sollte eine Zahnmedizinische Fachangestellte in den ersten Monaten der Ausbildung übernehmen?

Die Ausbildung zur Zahnmedizinischen Fachangestellten erfolgt einerseits in der **Praxis** eines niedergelassenen Zahnarztes in kieferorthopädischen, oral- oder kieferchirurgischen Praxen oder in einer Zahnklinik und andererseits in der **Berufsschule**.
Diese gleichzeitige Ausbildung in Praxis **und** Berufsschule wird als **„duale Ausbildung"** bezeichnet.

Das „duale" System

Lernort Praxis

Lernort Berufsschule

Auszubildende	← Grundlagen der Ausbildung →	Berufsschüler
Berufsausbildungsvertrag		Berufsschulpflicht
Ausbildungsverordnung		Lehrpläne
Berufsbildungsgesetz		Schulgesetz der Länder

Die Zahnärztekammer ist zuständig für die Berufsausbildung.

- Sie erteilt die Berechtigung zum Einstellen und Ausbilden (§§ 20-24 BBiG)
- Sie ist verantwortlich für die Prüfungen (§§ 34-43 BBiG)
- Sie bietet berufliche Fortbildung und Umschulung an (§§ 46-47 BBiG)
- Sie regelt und überwacht die Berufsausbildung (§§ 44-45 BBiG)

5.1 Ausbildung in der Praxis

5.1.1 Ausbildungsplan

Der Ausbildungsrahmenplan, der in der Ausbildungsordnung enthalten ist, beschreibt die Fertigkeiten und Kenntnisse, die der/die ausbildende Zahnarzt/Zahnärztin in der Praxis vermitteln müssen. Damit bildet er die Grundlage für den in der Arztpraxis zu erstellenden Ausbildungsplan.

Vor Beginn der Ausbildung stellt jede(r) ausbildende Zahnarzt Zahnärztin Überlegungen an, welche Ausbildungsinhalte am zweckmäßigsten an welchem Ausbildungsplatz und zu welchem Zeitpunkt vermittelt werden sollen. Diese Überlegungen werden mithilfe des Ausbildungsplans dokumentiert. Dabei sind eventuelle „betriebspraktische Besonderheiten" und andere Tatbestände, die eine Abweichung vom Ausbildungsrahmenplan rechttertigen, zu berücksichtigen.

Der Ausbildungsplan hat die Aufgabe, dem Ausbildenden jederzeit die Überprüfung zu ermöglichen, ob die bis zu einem bestimmten Zeitpunkt vorgesehenen Lernziele erreicht sind.

5.1.2 Inhalte

1. Der Ausbildungsbetrieb
- Stellung der Zahnarztpraxis im Gesundheitswesen
- Organisation, Aufgaben, Funktionsbereiche und Ausstattung des Ausbildungsbetriebes
- Gesetzliche und vertragliche Regelungen der zahnmedizinischen Versorgung
- Berufsausbildung, Arbeits- und Tarifrecht
- Sicherheit und Gesundheitsschutz bei der Arbeit
- Umweltschutz

2. Durchführen von Hygienemaßnahmen
- Infektionskrankheiten
- Maßnahmen der Arbeits- und Praxishygiene

3. Arbeitsorganisation, Qualitätsmanagement
- Arbeiten im Team
- Qualitäts- und Zeitmanagement

4. Kommunikation, Information und Datenschutz
- Kommunikationsformen und -methoden
- Verhalten in Konfliktsituationen
- Informations- und Kommunikationssysteme
- Datenschutz und Datensicherheit

5. Patientenbetreuung

6. Grundlagen der Prophylaxe

7. Durchführen begleitender Maßnahmen bei der Diagnostik und Therapie unter Anleitung und Aufsicht des Zahnarztes
- Assistenz bei der zahnärztlichen Behandlung
- Röntgen und Strahlenschutz

8. Hilfeleistungen bei Zwischenfällen und Unfällen

9. Praxisorganisation und -verwaltung
- Praxisabläufe
- Verwaltungsarbeiten
- Rechnungswesen
- Materialbeschaffung und -verwaltung

10. Abrechnung von Leistungen

5.2 Ausbildung in der Berufsschule

Der fachbezogene Unterrichtsstoff ist in einem **„Rahmenlehrplan“** in 13 Lernfelder aufgeteilt (siehe auch die Gliederung dieses Buches). In ihnen sind betriebswirtschaftliche (kaufmännische/verwaltende), zahnmedizinische und Inhalte aus dem Abrechnungswesen vertreten. Daneben kann in der Berufsschule noch Politik, Deutsch (Kommunikation), eine Fremdsprache und/oder Rechnen usw. angeboten werden.

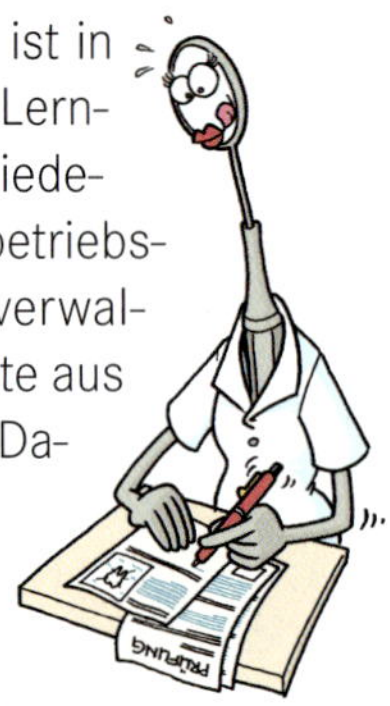

Der Rahmenlehrplan wird durch die ständige Konferenz der Kultusminister der Länder (KMK) beschlossen. Die Bundesländer übernehmen den Rahmenlehrplan unmittelbar oder setzen ihn in eigene Lehrpläne um. Kaufmännische Inhalte sowie die der zahnmedizinischen Fachkunde und des Abrechnungswesens sind seit 2001 erstmals in den einzelnen Lernfeldern integriert.

5.3 Prüfungen

Zur Halbzeit der dreijährigen Ausbildung wird durch die **Zwischenprüfung** der bisher vermittelte Wissensstoff kontrolliert. Am Ende der Ausbildung erfolgt eine schriftliche und mündlich-praktische **Abschlussprüfung** vor einem Prüfungsausschuss der entsprechenden Zahnärztekammer. Bei guten Leistungen ist die Teilnahme an der Prüfung schon nach 2½ Jahren möglich.

Arbeitsaufträge

1. *Was versteht man unter dem „dualen Ausbildungssystem“?*
2. *Diskutieren Sie die Erwartungen, die Sie an den Berufsschulbesuch stellen.*
3. *Nennen Sie den Unterschied, der zwischen Voll- und Minderjährigen für den Nachmittag nach dem Berufsschulunterricht besteht.*
4. *Welche Schlüsse ziehen Sie aus dem Text „Die Anforderungen steigen“ (Kap. 3.2, S. 38)?*

6 Sicherheit geht vor
Arbeitssicherheit und Arbeitsschutz

Lucia Fernandez hat mit ihren 3 Ausbildungsjahren schon einiges an Routine gewonnen. Das gilt auch für die Vorbereitung und Assistenz bei einer Zahnextraktion.
Werner Müller, ein langjähriger Patient, sitzt heute Morgen auf dem Stuhl und hofft, bald von einem schmerzenden Backenzahn befreit zu werden. Zwei Schmerzinjektionen sind erforderlich, bevor Frau Dr. Heilmann mit dem Extrahieren des Zahns beginnen kann. Alles verläuft ohne Komplikationen. Die Zahnärztin verabschiedet sich von ihrem Patienten, der mit einem gequälten Lächeln erklärt, froh darüber zu sein, diese „moderne Form einer Folterkammer" wieder verlassen zu dürfen.

aus: BGW (Hrsg.), extrablatt, Stand Januar 1999, S. 4

„Eigentlich war die Sache für mich klar: Kanüle von der Zylinderampullenspritze entfernen und in einem speziellen Behälter entsorgen."

Nun ist Lucia gefordert: Desinfektion und Reinigung des Behandlungsplatzes und der Instrumente müssen zügig erledigt werden. Und dann passiert es: Die gebrauchte Injektionskanüle ist von der Zylinderampullenspritze abzuschrauben und zu entsorgen. Anstatt aber den gefahrlosen Entsorgungsbehälter im angrenzenden Behandlungsraum zu verwenden, fängt Lucia selbst an zu schrauben. Ein Moment Unaufmerksamkeit und Leichtsinn werden sofort bestraft: Die sich plötzlich lösende Kanüle durchsticht ihren Schutzhandschuh. Die kleine punktförmige Blutung an ihrem Handballen ist dabei das geringste Übel. Nach einer Schrecksekunde und einem kräftigen Fluch denkt die immer noch verdutzte Lucia: „Ich Kamel, hoffentlich habe ich mich nicht infiziert!"

- *Welche Gefahren für Sicherheit und Gesundheit bestehen in Zahnarztpraxen?*
- *Wie sieht ein berufsbezogener Arbeitsschutz aus?*

Gefahrenbezeichnung	Gefahrensymbol	Art der Gefahren	Stoff- und Produktbeispiele
Sehr giftig (T+) Giftig (T)		Sehr giftige und giftige Stoffe und Zubereitungen können schon in kleinen Mengen beim Einatmen, Verschlucken oder bei Berührung mit der Haut schwere Gesundheitsschäden hervorrufen oder zum Tode führen. Als „giftig“ gekennzeichnete Zubereitungen können auch Krebs erzeugend, Erbgut verändernd und Leibesfrucht schädigend sein.	Quecksilber Methanol Formaldehyd
Gesundheitsschädlich (Xn)		Gesundheitsschäden können durch Einatmen, Verschlucken oder durch Aufnahme über die Haut entstehen. Als „gesundheitsschädlich“ gekennzeichnete Zubereitungen können auch sensibilisierend durch Einatmen wirken.	Abformmaterialien Instrumentendesinfektionsmittel Flächendesinfektionsmittel
Hochentzündlich (F+) Leicht entzündlich (F)		Hochentzündliche Stoffe und Zubereitungen können bereits bei Temperaturen unter 0° C brennen. Leicht entzündliche Stoffe und Zubereitungen können bei Raumtemperatur in Brand geraten.	Kunststoffe, die in der Praxis angemischt werden Händedesinfektionsmittel Aceton
Brandfördernd (O)		Für den Brennvorgang muss eine Zündquelle vorhanden sein. Wenn ein brandfördernder Stoff (mit hohem Sauerstoffanteil) vorhanden ist, wird der Brandvorgang erheblich beschleunigt.	Peroxide (zum Beispiel Wasserstoffperoxid, 60 %ig)
Ätzend (C)		Ätzende Substanzen verursachen schwere Schäden am lebenden Gewebe und greifen auch andere Stoffe an. Reaktion kann auf vorhandene Feuchtigkeit oder Nässe zurückzuführen sein.	Rohrreiniger, Entkalker Wasserstoffperoxid (30 %ig) Reinigungsmittel für Geschirrspülmaschinen
Reizend (Xi)		Wiederholte Berührung mit Reizstoffen führt zu Haut- und Schleimhautentzündungen. Als „reizend“ gekennzeichnete Zubereitungen können auch sensibilisierend durch Hautkontakt wirken.	Kunststoffe, die in der Praxis angemischt werden Desinfektionsmittel Röntgenfilmentwickler und -fixierer

6.3 Infektions- und Hautschutz in Zahnarztpraxen

Infektions- und Hautkrankheiten kommen leider in Zahnarztpraxen gar nicht so selten vor. Zu den häufigsten Infektionskrankheiten gehören Hepatitis und Tuberkulose, wobei Hepatitis B wegen ihrer Häufigkeit an erster Stelle steht. Die Infektionswege bei Hepatitis sind der direkte Blutkontakt (z. B. durch Stich- oder Schnittverletzungen), Infektionen über rissige Haut, Schmierinfektionen über verletzte Schleimhaut (Mund, Nase, Augen), wenn Blut verspritzt wird. Infektionen erfolgen in Zahnarztpraxen häufig über:

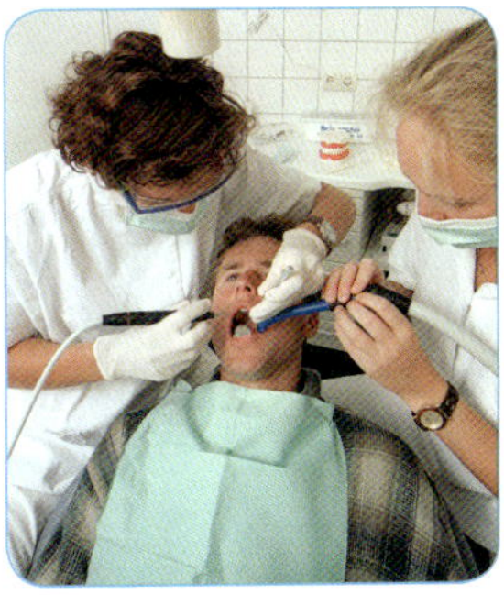

- die Hände der behandelnden Personen,
- die an Patienten verwendeten Instrumente und Hilfsmittel,
- die schlauchgebundenen Instrumente wie z. B. Mehrfunktionsspritzen,
- Kühl- und Spülwasser aus dem Behandlungsgerät.

Um den Infektions- und sonstigen gesundheitlichen Gefahren in medizinischen Berufen entgegenzuwirken, hat die Berufsgenossenschaft für Gesundheitsdienste und Wohlfahrtspflege Unfallverhütungsvorschriften erlassen:

Beispiele aus der Unfallverhütungsvorschrift BGR 250

- „Nach Patientenkontakt und nach Kontakt mit infektiösem oder potenziell infektiösem Material ist vor Verlassen des Arbeitsbereichs eine hygienische Handdesinfektion durchzuführen.“
- „Bei Tätigkeiten, die eine hygienische Händedesinfektion erfordern, dürfen an Händen und Unterarmen keine Schmuckstücke, Uhren und Eheringe getragen werden.“
- „Beim Umgang mit benutzten Instrumenten und Geräten sind Maßnahmen zu ergreifen, die eine Verletzungs- und Infektionsgefahr minimieren.“

Praxistipp

Vorschriften zur Unfallverhütung enthalten wichtige Informationen. Sie sollten daher unbedingt bei der Berufsgenossenschaft angefordert oder über das Internet ausgedruckt werden. Adresse: Berufsgenossenschaft für Gesundheitsdienst und Wohlfahrtspflege, Pappelallee 35/37, 22089 Hamburg.

→ www.bgw-online.de

Checklisten dienen dazu, die Arbeitssicherheit in einer Zahnarztpraxis zu erhöhen. Einige Regeln zum Infektionsschutz in Zahnarztpraxen finden Sie auf der folgenden Seite.

Arbeitsaufträge

1. *Machen Sie einen Sicherheitscheck Ihres Arbeitsplatzes anhand der auf der folgenden Seite abgedruckten Liste. (Bitte keine Eintragungen im Buch vornehmen.)*
2. *Welche Aufsichtsdienste sind für den Arbeitsschutz zuständig?*
3. *Beschreiben Sie die Infektionswege von Hepatitis in einer Zahnarztpraxis.*
4. *Was ist ein Sicherheitsdatenblatt und welche Angaben enthält es?*
5. *Überprüfen Sie, ob ein Gefahrenstoffverzeichnis in Ihrer Praxis vorhanden ist und informieren Sie sich über seinen Inhalt.*
6. *Ein jugendlicher Patient ist erstaunt, dass Sie und Ihr Chef bei der Arbeit Schutzhandschuhe und eine Schutzbrille tragen. Klären Sie den Patienten über die Gründe auf.*

Checkliste – Regeln zum Infektionsschutz (BGW)

Hygieneplan/Unterweisung

1 Für jede Zahnarztpraxis muss ein Hygieneplan aufgestellt werden. ☐
2 Alle Mitarbeiter müssen mindestens einmal jährlich in der Anwendung der notwendigen Schutzmaßnahmen unterwiesen werden. ☐
3 Maßnahmen zum Hautschutz berücksichtigen ☐

Händehygiene

4 Desinfizieren nach jedem Patienten ☐
5 Hautschonende Präparate nach den Angaben im Hygieneplan nur aus Direktspendern entnehmen ☐
6 Hände regelmäßig eincremen – vor allem in den Pausen, nach Arbeitsschluss und zu Hause ☐
7 Handtücher zum einmaligen Gebrauch verwenden ☐
8 Keine Stückseife, keine Gemeinschaftshandtücher, keine Nagelbürsten verwenden ☐
9 Keinen Schmuck an Armen und Händen bei der Arbeit tragen ☐

Persönliche Schutzausrüstung

10 Bei der Arbeit Schutzkleidung tragen – für Reinigung, Desinfektion und Instandhaltung muss der Unternehmer sorgen. ☐
11 Schutzkleidung nicht mit nach Hause nehmen ☐
12 Bei möglichem Kontakt mit Blut oder Speichel dünnwandige, flüssigkeitsdichte Handschuhe tragen ☐
13 Bei Arbeiten unter Sprayanwendung Mund-Nasen-Maske und Schutzbrille mit Seitenschutz tragen ☐
14 Beim Umgang mit Instrumenten- und Flächendesinfektionsmitteln feste, chemisch resistente Schutzhandschuhe tragen ☐

Instrumentenwartung

15 Instrumentenwartung nach den Anweisungen im Hygieneplan durchführen ☐
16 Benutzte Instrumente zuerst desinfizieren – dann reinigen ☐
17 Nach Möglichkeit im Thermodesinfektor desinfizieren ☐
18 Beim Abspülen der Instrumente nach der Desinfektion feste Schutzhandschuhe tragen ☐
19 Dosierhilfen und Instrumentenzangen verwenden ☐
20 Beim Umgang mit Desinfektionsmitteln Betriebsanweisungen beachten ☐

Abdrücke und Zahnersatz

21 Abdrücke und Zahnersatz vor der weiteren Bearbeitung oder Fremdvergabe nach den Anweisungen im Hygieneplan desinfizieren ☐

Absauganlage

22 Desinfektion und Reinigung der Absauganlage nach der Anweisungen im Hygieneplan durchführen ☐
23 Beim Ansetzen der desinfizierenden Reinigungsflüssigkeit Schutzhandschuhe und Schutzbrille tragen ☐
24 Beim Wechseln der Filter Schutzhandschuhe tragen ☐
25 In Praxisräumen immer staubbindende Reinigungsverfahren (Feuchtreinigung) durchführen ☐
26 Unnötiges Sprühen vermeiden – nach Möglichkeit wischen ☐
27 Einwirkungszeiten der Desinfektionsmittel beachten ☐

Abfallentsorgung

28 Scharfe, spitze und zerbrechliche Gegenstände in durchstichsicheren und bruchfesten Gefäßen sammeln und diese verschlossen in den Abfall geben ☐
29 Schutzhüllen nicht auf Kanülen zurückstecken – oder Hilfsmittel zum gefahrlosen Zurückstecken ohne Zuhilfenahme der Finger verwenden ☐

Medizinische Maßnahmen

30 Regelmäßig arbeitsmedizinische Vorsorgeuntersuchungen (Erst- und Nachuntersuchungen) von einem ermächtigten Arzt durchführen lassen ☐
31 Möglichkeiten zur Immunisierung zur eigenen Sicherheit nutzen – entsprechende Maßnahmen müssen vom Zahnarzt kostenlos angeboten werden. ☐

→ FK LF 3, Kap. 3

7 Reden ist Silber – Schweigen ist Gold

Die Schweigepflicht als besondere Pflicht der Zahnmedizinischen Fachangestellten

„Das darf ich Ihnen nicht sagen."

Dienstag, 15:33 Uhr – das Telefon in der Zahnarztpraxis Dr. Heilmann klingelt. „Praxis Dr. Heilmann, Fernandez am Apparat, was kann ich für Sie tun?", sagt Lucia.

Am Telefon meldet sich ein Herr Müller, Neu-Markt, Kassel.

„Ich hab da eine Frage", beginnt er gleich, „ist eine Frau Petra Schleicher heute in Ihrer Praxis erschienen? Das ist meine Auszubildende."

Nachdem Lucia im Terminbuch nachgesehen hat, meldet sie sich wieder:

„Das muss ich aber wissen ..."

„Ja, Herr Müller, Frau Schleicher sitzt im Wartezimmer, sie wird etwa in 15 Minuten zur Behandlung aufgerufen."

„Hat sie denn wirklich starke Zahnschmerzen oder ist sie nur zur Zahnsteinentfernung oder zum Nachsehen da?", will Müller weiter wissen.

„Das darf ich Ihnen nicht sagen", antwortet Lucia.

„Das muss ich aber wissen", besteht Müller, der offensichtlich sehr gereizt ist, auf seinem „Recht", „schließlich bin ich ihr Ausbilder und sie hat nun schon den dritten Dienstag immer nach der sechsten Berufsschulstunde Zahnschmerzen. Mir fehlt sie hier im Laden."

Herr Müller lässt nicht locker. Zahnarztbesuche könnten an ihrem freien Nachmittag erfolgen und nicht während der Arbeitszeit. Wenn man starke Zahnschmerzen habe, dann wäre das verständlich, doch er habe das Gefühl, Frau Schleicher wolle sich vor der Arbeit drücken.

„Habe ich jetzt etwas Falsches gesagt?"

„Warum sitzt die denn eigentlich im Wartezimmer, wenn sie starke Schmerzen hat, das kann doch nicht sein, dass man sie in ihrer Praxis dann warten lässt?", fragt er weiter. Lucia sucht nach einer Antwort, doch der aufgebrachte Herr Müller spricht gleich weiter. „Also, wie ist das nun mit den Zahnschmerzen", herrscht er Lucia an. Eingeschüchtert schaut diese in die Karteikarte und antwortet: „Ob sie starke Schmerzen hat, kann ich nicht sagen, aber sie ist angemeldet zur Kontrolle ihrer Zahnspange ..."

„... das reicht mir", unterbricht Herr Müller Lucia, „Sie haben mir sehr geholfen, den Schwänzern muss das Handwerk gelegt werden ..." Lucia wird bleich, hat sie jetzt etwas Falsches gesagt?

- *Welche Tatsachen fallen unter die Schweigepflicht einer ZFA?*
- *Gibt es Ausnahmen von dieser Schweigepflicht?*

7.1 Die Schweigepflicht – Grundlage der Praxisarbeit

Für jedes Zahnarzt-Patienten-Verhältnis ist die Wahrung des Patientengeheimnisses durch den Arzt unentbehrliche Grundlage. Nur wenn sich ein Patient darauf verlassen kann, dass die dem Arzt anvertrauten persönlichen, familiären und beruflichen Daten vertraulich behandelt werden, wird er bereit sein, auch Auskünfte aus seiner Intimsphäre zu geben. Vollständige und wahrheitsgemäße Angaben sind aber häufig nötig, damit der Arzt eine richtige Diagnose stellen und die Ergebnisse der Behandlung zutreffend bewerten kann.

Unter die Schweigepflicht der Zahnarztpraxis fallen insbesondere:

- Name und persönliche Daten der Patienten,
- Angaben über die wirtschaftlichen Verhältnisse der Patienten,
- der Grund der Behandlung,
- Aufzeichnungen der Zahnärzte,
- schriftliche oder mündliche Mitteilungen der Patienten,
- Untersuchungsbefunde, Röntgenaufnahmen usw.

Die Schweigepflicht gilt auch gegenüber

- Familienangehörigen der Patienten,
- Arzt- u. Zahnarztkollegen, die nicht an der Behandlung beteiligt sind,
- Arbeitgebern von Patienten,
- Familienangehörigen oder Bekannten der Zahnärzte bzw. der Fachangestellten.

7.2 Schweigepflicht und Datenschutz

Der Umgang mit persönlichen Daten steht im Mittelpunkt der Arbeit in jeder Arztpraxis. Dies beginnt bei der Aufnahme neuer Patienten, der Führung einer Patientenkartei und der Abfassung von medizinischen Berichten. Oberstes Gebot der täglichen Arbeit in der Praxis ist, dass Unbefugte keinen Einblick in diese persönlichen Patientendaten nehmen dürfen. Schon beim Telefonieren muss eine Zahnmedizinische Fachangestellte darauf achten, dass ihr Gespräch nicht von anderen Patienten, die sich zufällig im Empfangsbereich befinden, mitverfolgt wird. Grundsätzlich gilt, dass der Empfang immer besetzt sein muss, solange sich Patienten in den Praxisräumen befinden. Sollte dies ausnahmsweise einmal nicht der Fall sein, müssen alle Unterlagen, Stempel, Formulare und Karteikarten gesichert werden.

Merke: **§ 203 Strafgesetzbuch (StGB)**

1. Wer unbefugt ein zum persönlichen Lebensbereich gehörendes Geheimnis, das ihm als ... Arzt ... bekannt geworden ist, weitergibt, wird mit Freiheitsstrafe bis zu einem Jahr oder mit Geldbuße bestraft ...
2. Den in Abs. 1 Genannten stehen ihre berufsmäßig tätigen Gehilfen und die Personen gleich, die bei ihnen zur Vorbereitung auf den Beruf tätig sind ...

Selbstverständlich darf eine Zahnmedizinische Fachangestellte nichts von dem, was sie in der Praxis erfährt, unbefugten Dritten und auch nicht ihren eigenen Angehörigen erzählen.

Ist der Zahnarzt/die Zahnärztin von einem Patienten von der Schweigepflicht entbunden worden, gilt dies **nicht** automatisch für die Zahnmedizinische Fachangestellte. Die Schweigepflicht gilt auch über den Tod eines Patienten hinaus.

Drei Beispiele aus der Praxis:

- Das Vorlegen der Krankenversicherungskarte darf nicht mit einer (für Unbefugte lesbaren) Postkarte, sondern muss im geschlossenen Umschlag angemahnt werden.
- Die Rechnung (Liquidation) für die Behandlung einer Patientin darf z. B. nicht deren Ehemann übersandt werden, auch wenn die Privatversicherung unter seinem Namen abgeschlossen wurde.
- Telefonische und mündliche Auskünfte über die Anwesenheit eines Patienten in einer Praxis dürfen an Dritte (auch an Verwandte) nur mit Einverständnis des Patienten gegeben werden.

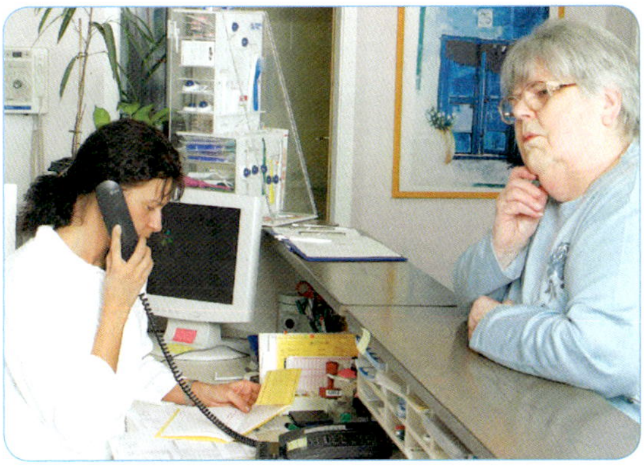

Folgende Regelungen sollten in einer Praxis unbedingt eingehalten werden:

- **Erhebungen der Personalien** von neuen Patienten nicht im Beisein anderer Patienten!
- **Sicherung der Karteikarte, Stempel** und **Formulare** auch bei nur kurzfristiger Abwesenheit am Empfang!
- **Telefongespräche** so führen, dass wartende Patienten nicht mithören können!
- **Bildschirme** so einrichten, dass Patienten diese nicht einsehen können! Zugang zum Computer mit Codes versperren!
- **Sprechzimmer und Untersuchungsräume** können zwar nie ganz schalldicht sein, aber es ist dafür zu sorgen, dass wartende Patienten keine Arztgespräche mithören können!
- **Mahnungen** jeglicher Art (z. B. Anforderungen der Vorlage von Chipkarten oder Mahnungen bei Privatliquidationen) dürfen nicht mit einer Postkarte erfolgen. Wenn bei Privatpatienten nicht direkt, sondern über eine Verrechnungsstelle liquidiert werden soll, muss der Patient damit einverstanden sein!
- **Papierabfälle** mit Patientendaten gehören in den Reißwolf!
- Bei einem **Eigentümerwechsel** der Zahnarztpraxis dürfen die bisherigen Patientendaten nur mit deren Einverständnis weitergegeben werden!

7.3 Entbindung von der Schweigepflicht

Folgende Möglichkeiten der Entbindung von der Schweigepflicht gibt es:

- Durch die Patienten selbst:
  Beispiele:
  - Die Schwiegertochter begleitet ihre 80-jährige Schwiegermutter beim Praxisbesuch.
  - Eine Patientin redet in einer offenen Anmeldung so laut, dass andere Patienten das Gespräch gut mithören können.
- Bei Minderjährigen gegenüber ihren Erziehungsberechtigten
  Beispiel: einem 13-Jährigen, der allein zur Behandlung kam, muss eine Zahnspangenbehandlung dringend empfohlen werden.
  Bei Minderjährigen über 14 Jahren muss das Geheimhaltungsinteresse auch gegenüber den Eltern respektiert werden. Beispiel: Der abgebrochene Zahn eines 17-Jährigen resultierte aus einer Schlägerei.
- Durch mutmaßliche Einwilligung des Patienten
  Beispiel: Nach einem Unfall ruft ein Notarzt an und erkundigt sich über den Zustand des Bewusstlosen.
- Durch rechtfertigenden Notstand
  Beispiele:
  - Benachrichtigung der Polizei über das Gebiss eines Ermordeten
  - Benachrichtigung des Jugendamtes bei dem Verdacht auf Kindesmisshandlung
- Durch gesetzliche Meldepflicht
  Beispiel: Das Infektionsgesetz schreibt die Meldung übertragbarer Krankheiten vor.

Arbeitsaufträge

1. *Welche Folgen können aus Lucias Auskunft (siehe S. 55) entstehen?*
2. *Wie hätte sie sich verhalten müssen?*
3. *Eine offensichtlich schwerhörige Patientin spricht mit Ihnen an der Anmeldung sehr laut über ihre Probleme mit dem Gebiss. Sie versteht Sie sehr schlecht. Wie verhalten Sie sich?*
4. *Welche Ausnahmeregelungen der zahnärztlichen Schweigepflicht gibt es und warum sind diese notwendig?*
5. *Eine Mutter kommt mit einem verängstigten 4-jährigen Kind in die Praxis. Sie gibt an, dass es beim Spielen gefallen sei und sich so zwei Schneidezähne ausgeschlagen habe. Es besteht jedoch im Praxisteam der dringende Verdacht, dass dies durch Prügel geschehen ist. Wie verhalten Sie sich?*
6. *Führen Sie an Lucias Stelle ein Telefongespräch mit Herrn Müller, in dem Sie Ihren Standpunkt höflich darlegen. Eine Mitschülerin übernimmt die Rolle von Herrn Müller.*
7. *Rollenspiel: Ein Schüler war von 8:00 Uhr bis 9:30 Uhr in Ihrer Praxis zur Behandlung. Er fehlte an diesem Schultag ganz. Am nächsten Tag legte er in der Schule eine von Ihnen ausgestellte Bescheinigung über den Praxisbesuch vor.*

   Am darauf folgenden Tag ruft eine Lehrerin an und fragt, ob dieser Praxisbesuch zu dieser Zeit dringend notwendig gewesen sei. Der Schüler hätte während dieser Zeit eine Mathematikarbeit nachschreiben müssen, die er beim ersten Mal schon wegen Übelkeit versäumt habe. Diese Information sei sehr wichtig, da der Schüler sonst wegen „Leistungsverweigerung" die Note „Ungenügend" bekäme. Er würde dann wohl nicht versetzt werden. Außerdem sei der Schüler gegen 11:00 Uhr am Behandlungstag in der Stadt gesehen worden.

   Zahnmedizinische Fachangestellte: Erklären Sie der Lehrerin Ihren Standpunkt.
8. *Datenschutz in einer Zahnarztpraxis ist ein sehr umfangreiches Thema. Trainieren Sie Ihr Wissen, indem jede von Ihnen einen Begriff, der mit dem Bereich des Datenschutzes in Zusammenhang zu bringen ist, auf ein Blatt schreibt.*

   Die „Zettel" werden eingesammelt. Jeweils ein Begriff wird danach vorgelesen und ist von einer Schülerin zu beantworten. Die Reihenfolge kann sich nach dem Alphabet oder nach einem anderen Schema richten.

8 Warum Sie besonders geschützt werden
Das Jugendarbeitsschutzgesetz (JArbSchG)

Zwei Auszubildende zur Zahnmedizinischen Fachangestellten unterhalten sich:
Lucia Fernandez, 20 Jahre
Melanie Görke, 17 Jahre
Melanie: Kommst du nach der Schule noch mal mit zum Italiener?
Lucia: Nein, das geht nicht. **Melanie:** Mensch, da ist immer was los, da kommen doch fast alle hin – und auch die Jungs vom Gymnasium, da sind ein paar ganz süße dabei ... **Lucia:** Mag sein, aber ich kann nicht, es ist unser zweiter Berufsschultag und da muss ich nach der Schule in die Praxis ... **Melanie:** Ich nicht, solltest mal bei meinem Chef arbeiten ... **Lucia:** Das liegt doch nicht am Chef, ich bin volljährig und du noch nicht, das ist der Grund!

- *Warum gibt es ein besonderes Arbeitsschutzgesetz für Jugendliche?*
- *Welche Rechte haben Arbeitnehmer/-innen, die noch nicht volljährig sind?*

Jugendliche, die in einer Berufsausbildung stehen oder als Arbeitnehmer beschäftigt sind, sollen durch das Jugendarbeitsschutzgesetz vor Überforderung, Überbeanspruchung und Gefährdung am Arbeitsplatz geschützt werden. Dabei bleibt innerhalb der gesetzlich festgelegten Rahmenbedingungen ein gewisser Spielraum, der eine Anpassung an die jeweilige betriebliche Praxis erlaubt.
Als Mindestalter für die Beschäftigung Jugendlicher legt das Gesetz das 15. Lebensjahr fest. Die Beschäftigung von Kindern (unter 13 Jahren) ist grundsätzlich verboten.

Jugendliche Auszubildende müssen vor Beginn der Ausbildung eine Erstuntersuchung und nach einem Jahr eine Nachuntersuchung machen lassen.
Auch bezüglich der Anrechnung des Berufsschulbesuchs gelten für Jugendliche besondere Bestimmungen, die nicht auf volljährige Auszubildende übertragbar sind. → LF 1, Kap. 5

Zusammenfassung Jugendarbeitsschutzgesetz:

Geltungsbereich	Arbeitszeit	Beschäftigungsverbote
Ausbildung und Beschäftigung von Jugendlichen unter 18 Jahren	– 40 Stunden in der Woche, bis zu 8½ Stunden am Tag – 5-Tage-Woche – Schichtzeit (Arbeitszeit und Pausen) höchstens 10 Stunden am Tag – Arbeitsbeginn ab 6 Uhr, Arbeitsschluss spätestens 20 Uhr – Ruhepausen – Verbot der Samstags- und Sonntagsarbeit – Jahresurlaub	– Kinderarbeit – Akkordarbeit – Gefährliche Arbeiten – Arbeiten unter Tage

§ 9 JArbSchG Berufsschule

(1) Der Arbeitgeber hat den Jugendlichen für die Teilnahme am Berufsschulunterricht freizustellen. Er darf den Jugendlichen nicht beschäftigen
   1. vor einem vor 9 Uhr beginnenden Unterricht; dies gilt auch für Personen, die über 18 Jahre alt und noch berufsschulpflichtig sind,
   2. an einem Berufsschultag mit mehr als fünf Unterrichtsstunden von mindestens je 45 Minuten, einmal in der Woche

...

(2) Auf die Arbeitszeit werden angerechnet
   1. Berufsschultage nach Absatz 1 Nr. 2 mit acht Stunden,
   2. Berufsschulwochen nach Absatz 1 Nr. 3 mit 40 Stunden,
   3. im Übrigen die Unterrichtszeit einschließlich der Pausen.

(3) Ein Entgeltausfall darf durch den Besuch der Berufsschule nicht eintreten.

...

Praxistipp

Das komplette Gesetz finden Sie unter: http://www.gesetze-im-internet.de/bundesrecht/jarbschg/gesamt.pdf

§ 11 JArbSchG Ruhepausen

(1) Jugendlichen müssen im Voraus feststehende Ruhepausen von angemessener Dauer gewährt werden. Die Ruhepausen müssen mindestens betragen:
   1. 30 Minuten bei einer Arbeitszeit von mehr als viereinhalb bis sechs Stunden,
   2. 60 Minuten bei einer Arbeitszeit von mehr als sechs Stunden. Als Ruhepause gilt nur eine Arbeitsunterbrechung von mindestens 15 Minuten.

(2) Länger als viereinhalb Stunden hintereinander dürfen Jugendliche nicht ohne Ruhepausen beschäftigt werden.

§ 16 JArbSchG Samstagsruhe

(2) Zulässig ist die Beschäftigung Jugendlicher an Samstagen nur
   1. in Krankenanstalten sowie in Alten-, Pflege- und Kinderheimen, ...
   10. im ärztlichen Notdienst ...

   Mindestens zwei Samstage im Monat sollen beschäftigungsfrei bleiben.

(3) Werden Jugendliche am Samstag beschäftigt, ist ihnen die 5-Tage-Woche (§ 15) durch Freistellung an einem anderen berufsschulfreien Arbeitstag derselben Woche sicherzustellen. Diese Regelungen gelten auch für die Beschäftigung Jugendlicher an Sonntagen.

Arbeitsaufträge

1. *Warum gibt es für Lucia und Melanie (siehe S. 59) unterschiedliche Regelungen bezüglich der Zeit nach dem Berufsschulbesuch?*
2. *Erklären Sie die Regelung für Jugendliche, wenn der Berufsschulunterricht auf zwei Tage pro Woche verteilt ist.*
3. *Wie sind die Pausen nach dem JArbSchG geregelt?*
4. *Diskutieren Sie darüber, ob es sinnvoll und gerecht ist, dass jugendliche Auszubildende besonders geschützt werden, die volljährigen Auszubildenden aber nicht.*

9 Sicherheit für Arbeitnehmer

Weitere soziale Arbeitsschutzbestimmungen in der Ausbildung und im Beruf

9.1 Was „frau" wissen sollte

Das Mutterschutzgesetz

Die 28-jährige ZFA Saskia Schultz ist im 7. Monat schwanger und steht kurz vor Beginn des Mutterschutzes. Da sie sich - wie sie selbst sagt - „rundherum pudelwohl und topfit" fühlt, bittet sie ihren Chef, auch während des Mutterschutzes noch ein bisschen in der Praxis helfen zu dürfen. „Schwer heben darf ich zwar nicht mehr, aber Rechnungen schreiben oder Zahlungseingänge kontrollieren, das ist doch kein Problem", so Saskia und ergänzt: „Hausarbeit muss ich ja schließlich auch machen ... oder ist dafür jetzt nur mein Mann zuständig?"

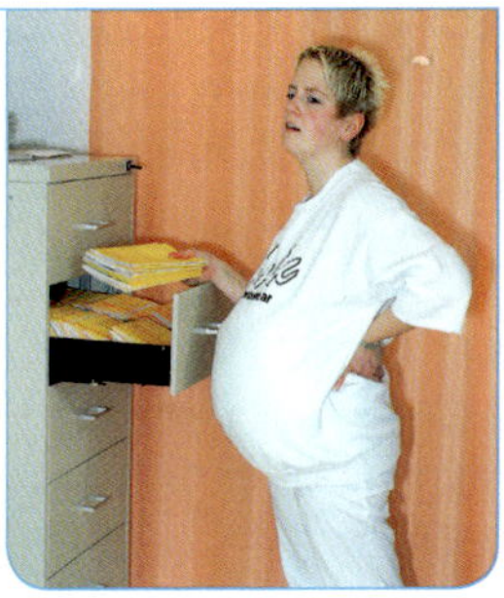

Ist es tatsächlich erlaubt, dass Saskia auf eigenen Wunsch nach Beginn der Mutterschutzfrist in der Praxis mithilft, oder welche Regelungen sieht das Mutterschutzgesetz hier vor?

Durch die Beachtung und Einhaltung der Vorschriften dieses Gesetzes soll die im Beschäftigungsverhältnis stehende Frau vor Gefahren, Überforderungen und Gesundheitsschädigungen am Arbeitsplatz (u. a. Beschäftigungsbeschränkungen und -verbote, Schutzfristen und Stillzeiten), vor finanziellen Einbußen (Sicherung der wirtschaftlichen Versorgung) und vor dem Verlust des Arbeitsplatzes (durch den besonderen Kündigungsschutz für die Zeit vor und nach der Schwangerschaft) geschützt werden.

Praxistipp

Auf http://www.bmfsfj.de/BMFSFJ/gesetze,did=3264.html A-Z: „Mutterschutz" finden Sie Tipps unter: „Ausbildung, schwanger - und jetzt? Ein Ratgeber für Schwangere in der Berufsausbildung".

Um keine Schutzrechte zu verlieren, aber auch um dem Arbeitgeber die Möglichkeit zu geben, sich auf den bevorstehenden Arbeitsausfall langfristig einstellen zu können, sollte eine bestehende Schwangerschaft möglichst bald dem Arbeitgeber angezeigt werden. Es entstehen dadurch keine Nachteile. Eine frühzeitige Benachrichtigung dient allen Seiten und schafft Vertrauen.

9.1.1 Keine Auskunftspflicht im Vorstellungsgespräch

Bei der Begründung eines Beschäftigungsverhältnisses dürfen vom Arbeitgeber neu einzustellende Mitarbeiterinnen im Grundsatz nicht mehr nach dem Vorliegen einer Schwangerschaft befragt werden. Das Bundesarbeitsgericht hat die Frage des Arbeitgebers nach dem Bestehen einer Schwangerschaft als unzulässige geschlechtsspezifische Benachteiligung bewertet.

Wird eine solche Frage von der Bewerberin bewusst nicht zutreffend beantwortet, so liegt keine arglistige Täuschung vor. Die spätere Anfechtung des Arbeitsvertrages wäre nicht möglich.

9.1.2 Gestaltung des Arbeitsplatzes und Arbeitszeit

Der Arbeitsplatz muss so eingerichtet sein, dass Leben und Gesundheit der werdenden Mutter geschützt sind. Der Arbeitgeber hat ihr u. a. eine Sitzgelegenheit zum kurzen Ausruhen bereitzustellen. Bei bereits überwiegend sitzend ausgeübten Tätigkeiten muss die werdende Mutter Gelegenheit zu kurzen Arbeitsunterbrechungen erhalten. Außerdem muss ein Liegeraum eingerichtet werden, in dem sie sich nach Bedarf ausruhen kann.

Werdende und stillende Mütter unter 18 Jahren dürfen nicht länger als täglich 8 Stunden beschäftigt werden. Sind Mütter älter als 18 Jahre, dann dürfen sie täglich nicht länger als 8½ Stunden arbeiten.

9.1.3 Beschäftigungsverbote

Bescheinigt ein Arzt, dass Leben oder Gesundheit von Mutter und/oder Kind gefährdet sind, wenn die Mutter weiterarbeiten würde, so darf der Arbeitgeber sie nicht beschäftigen.

Ein Beschäftigungsverbot gilt bei schädlichen Einwirkungen von (Röntgen-)Strahlen, Gasen, Dämpfen. Werdende und stillende Mütter dürfen sich gem. § 22 Abs. 2 Röntgenverordnung nicht im Kontrollbereich aufhalten oder gar dort eingesetzt werden.

Insbesondere dürfen werdende Mütter nicht beschäftigt werden

- nach Ablauf des 5. Monats der Schwangerschaft mit Arbeiten, bei denen sie ständig stehen müssen, soweit diese Beschäftigung täglich 4 Stunden überschreitet;
- mit Arbeiten, bei denen sie infolge ihrer Schwangerschaft in besonderem Maße der Gefahr, an einer Berufskrankheit zu erkranken (z. B. Infektionserkrankungen), ausgesetzt sind oder bei denen durch das Risiko der Entstehung einer Berufskrankheit eine erhöhte Gefährdung für die werdende Mutter oder eine Gefahr für das ungeborene Kind besteht;
- mit Mehr-, Nachtarbeit (zwischen 20:00 und 06:00 Uhr) sowie Sonn- und Feiertagsarbeit.

Eine werdende Mutter darf nicht beschäftigt werden

- 6 Wochen vor der Entbindung (sie kann sich jedoch zur weiteren Arbeitsleistung bereit erklären);
- 8 Wochen (bzw. 12 Wochen bei Früh- oder Mehrlingsgeburten) nach der Entbindung.

Mitteilungspflicht bei Beendigung der Schwangerschaft

Die Beschäftigte ist verpflichtet, den Arbeitgeber, der von ihr über das Bestehen einer Schwangerschaft unterrichtet worden ist, unverzüglich zu informieren, wenn z. B. aufgrund einer Fehlgeburt die Schwangerschaft vorzeitig endet.

9.1.4 Elternzeit

Mutter und Vater eines Kindes haben die Möglichkeit, Elternzeit zu beantragen.

- Bis zu drei Jahre können beide Eltern gleichzeitig Elternzeit nehmen.
- Die von den Eltern allein oder gemeinsam genommene Elternzeit darf insgesamt auf bis zu vier Zeitabschnitte verteilt werden.
- Bis zu 12 Monate Elternzeit können mit Zustimmung des Arbeitgebers auf die Zeit bis zum 8. Lebensjahr des Kindes „aufgespart“ werden (z. B. Elternzeit für das erste Schuljahr des Kindes).

Teilzeitarbeit während der Elternzeit

Jeder Elternteil kann bis zu 30 Std./Woche eine Teilzeitbeschäftigung ausüben, somit beträgt die wöchentliche Arbeitszeit während der Elternzeit für beide Elternteile max. 60 Std./Woche.

9.1.5 Elterngeld

Seit 2007 bekommen alle Eltern bei der Geburt Elterngeld. Es orientiert sich an der Höhe des Nettoeinkommens, das der betreuende Elternteil vor der Geburt bezogen hat. Dabei haben beide Elternteile zusammen Anspruch auf 12 Monate Elterngeld und auf weitere zwei Monate, wenn sie für mindestens zwei Monate ihre Erwerbstätigkeit reduzieren.

Alle Eltern bekommen mindestens 300,00 € Elterngeld. Diese 300,00 € werden nicht auf andere Sozialleistungen angerechnet. Maximal werden 1.800 € Elterngeld pro Monat gezahlt. Für Mehrlinge gibt es darüber hinaus 300,00 € je Mehrling Extra-Elterngeld. Eine Familie mit Zwillingen kann so maximal 2.100 € Elterngeld pro Monat bekommen. Auf Wunsch der Eltern können die monatlichen Elterngeld-Zahlungen halbiert und so die Auszahlungsmonate verdoppelt werden. Das Elterngeld wird nicht versteuert, es wird steuer- und abgabenfrei gewährt. Allerdings wird das Elterngeld bei der Ermittlung des persönlichen Steuersatzes als Einkommen berücksichtigt. Durch diese Maßnahme schöpft der Staat einen Teil des gezahlten Elterngeldes über die Steuererklärung wieder ab.

Praxistipp

Beim Bundesministerium für Familie, Senioren, Frauen, Jugend, Jägerstraße 8/9, 10117 Berlin können Sie folgende beiden kostenlosen Info-Broschüren bestellen:

- Elterngeld und Elternzeit
- Alleinerziehend

Sie können diese aber auch online bestellen oder als PDF downloaden. **www.bmfsfj.de**

9.1.6 Kündigungsschutz

Das Kündigungsverbot für den Arbeitgeber beginnt mit der Schwangerschaft und endet 4 Monate nach der Entbindung.

Ein Kündigungsschutz besteht auch während der Elternzeit. Gekündigt werden kann während der Elternzeit nur bei Ablauf des Beschäftigungsverhältnisses durch Befristung, Aufhebungsvertrag, Ende des Berufsausbildungsverhältnisses oder bei Stilllegung der Praxis des Arbeitgebers.

Ein Ausnahmefall zur Kündigung könnte auch dadurch gegeben sein, dass der Praxisinhaber zur Fortführung der Praxis dringend auf eine qualifizierte Ersatzkraft angewiesen ist, diese aber auf einen unbefristeten Arbeitsvertrag besteht. In diesem Fall muss vorher das Staatliche Amt für Arbeitsschutz eingeschaltet werden.

Praxistipp

Informationen zum Kündigungsschutz für Schwangere erhalten Sie unter http://www.elterngeld.net/elterngeldgesetz.html.

Arbeitsaufträge

1. *Welche Tätigkeiten sind Schwangeren untersagt? Nennen Sie hierfür spezielle Beispiele aus Ihren Praxen.*
2. *Wie lange dauert die Mutterschutzfrist?*
3. *Ihre Freundin plant eine baldige Schwangerschaft. Erklären Sie ihr die Elternzeit.*
4. *Nach der Ausbildung stellen Sie sich in einer anderen Praxis vor. Sie werden nach einer bestehenden Schwangerschaft gefragt. Diskutieren Sie, wie man sich am besten verhalten sollte, wenn man tatsächlich im 2. Monat schwanger ist.*
5. *Diskutieren Sie darüber, ob es sinnvoll ist, dass auch Väter die Elternzeit nehmen können, dass man sich diese teilen kann oder sogar bis zum 8. Lebensjahr des Kindes aufheben kann.*
6. *Welche Ausnahmeregelung gibt es beim Kündigungsschutz im Mutterschutzgesetz. Erklären Sie diese Regelung und interpretieren Sie diese.*

9.2 Nicht einfach rausfliegen

Gut gesichert durch das Kündigungsschutzgesetz

Praxis Dr. Heilmann, 29. September 20.., 08:45 Uhr. Offizieller Beginn der Sprechstunde ist um 09:00 Uhr, deshalb ist das Wartezimmer schon gut gefüllt. „Wie üblich" - so die Zahnarzthelferin Manuela Harris, die ab 08:00 Uhr Dienst tut. „... die Patienten meinen, dass sie vor Quartalsende alle noch einmal kommen müssten, da lassen sich Wartezeiten nun einmal nicht vermeiden."

Und dann das! Corinna Maybaum ruft an, um mitzuteilen, dass sie heute erst etwas später zur Arbeit kommen könne, da ihr Freund das Auto benötige.

Die Antwort von Frau Dr. Heilmann war bis in das Wartezimmer hinein zu hören: „Was erlauben Sie sich eigentlich? Frau Schultz hat Urlaub, Lucia ist in der Berufsschule, hier ist das Wartezimmer voll und Sie fehlen, nur weil Sie kein Auto haben ... Vorige Woche drei Tage krank, in den letzten drei Monaten mindestens fünfmal zu spät gekommen und zweimal früher gehen müssen ... So geht das nicht weiter ...

Wenn Sie nicht spätestens in zwanzig Minuten hier sind, können Sie gleich wegbleiben. Die Papiere schicke ich Ihnen dann auf Ihre Kosten nach Hause ..."

Zack ... Frau Dr. Heilmann knallt den Hörer auf, nimmt die Kaffeetasse, lehnt sich in den Stuhl zurück und murmelt: „Diesmal mache ich ernst, das lasse ich mir nicht länger bieten. Wenn sie um fünf Minuten nach neun nicht da ist, fliegt sie raus!"

- *Was meinen Sie? „Fliegt" sie raus?*
- *Kann sie „rausfliegen"?*
- *Was wissen Sie über die Möglichkeiten einer Kündigung?*

Jeder Arbeitsvertrag kommt durch zwei übereinstimmende Willenserklärungen zustande. Eine Weiterbeschäftigung nach bestandener Prüfung ist auch eine solche zweiseitige Willenserklärung, in diesem besonderen Falle eine stillschweigende. Der Zahnarzt beschäftigt die Zahnmedizinische Fachangestellte zu tariflichen Bedingungen, diese willigt stillschweigend ein.

Arbeitsverträge können befristet oder unbefristet abgeschlossen werden. Bei **befristeten** Arbeitsverträgen endet das Beschäftigungsverhältnis mit Ende der im Vertrag festgelegten Frist. Die Beendigung **unbefristeter** Arbeitsverträge geschieht entweder durch Aufhebungsvertrag oder durch Kündigung. Sowohl Kündigungen als auch Aufhebungsverträge, aber auch Befristungen bedürfen der Schriftform.

9.2.1 Aufhebungsvertrag

In einem Aufhebungsvertrag erklären sich beide Vertragspartner zur Beendigung eines bestehenden Arbeitsverhältnisses bereit. Oftmals erhält die Arbeitnehmerin für die Einwilligung in einen Aufhebungsvertrag eine Abfindung. Ein Teil davon wird allerdings auf das Arbeitslosengeld angerechnet. Außerdem kann der Bezug des Arbeitslosengeldes bis zu drei Monaten gesperrt werden.

Aufhebungsverträge werden oft aus betriebsbedingten Gründen (z. B. Rückgang der Patienten, Kosteneinsparungen) angeboten, um die Kündigungsschutzfristen zu umgehen. Sie können aber auch zur Anwendung kommen, wenn die Fachangestellte einen Grund für eine fristlose Kündigung liefert, der Zahnarzt ihr diese aber ersparen will, damit sie bei späteren Bewerbungen bessere Chancen hat. In diesem Fall wird sicherlich keine Abfindung vereinbart.

Praxistipp

Überlegen Sie sich einen evtl. Aufhebungsvertrag sehr gut.

Sie verzichten damit auf den Ihnen evtl. zustehenden Kündigungsschutz - auch auf den besonderen von Schwangeren und Schwerbeschädigten.

Erkundigen Sie sich vorher bei der Bundesagentur für Arbeit, inwieweit eine evtl. Ausgleichszahlung angerechnet wird und ob Sie evtl. eine Sperrzeit für das Arbeitslosengeld bekommen.

9.2.2 Kündigungsarten

Eine Kündigung ist eine einseitige Willenserklärung des Kündigenden, die vom anderen Vertragspartner lediglich empfangen werden muss.

Es gibt drei Kündigungsarten:		
Ordentliche, fristgemäße Kündigung	Außerordentliche, fristlose Kündigung	Änderungskündigung

Ordentliche, fristgemäße Kündigung

In der Probezeit: Kündigungsfrist 2 Wochen

Arbeitnehmer/-in kündigt: einfache Kündigungsfrist von 4 Wochen zum 15. des Monats oder zum Monatsende
Arbeitgeber/-in kündigt: Für Beschäftigte unter 25 Jahren gilt ebenfalls die einfache Kündigungsfrist (s. o.).

Für Beschäftigte über 25 Jahren hängen die Kündigungsfristen von der Betriebszugehörigkeit ab:

Betriebszugehörigkeit	Kündigungsfrist
unter 2 Jahren	4 Wochen zum 15. des Monats oder Monatsende
ab 2 Jahren	1 Monat zum Monatsende
ab 5 Jahren	2 Monate zum Monatsende
ab 8 Jahren	3 Monate zum Monatsende
ab 10 Jahren	4 Monate zum Monatsende
ab 12 Jahren	5 Monate zum Monatsende
ab 15 Jahren	6 Monate zum Monatsende
ab 20 Jahren	7 Monate zum Monatsende

Außerordentliche, fristlose Kündigung

Diese kann sowohl vom Arbeitgeber als auch von der Fachangestellten ausgesprochen werden. Bedingung ist, dass dem Kündigenden eine Fortsetzung des Arbeitsverhältnisses nicht mehr zugemutet werden kann. Nach dem Manteltarifvertrag für Zahnarzthelferinnen (§ 19 Abs. 4) ist das nur möglich, wenn ein wichtiger Grund vorliegt, z. B.:

- Diebstahl,
- Arbeitsverweigerung,
- grober Verstoß gegen die Praxisordnung,
- ohne Absprache genommener Urlaub,
- Beleidigungen,
- Vorenthaltung des Gehaltes,
- sexuelle Belästigung.

„Meine Chefin kann mir doch nicht kündigen, oder?"

Jeder Vertragspartner muss dem anderen den Kündigungsgrund unverzüglich mitteilen (§ 626 BGB). Eine fristlose Kündigung ist auch nur möglich, wenn der Kündigungsgrund nicht länger als zwei Wochen vor Aussprache der Kündigung bekannt ist.

Änderungskündigung

Wird im Grundsatz nicht eine Entlassung angestrebt, sondern nur eine Änderung der inhaltlichen Arbeitsbedingungen (z. B. Gehalt, Arbeitszeit), so kann dem Beschäftigten eine Änderungskündigung ausgesprochen werden.
Konsequenz: Dem Arbeitnehmer wird im Zusammenhang mit der Kündigung des ganzen Beschäftigungsverhältnisses die Fortsetzung des Arbeitsvertrages zu geänderten Bedingungen angeboten.

9.2.3 Kündigungsschutz

Zwei Voraussetzungen des Kündigungsschutzes

a) Betrieblicher Geltungsbereich: Der Kündigungsschutz gilt nur für Mitarbeiterinnen in Praxen mit mehr als 10 vollbeschäftigten Angestellten.

Dabei erfolgt folgende Berechnung nach der Zahl der wöchentlichen Arbeitsstunden (Auszubildende zählen in diesem Fall nicht mit):

Wöchentliche Arbeitszeit der Beschäftigten	Faktor	Bsp. Praxis Dr. Heilmann
nicht mehr als 20 Stunden	0,5	Sverowska[1], Harris 0,5 + 0,5
nicht mehr als 30 Stunden	0,75	–
über 30 Stunden	1,0	Maybaum, Schultz 1 + 1
Auszubildende	0	Fernandez, Kahya
		3

[1] Maria Sverowska, 53, arbeitet als Reinigungskraft im Praxisteam Dr. Heilmann mit einem Vertrag als „geringfügig Beschäftigte".

b) Personenbezogener Geltungsbereich – Wartezeit: Zum Zeitpunkt des Zugangs der Kündigung muss das Beschäftigungsverhältnis länger als sechs Monate bestanden haben. Zu beachten ist daher, dass nur der kalendermäßige Bestand, nicht aber die tatsächliche Beschäftigungsdauer maßgeblich ist.

Beispiel:

- Beginn der Tätigkeit in der Praxis: 01.01.2013
- Vereinbarte Kündigungsfrist: die gesetzliche Mindestkündigungsfrist
- Wartezeit beendet: 30.06.2013
- Kündigung am 16.06.2013 zum 15.07.2013

In diesem Fall wäre der Kündigungsschutz noch nicht eingetreten, da beim Zugang der Kündigung die Wartezeit noch nicht abgelaufen wäre.

Allgemeiner Kündigungsschutz

Einer Angestellten darf, wenn die Bedingungen erfüllt sind, nur dann gekündigt werden, wenn sie durch ihre Person oder ihr Verhalten einen Kündigungsgrund gibt oder wenn betriebliche Erfordernisse vorliegen.

Kündigungsgründe nach dem Kündigungsschutzgesetz		
Personenbedingte Gründe	**Verhaltensgründe**	**Betriebliche Gründe**
– mangelhafte Kenntnisse und Fähigkeiten (dürfen bei der Einstellung nicht bekannt gewesen sein) – mangelnde körperliche oder geistige Eignung (z. B. Allergien) – lange Krankheit, deren Ende nicht absehbar ist – häufige Kurzerkrankungen (wenn die wirtschaftliche Belastung für den Arbeitgeber zu groß wird)	– schuldhafte Vertragsverletzung wie Arbeitsverweigerung, häufige Unpünktlichkeit, selbst genommener und nicht genehmigter Urlaub – Verletzung arbeitsrechtlicher Nebenpflichten, wie Nichtvorlage einer Arbeitsunfähigkeitsbescheinigung – Verstöße gegen die Praxisordnung, z. B. Verweigerung von Überstunden, Verweigerung der Aufgabenaufteilung im Praxisteam – Drogenkonsum am Arbeitsplatz (auch Alkohol) – Verletzung eines Rauchverbotes in der Praxis – fehlender Leistungswille – Störung des Betriebsfriedens durch Beleidigungen von Mitarbeiterinnen, Ärzten, Patienten, sexuelle Nötigung	– Umsatz- bzw. Ertragsrückgang – Umstrukturierung der Praxis – Praxiseinschränkung z. B. aus Altersgründen, Krankheit – erheblicher Umsatzrückgang im Verhältnis zu den fortschreitenden Praxiskosten – Reorganisationsmaßnahmen
Zusatzpflichten des Praxisinhabers:	Vorherige schriftliche Abmahnung; dadurch erhält die Angestellte die Chance, ihr Verhalten zu ändern. Erfolgt dies nicht, kann die Kündigung ausgesprochen werden.	Möglichkeit einer Änderungskündigung prüfen (z. B. Reduktion der Arbeitszeit)

Soziale Abwägung

Es muss immer der Kollegin zuerst gekündigt werden, für die die Kündigung die geringste soziale Härte darstellt.

Nach der Rechtsprechung des Bundesarbeitsgerichts aus den vergangenen Jahren sind besonders zu berücksichtigende soziale Faktoren:

- Lebensalter
- Dauer der Praxiszugehörigkeit
- Familienstand
- Vermögensverhältnisse
- Schulden
- Unterhaltsverpflichtung
- Berufsaussichten auf dem Arbeitsmarkt
- Gesundheitsbeeinträchtigungen
- Sonderschutz (z. B. Schwerbehinderteneigenschaft)
- Doppelverdienerstatus

Bei wichtigen betrieblichen Gründen, z. B. häufigem Fehlen des Arbeitnehmers, kann dies die soziale Komponente aufheben. Diese gilt jedoch nicht für Kleinbetriebe wie Zahnarztpraxen, sondern z. B. für Kliniken.

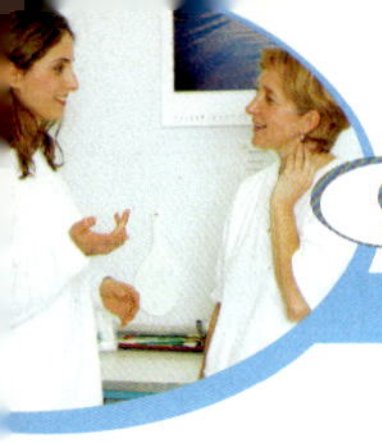

Besonderer Kündigungsschutz

Folgende Gruppen genießen einen besonderen Kündigungsschutz:

- Schwerbehinderte
- Schwangere
- Auszubildende nach der Probezeit (siehe oben: soziale Abwägung)
- Betriebsratsmitglieder, Jugend- und Auszubildendenvertreter/-innen sind während ihrer Amtszeit und ein Jahr danach unkündbar.

→ LF 1, Kap. 9.3 / LF 1, Kap. 9.1

9.2.4 Nach der Kündigung

- Anspruch auf angemessene Freistellung zu Vorstellungsgesprächen und Assessmentcentern
- Arbeitszeugnis (auf Wunsch qualifiziertes Zeugnis)
- evtl. Resturlaub
- Arbeitspapiere erhalten (Lohnsteuerkarte, Sozialversicherungsnachweis, Urlaubsbescheinigung)

> *Praxistipp*
>
> Das komplette Gesetz finden Sie unter: http://www.gesetze-im-internet.de/kschg/BJNR004990951.html

Widerspruch – Möglichkeiten, gegen eine Kündigung vorzugehen

Gegen eine seitens des Arbeitgebers ausgesprochene Kündigung kann durchaus vorgegangen werden, wenn man glaubt, dass die Kündigung nicht notwendig oder nicht gerechtfertigt ist oder dass gegen bestimmte formale Vorschriften verstoßen worden ist.

Kündigungsschutzklagen werden beim Arbeitsgericht eingereicht und erfahren dann folgende Behandlung. Eine Kündigungsschutzklage muss innerhalb von drei Wochen nach der Kündigung eingehen, sonst ist die Kündigung rechtens.

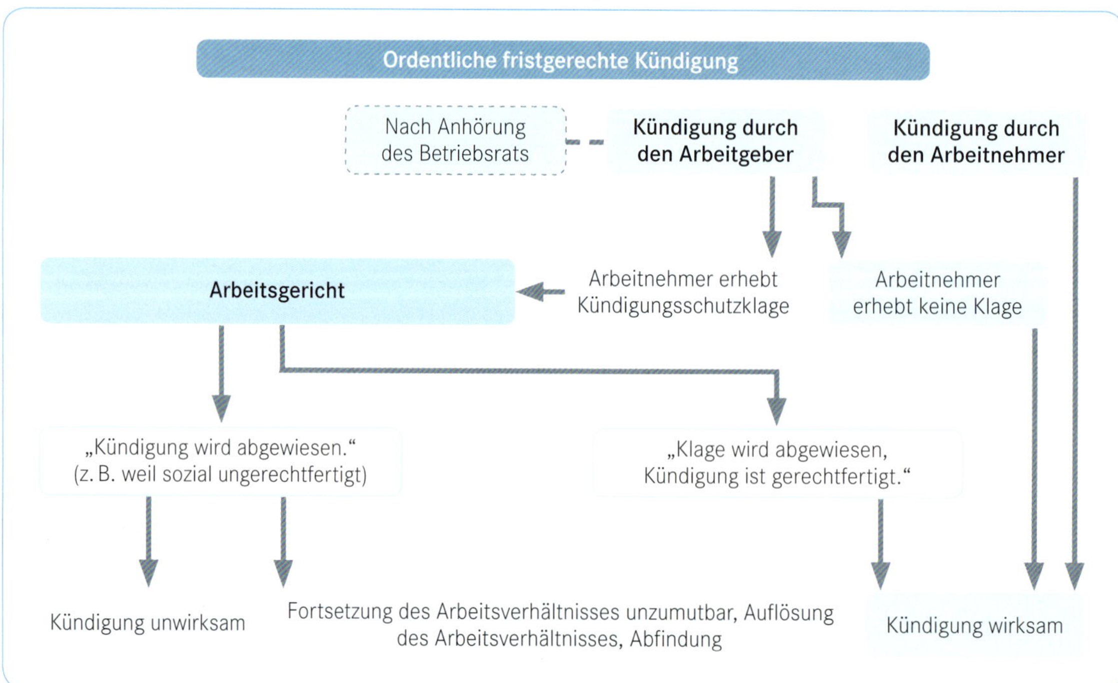

Arbeitsaufträge

1. Überprüfen Sie das Einstiegsfallbeispiel (siehe S. 64): Corinna erscheint an diesem Tag erst gegen 10.00 Uhr am Arbeitsplatz. Darf Dr. Heilmann ihr sofort kündigen?

2. Irene H. wurde nach bestandener Abschlussprüfung in ein normales Arbeitsverhältnis in der Praxis Dr. Waltraud Körner übernommen. Nach einem Jahr überlegt sich Frau Dr. Körner, die Gehaltskosten zu senken. Sie möchte Irene H. nur noch in Teilzeit beschäftigen.
   a) Was muss sie unternehmen?
   b) Irene H. hat sich in der Praxis Dr. Wohlfahrt beworben und könnte zum 01.06.20.. dort beginnen. Wann muss sie spätestens die Kündigung bei Frau Dr. Körner abgeben?

3. In einem Dental-Labor arbeiten 23 Mitarbeiter/-innen. Wegen Auftragsmangels muss einer/eine entlassen werden.
   a) Prüfen Sie, ob für diesen Betrieb das Kündigungsschutzgesetz gilt.
   b) Prüfen Sie die gesetzlichen Kündigungsfristen der infrage kommenden Angestellten:

Name	Alter	Betriebszugehörigkeit	Sonstiges
Klara Schumann	53	13 Jahre	verheiratet, Ehemann arbeitet Altersteilzeit, Kinder sind verheiratet, eigenes Haus
Edith Müller	46	12 Jahre	verheiratet, solide finanzielle Verhältnisse, Sohn studiert
Claudia Schmidt	28	10 Jahre	allein erziehende Mutter, Sohn 8 Jahre, benötigt öfters unbezahlten Urlaub wegen der Erziehung
Christina Schnell	24	6 Jahre	verheiratet, nimmt gerade Elternzeit
Lars Kramer	20	2 Jahre	Schulden für Pkw und Motorrad
Dirk Neu	19	3 Monate nach der Ausbildung	leistet gerade seinen Bundesfreiwilligendienst ab
Svenja Schütz	18	0 Jahre	im zweiten Ausbildungsjahr
Klaus Müller	17	0 Jahre	in der Probezeit der Ausbildung

   c) Der Inhaber muss vor einer betriebsbedingten Kündigung prüfen, ob er eine Kündigung durch Änderungskündigung umgehen kann. Welche Möglichkeiten hätte er?
   d) In welcher Form muss die Kündigung erfolgen?
   e) Welche Rechte hätte der/die Gekündigte?

Arbeitsaufträge

4. *Beurteilen Sie die Rechtslage folgender Fälle, ob eine Kündigung und wenn ja, welche möglich wäre:*
   a) *Eva wurde nun schon zum dritten Male aufgefordert, in der Mittagspause am Empfang nicht zu rauchen.*
   b) *Eva möchte mit ihrer Basketballmannschaft eine Woche nach Mallorca fliegen. Doch ihr Chef lehnt den Urlaubsantrag ab, da eine Kollegin schwanger ist und ständig die Gefahr bestehe, dass sie ausfalle. Das sieht Eva nicht so und fliegt einfach mit.*
   c) *Sabine ist vor allem freitags öfter krank. Wenn Sie donnerstags lange aus war, kämpft sie morgens häufig mit starker Migräne.*
   d) *Frau Schuhmann hatte schon mehrere schwere Bandscheibenvorfälle. Die Assistenz am Behandlungsstuhl ist ihr ebenso nicht möglich wie langes Sitzen.*
   e) *Klara weigert sich, die ihr im Praxisteam zugewiesenen Arbeiten zu übernehmen. Sie möchte lieber assistieren als die Abrechnung zu machen.*
   f) *Maike ist nicht gewillt, einen Lehrgang für die Handhabung der neuen Apparate zu machen.*

5. *Ein Praxisteam besteht aus folgenden Mitarbeiterinnen:*

Name, Alter	***Wöchentliche Arbeitszeit***
Alexandra Schneider, 42 Jahre, Zahnarzthelferin	*39 Std.*
Carla Klipp, 28 Jahre, Zahnarzthelferin	*39 Std.*
Irene Metz, 45, Reinigungskraft	*16 Std.*
Doris Schulz, 24 Jahre, Zahnarzthelferin, ½ Elternzeit	*15 Std.*
Petra Müller, 59 Jahre, Zahnarzthelferin	*24 Std.*
Chris Jung, 18 J., Zahnmedizinische Fachangestellte, Auszubildende im 3. Ausbildungsjahr	*39 Std. (inkl. Berufsschule)*
Anne Schmidt, 17 J., Zahnmedizinische Fachangestellte, Auszubildende im 1. Ausbildungsjahr	*39 Std. (inkl. Berufsschule)*
Sandra Gerke, 22 Jahre, Medizinische Fachangestellte	*25 Std.*
Daniela Kästner, 47 Jahre, Medizinische Schreibkraft	*19 Std.*
Thomas Händel, 54 Jahre, Buchhalter	*15 Std.*
Sabine Kleist, 30 Jahre, Medizinische Fachangestellte	*19 Std.*

Prüfen Sie, ob für diese Praxis der Kündigungsschutz nach dem Kündigungsschutzgesetz gilt.

9.3 Sorglos-Gesetze

Sonstige Schutzbestimmungen für Arbeitsverhältnisse

Die Karikatur nimmt das Thema „Arbeitszeit" ins Visier.

- *Was soll damit ausgedrückt werden, welche Regelungen vermuten Sie im „Arbeitszeitgesetz" und welche weiteren Schutzbestimmungen kennen Sie?*

9.3.1 Arbeitszeitgesetz

Dieses Gesetz gilt nur für volljährige Arbeitnehmer/-innen. Für die Ausbildung und Beschäftigung von Jugendlichen (d. h. jünger als 18 Jahre) gilt anstelle der neuen Bestimmungen des Arbeitszeitgesetzes weiterhin das Jugendarbeitsschutzgesetz.

→ LF 1, Kap. 8

Merke: Als Arbeitszeit wird die Zeit vom Beginn bis zum Ende der Arbeit ohne die Ruhepausen gerechnet.

Grundsatz

Die werktägliche Arbeitszeit von 8 Stunden darf nicht überschritten werden. Die höchstzulässige Wochenarbeitszeit beträgt 6 Werktage à 8 Stunden = 48 Stunden.

Ausnahmen

Die werktägliche Arbeitszeit kann bis auf 10 Stunden verlängert werden, wenn im Durchschnitt 8 Stunden werktäglich in einem bestimmten Ausgleichszeitraum nicht überschritten werden.

Gesetzlich ungeklärt ist die Festlegung einer Mehrarbeitsvergütung zum Arbeitsentgelt für Zeiten, die über die gesetzliche Höchstarbeitszeit hinausgehen. Diese Festlegung muss daher im Tarifvertrag oder im Inhalt des einzelnen Arbeitsvertrages erfolgen. Nach der bisherigen Grundlage (Arbeitszeitordnung) betrug der übliche Zuschlag für diese Mehrarbeitsvergütung 25 % zum jeweiligen Stundensatz.

Ruhepausen

Bei einer Arbeitszeit von mehr als 6 bis zu 9 Stunden: 30 Minuten Ruhepause.

Bei einer Arbeitszeit von mehr als 9 Stunden: 45 Minuten Ruhepause.

Zu beachten ist:

- Ruhepausen werden nicht als Arbeitszeit vergütet.
- Ruhepausen können in Zeitabschnitte von jeweils 15 Minuten aufgeteilt werden.
- Länger als 6 Stunden hintereinander dürfen Mitarbeiter nicht ohne Ruhepause beschäftigt werden.
- Pausen von weniger als 15 Minuten sind keine Ruhepausen.
- Ruhepausen müssen im Voraus feststehen, d. h., zu Beginn der täglichen Arbeitszeit muss ein Zeitraum für die Ruhepausen festgelegt sein.

Ruhezeit

Nach Beendigung der täglichen Arbeitszeit müssen die Mitarbeiter/-innen eine ununterbrochene Ruhezeit von mindestens 11 Stunden erhalten.

Sonn- und Feiertagsarbeit

Mitarbeiter/-innen dürfen an Sonn- und gesetzlichen Feiertagen von 00:00 bis 24:00 Uhr nicht beschäftigt werden.

Ausnahmen gibt es für bestimmte Berufe im Gastgewerbe, in Verkehrsbetrieben, Krankenhäusern usw., aber auch für den zahnärztlichen Notdienst.

Für die Tätigkeit an Sonn- und Feiertagen muss aber ein Ausgleich geschaffen werden: **Für Tätigkeiten an einem Sonntag** ist ein Ersatzruhetag innerhalb von 2 Wochen (ab Zeitraum des Beschäftigungstages) zu gewähren. **Für Tätigkeiten an einem auf einen Werktag folgenden Feiertag** muss ein Ersatzruhetag innerhalb von 8 Wochen (ab Zeitraum des Beschäftigungstages) gewährt werden.

Es müssen aber mindestens 15 Sonntage im Jahr beschäftigungsfrei bleiben. Das Arbeitszeitgesetz (§ 25) sieht allerdings vor, dass hiervon abweichende Regelungen, die in einem Tarifvertrag festgelegt sind, davon unberührt bleiben. Das bedeutet, bezogen auf den Manteltarifvertrag für Zahnarzthelferinnen und ZFA gilt für die Beschäftigung im Notdienst an Sonn- oder Feiertagen anstelle der Freistellung die Gewährung des entsprechenden Zuschlags.

Tarifvertragliche Verbesserungen

Die meisten Tarifverträge verbessern diese Mindestbestimmungen. So legt z. B. der Manteltarifvertrag für Zahnarzthelferinnen für die Zuständigkeitsbereiche Berlin, Hamburg, Hessen, Westfalen-Lippe eine wöchentliche Höchstarbeitszeit von 38 Stunden fest.

9.3.2 Bundesurlaubsgesetz

Der gesetzliche Mindesturlaubsanspruch für volljährige Beschäftigte ohne Staffelung nach dem Lebensalter beträgt mindestens 24 Werktage.

Er wird aber durch die Manteltarifverträge - altersabhängig gestaffelt - erhöht. So galt z. B. für den Geltungsbereich Westfalen-Lippe, Berlin, Hessen im Jahr 2002 folgende Regelung:

- über 18 Jahre bis zum vollendeten 25. Lebensjahr 31 Werktage (27 Arbeitstage)
- vom 26. bis zum vollendeten 35. Lebensjahr 33 Werktage (29 Arbeitstage)
- vom 36. Lebensjahr an 36 Werktage (32 Arbeitstage)

Nach dem Manteltarifvertrag ist für die Berechnung der Urlaubstage das Lebensalter am 1. Juli eines jeden Jahres maßgebend.

Werktage sind alle Kalendertage, die nicht Sonn- oder gesetzliche Feiertage sind; somit sind auch die arbeitsfreien Werktage (z. B. Samstage) Urlaubstage. Je Kalenderjahr dürfen aber nur vier Samstage als Werktage angerechnet werden.

Praxistipp

Die bei Erkrankung durch ärztliches Attest nachgewiesenen Tage der Arbeitsunfähigkeit während des Erholungsurlaubs werden nicht auf den Jahresurlaub angerechnet (§ 9 BUrlG).

Auch längere krankheitsbedingte Fehlzeiten vermindern somit nicht den Urlaubsanspruch. Jedoch: Der Urlaubsanspruch besteht längstens bis zum 31. März des Folgejahres.

Beispiel:

- Eine Zahnmedizinische Fachangestellte ist im gesamten laufenden Jahr und im darauf folgenden Jahr vom 01.01. bis 28.02. erkrankt.
- Konsequenzen: Eine Übertragung ihres Urlaubs ist statthaft; Urlaub muss aber bis Ende März genommen werden. Ist die Fachangestellte auch im gesamten März arbeitsunfähig krank, erlischt der Urlaubsanspruch.

Merke: Lassen Sie sich bei einem Arbeitsplatzwechsel von Ihrem früheren Chef eine Urlaubsbescheinigung ausstellen, die Sie dem neuen Arbeitgeber vorlegen.

Teilurlaub (§ 5 Bundesurlaubsgesetz)

Der volle Urlaubsanspruch wird erstmalig nach sechs Monaten Beschäftigung erworben. Wenn im Eintrittsjahr diese Zeit nicht mehr erfüllt werden kann (durch Eintritt im September), so hat man nur Anspruch auf $^1/_{12}$ des Jahresurlaubs für jeden vollen Monat des Bestehens des Beschäftigungsverhältnisses, soweit der Jahresurlaub nicht bereits von dem früheren Arbeitgeber erteilt worden ist. Bei der Zwölftelung ist zu beachten, dass Bruchteile von Urlaubstagen, die mindestens einen halben Tag ergeben, auf volle Urlaubstage aufzurunden sind.

Beispiel:
- $^3/_{12}$ von 31 Werktagen = 7,8 = 8 Werktage
- $^4/_{12}$ von 31 Werktagen = 10,3 = 10 Werktage

Praxistipp

Das Bundesarbeitsgericht hat in seinem Urteil vom 26.01.1989 (8 AZR 730/87) entschieden, dass Bruchteile von Urlaubstagen (z. B. 10,3), die nicht aufgerundet werden können, nach ihrem Umfang dem Beschäftigten entweder durch Freistellung auszugleichen oder nach erfolgter Kündigung abzugelten sind.

Grundsatz der Urlaubserteilung

Den Zeitpunkt des Urlaubs bestimmt der Arbeitgeber. Er muss dabei allerdings die Wünsche seiner Angestellten berücksichtigen, sofern dem nicht dringende Belange der Praxis entgegenstehen.

Merke: Auszubildenden muss der Urlaub innerhalb der Schulferien gewährt werden.

Bei der Erteilung des Urlaubsanspruchs kann es immer wieder zu Schwierigkeiten zwischen den Erfordernissen der Praxis und den Wünschen der Mitarbeiterinnen sowie zu Überschneidungen innerhalb der Interessen des Praxisteams kommen.

→ LF 1, Kap. 10

Es empfiehlt sich daher, spätestens zu Beginn jedes Jahres einen Urlaubsplan festzulegen, in dem die Wünsche jeder Angestellten nach Möglichkeit berücksichtigt werden. Beachtet werden dabei auch ein evtl. Praxisurlaub und soziale Belange der Mitarbeiterinnen wie z. B. schulpflichtige Kinder, Urlaub der Ehegatten, Familienfeste, Kuraufenthalte. Dieser Urlaubsplan sollte einvernehmlich abgestimmt werden, um keine Unruhe in das Betriebsklima kommen zu lassen. Dennoch wird auch dieser Plan durch Krankheiten usw. im Laufe des Jahres umgestellt werden müssen. Den Urlaub genehmigt dann grundsätzlich der Praxisinhaber. Eine eigenmächtige Urlaubsnahme gegen dessen Willen ist nicht erlaubt und kann zur Kündigung führen.

→ LF 1, Kap. 9.2

9.3.3 Schwerbehindertengesetz

Personen mit mindestens 50 % Schwerbehinderung genießen einen besonderen Schutz durch das Schwerbehindertengesetz.

Abhängig von der Behinderung dürfen sie bestimmte Arbeiten nicht übertragen bekommen.

Sie haben Anspruch auf Zusatzurlaub in Höhe von 5 Arbeitstagen im Urlaubsjahr.

Außerdem genießen sie einen besonderen Kündigungsschutz. Eine Kündigung muss unter Angabe von Gründen der Hauptfürsorgestelle des zuständigen Versorgungsamtes angezeigt werden. Damit dennoch von den Betrieben Schwerbehinderte eingestellt werden, fördert der Staat deren Beschäftigung mit Zuschüssen.

Betriebe, die weniger als 5 % der Arbeitsplätze mit Schwerbehinderten besetzen, müssen eine monatliche Ausgleichsabgabe bezahlen.

Praxistipp

Das komplette Gesetz und hilfreiche Informationen finden Sie unter: http://www.gesetze-im-internet.de/sgb_9/

9.3.4 Entgeltfortzahlungsgesetz

Nach dem Entgeltfortzahlungsgesetz haben Arbeitnehmer/-innen einen Anspruch auf Gehaltsfortzahlung für die Dauer von sechs Wochen, wenn die Beschäftigten krankheitsbedingt arbeitsunfähig sind und die Krankheit nicht auf einem Verschulden der Beschäftigten beruht. Bei längerer Krankheit erhalten sie ab der 7. Woche Krankengeld von ihrer Krankenkasse. → LF 1, Kap. 12.2

Leichte Unvorsichtigkeiten gelten nicht als Verschulden. Den Gehaltsfortzahlungsanspruch verliert man nur durch ein ungewöhnlich leichtfertiges und verwerfliches Verhalten.

Beispiel:

Eine Beschäftigte erhält keine Gehaltsfortzahlung, wenn die Arbeitsunfähigkeit - da verschuldet - durch erlittene Verletzungen bei einem Verkehrsunfall infolge Nichtanlegen des Sicherheitsgurtes entstanden ist (LAG Berlin v. 18.07.79 - 5 Sa 53/79).

Exkurs

Arztbesuche während der Arbeitszeit und Gehaltsfortzahlung während dieser Abwesenheit

Zum betrieblichen Alltag gehört der Wunsch von Mitarbeitern, während der Arbeitszeit zum Arzt gehen zu dürfen. Es existiert folgende Regelung:

1. **Arztbesuch zur Feststellung einer Arbeitsunfähigkeit**

   Dient der Arztbesuch während der Arbeitszeit zur Feststellung oder Behandlung einer krankheitsbedingten Arbeitsunfähigkeit, dann besteht die Verpflichtung, die durch den Arztbesuch ausgefallene Arbeitszeit zu bezahlen.

2. **Arztbesuch während der Arbeitszeit ohne Arbeitsunfähigkeit**

   Aufgrund ihrer Treuepflicht sind die Mitarbeiter/-innen verpflichtet, Arbeitsausfälle so weit wie möglich zu vermeiden. Ein Arzt- oder Zahnarzttermin sollte möglichst außerhalb der betrieblichen Arbeitszeit, das heißt in die Freizeit gelegt werden. Es sollten alle Möglichkeiten genutzt werden, um den Termin außerhalb der Arbeitszeit wahrzunehmen.

   Hat ein/-e Mitarbeiter/-in allerdings keinen Einfluss auf die Termingestaltung, liegt ein persönlicher Hinderungsgrund i. S. d. § 616 BGB vor. Häufig sind dabei die Fälle, in denen der betreffende Arzt keine Sprechstunde außerhalb der Arbeitszeiten anbietet oder die Behandlung zu einem vom Arzt festgelegten Termin stattfin-den soll. Auch in diesen Fällen muss das Gehalt für die ausgefallene Arbeitszeit gezahlt werden.

Anmerkungen:

Die Arbeitgeber haben dann sogar das Recht, ihre Mitarbeiter/-innen an einen anderen Arzt zu verweisen, der „günstigere Sprechstundenzeiten“ unter dem Aspekt eines zu vermeidenden Arbeitszeitausfalls anbietet.

Praxistipp

Berücksichtigen Sie diese Regelungen nicht nur für Ihre eigenen Arztbesuche, sondern versuchen Sie, dies auch bei der Terminvergabe für Ihre Patienten zu berücksichtigen.

9.3.5 Überwachung

Die Überwachung der Arbeitsschutzbestimmungen obliegt verschiedenen Stellen: den Kammern, Berufsgenossenschaften, staatlichen Gewerbeaufsichtsämtern, Sicherheitsbeauftragten, Gewerkschaften usw. → Bei Streitigkeiten siehe LF 1, Kap. 10

Arbeitsaufträge

1. *Erklären Sie die wichtigsten Regelungen des Arbeitszeitgesetzes.*
2. *Informieren Sie sich bei Ihrer zuständigen Landeszahnärztekammer über die in Ihrem Manteltarifvertrag abgeschlossene Arbeitszeitregelung.*
3. *Ermitteln Sie die Ihnen zustehenden Urlaubstage. Berücksichtigen Sie evtl. das Jugendarbeitsschutzgesetz.*
4. *Erklären Sie den Unterschied zwischen Ruhepausen und Ruhezeiten.*
5. *Wie ist die Sonn- und Feiertagsarbeit geregelt?*
6. *Welche Ausnahme besteht für Not-, Sonn- und Feiertagsdienste?*
7. *Die Zahnarzthelferin Mareike hat zusammen mit ihrer Freundin einen Urlaubsflug gebucht. Doch der Chef erteilt ihr für diese Zeit keinen Urlaub, da dieser nicht in der Urlaubsliste festgehalten wurde. Überprüfen Sie die Rechtslagen:*
   a) Sie ist Auszubildende und hat diesen Urlaub in die Sommerferien gelegt.
   b) Sie ist Auszubildende, der Termin liegt außerhalb der Berufsschulferien.
   c) Sie ist Angestellte und besteht auf diesem Urlaub.
   d) Obwohl der Chef diesen Urlaub nicht genehmigt hat, fliegt sie als Angestellte einfach weg.
8. *Begründen Sie den besonderen Schutz für Schwerbehinderte.*
9. *Ein Patient meint bei der Terminvergabe, dass sein Arbeitgeber einen Termin während der Arbeitszeit nicht genehmige. Klären Sie diesen Patienten über die Rechtslage auf.*
10. *Erklären Sie die Regelung bezüglich Arztbesuchen während der Arbeitszeit.*
11. *In einer Zahnarztpraxis arbeiten vier Angestellte. Fast regelmäßig kommt es bei der Frage der Arbeitseinteilung und der Urlaubstage zu Meinungsverschiedenheiten:*
    - *Frau Heldmann ist verheiratet und hat ein schulpflichtiges Kind. Sie will grundsätzlich erst um 09:00 Uhr beginnen (die Praxis öffnet um 08:00 Uhr) und „muss ihren Urlaub in jedem Falle in den Ferien nehmen“. Überstunden „mag“ sie gar nicht, eine geregelte Arbeitszeit ist ihr am liebsten. Wenn ihr Kind krank ist, ruft sie schon mal kurzfristig an, um mitzuteilen, dass sie nicht zur Arbeit kommen kann, weil das Kind „ja nicht alleine bleiben kann“.*
    - *Frau Schultze ist ledig, hat aber zu Hause eine pflegebedürftige Mutter. Auch sie „kann“ wegen der Pflege nicht vor 09:00 Uhr beginnen und muss in jedem Falle mittags für zwei Stunden nach Hause. Mit ihrem Lebensgefährten (er ist Lehrer) kann auch sie nur in den Ferien Urlaub machen.*
    - *Frau Seibers ist zu 50 % schwerbehindert. Sie ist auf öffentliche Verkehrsmittel angewiesen. Der erste Bus wäre um 07:05 Uhr bei der Praxis, der nächste Bus kommt um 08:15 Uhr an (also 15 Minuten zu spät). Auch Frau Seibers macht am liebsten in den Sommerferien Urlaub.*
    - *Frau Dickens ist alleinerziehende Mutter eines 12-jährigen Kindes. „Am liebsten“ wäre es ihr, wenn sie ihre Tochter vor Arbeitsbeginn in die Schule bringen könnte, weil sie die Gefahren, die auf dem Schulweg lauern, als zu hoch einschätzt. Tatsächlich hat es gerade in der dunklen Jahreszeit schon mehrfach unliebsame Zwischenfälle gegeben. Urlaub will Frau Dickens „für mindestens drei Wochen“ in den Ferien haben.*

    Schildern Sie die Probleme, die hinter diesen individuellen Vorstellungen (oder Notwendigkeiten) stehen und diskutieren Sie nicht nur die rechtliche Seite, sondern auch die Frage, wie ein „Praxisteam“ damit umgeht und wo die Möglichkeiten und Grenzen einer gemeinsamen Lösung sind.

10 Miteinander ist besser als gegeneinander
Konflikte in der Ausbildung

„Auf diese Studienfahrt freue ich mich schon richtig - mal ein paar Tage raus aus dem Alltag in der Praxis, das wird bestimmt toll!", freut sich Lucia. Melanie, Lucias Freundin aus der Berufsschule, sagt bedrückt: „Ich weiß noch gar nicht, ob ich mitfahren darf."
Als sie ihrem Chef den Antrag gegeben hatte, hatte der gesagt: „Was, schon wieder weg?" - „Was heißt schon wieder, Herr Doktor", hatte sie erstaunt geantwortet, „das ist doch unsere erste Studienfahrt!" - „Ach, Melanie, Sie sind doch jeden Donnerstag weg", hatte er geantwortet. „Ja, das ist doch mein Berufsschultag ..." - „Melanie, jeden zweiten Dienstag sind Sie doch beinahe den ganzen Tag weg!" - „Aber da ist doch auch Berufsschule!" - „Und meine Patienten", hatte der Zahnarzt geseufzt, „die können warten, oder? Ich kann das nicht mehr lange mitmachen, ich muss auch an den geordneten Arbeitsablauf in meiner Praxis denken ...!"

- *Was würden Sie Ihrem Chef/Ihrer Chefin entgegnen?*
- *Wie kann man eigene Interessen vorbringen, ohne dass der Streit das Vertrauensverhältnis zerstört?*

10.1 Konflikte durch Gespräche lösen

Die Situation, in der ein Konflikt zwischen Ausbildender und Auszubildenden beschrieben wird, ist nahezu alltäglich. Ähnliches passiert in vielen Praxen. Die Auseinandersetzung kann schärfer werden, bis hin zu einem Prozess vor dem Arbeitsgericht. Aber für die Interessen beider Seiten wäre es sinnvoller, eine Lösung zu finden, ohne vor ein Gericht zu gehen.

Dazu ist es notwendig, das Gespräch mit dem Chef/der Chefin nicht abreißen zu lassen. Eltern, Kolleginnen können helfen, dieses zu unterstützen, ohne gleich die nach dem Berufsbildungsgesetz zuständige Zahnärztekammer einzuschalten. Der erste Schritt zur Konfliktlösung sollte ein Gespräch sein.

Ratschläge für Konfliktgespräche: Für die Zahnmedizinische Fachangestellte ist das Gespräch mit dem Arzt über ihre persönlichen Belange eine große psychische Belastung. Rhetorische und psychologische Kenntnisse fehlen ihr häufig. Unausgesprochene Probleme können ihr aber den Schlaf rauben, schlimmstenfalls beseitigt sie diesen Zustand durch eine unerwartete Kündigung. Zunächst einmal ist also das Wohlwollen und nicht die spontane Ablehnung des Arztes Voraussetzung für ein gutes Gespräch. Die Fachangestellte selbst sollte auch einige Punkte beachten:

- **Wählen Sie den richtigen Zeitpunkt!** Jeder Zahnarzt, den Sie nach aktionsreicher Sprechstunde um ein Gespräch bitten, wird sicher zunächst unwirsch reagieren. Gehen Sie nicht zu ihm, wenn die Termine drängen oder er selbst ein wichtiges Problem zu bewältigen hat.

- **Unternehmen Sie nichts im Zorn!** Schlafen Sie erst einmal eine Nacht über Ihren Ärger. Wenn Sie wütend ein Gespräch beginnen, vergiften Sie die Atmosphäre und stimmen den Zahnarzt allenfalls gereizt. Hüten Sie sich vor Pauschalklagen, sagen Sie nicht: „Hier klappt überhaupt nichts mehr", sondern versuchen Sie, konkret Ihre Sache vorzutragen.
- **Bieten Sie Lösungen an!** Klagen Sie nicht, dass es Ihnen schlecht geht, dass Sie zu wenig verdienen und dass das Betriebsklima nicht stimmt...
- **Bereiten Sie sich auf das Gespräch vor!** Notieren Sie vorher, was Sie mit Ihrem Chef besprechen wollen. Sie sollten seine Zeit nicht mehr als nötig in Anspruch nehmen. Verzetteln Sie sich nicht, sondern versuchen Sie, Ihr Kernproblem klar und sachlich zu schildern.
- **Versetzen Sie sich in die Lage Ihres Chefs!** Reagieren Sie nicht beleidigt, auch wenn es in dem einen oder anderen Punkt zunächst zu keiner Einigung kommt. Bitten Sie darum, in absehbarer Zeit noch einmal darüber zu sprechen. Vielleicht ist zu einem anderen Zeitpunkt eher eine für beide Seiten befriedigende Lösung zu erreichen.
- **Psychologie für die ZFA!** Auch Ihrem Zahnarzt tut es einmal gut, wenn Sie sich bedanken: für das Gespräch, für das angenehme Arbeitsklima, für die Kostenübernahme der letzten Fortbildungsveranstaltung, für das Geburtstagsgeschenk und die Gehaltserhöhung. Sagen Sie ihm, dass Sie gerne mit ihm zusammenarbeiten. Lob und Anerkennung tun auch ihm gut.

Praxistipp

Konflikte können nicht nur mit dem Praxisinhaber, sondern auch innerhalb des Praxisteams entstehen. Versuchen Sie auch hier, immer zuerst den Konflikt durch eine persönliche Aussprache zu klären.
Hat dies keinen Erfolg, dann sollten Sie überlegen, ob sie eine weitere Kollegin zu dem Gespräch hinzuziehen. Wenn das keinen Erfolg hat, wäre der Zahnarzt als nächster „Schlichter" zu wählen.

10.2 Der Ausbildungsberater – Mittler zwischen den Parteien

„Die zuständige Stelle überwacht die Durchführung der Berufsausbildung ... und hat zu diesem Zweck Ausbildungsberater zu bestellen ..." (§ 45 BBiG)

Die Ausbildungsberater der Zahnärztekammern sind praktizierende Zahnärzte, die beide Vertragsparteien fachgerecht mit dem Ziel beraten, bei der Lösung von Konflikten mitzuhelfen und so die Entstehung künftiger Konflikte möglichst zu verhindern.

In diesem Fall aber kann auch der Ausbildungsberater nicht helfen. Der Konflikt spitzt sich zu. Melanies Chef besteht auf dem Verzicht an der Teilnahme zur Studienfahrt. Als Melanie ablehnt, wird ihr gekündigt.

Merke: Wenn ein Konflikt mit Ihrem Ausbilder in einem Gespräch ungelöst bleibt, dann können Sie sich an den Ausbildungsberater bei Ihrer zuständigen Zahnärztekammer wenden. Wägen Sie aber immer vorher gut ab, ob der Gang zur Ärztekammer sinnvoll ist. Bedenken Sie, dass Sie ja Ihre Ausbildung in dieser Praxis beenden wollen.

10.3 Die letzte Instanz vor dem Gericht – der Schlichtungsausschuss

Selbst das beste Arbeitsverhältnis zwischen Zahnarzt und Fachangestellter ist vor Konflikten nicht gefeit. Die LZK hat daher einen Schlichtungsausschuss, dessen Tätigkeit darauf abzielt,

- die im Raum stehende Streitigkeit einvernehmlich beizulegen,
- langwierige und teure gerichtliche Auseinandersetzungen zu vermeiden und
- Ansprüche aus dem Ausbildungsverhältnis auszugleichen.
- Darüber hinaus ist die Durchführung eines Verfahrens vor dem Schlichtungsausschuss gesetzliche Voraussetzung für die Erhebung einer arbeitsgerichtlichen Klage.

11 Die Zahnmedizinische Fachangestellte steigt auf
Fort- und Weiterbildungsmöglichkeiten

Zahnmedizinische Fachangestellte fragen ...

Weiterbilden ...
Einmal Fachangestellte – immer Fachangestellte?
Wie kann ich nach der Prüfung weiterkommen?

... oder Ausruhen?
Beruflicher Aufstieg?
... so gehts mir doch gut ...

- *Wie kann eine Zahnmedizinische Fachangestellte aufsteigen?*
- *Welche Fort- und Weiterbildungsmöglichkeiten sind Ihnen bekannt?*

„Investition in Wissen bringt die höchsten Zinsen.“ (Benjamin Franklin)

Praxistipp

Es gibt auch schon für Auszubildende zur Zahnmedizinischen Fachangestellten Möglichkeiten, Fort- und Weiterbildungsmaßnahmen zu besuchen. Informieren Sie sich hierüber am besten bei der für Sie zuständigen Landeszahnärztekammer.

→ Linkliste in LF 1 Kap. 1

Zeigen Sie auch gegenüber Ihrem Ausbilder Interesse an privaten Fortbildungskursen.

11.1 Berufe mit Zukunft

Die Entwicklung der modernen Zahnmedizin, der Einzug der EDV in den Verwaltungsbereich der Praxen und die medizinisch-technische Entwicklung erfordern eine ständige Fortbildung. Es bietet sich der Zahnmedizinischen Fachangestellten die Möglichkeit, sich anhand der unterschiedlichsten Fachseminare weiterzuqualifizieren. Durch die Seminare bzw. die damit verbundenen Prüfungsnachweise erhalten die Absolventinnen eine besondere Qualifikation, die sie befähigt, weitere verantwortungsvolle Aufgaben in der Zahnarztpraxis wahrnehmen zu können.

Die ZFA führt zum Beispiel Aufgaben im Bereich der zahnmedizinischen Individualprophylaxe selbstständig durch. Dazu gehören unter anderem begleitende Beratungs- und Behandlungsmaßnahmen auf dem Gebiet der Prävention und der Therapie. Die ZMF besitzt ebenso eine besondere Qualifikation im Bereich der Praxisorganisation und Praxisverwaltung. Nebenbei ist sie mitverantwortlich für die Aus- und Weiterbildung von jungen Kolleginnen, die neu in das Praxisteam kommen.

Die Berufsordnung für Zahnärzte sieht die Möglichkeit vor, dass bestimmte **behandlungsbegleitende Maßnahmen** an dafür speziell fortgebildete Mitarbeiterinnen delegiert werden können. Der Zahnarzt trägt die Verantwortung für die übertragene Tätigkeit und darf die Mitarbeiterin nur für Aufgaben einsetzen, für die sie qualifiziert ist. Den Zahnärztekammern ist gesetzlich die Möglichkeit gegeben worden, entsprechende Kurse anzubieten. Die Landeszahnärztekammern bieten diverse Anpassungsweiterbildungen nach kammereigener Fortbildungsordnung für Zahnmedizinische Fachangestellte an. Besondere Qualifikationen können darüber hinaus sowohl auf dem Gebiet der präventiven Zahnheilkunde als auch der Assistenz und des Praxismanagements erworben werden.

→ nach www.zahn-forum.de

Kurz: Fortbildung lohnt sich - auch finanziell!

11.1.1 Zahnmedizinische Fachangestellte/ Bereich Prophylaxe (ehemalige Prophylaxehelferin)

Die Verhütung von Zahn- und Mundkrankheiten steht in der modernen Zahnheilkunde an oberster Stelle. Die zahnmedizinischen Therapiemöglichkeiten stellen die Zahnärzte und das gesamte Praxisteam vor neue Herausforderungen. Die Möglichkeiten, die die Aufstiegsfortbildung zur Zahnmedizinischen Fachangestellten/Bereich Prophylaxe der Landeszahnärztekammer bietet, tragen auch dem gesteigerten Gesundheitsbewusstsein der Patienten Rechnung.

Die Zahnmedizinische Fachangestellte entlastet den Zahnarzt bei der zahnmedizinischen Vorsorge. Sie ist befähigt, die professionelle Zahnreinigung mit den zur Verfügung stehenden Instrumenten und Hilfsmitteln unter Aufsicht des Zahnarztes selbstständig durchzuführen.

11.1.2 Zahnmedizinische Fachassistentin (ZMF)

In das Gebiet der Zahnmedizinischen Fachassistentin fällt die Patientenaufklärung hinsichtlich perfekter Mundhygiene und zahngesunder Ernährung.

Ziel dieser Aufstiegsfortbildung ist die Vermittlung umfassender Kenntnisse, sodass die/der Zahnmedizinische Fachassistent/-in in einer Zahnarztpraxis qualifizierte Aufgaben nach Delegation im rechtlich zulässigen Rahmen übernehmen kann. Ein Schwerpunkt liegt hierbei im Bereich der professionellen Zahnreinigung, der Kariesprävention und der Kinderprophylaxe.

11.1.3 Zahnmedizinische Verwaltungsassistentin (ZMV)

Die Zahnmedizinische Verwaltungsassistentin übernimmt Tätigkeiten der gesamten Verwaltungsarbeit und Praxisorganisation. Sie entlastet den Praxisinhaber sachkundig und verantwortlich von allen Aufgabenstellungen im administrativen Bereich.

Durch ihre besonderen abrechnungstechnischen, informationstechnologischen, (arbeits-)rechtlichen und betriebswirtschaftlich-kaufmännischen Kenntnisse besitzt die Zahnmedizinische Verwaltungsassistentin eine besondere Schlüsselfunktion in der Praxis.

11.1.4 Dentalhygienikerin (DH)

Die gegenwärtige Spitze der Fortbildungsmöglichkeiten bildet die Dentalhygienikerin. Nach amerikanischem und Schweizer Vorbild ist sie in der Praxis des Zahnarztes für die Prophylaxe zuständig. Die Dentalhygienikerin handelt nach der Delegation durch den Zahnarzt. Sie erkennt und erfasst Erkrankungen im Bereich der Mundhöhle.
Ihr Aufgabenspektrum umfasst eine intensive Beratung und Motivierung der Patienten, um zur Verhütung von Krankheiten, zur Verhaltensänderung durch Information, Aufklärung, Anleitung und Überwachung beizutragen. Abgerundet wird das Berufsbild der Dentalhygienikerin durch die Assistenz bei allen komplizierten Behandlungen im Zahn-, Mund- und Kieferbereich.

Praxistipp

Es gibt ein Stipendienprogramm „Begabtenförderung berufliche Bildung“. Dort gibt es Stipendienmittel in Höhe bis zu 1.500,00 € für die jährliche Fortbildung. Informieren Sie sich bei Ihrer Landeszahnärztekammer.

11.1.5 Qualitätsmanagementbeauftragte(r)

Es reicht schon längst nicht mehr aus, „nur“ ein guter Zahnarzt zu sein, um eine Zahnarztpraxis erfolgreich zu führen. Unternehmerische Fähigkeiten sind immer mehr gefragt. Im gesetzlichen Bereich ist die Einführung eines Qualitätsmanagementsystems sogar vorgeschrieben. Insbesondere das Praxispersonal muss sich daher mit den Anforderungen eines Qualitätsmanagementsystems für die Zahnarztpraxis vertraut machen.

Hier kommt der Qualitätsmanagementbeauftragten eine zunehmend wichtige Rolle zu.
Sie wird hauptsächlich folgende Aufgaben übernehmen: Organisation eines prozessorientierten Qualitätsmanagements für die Praxis; Aufbau, Umsetzung und Weiterentwicklung eines QM-Handbuchs; Struktur von QM-Prozessen; Umsetzung des Medizinproduktegesetzes; Arbeitsschutz und Hygienevorschriften; Fachgerechte Instrumentenaufbereitung in der Zahnarztpraxis; Kommunikation und Teamarbeit.

→ Das Thema „Qualitätsmanagement“ wird ausführlich in LF 13, Kap. 4 behandelt.

11.2 Bildungsurlaub

In einigen Bundesländern haben Arbeitnehmer/-innen, einschließlich Auszubildender, einen Anspruch auf Freistellung von der Arbeit, um an einer Weiterbildungsmaßnahme teilzunehmen; sie werden dann unter Fortzahlung des Gehalts bzw. der Ausbildungsvergütung von der Arbeit freigestellt.

Grundsätzlich unterscheidet man hierbei berufliche, politische und allgemeine Weiterbildung.

Über den Rahmen der normalen Urlaubsgewährung hinaus haben Arbeitnehmer in verschiedenen Bundesländern (z. B. Berlin, Bremen, Hamburg, Hessen, Niedersachsen, Nordrhein-Westfalen) Anspruch auf zusätzlichen Bildungsurlaub.

Arbeitsaufträge

1. *Warum ist die Teilnahme an Weiterbildungsmaßnahmen anzuraten?*
2. *Beschreiben Sie die vier Berufe, die mit einer Weiterbildung möglich sind. Besorgen Sie sich evtl. weitere Informationen von den Zahnärztekammern (siehe das Link-Verzeichnis in LF 1, Kap. 1, S. 23).*
3. *Erklären Sie die Möglichkeit des Bildungsurlaubs und prüfen Sie, wie dieser in Ihrem Bundesland geregelt ist (zuständige Landeszahnärztekammer).*
4. *Diskutieren Sie darüber, ob es schon jetzt sinnvoll ist, an Weiterbildung zu denken.*
   - *Meinen Sie, auch in Ihrer Praxis würde sich Weiterbildung finanziell lohnen?*
   - *Ist Weiterbildung eventuell ein Garant, den Arbeitsplatz zu sichern?*
5. *Sprechen Sie mit Kolleginnen in der Praxis über Weiterbildungsmöglichkeiten und versuchen Sie herauszufinden, wie oft und unter welchen Rahmenbedingungen (Kosten, Urlaub, Vergütungen usw.) diese an solchen Maßnahmen schon teilgenommen haben.*
6. *Fragen Sie bei Ihrer örtlichen „Agentur für Arbeit“ und bei Ihrer Landeszahnärztekammer nach, welche Fördermöglichkeiten es für Ihre eigene Weiterbildung gibt.*

12 Ein System, das vielen hilft
Die Zweige der Sozialversicherung

Das System der Sozialversicherung steht auf fünf Säulen:

- Gesetzliche Krankenversicherung
- Gesetzliche Rentenversicherung
- Arbeitslosenversicherung
- Gesetzliche Unfallversicherung
- Gesetzliche Pflegeversicherung

Das System der sozialen Absicherung besteht nicht nur aus der Sozialversicherung. Das „soziale Netz" ist viel engmaschiger geknüpft. Es besteht noch aus zahlreichen anderen Sozialleistungen. Alle zusammen weisen die Bundesrepublik als Sozialstaat aus. Die Grundlage hierfür bildet das Grundgesetz.

In der Sozialversicherung ist der größte Teil der deutschen Bevölkerung versichert. Untereinander verbunden sind die Versicherten durch das Prinzip der **Solidarität**. Das heißt z. B., Gesunde zahlen für die Kranken und Pflegebedürftigen, die Beschäftigten für die Arbeitslosen und die Jungen für die Alten. In den letzten Jahren hat dieses schöne Bild aber Risse bekommen.

Die Gelder werden zu knapp, um alle Ansprüche der Versicherten zu bezahlen. Vor allem die hohe Arbeitslosigkeit und eine immer älter werdende Bevölkerung reißen immer neue Löcher in die Sozialkassen. Eine ständig ansteigende Zahl von Pflegefällen, teure Medikamente und aufwändige Untersuchungsmethoden verschlingen Summen, die das Sozialsystem überfordern. Immer deutlicher zeichnet sich ab: Das über hundert Jahre alte Sozialsystem ist in der bisherigen Form nicht mehr überlebensfähig. Eines scheint klar zu sein: Der Versicherte wird künftig noch mehr zur Kasse gebeten.

12.1 Die Sozialversicherungspflicht

„Ich finde, die Sozialversicherungsbeiträge müsste die Praxis tragen."

Manuela Harris will wiederkommen. Dr. Heilmann freut sich, denn so gut wie Manuela mit den jungen Patienten umgehen konnte, das war einfach vorbildlich. Heirat, Schwangerschaft, 3 Jahre Babypause, 6 Jahre Kindererziehung und nun will die Harris wieder mit ins Boot der Praxisgemeinschaft. Sie hat genaue Vorstellungen über ihre zukünftige Arbeitszeit. „Fünfmal in der Woche 3 Stunden vormittags von 9 - 12 Uhr. Wenn ich die Ohren anlege, dann kriege ich gerade noch die Kurve zum Schulschluss von unserem Sohn." Nach ihren Gehaltsvorstellungen gefragt, hat Manuela auch ihre Hausaufgaben gemacht: „Nach Auskunft der Ärztekammer stehen mir pro Stunde 8,45 € zu, und die Beiträge zur Sozialversicherung", so Manuela weiter, „muss meiner Meinung nach natürlich die Praxis tragen, denn sonst lohnt es sich gar nicht zu kommen."

- *Was meinen Sie zu der Auffassung von Manuela Harris über die Sozialversicherungsbeiträge? Muss sie selbst wirklich keine Beiträge zahlen?*
- *Wie ist die Sozialversicherungspflicht geregelt?*

Wer einem Beschäftigungsverhältnis nachgeht, ist sozialversicherungspflichtig. Sozialversicherungsfrei für den Arbeitnehmer sind geringfügige Beschäftigungen. Auch muss er keine Steuern hierfür bezahlen. Die monatliche Verdienstgrenze für diese Minijobs wurde auf 450,00 € angehoben. Die geringfügige Beschäftigung kann auch im Nebenjob ausgeübt werden. Im Gegensatz zum Arbeitnehmer muss der Arbeitgeber bei geringfügigen Beschäftigungsverhältnissen 25 Prozent pauschale Abgaben abführen. Im Einzelnen sind dies:

- 15 % für die Rentenversicherung
- 13 % für die Krankenversicherung
- 2 % Steuern für das Finanzamt

Von 450,00 bis 850,00 € muss der Arbeitnehmer verminderte Sozialabgaben zahlen. Sie steigen von 4 % bis auf maximal 20,425 %. Einkommen ab dieser Höhe werden normal besteuert.

Auch für Auszubildende gibt es bei der Sozialversicherungspflicht eine spezielle Regelung. Übersteigt ihre Ausbildungsvergütung nicht die Geringverdienergrenze von 325,00 €, so trägt der Arbeitgeber die Beiträge zur Sozialversicherung allein. Minijobs sind ab 2013 für Arbeitnehmer grundsätzlich rentenversicherungspflichtig. Wer einen Minijob beginnt, kann sich aber bei seinem Chef schriftlich von der Versicherungspflicht befreien lassen.

Praxistipp

Bei einem geringfügigen Beschäftigungsverhältnis ist es dem Arbeitgeber nicht erlaubt, die Beitragspflicht auf den Arbeitnehmer zu übertragen.

Regeln für Mini-Jobs

Einkommen	das zahlt der Arbeitnehmer	das zahlt der Arbeitgeber
bis zu 450,00 €	- keine Steuern - keine Sozialabgaben, Ausnahme: Beiträge zur Rentenversicherung (Befreiung ist möglich)	Pauschal 30 % **davon** 13 % Krankenversicherung 15 % Rentenversicherung 2 % Steuern ans Finanzamt

12.2 Gesund hilft krank

Die gesetzliche Krankenversicherung

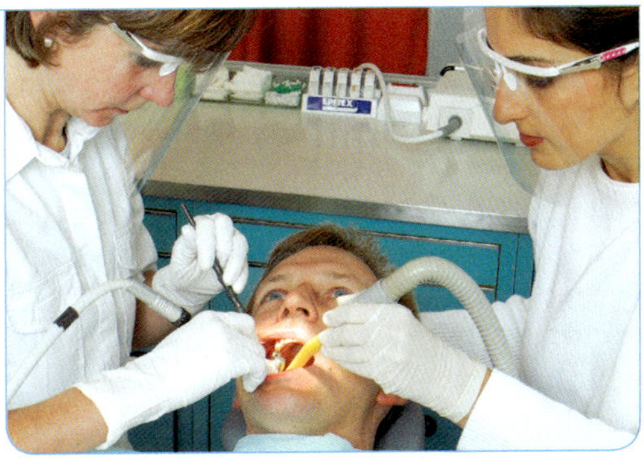

Dirk Bachmann hatte schon zu lange gewartet. Zwei Backenzähne waren stark kariös. Frau Dr. Heilmann musste bohren und dann ging es um die Frage der Zahnfüllung. „Amalgam kommt in meine Zähne nicht rein, ich will doch die Zeitbombe Quecksilber nicht im Mund haben", erklärte Dirk entschlossen. Dr. Heilmann musste auch diesem Patienten wieder erklären, dass es eigentlich keinen Grund für diese übertriebene Angst gibt. „Außerdem", so fuhr sie fort, „müssen Sie die Mehrkosten für eine Kunststofffüllung selbst tragen. Die bezahlt Ihnen Ihre Krankenkasse nicht. Der Regelwerkstoff im Seitenzahnbereich ist nun mal Amalgam." Dirk Bachmann wurde ärgerlich: „Ständig erhöhen die Kassen die Beiträge und dann soll ich noch meine Füllung selbst bezahlen. Was zahlen die denn überhaupt noch an zahnärztlichen Leistungen?"

- *Welche Krankenkassen kommen als Versicherungsträger infrage?*
- *Wie ist die gesetzliche Krankenversicherung aufgebaut?*
- *Welche Leistungen erbringt sie?*

12.2.1 Versicherte Personen

Als Arbeitnehmer ist man automatisch versicherungspflichtig, wenn das Einkommen eine bestimmte Höchstgrenze pro Jahr nicht übersteigt. Diese Versicherungspflichtgrenze beträgt 75% der Beitragsbemessungsgrenze der Rentenversicherung.

Außerdem besteht die gesetzliche Krankenversicherung als Pflichtversicherung im Wesentlichen für folgende Bevölkerungsgruppen:

- Arbeitslose, sofern sie Leistungen der Bundesanstalt für Arbeit erhalten
- Studenten, die an staatlichen oder staatlich anerkannten Hochschulen eingeschrieben sind
- Praktikanten oder Auszubildende des zweiten Bildungsweges
- Rentner der gesetzlichen Rentenversicherung, wenn sie in der zweiten Hälfte ihres Arbeitslebens Mitglied einer gesetzlichen Krankenkasse waren
- Behinderte, die in anerkannten Werkstätten und Heimen, Anstalten oder in Heimarbeit tätig sind
- landwirtschaftliche Unternehmer
- Künstler und Publizisten nach dem Künstlersozialversicherungsgesetz
- Teilnehmer an arbeitsfördernden Maßnahmen, die der Rehabilitation, Berufsfindung oder Arbeitserprobung dienen
- Personen, die in Einrichtungen der Jugendhilfe für einen Beruf ausgebildet werden

Nicht versicherungspflichtig sind Personen mit einem Einkommen bis zu 450,00 €. Diese Regelung ist bundeseinheitlich.

Bestimmte Personenkreise können auch freiwillig der gesetzlichen Krankenversicherung beitreten. Zur freiwilligen Versicherung sind im Wesentlichen berechtigt:

- Arbeitnehmer, die wegen ihrer Einkommenshöhe nicht mehr versicherungspflichtig sind und bestimmte Versicherungszeiten erfüllt haben;
- Arbeitnehmer mit einem Jahresverdienst oberhalb der Versicherungspflichtgrenze, wenn sie erstmals eine Beschäftigung aufnehmen;
- Ehepartner und Kinder, wenn die Familienversicherung erloschen ist.

Inzwischen gilt die Pflicht zur Versicherung. Die geschätzten 200.000 bis 300.000 Menschen, die in Deutschland früher nicht krankenversichert waren, müssen ebenfalls Mitglied einer gesetzlichen oder privaten Krankenversicherung werden.

Die gesetzliche Krankenversicherung gilt als sehr familienfreundlich, da sie die Angehörigen des Versicherten schützt, ohne dass diese hierfür eigene Beiträge zahlen (Familienversicherung).

Praxistipp

Die Familienversicherung für Kinder besteht bis zur Vollendung des 18. Lebensjahres, danach bis zur Vollendung des 25. Lebensjahres, wenn Sie zur Schule gehen oder sich in der Berufsausbildung befinden (z. B. als Teilnehmer einer Berufsausbildungseinrichtung, nicht jedoch als Auszubildende).

12.2.2 Finanzierung

Die gesetzliche Krankenversicherung finanziert sich durch die Beiträge von Arbeitnehmern und Arbeitgebern. Gesamtgesellschaftliche Aufgaben der Kassen werden zunehmend über Steuermittel finanziert. Die Höhe der Beiträge hängt im Wesentlichen ab vom Verdienst des Arbeitnehmers. So kommt es, dass jeder Versicherte einen anderen Beitrag zahlt. Das ist Ausdruck der Solidarität der besser verdienenden mit den einkommensschwächeren Versicherten. Die Beitragssolidarität ist allerdings begrenzt. Höher verdienende Arbeitnehmer zahlen ihre prozentualen Beiträge nur bis zur Beitragsbemessungsgrenze. Sie ändert sich von Jahr zu Jahr durch Anpassung an die allgemeine Einkommensentwicklung. Von der Beitragsbemessungsgrenze ist die Versicherungspflichtgrenze zu unterscheiden. Sie gibt an, bis zu welchem Bruttoeinkommen eine Versicherungspflicht besteht.

Inzwischen werden die Beiträge staatlich festgelegt und sollen bei allen Kassen die gleiche Höhe haben. Der einheitliche Beitragssatz beläuft sich auf 14,6 Prozent. Wenn die Kassen mit den Geldern nicht auskommen, können sie einen Zusatzbeitrag verlangen, der allerdings begrenzt ist. Trotz eines einheitlichen Beitragssatzes besteht also auch weiterhin ein Beitragswettbewerb unter den Kassen. Die Beitragszahlungen leisten Arbeitgeber und Arbeitnehmer. Bei geringfügig Beschäftigten zahlt der Arbeitgeber allein einen Beitrag von 13 % des Arbeitsentgeltes.

Um Leistungen in Anspruch nehmen zu können, die über die Pflichtbeiträge nicht abgedeckt werden, bieten die gesetzlichen Krankenkassen Zusatzversicherungen an.

Das deutsche Gesundheitssystem ist viel zu teuer und zu unflexibel. Eine umfassende Reform soll hier Abhilfe schaffen.
Die wichtigsten Regelungen der **Gesundheitsreform** sind:

- Alle Einwohner ohne Absicherung im Krankheitsfall werden in die Krankenversicherung einbezogen.
- Patienten, die an schweren Krankheiten wie z. B. AIDS oder Krebs leiden, wird der Zugang zu ambulanter Behandlung in Krankenhäusern erleichtert.
- Wichtige Impfungen müssen von den Krankenkassen bezahlt werden.

- Jüngere Versicherte müssen die empfohlenen Untersuchungen zur Vorsorge und Früherkennung wahrnehmen. Nur dann haben sie bei einer späteren chronischen Erkrankung einen Anspruch auf eine verminderte Belastung bei Medikamentenzuzahlungen.
- Es wird geprüft, ob die Preise der Arzneimittel in einem angemessenen Verhältnis zu ihrem medizinischen Nutzen stehen.
- Apotheken dürfen auch einzelne Tabletten an Patienten geben.
- Unnötige Mehrfachuntersuchungen sollen durch geeignete Maßnahmen vermieden werden.
- Jede Krankenkasse muss ihren Versicherten einen speziellen, kostengünstigen Hausarzttarif anbieten. Wer ihn wählt, hat die Pflicht, bei einer Krankheit zuerst zum Hausarzt zu gehen.
- Kassen bekommen mehr Möglichkeiten, direkt mit Ärzten über Leistungen und Preise zu verhandeln.
- Um nicht in ein Pflegeheim zu müssen, haben ältere und pflegebedürftige Menschen einen Anspruch auf Rehabilitationsmaßnahmen.
- Versicherte der gesetzlichen Krankenversicherung können in der Zukunft einen Selbstbehalt wählen. Sie bezahlen dann die Behandlungskosten bis zu einer bestimmten Höhe selbst. Als Gegenleistung werden sie von der Kasse in einen günstigeren Tarif eingestuft.

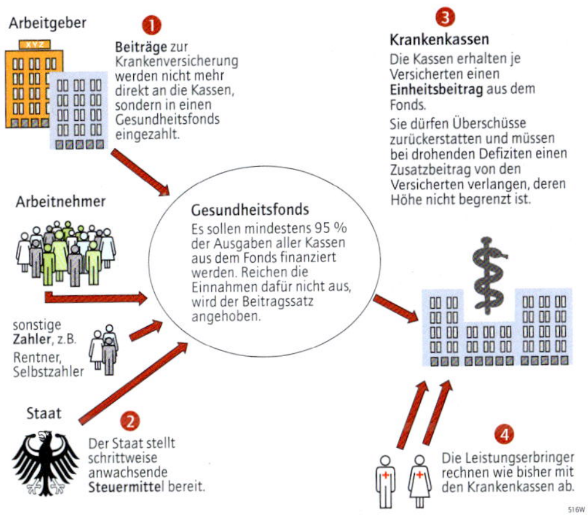

Als Antwort auf die Finanzkrise der gesetzlichen Krankenversicherung wurde ein Gesundheitsfond beschlossen, der inzwischen schon wieder überarbeitet wurde. Danach dürfen die Versicherten mit einem Zusatzbeitrag belastet werden, bei dem die bisherige Obergrenze (1 % des Bruttoeinkommens) entfallen ist.

Arbeitsaufträge

1. *Die gesetzliche Krankenversicherung gilt als familienfreundlich. Erklären Sie diese Aussage.*
2. *Wer gehört zu den Pflichtmitgliedern der gesetzlichen Krankenversicherung?*
3. *Petra S. ist 16 Jahre alt und beginnt demnächst eine Ausbildung als Bürokauffrau. Wie bisher möchte sie als Familienmitglied in der gesetzlichen Krankenkasse ihres Vaters bleiben, ohne eigene Beiträge zu zahlen. Beurteilen Sie diese Situation.*
4. *Wie sieht die Beitragsregelung für Arbeitnehmer mit geringem Arbeitsentgelt aus?*
5. *Beschreiben Sie, wie sich der Gesundheitsfond finanziert.*

12.2.3 Träger der gesetzlichen Krankenversicherung

Man spricht vom gegliederten Krankenkassen-System, weil es sieben Kassenarten mit zahlreichen Krankenkassen gibt:

- Allgemeine Ortskrankenkasse
- Landwirtschaftliche Krankenkasse
- Betriebskrankenkasse
- Ersatzkassen
- See-Krankenkasse
- Innungskrankenkassen
- Bundesknappschaft

Alle Versicherten können ihre Krankenkasse grundsätzlich frei wählen und auch jederzeit wechseln.

Die Krankenkassen werden von Versicherten und Arbeitgebern, Ersatzkassen nur von den Versicherten selbst verwaltet. Als Körperschaften öffentlichen Rechts unterliegen sie staatlicher Aufsicht.

> *Praxistipp*
>
> Kassenversicherte können ihre Kasse jederzeit mit einer Frist von zwei Kalendermonaten zum Monatsende kündigen. Der Gesetzgeber verlangt aber, dass sich der Versicherte 18 Monate an die neue Kasse bindet. Werden die Beiträge von der Kasse erhöht, hat der Versicherte ein Sonderkündigungsrecht.

12.2.4 Leistungen der gesetzlichen Krankenversicherungen

Förderung der Gesundheit und Verhütung von Krankheiten

Krankenkassen sollen schon vor Ausbruch einer Krankheit aktiv werden. Sie haben ihre Mitglieder allgemein über Gesundheitsgefährdungen und über die Verhütung von Krankheiten (Prävention) aufzuklären. Neben Information und Aufklärung können die Krankenkassen auch vorbeugende Einzelleistungen anbieten wie z. B. Ernährungsberatungen, Raucher-Entwöhnungskurse, präventive Rückenschule. Viele Kassen bieten Bonusprogramme an. Wer z. B. Vorsorge betreibt und an Fitness-Kursen teilnimmt, kann Punkte sammeln, die zu einer Prämie berechtigen. Besonders Erfolg versprechend sind Maßnahmen zur Verhütung von Zahnerkrankungen.

Versicherte haben auch Anspruch auf medizinische Leistungen (ärztliche Behandlung, Arzneimittel, Heilmittel usw.), wenn diese notwendig sind, um eine Gesundheitsschwäche, die in absehbarer Zeit zu einer Krankheit führen könnte, zu beseitigen. Zur Vorsorge können unter bestimmten Voraussetzungen auch ambulante oder stationäre Kuren durchgeführt werden. Viele Impfungen und Vater-/Mutter-Kind-Kuren zählen ebenfalls zu den Pflichtleistungen der Kasse.

Früherkennung von Krankheiten

Versicherte haben Anspruch auf Maßnahmen zur Früherkennung von Krankheiten, wie z. B. Herz-Kreislauf- und Krebserkrankungen. Des Weiteren werden Früherkennungsmaßnahmen von Krankheiten bei Kindern bis zum 6. Lebensjahr, die ihre körperliche und geistige Entwicklung gefährden können, durch die Versicherung bezahlt.

Leistungen bei Krankheit

Krankenbehandlung und Krankengeld sind die Leistungen, die durch die gesetzliche Krankenkasse erbracht werden.

Krankengeld

Arbeitnehmer, die durch Krankheit arbeitsunfähig werden, erhalten nach 6 Wochen Krankengeld. Es beträgt 70 % vom Bruttolohn oder 90 % vom Nettolohn. Der jeweils niedrigere Wert dient als Berechnungsgrundlage. Vom Bruttokrankengeld werden noch Beiträge zur Renten- und Arbeitslosenversicherung abgezogen. Die Krankenkasse trägt davon den Arbeitgeberanteil. Für dieselbe Krankheit können die Versicherten nur für 78 Wochen innerhalb eines Dreijahreszeitraums Krankengeld beziehen.

Krankenbehandlung

ärztliche und zahnärztliche Behandlung	Versorgung mit Arznei- und Verbandmitteln
Versorgung mit Heil- und Hilfsmitteln	Krankenhausbehandlung

Zahnmedizinische Leistungen der Krankenkasse

Im Einzelnen werden hierbei von der Krankenkasse folgende Leistungen ganz oder teilweise übernommen:

- Gruppenprophylaxe für Kinder bis zur Vollendung des 16. Lebensjahres. Sie wird kostenfrei erbracht, und zwar vor allem in Kindergärten und Schulen, und durchgeführt in Zusammenarbeit mit den Zahnärzten und den Gesundheitsämtern. Die Gruppenprophylaxe umfasst vor allem die Untersuchung der Mundhöhle, Mundhygiene, Ernährungsberatung und Zahnschmelzhärtung.
- Kinder, die das 6. Lebensjahr noch nicht vollendet haben, können Früherkennungsmaßnahmen zur Feststellung von Zahn-, Mund- und Kieferkrankheiten in Anspruch nehmen. Im Rahmen der Individualprophylaxe können sich Kinder bzw. Jugendliche auch nach dem 6. bis zum 18. Lebensjahr in festgelegter Häufigkeit von ihrem Zahnarzt untersuchen und beraten lassen.
  Diese Individualprophylaxe umfasst z. B. die Aufklärung über Krankheitsursachen und deren Vermeidung, Maßnahmen zur Schmelzhärtung der Zähne, Mundpflege. Auch auf die Fissurenversiegelung der Molaren (6. und 7. Backenzähne) haben Versicherte, die das 6., aber noch nicht das 18. Lebensjahr vollendet haben, Anspruch im Rahmen der Individualprophylaxe.
- Zahnfüllungen werden von Krankenkassen erstattet. Wählen Versicherte eine über die Regelleistung (Amalgam-Füllung) hinausgehende Versorgung, müssen sie die Mehrkosten selbst tragen. Werden gar intakte plastische Füllungen ausgetauscht, sind alle Kosten zu tragen. Das Gleiche gilt für Implantate, es sei denn es liegt eine Ausnahmeindikation vor.
- Versicherte haben Anspruch auf die medizinische Versorgung mit Zahnersatz und Zahnkronen. Vor Beginn der Behandlung hat der Zahnarzt einen kostenfreien Heil- und Kostenplan zu erstellen, der vor Behandlungsbeginn durch die Krankenkasse genehmigt werden muss. Krankenkassen beteiligen sich an den Kosten für Zahnersatz mit so genannten befundorientierten Festzuschüssen. Unabhängig davon, welche zahnmedizinische Versorgung bei Zahnersatz gewährt wird, es wird immer ein fester Betrag erstattet. Der Festzuschuss beträgt allgemein 50 % der Kosten der Regelversorgung. Der Zuschuss der Krankenkasse erhöht sich, wenn eine regelmäßige Vorsorge mit dem Bonusheft für die letzten 5 bzw. 10 Kalenderjahre nachgewiesen wurde.

→ LF 6, Kap. 5; AW LF 4, Kap. 1; AW LF 12, Kap. 1.1

- Kosten für kieferorthopädische Behandlung von Kindern und Jugendlichen werden von den Krankenkassen übernommen. Voraussetzung ist, dass eine Kiefer- oder Zahnfehlstellung vorliegt, die das Kauen, Beißen, Atmen oder Sprechen erheblich zu erschweren droht. Wenn die Voraussetzungen einer Kostenübernahme vorliegen, übernehmen die Krankenkassen zunächst 80 % der Kosten. Befinden sich gleichzeitig zwei oder mehr Kinder in einer kieferorthopädischen Behandlung, beträgt der Zuschuss bei dem zweiten und jedem weiteren Kind vorerst 90 %. Wird nachgewiesen, dass die Behandlung, wie geplant, abgeschlossen wurde, werden auch die restlichen Kosten von der Krankenkasse erstattet.

Leistungen bei Schwangerschaft und Mutterschaft

Die Leistungen der gesetzlichen Krankenversicherung bei Schwangerschaft und Mutterschaft erstrecken sich auf:

- ärztliche Betreuung und Hebammenhilfe,
- Haushaltshilfe,
- häusliche Pflege,
- stationäre Entbindung,
- Versorgung mit Arznei-, Verband- und Heilmitteln,
- Mutterschaftsgeld.

Im Fall einer **stationären Entbindung** hat die Versicherte für sich und das Neugeborene Anspruch auf Unterkunft, Pflege und Verpflegung für längstens sechs Tage nach der Entbindung.

Mutterschaftsgeld erhalten die weiblichen Mitglieder der gesetzlichen KV, denen bei Arbeitsunfähigkeit Krankengeld zu zahlen wäre und die während der Schwangerschaft eine bestimmte Zeit Mitglied waren.

Maßnahmen zur Rehabilitation

Sie werden erbracht, um einer drohenden Behinderung vorzubeugen oder eine bereits bestehende Behinderung zu verbessern. Verspricht die Behandlung durch einen niedergelassenen Arzt keinen Erfolg, kann der Versicherte sich auch eine stationäre oder ambulante Rehabilitationskur verordnen lassen.

Arbeitsaufträge

1. *Welche Bedingungen müssen eingehalten werden, um die Krankenkasse wechseln zu können?*
2. *Welche Leistungen werden von den Krankenkassen zur Förderung der Gesundheit und Verhütung von Krankheiten erbracht?*
3. *Welche Früherkennungsmaßnahmen können von den Versicherten in Anspruch genommen werden?*
4. *Welche Leistungen erbringen die Krankenkassen bei Schwangerschaft und Mutterschaft?*
5. *Welche Ansprüche haben die Versicherten im Rahmen der Krankenbehandlung?*
6. *Frau Kilian, eine langjährige Patientin von Dr. Heilmann, ist ärgerlich. Sie findet es sehr ungerecht, dass sie als Mitglied einer gesetzlichen Krankenkasse einen Festzuschuss von 50 % für ihren Zahnersatz erhalten soll, während ihre Nachbarin noch zusätzliche 30 % bekommen hat.*

   Aufgabe: *Klären Sie Frau Kilian über den Grund für diesen Unterschied bei der Kostenübernahme durch die gesetzliche Krankenkasse auf.*

7. *Manuela Harris hat Post von ihrer Krankenkasse erhalten. Der Kerninhalt des Briefes: „Aufgrund einer günstigen Kostenstruktur haben wir dieses Jahr einen so hohen Überschuss erwirtschaftet, der uns erlaubt, Ihnen eine Beitragsrückerstattung von 150,00 € zu gewähren“. Manuela ist sehr erfreut und ihre Kollegin Corinna Maybaum, die Mitglied einer anderen Versicherung ist, sehr erstaunt. Ihr Kommentar. „Die Krankenkassen haben doch angeblich alle jetzt einheitliche Beiträge. Wie kommt es dann, das du jetzt Beitragsanteile zurückbekommst?“*

   Aufgabe: *Klären Sie Corinna über diesen angeblichen Widerspruch auf.*

12.3 Hals- und Beinbruch in der Praxis

Die gesetzliche Unfallversicherung

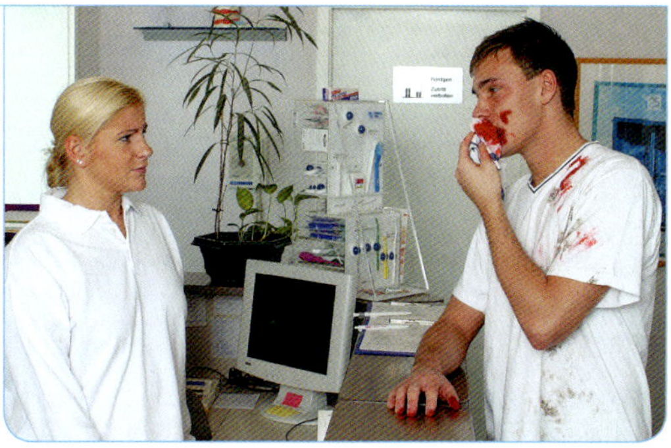

Lucia Fernandez, Auszubildende im dritten Lehrjahr, kann sich noch gut an den Fall erinnern. Kurz vor Ende des letzten Quartals kam ein Patient gegen 17.30 Uhr in die Praxis. Er hatte leichte Schürfwunden an Händen und Beinen und gab an, dass er auf dem Weg von der Arbeit nach Hause mit dem Fahrrad beim Überqueren der Straßenbahnschienen gestürzt wäre. Was schwerwiegender war: Zwei Schneidezähne waren ihm beim Sturz abgebrochen.
Der Patient erzählte, dass er nach der Arbeit „im Geschäft um die Ecke“ noch schnell etwas eingekauft habe, denn – so hatte er hinzugefügt – „man will ja nicht verhungern oder verdursten.“
Für Lucia war die Sache klar: **„Unfälle auf dem Weg von und zur Arbeit“** – so hatte sie in der Schule gelernt – **„sind besonders versichert.“** Also reichte sie die Abrechnung am Quartalsende bei der Berufsgenossenschaft ein. Eine Woche später kam prompt ein Fragebogen zurück, in dem die Versicherung Genaueres über den Unfallhergang wissen wollte.
Die Antwort der Versicherung ließ nicht lange auf sich warten: „... handelt es sich hierbei **nicht** um einen Unfall auf dem Weg von der Arbeit nach Hause, da der Versicherungsnehmer noch anderweitige Erledigungen vorgenommen hat. Damit entfällt unsere Leistungspflicht. Wir bitten, dies künftig strikt zu beachten ...“
„Immer wenn es ans Bezahlen geht, machen die Versicherungen Schwierigkeiten“, war Lucias erster Kommentar. „Letztlich ist es doch egal, wer bezahlt, einer muss es sowieso tun ...“

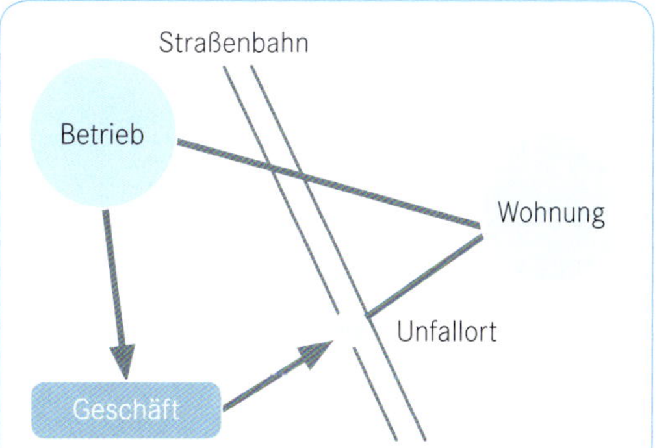

Wegeskizze des Unfallhergangs

- *Wer ist Ihrer Meinung nach im Recht?*
- *Ist es wirklich egal, wer in welchen Fällen zur Leistung verpflichtet ist?*

12.3.1 Versicherte Personen

Wer bei der Ausübung seiner beruflichen Tätigkeit und auf dem Weg von und zur Arbeit einen Unfall erleidet, wird von der gesetzlichen Unfallversicherung betreut. Alle Arbeitnehmer sind hier pflichtversichert.

Unternehmer können sich und ihre mitarbeitenden Familienangehörigen freiwillig versichern.

12.3.2 Träger der gesetzlichen Unfallversicherung

Für die Unfallversicherung sind folgende Träger zuständig:

- branchenbezogene gewerbliche Berufsgenossenschaften
- landwirtschaftliche Berufsgenossenschaft
- Seeberufsgenossenschaft

Für die Unfallrisiken der Gebietskörperschaften (Städte/Gemeinden) ist eine Vielzahl von Unfallversicherungsträgern der öffentlichen Hand zuständig.

Praxistipp

Für die Beschäftigten bei Ärzten, Zahnärzten, Tierärzten, Apotheken u.a. ist als Berufsgenossenschaft zuständig:
Berufsgenossenschaft für Gesundheitsdienst und Wohlfahrtspflege, Schäferkampsallee 24, 20357 Hamburg

bGw BERUFSGENOSSENSCHAFT FÜR GESUNDHEITSDIENST UND WOHLFAHRTSPFLEGE www.bgw-online.de

12.3.3 Finanzierung

Die Berufsgenossenschaften finanzieren sich ausschließlich aus den Beiträgen der Arbeitgeber. Da Berufsgenossenschaften keine Gewinne erwirtschaften dürfen, können sie nur so hohe Beiträge erheben, wie sie für die Erfüllung ihrer Aufgaben benötigen.

Die Höhe der zu zahlenden Beiträge wird bestimmt durch die

- Unfallgefährdung in einem Betrieb,
- Lohn- und Gehaltssumme der Mitarbeiter,
- Schwere, Anzahl und Kosten der Unfälle.

12.3.4 Aufgaben der Unfallversicherung

Die Unfallversicherung hat die Aufgabe, Unfälle zu verhüten und die Folgen eines Unfalls zu mildern oder zu beseitigen.

Unfallverhütung

Die Berufsgenossenschaften erlassen Unfallverhütungsvorschriften. Durch sie wird der Unternehmer verpflichtet, die Arbeitsstätte, die Betriebseinrichtungen und Gerätschaften so einzurichten, dass die Arbeitnehmer gegen Unfälle und Berufskrankheiten geschützt sind. Die Arbeitnehmer sind verpflichtet, die erlassenen Vorschriften genau zu befolgen. Durch technische Aufsichtsbeamte der Berufsgenossenschaften wird die Durchführung der Unfallverhütungsvorschriften überwacht. Außerdem werden die Mitglieder beraten. → LF 1, Kap. 6

Unfallfolgen und Leistungen

In der Unfallversicherung gibt es drei Situationen, die zu Ansprüchen des Versicherten führen:

- Arbeitsunfälle: Unfälle, die Berufstätige während ihrer Arbeit und auf Dienstwegen erleiden.
- Wegeunfälle: Unfälle passieren auf dem direkten Weg von und zur Arbeit.
- Berufskrankheiten: Sie müssen berufsbedingt sein und auf der „Berufskrankheiten-Liste" aufgeführt sein.

Ist ein Unfall passiert oder eine Berufskrankheit eingetreten, können Ansprüche an die Berufsgenossenschaft gestellt werden.

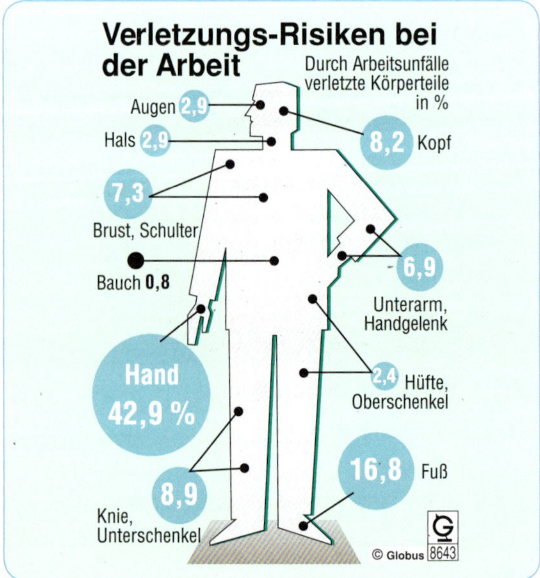

Praxistipp

Die Berufsgenossenschaft versichert keine absichtlich herbeigeführten Unfälle. Auch bei Unfällen, die ausschließlich auf Trunkenheit oder private Tätigkeiten zurückgehen, erbringt die Berufsgenossenschaft keine Leistung.

Praxistipp

Versichert sind auch Fahrgemeinschaften von und zur Arbeit. Dies ist auch dann der Fall, wenn Umwege notwendig werden, um die Mitfahrenden abzuholen.

Beispiele aus den berufsgenossenschaftlichen Unfallverhütungsvorschriften (BGR 250):

- Der Arbeitgeber hat für die einzelnen Arbeitsbereiche entsprechend der Infektionsgefährdung Maßnahmen zur Desinfektion, Reinigung und Sterilisation sowie zur Vor- und Entsorgung schriftlich festzulegen (Hygieneplan) und zu überwachen.
- Für das Sammeln von spitzen oder scharfen Gegenständen müssen Abfallbehältnisse bereitgestellt und verwendet werden, die stich- und bruchfest sind und den Abfall sicher umschließen.

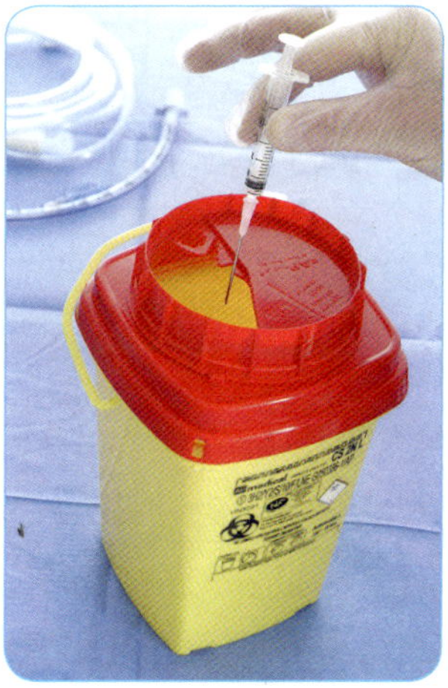

Arbeitsunfälle | **Wegeunfälle** | **Berufskrankheiten**

↓

berechtigen zu Ansprüchen an die Berufsgenossenschaft

↓

Leistungen der Berufsgenossenschaft

Heilbehandlung (z. B. ärztliche Behandlungskosten)	Leistungen bei Pflegebedürftigkeit (z. B. ärztliche Hauspflege)
Leistungen zur sozialen Rehabilitation (z. B. Wohnungshilfe)	Leistungen zur beruflichen Rehabilitation (z. B. Umschulung)
Verletzungsgeld (z. B. Übergangsgeld während beruflicher Umschulung)	Rente an Versicherte (z. B. Vollrente bei vollständigem Verlust der Erwerbstätigkeit)
Rente an Hinterbliebene (z. B. Waisenrente)	Sterbegeld

Arbeitsaufträge

1. *In welchem der folgenden Fälle erbringt die gesetzliche Unfallversicherung dem/der betreffenden Arbeitnehmer/-in Leistungen?*
   a) Die ZFA Veronika besucht zz. einen auswärtigen Fortbildungskurs über Infektionsschutz. Beim Tennisspiel im Hotel stürzt sie und bricht sich das linke Wadenbein.
   b) Die ZFA Katja wird von ihrem Chef zu einem benachbarten Radiologen geschickt, um dort einen dringend benötigten Untersuchungsbefund abzuholen. Von einem unbekannt bleibenden Mopedfahrer wird sie angefahren und zieht sich eine tiefe Fleischwunde zu.
   c) In der Frühstückspause rutscht Claudia in der Kantine auf verschüttetem Orangensaft aus und verletzt sich den Arm.
   d) Ein zu verladendes Surfbrett fällt Angelika im Urlaub aus der Hand und verletzt zwei Zehen am rechten Fuß so unglücklich, dass sie eine Woche nicht arbeiten kann.
   e) Der Maurer Peter stürzt bei seiner Arbeit vom Gerüst und muss in ein Krankenhaus eingeliefert werden. Bei der Untersuchung wird festgestellt, dass er große Mengen Alkohol getrunken haben muss.
2. *Wie ist die Finanzierung der gesetzlichen Unfallversicherung geregelt?*
3. *Welche Leistungen erbringen die Berufsgenossenschaften?*
4. *Was tun Berufsgenossenschaften, um Unfälle zu verhindern?*
5. *Wer sind die Träger der gesetzlichen Unfallversicherung?*
6. *Eine Arbeitskollegin von Ihnen kommt 10 Minuten zu spät in die Praxis. Aufgeregt erklärt sie: „Ich habe heute Morgen einen richtigen Schutzengel gehabt, sonst hätte es mich bei der Eisglätte aus der Kurve getragen. Es ist doch wirklich gut, dass alle Unfälle auf dem Weg von und zu unserer Praxis immer besonders versichert sind.“*

   Diskutieren Sie diese Meinung.
7. *Weil das Auto von Corinna Maybaum schon wieder mal in der Werkstatt war, wurde sie von ihrer Arbeitskollegin Carmen Kirsten abgeholt. Die musste zwar einen großen Umweg fahren, aber das tat sie gern, um ihrer Kollegin „aus der Patsche“ zu helfen. Und dann passierte es. Auf glatter Straße kam der Wagen von Carmen ins Schleudern und prallte gegen eine Erdböschung. Während Corinna unverletzt blieb, zog sich Carmen als Fahrerin des Fahrzeugs eine Knieverletzung zu, die ärztlich behandelt werden musste.*

   „Für Carmen brauchen wir der Berufsgenossenschaft gar keine Unfallanzeige zu schicken, denn versichert sind ja nur Wegeunfälle, die auf dem direkten Weg zur Arbeitsstelle passieren“, so die Meinung von Frau Dr. Heilmann.

   Was halten Sie von dieser Auffassung?

12.4 Arbeitslos - was nun?

Arbeitsförderung und Arbeitslosenversicherung

„Eine Ausbildung als Krankenpfleger sollte ich nach der Schule beginnen, meint meine Mutter. Ob die hier mal mit ein paar Informationen rüberkommen können?"
(Felix, 17 Jahre)

„Jetzt wollen die mir nach einem Jahr schon das Arbeitslosengeld streichen. Von was soll ich dann leben?"
(Ralph, 28 Jahre)

„Immer hab ich Pech. Ausbildung beendet und dann arbeitslos. Bin gespannt, ob die mir helfen können."
(Susanne, 18 Jahre)

„Zahnmedizinische Verwaltungsassistentin, das würde mich reizen. Wenn die mir als arbeitsloser ZFA die Fortbildung bezahlen, dann bin ich dabei. Und meine Stellenchancen sehen dann auch wieder rosiger aus."
(Kathrin, 26 Jahre)

„Um die Stelle als Turbinenbauer zu kriegen, müsste ich mich in Hamburg vorstellen. Bin mal wieder blank und kann die Reisekosten von 100,00 € nicht aufbringen. Will mal hören, ob die hier was locker machen können."
(Klaus, 34 Jahre)

- *Welche Leistungen erbringt die Agentur für Arbeit?*
- *Wie werden die Leistungen finanziert?*

12.4.1 Versicherte Personen

In der Arbeitslosenversicherung gibt es im Normalfall nur Pflichtversicherte. Dazu gehören alle Arbeiter, Angestellten, Auszubildenden und Heimarbeiter. Nicht versicherungsmäßig erfasst werden Selbstständige, Beamte, Rentner wegen Erwerbsunfähigkeit und Arbeitnehmer, die das 65. Lebensjahr vollendet haben. Auch Existenzgründer haben die Möglichkeit, sich gegen Arbeitslosigkeit zu versichern. Zu beachten ist allerdings, dass der Antrag hierzu nur gestellt werden kann, wenn der Antragsteller innerhalb der letzten zwei Jahre, bevor er seine Selbstständigkeit begonnen hat, mindestens 12 Monate in einem versicherungspflichtigen Arbeitsverhältnis gestanden hat.

12.4.2 Träger der Versicherung

Träger der Arbeitsförderung und der Arbeitslosenversicherung ist die Bundesagentur für Arbeit. Ihre Hauptstelle ist in Nürnberg. Regional werden die Aufgaben von den Landesarbeitsagenturen und den örtlichen Arbeitsagenturen wahrgenommen.

→ www.arbeitsagentur.de

12.4.3 Finanzierung

Die Aufgaben der Bundesagentur für Arbeit werden finanziert durch:

- Beiträge der Arbeitnehmer,
- Beiträge der Arbeitgeber,
- Mittel von Arbeitgebern bzw. Berufsgenossenschaften, die im Rahmen eines Umlageverfahrens aufgebracht werden,
- Steuermittel des Bundes (Arbeitslosenhilfe) bzw. Arbeitslosengeld II.

Die Beiträge sind jeweils zur Hälfte vom Arbeitgeber und Arbeitnehmer zu zahlen. Die Beitragshöhe wird begrenzt durch die jeweils aktuelle Beitragsbemessungsgrundlage. Der Arbeitgeber trägt die Beiträge bei geringfügigen Beschäftigungsverhältnissen allein. Die Verdienstgrenze beträgt hier 450,00 €. Für Auszubildende liegt sie bei 325,00 €

12.4.4 Leistungen

Die Bundesagentur für Arbeit hat zwei große Aufgabenbereiche: **Arbeitsförderung** und **Arbeitslosenversicherung.**

> *Praxistipp*
>
> In nahezu allen Arbeitsagenturen sind Berufsinformationszentren (BIZ) eingerichtet worden. Jeder kann sich dort über Fragen zur Aus- und Weiterbildung kostenlos informieren.

Arbeitsförderung

Folgende Leistungen werden angeboten:

- **Arbeitsvermittlung**: Arbeitnehmer und Arbeitgeber sollen zusammengeführt werden, um ein Arbeitsverhältnis zu begründen. Zweifel waren aufgekommen an den Erfolgsaussichten der staatlichen Stellenvermittlung über die Agentur für Arbeit. Die private Stellenvermittlung hat daher ein großes Gewicht erhalten. Arbeitslose, die seit drei Monaten ohne Stelle sind, können sich mit Gutscheinen von der Agentur für Arbeit an eine private Stellenvermittlung wenden.
- **Berufsberatung**: Sie umfasst Rat und Auskunft bei Berufswahl und Berufswechsel. Außerdem betreibt die Berufsberatung die Vermittlung von Ausbildungsstellen.
- **Förderung der beruflichen Bildung und Weiterbildung**: Gute fachliche Kenntnisse sind wichtig für die Beschäftigungs- und Aufstiegschancen von Arbeitnehmern. Daher wird unter bestimmten Bedingungen die Berufsausbildung und die berufliche Weiterbildung gefördert. Voraussetzung ist, dass die Weiterbildung notwendig ist, um die/den Arbeitnehmer/-in bei Arbeitslosigkeit beruflich einzugliedern oder eine ihm/ihr drohende Arbeitslosigkeit abzuwenden.
- **Förderung der Arbeitsaufnahme**: Arbeitslose können durch Mobilitätshilfen gefördert werden, wenn dies zur Aufnahme der Beschäftigung notwendig ist. Voraussetzung ist, dass sie die erforderlichen Mittel nicht selbst aufbringen können. Die Hilfe umfasst z. B. Zuschüsse zum Lebensunterhalt, zur Arbeitskleidung, Fahrtkosten- und Trennungskostenbeihilfe.
- **Eingliederungszuschüsse**: Arbeitgeber können diese erhalten, wenn sie bereit sind, förderungsbedürftige Arbeitnehmer einzustellen. Zu den geförderten Gruppen gehören z. B. ältere Arbeitnehmer, Langzeitarbeitslose und Behinderte.
- **Maßnahmen zur Arbeitsbeschaffung (ABM)**: Für schwer vermittelbare Arbeitslose in Regionen mit hoher Erwerbslosigkeit können Arbeitgeber Zuschüsse zum auszuzahlenden Arbeitsentgelt erhalten.
- **Zuschüsse zur Ausbildungsvergütung**: Für die betriebliche Ausbildung von behinderten Menschen können Zuschüsse zur Ausbildungsvergütung bezahlt werden, wenn die Ausbildung sonst nicht möglich gewesen wäre.

Arbeitslosenversicherung

An finanziellen Leistungen werden vor allem erbracht:

- **Arbeitslosengeld I**: Wer arbeitslos wird, kann einen Antrag auf Arbeitslosengeld stellen. Voraussetzung für die Zahlungen ist, dass der Betreffende der Arbeitsvermittlung zur Verfügung steht. Auch muss er innerhalb der letzten 3 Jahre vor der Arbeitslosenmeldung mindestens für 1 Jahr Arbeitslosenbeiträge gezahlt haben. Grundlage für die Berechnung des Arbeitslosengeldes ist der früher erzielte Nettolohn. Das Arbeitslosengeld beträgt 67 % des letzten Nettolohns für Arbeitslose mit Kindern und 60 % für Arbeitslose ohne Kinder. Die Zahlung des Arbeitslosengeldes ist befristet. Sie beträgt im Normalfall 12 Monate. Über 50-Jährige erhalten 15 Monate lang Arbeitslosengeld I. Ab einem Alter von 55 Jahren wird es 18 Monate und ab 58 Jahren sogar 24 Monate lang bezahlt.

- **Arbeitslosengeld II**: Dies ist eine fürsorgeähnliche Leistung aus Steuermitteln, die an die bisherigen Empfänger von Arbeitslosenhilfe sowie an erwerbsfähige Sozialhilfeempfänger gezahlt wird. Arbeitslosengeld II wird nur gewährt, wenn der Arbeitslose den Lebensunterhalt für sich und seine Familie nicht durch andere Einkommensarten bestreiten kann. Anspruch auf Arbeitslosengeld II haben alle Erwerbsfähigen zwischen 15 und 65 Jahren, die bedürftig sind. Mit der Reform der Arbeitslosenversicherung ist der Name des ehemaligen VW-Vorstandsmitglied, Peter Hartz verbunden. Das Reformpaket wird deshalb auch als **„Hartz IV"** bezeichnet.
- **Kurzarbeitergeld** wird bei einer vorübergehenden Unterbeschäftigung von Betrieben in Höhe des Arbeitslosengeldes für die ausgefallenen Arbeitsstunden gezahlt.
- **Insolvenzausfallgeld** gibt es bei Zahlungsunfähigkeit des Arbeitgebers, wenn bei Insolvenzeröffnung noch Lohnansprüche für die letzten 3 Monate bestehen.
- **Saison-Kurzarbeitergeld und Wintergeld**: Für witterungsbedingte Arbeitsausfälle und Erschwernisse unterstützt die Bundesagentur für Arbeit mit dieser Zahlung die betroffenen Bauarbeiter.

Arbeitsaufträge

1. *Wie werden die Aufgaben der Bundesagentur für Arbeit finanziert?*
2. *Welche Leistungen erbringen die Arbeitsagenturen im Rahmen der Arbeitsförderung?*
3. *Berechnen Sie das Arbeitslosengeld für folgende Fälle:*
   - *Gudrun Hohmann, 1 Kind, bisheriges Nettoeinkommen 1.400,00 €*
   - *Florian Lang, kinderlos, bisheriges Nettoeinkommen 1.800,00 €*
4. *Susanne Michels ist arbeitslos geworden und möchte Arbeitslosengeld beziehen. Welche Voraussetzungen muss sie erfüllen?*
5. *Peter Holz, seit 5 Jahren verheiratet mit der Besitzerin einer gut gehenden Gaststätte, ist seit über einem Jahr arbeitslos. Letzte Woche wurde ihm mitgeteilt, dass der Anspruch auf Arbeitslosengeld in 2 Monaten ausgeschöpft ist. Seine Frau rät ihm, schnellstens Arbeitslosengeld II zu beantragen. Beurteilen Sie seine Chance, dieses Geld zu erhalten.*
6. *Kathrin Buchholz ist als Zahnmedizinische Fachangestellte arbeitslos geworden. Sie hätte die Möglichkeit, eine neue Stelle zu finden, wenn sie den Fortbildungslehrgang zur Zahnmedizinischen Verwaltungsassistentin erfolgreich abschließt. Diskutieren Sie ihre Chance, die Lehrgangskosten von der Arbeitsagentur erstattet zu bekommen.*

12.5 Damit wir im Alter auch „über die Runden kommen“

Die gesetzliche Rentenversicherung

Mittagspause in der Zahnarztpraxis Dr. Heilmann. Eine Zeitungsmeldung zum Thema Rentenversicherung erregt die Gemüter ...

Wäre das nicht schön?
Berlin: Rente mit 60 und das ohne Abschläge. Das fordern die Gewerkschaften. Geplant ist tatsächlich, künftig jedem Arbeitnehmer ab 60 Jahren die Möglichkeit einzuräumen, vorzeitig aus dem Berufsleben auszuscheiden. Allerdings mit der Bedingung „ohne Abschläge“ wird es nichts werden. Das ist von der Rentenkasse nicht zu finanzieren. „Macht nichts“, könnte man denken, dann akzeptiere ich halt die Abschläge, das kann doch so schlimm nicht sein. Irrtum: Eine heute 45-jährige Frau, die nach aktuellem Recht mit 67 Jahren eine Rente von 1.000,00 € bekommen würde, hätte dann nur noch 500,00 € monatlich. Und dann: Wie wär's mit Tütenpacken beim Discounter? (xrl)

Manuela Harris, verheiratet, zwei Kinder, bringt ihre Meinung auf den Punkt: „Wir müssen uns krumm legen und kriegen fast 10 % von unserem Einkommen an Rentenbeitrag abgezogen. Aber damit nicht genug. Arbeiten sollen wir ab 2029 bis 67 Jahre und dann gibt es eine so niedrige Rente, dass man nicht davon leben kann. Jetzt haben die zusätzlich eine private Vorsorge bei der Rente eingeführt, für die der Staat Zuschuss zahlt. Dann muss ich also erst einmal doppelt bezahlen. Ich wüsste gern, wie ich das machen soll.“

- *Wie ist die gesetzliche Rentenversicherung aufgebaut?*
- *Welche Leistungen erbringt sie?*
- *Welche Probleme hat die Rentenversicherung?*

12.5.1 Versicherte Personen

Die Rentenversicherung ist eine Versicherung für die gesamte Bevölkerung. Grundsätzlich kann ihr jeder beitreten, sei es Arbeiter, Angestellter, Selbstständiger oder Hausfrau. Zwei Arten von Versicherten sind zu unterscheiden: die **Pflichtversicherten** und die **freiwillig Versicherten**.

Pflichtversicherte Mitglieder sind Auszubildende, Arbeiter und Angestellte. Die Rentenversicherung als Zwangsversicherung ist für sie nicht abwählbar. Auch kann von ihnen nicht zwischen der Arbeiter- und Angestelltenversicherung gewählt werden. Die Zugehörigkeit wird nach der beruflichen Tätigkeit bestimmt. Auch Selbstständige können nach einem Aufnahmeantrag in die Gruppe der Versicherungspflichtigen aufgenommen werden.

Alle Personen, die nicht versicherungspflichtig sind, können sich ab dem 16. Lebensjahr freiwillig versichern. Ihnen wird damit die Möglichkeit gegeben, für ihr Alter finanziell vorzusorgen.

12.5.2 Finanzierung

Der Beitragssatz in der Rentenversicherung liegt zurzeit (2015) bei 18,70%. Der Beitrag wird jeweils zur Hälfte vom Arbeitnehmer und Arbeitgeber aufgebracht. Die Beitragshöhe verändert sich proportional mit dem Bruttoverdienst. Es gibt allerdings einen Höchstbetrag, welcher der Beitragsberechnung zugrunde gelegt wird (siehe Seite 113/114). Ab dieser Beitragsbemessungsgrenze bleibt der Arbeitnehmer zwar weiterhin versicherungspflichtig, aber der Beitrag wird „eingefroren" und steigt auch bei höherem Verdienst nicht weiter.

Bei geringen Löhnen von maximal 450 € bzw. bei Auszubildenden maximal 325 € zahlt der Arbeitgeber die Beiträge allein (siehe dazu auch „Mini.-Jobs")

12.5.3 Rentenreform

Der so genannte Generationenvertrag bildet bis heute zwar die Grundlage der Rentenversicherung, ist aber allein nicht mehr tragfähig. Maßgebend dafür ist, dass sich die „Lebenspyramide" verschiebt. Ein Rückblick in die Zeit der Gründung der Rentenversicherung und ein Blick auf die heutige Situation sowie ein Blick in die Zukunft zeigen, wo die Herausforderungen liegen.

Rückblick

Der Ursprung der Rentenversicherung lag im Jahr 1889. Vor rund 125 Jahren verabschiedete der Reichstag des Deutschen Reiches unter Führung Otto von Bismarcks das Gesetz zur Alters- und Invaliditätsversicherung. Danach mussten alle Arbeiter zwischen 16 und 70 Jahren einen jeweils zur Hälfte von ihnen und den Arbeitgebern zu tragenden Beitragssatz von 1,7 % in die gesetzliche Rentenversicherung einzahlen. Einen Rentenanspruch hatte man ab dem 70. Lebensjahr, wenn zuvor mindestens 30 Jahre Beiträge entrichtet wurden. Durchschnittlich wurden die Menschen aber nur 40 Jahre alt.

Gegenwart und Zukunft

Diese Situation hat sich völlig verändert. Die **Herausforderungen** der Gegenwart und Zukunft werden durch folgende Merkmale geprägt:

- Der Anteil der älteren Menschen erhöht sich bei anhaltend niedrigen **Geburtenzahlen**.
- Die höhere Lebenserwartung geht mit einer längeren **Rentenlaufzeit** einher.
- Die **Beitragszeiten** verkürzen sich, weil sich der Berufseinstieg immer mehr nach hinten verschiebt.
- Die **Beiträge reichen nicht mehr aus**, um die Renten zu finanzieren.

Dies führte in der Anfang 2000 ins Leben gerufenen „Agenda 2010" dazu, dass das Renteneintrittsalter schrittweise auf 67 Jahre angehoben werden sollte. Außerdem sollten die Arbeitnehmer während ihrer Erwerbstätigkeit dazu angeregt werden, eigene Zusatzversicherungen abzuschließen und durch geeignete Kapitalanlagen für ein weiteres Standbein der Altersversorgung zu sorgen.

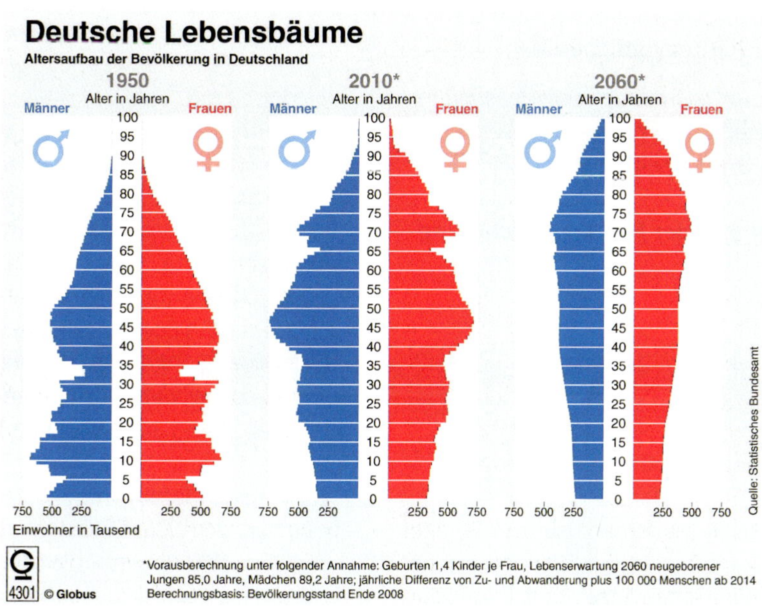

In der Rentenreform 2014 wurde das Renteneintrittsalter insbesondere für langjährig Versicherte wieder herabgesetzt. Langfristig Versicherte mit mind. 45 Beitragsjahren bis zum Geburtsjahrgang 1952 erhalten danach schon eine Rente mit Vollendung des 63. Lebensjahres. Außerdem wurden den Müttern von Kindern, die vor 1992 geboren wurden, monatlich eine „Zusatzrente" in Höhe von 28 € pro Kind zugesprochen.

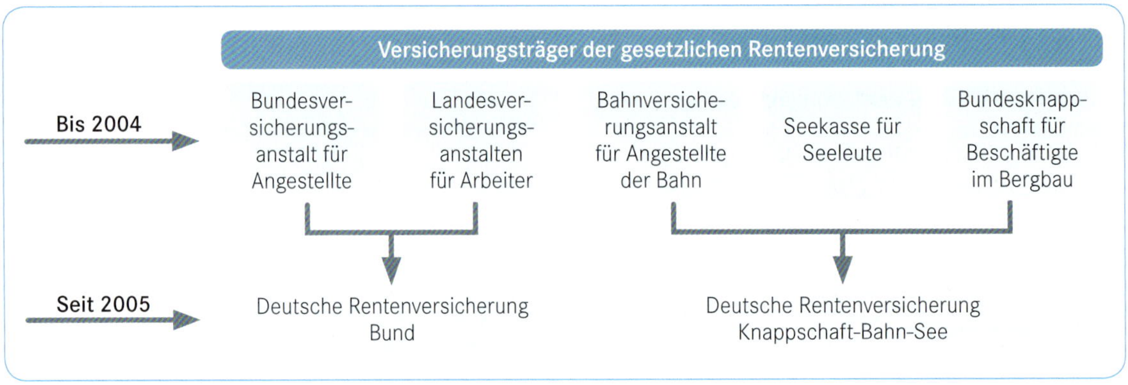

Tipp:

Einzelheiten zu diesem Thema können bei Bedarf unter http://www.deutsche-rentenversicherung.de abgerufen werden.

12.5.4 Träger der Rentenversicherung

Träger der Rentenversicherung sind besondere öffentlich-rechtliche Körperschaften. Sie verwalten sich durch eigene Organe selbst.

12.5.5 Die Leistungen der Rentenversicherung

Die Rentenversicherung erbringt zwei verschiedene Arten von Leistungen: Leistung zur Rehabilitation und Auszahlung von Renten.

Rehabilitation

Durch diese Maßnahme soll eine frühzeitige Rentenzahlung vermieden werden. Es gilt, die Arbeitskraft des Versicherten wiederherzustellen. Zu den Rehabilitationsleistungen zählen z. B. medizinische Leistungen (ärztliche Behandlung) und berufliche Leistungen (berufliche Umschulung).

Rentenzahlung

Die Rentenversicherung zahlt Versicherten und ihren Hinterbliebenen Rente, wenn bestimmte Bedingungen erfüllt sind. Dazu gehört immer, dass für eine bestimmte Zeit **Beiträge** gezahlt worden sind und auch genau festgelegte **Wartezeiten** eingehalten wurden.

- **Altersrente:** Die Auszahlung der Rente erfolgt zu unterschiedlichen Altersstufen. Die Regelaltersrente wird mit 65 Jahren bezogen. Seit 2014 kann die Gruppe der besonders langjährig Versicherten (45 Versicherungsjahre) ihre Rente mit 63 Jahren beziehen. Bis 2029 soll nach dem Willen des Gesetzgebers das Rentenalter stufenweise auf 67 Jahre steigen.
- **Witwen- und Witwerrente** erhalten Frauen und Männer nach dem Tod des Ehepartners. Die Rente entfällt, wenn der überlebende Ehegatte wieder heiratet.
- **Waisenrente:** Kinder von verstorbenen Versicherten haben Anspruch auf Halbwaisenrente. Verstirbt auch der andere unterhaltspflichtige Ehepartner, besteht das Recht auf Vollwaisenrente.
- **Erziehungsrente:** Einen Anspruch haben Versicherte, deren Ehe geschieden wurde und deren Ehepartner verstorben ist. Anspruchsberechtigt sind sie dann, wenn sie ein eigenes Kind zu erziehen haben und außerdem nicht mehr geheiratet haben.
- **Erwerbsminderungsrente:** Versicherte, die über eine nur noch eingeschränkte Arbeitskraft verfügen, können eine Erwerbsminderungsrente geltend machen.

Erwerbsminderungsrente

Arten

Rente wegen teilweiser Erwerbsminderung	Rente wegen voller Erwerbsminderung
Eine Erwerbsminderungsrente erhalten Versicherte, die weniger als 6, aber mindestens 3 Stunden am Tag arbeiten können. Bei Arbeitslosigkeit wird die Rente in voller Höhe gezahlt.	Eine volle Erwerbsminderungsrente erhalten Versicherte, die weniger als 3 Stunden am Tag arbeiten können.

12.5.6 Rentenhöhe und Rentenzahlung

Die Höhe der Rente wird im Wesentlichen durch die persönliche Versicherungsdauer und die gezahlten Beiträge bestimmt. Kindererziehungszeiten (Babyjahre) werden teilweise auf die spätere Rente angerechnet; drei „Versicherungsjahre" gibt es z. B. für jedes Kind, das nach 1992 geboren wurde. Für Mütter oder Väter deren Kinder vor 1992 auf die Welt kamen, werden zwei Jahre Erziehungszeiten zukünftig auf die Rente angerechnet. Zur Rentenberechnung dient eine Rentenformel, die sich aus verschiedenen Faktoren zusammensetzt.

Die Rente ist dynamisch. Sie folgt der wirtschaftlichen Entwicklung während eines Jahres. Der Rentenwert orientiert sich an der Entwicklung der Nettolöhne. Wegen finanzieller Probleme in der Rentenversicherung finden Rentenanpassungen nicht mehr jedes Jahr statt. Mit einigen Nullrunden mussten sich die Rentner bereits abfinden. Experten halten es für wahrscheinlich, dass die Renten in den kommenden Jahren sogar sinken werden. Des Weiteren wird die Rentenanpassung begrenzt durch einen so genannten Nachhaltigkeitsfaktor. Dadurch wird die Tatsache berücksichtigt, dass einer stärker wachsenden Zahl von Rentnern immer weniger Beitragszahler gegenüber stehen.

Arbeitsaufträge

1. *Susanne Klose, Mutter von 2 kleinen Kindern, ist an zwei Tagen in der Woche insgesamt 14 Stunden beschäftigt. Sie verdient monatlich 315,00 €. Wie sieht in diesem Fall die Sozialversicherungspflicht aus?*
2. *Wie finanziert sich die Rentenversicherung?*
3. *Nennen Sie die Gründe, die eine Rentenreform der Rentenversicherung notwendig machten.*
4. *Was bedeutet die Aussage: „Die Beitragsbemessungsgrenze für die Rentenversicherung beträgt 6.050 € in den alten und 5.200 € in den neuen Bundesländern“? Siehe dazu auch Kapitel 14.2 und 14.3 auf den Seiten 113/114.*
5. *Welche Bedeutung hat die Rentenversicherungsnummer für den Versicherten?*
6. *Diskutieren Sie über die Aussage der Karikatur auf S. 101.*
7. *Beschreiben Sie die beiden Arten der Erwerbsminderungsrente.*
8. *Was versteht man unter der dynamischen Rente?*
9. *Welche Leistungen zur Rehabilitation werden von der Rentenversicherung gewährt?*

12.6 Jeder kann sie mal brauchen

Die gesetzliche Pflegeversicherung

Ambulanter Pflegedienst

Lucia erzählt oft: „Meine Oma Gertrud ist einfach klasse. Wie die mit 85 trotz ihrer kaputten Knie und ihrem hohen Blutdruck immer noch allein in ihrem Haushalt klarkommt, das finde ich super. Und dabei ist die Frau immer gut drauf.“
Doch dann, zwei Tage vor Weihnachten, passiert es. Oma Gertrud bekommt einen Schlaganfall und ist rechtsseitig gelähmt. Trotz eines mehrwöchigen Aufenthalts in einer Spezialklinik steht bald fest, dass Oma Gertrud für immer ein Pflegefall bleiben wird. Kristins Eltern müssen nicht lange überlegen, sie nehmen die 85-Jährige in ihrem Haus auf. Die alte Frau in ein Pflegeheim zu geben, kommt für sie erst einmal nicht infrage.
Ein Jahr später klingelt das Telefon bei Lucias Mutter, einer gelernten Bankkauffrau. Ihr früherer Chef will sie für 3 Stunden täglich einstellen. Ein verlockendes Angebot, doch wer soll sich um ihre pflegebedürftige Mutter kümmern, wenn sie im Büro ist?

- *Welche Aufgaben hat die Pflegeversicherung?*
- *Wie ist die Pflegeversicherung aufgebaut?*

12.6.1 Träger der gesetzlichen Pflegeversicherung

Die Pflegekassen haben keine eigenen Landes- und Berufsverbände. Die Krankenkassen sind, wie bei der gesetzlichen Krankenversicherung, auch die Träger der gesetzlichen Pflegeversicherung. Der privaten Pflegeversicherung gehören diejenigen an, die privat krankenversichert sind. Beamte müssen sich im Hinblick auf den durch die Beihilfe nicht gedeckten Teil der Pflegekosten dort pflegeversichern, wo sie auch krankenversichert sind.

12.6.2 Finanzierung

Finanzierung der gesetzlichen Pflegeversicherung

Grundsatz

Die Finanzierung erfolgt nach dem Umlageverfahren, d. h., Beitragszahler kommen für heutige Pflegebedürftige auf.

Finanzierungsregeln (2015)

- Arbeitnehmer und Arbeitgeber finanzieren die Versicherung grundsätzlich je zur Hälfte.
- Es sind 2,35 % vom krankenversicherungspflichtigen Einkommen des Versicherungsnehmers zu zahlen.
- Kinderlose Versicherte zahlen ab dem 23. Lebensjahr 2,60 % vom krankenversicherungspflichtigen Einkommen. Die 0,25 % höhere Mehrbelas-tung gegenüber dem Standardbeitragssatz von 2,35 % trägt der Arbeitnehmer allein.
- Der Ausgleich des Arbeitgeberanteils erfolgt durch den Wegfall eines Feiertags (Buß- und Bettag).
- In Sachsen wurde kein Feiertag gestrichen. Die Anteile von Arbeitnehmer und Arbeitgeber betragen hier 1,675 % und 0,675 %.
- Rentner tragen den Beitrag zur Pflegeversicherung allein.

Merke: Unterhaltspflichtige Kinder und Ehegatten, deren monatliches Gesamteinkommen eine bestimmte Höhe (Geringfügigkeitsgrenze) nicht übersteigt, sind beitragsfrei mitversichert.

12.6.3 Leistungen

Es werden Leistungen für die **häusliche Pflege** gewährt. Die Pflegebedürftigen erhalten ein Pflegegeld, das je nach dem Grad der Pflegebedürftigkeit zwischen 235,00 € und 700,00 € je Monat beträgt. Wird die häusliche Pflege von ambulanten Diensten übernommen, werden Pflegeleistungen durch die Versicherung mit Beträgen zwischen 450,00 € und 1.550,00 € bezuschusst.

Bei Verhinderung der Pflegeperson, z. B. weil sich diese im Urlaub befindet, besteht ein Anspruch auf **Pflegevertretung** (Verhinderungspflege). Die Pflegeversicherung übernimmt einmal jährlich für 4 Wochen die Kosten für eine Ersatzpflegekraft.

Die Leistungen der Versicherung zur häuslichen Pflege werden ergänzt durch die Pflegehilfsmittel (z. B. Pflegebetten, Rollstühle, Gehwagen). Eine Bezahlung durch die Pflegeversicherung erfolgt nur, soweit nicht andere Leistungsträger (z. B. Krankenversicherung) zahlungspflichtig sind. Denkbar ist auch, dass für pflegebedingte Umbaumaßnahmen einer Wohnung Zuschüsse gezahlt werden.

Pro

- Es kann immer etwas Unvorhersehbares passieren, wogegen man sich absichern muss.
- Die finanziellen Risiken sind zu groß, als dass man sie allein tragen kann.
- Gute Versicherungen beraten vor einem Abschluss und weisen auf Vor- und Nachteile hin.
- Der Kunde kann allein entscheiden, welches Risiko er versichern und welches er selbst tragen will.
- Versicherungen schützen sich vor Missbrauch ihrer Leistungen durch die Kunden. Würden sie das nicht tun, müsste die Versichertengemeinschaft letztlich höhere Beiträge zahlen.

Kontra

- Das Risiko, dass bestimmte Ereignisse eintreten, ist kalkulierbar. Man kann sich nicht gegen alles versichern.
- Versicherungsprämien sind häufig viel zu teuer.
- Versicherungsagenturen leben von der Provision, deshalb wollen sie nur verkaufen.
- Im „Versicherungsdschungel" kennt sich keiner aus. Viele Doppelversicherungen auf der einen und Versicherungslücken auf der anderen Seite sind die Folgen.
- Im Kleingedruckten werden viel zu viele Risiken ausgeschlossen, worüber die Versicherten nicht genügend aufgeklärt sind.

... versichert gegen Hundebisse jeder Art; ausgenommen sind lediglich
a) Bisse von männlichen Hunden,
b) Bisse von weiblichen Hunden.
Kastrierte Hunde fallen nicht unter den Begriff Hund ...

13.2 Individualversicherungen im Überblick

Individualversicherungen lassen sich einteilen in Personen-, Vermögens- und Sachversicherungen. Abgeschlossen werden sie zwischen dem Versicherer (Versicherungsgesellschaft) und dem Versicherungsnehmer. Ihnen liegt das Versicherungsprinzip zugrunde, dass nur der Leistungen erhalten kann, der auch Beitragszahler ist.

Das System der Individualversicherungen

Personenversicherungen

Beispiele:
- private Krankenversicherung
- private Unfallversicherung
- Lebensversicherung
- Berufsunfähigkeitsversicherung
- Insassenunfallversicherung
- private Pflegeversicherung

Vermögensversicherungen

Beispiele:
- private Haftpflichtversicherung
- Rechtsschutzversicherung
- Reiserücktrittsversicherung
- Reisegepäckversicherung
- Kfz-Haftpflichtversicherung

Sachversicherungen

Beispiele:
- Hausratversicherung
- Feuerversicherung
- Einbruchdiebstahlversicherung
- Kaskoversicherung

13.2.1 Personenversicherungen

Private Krankenversicherung

Mehr als 10% der Einwohner in Deutschland sind privat krankenversichert. Für die Zahnarztpraxis hat diese Patientengruppe daher eine nicht unerhebliche wirtschaftliche Bedeutung.

Die private Krankenversicherung steht jedem offen. Als **Vollversicherung** und Alternative zur gesetzlichen Krankenversicherung kann sie aber nicht von allen genutzt werden. Angestellte und Arbeiter können nur Mitglied werden ab einem bestimmten Monatseinkommen. Freiberufler, Selbstständige, Beamte und Studenten sind häufig bei privaten Krankenkassen versichert.

Die **Beiträge** der privaten Krankenversicherung richten sich nach dem Alter, dem Geschlecht und dem gewählten Tarif. Vom Einkommen sind die Beiträge unabhängig. Hohe Beiträge im Alter sind ein Nachteil der privaten Krankenversicherung. Durch die Bildung von Altersrückstellungen versuchen die privaten Krankenversicherungen der stärkeren Kostenbelastung durch ältere Patienten entgegenzuwirken. Die Gesundheitsreform hat auch für die private Krankenversicherung wichtige Neuerungen gebracht:

- Privat Versicherte können in den kostengünstigen Basistarif einer privaten Krankenversicherung wechseln. Die Leistungen in diesem Tarif entsprechen in etwa dem der gesetzlichen Krankenversicherung.
- Nur Neukunden können die bei ihrer privaten Versicherung angesparte Altersrückstellung beim Wechsel in eine andere Privatversicherung mitnehmen. Angerechnet werden dabei nur solche Rückstellungen, die im Umfang des Basistarifes gebildet worden sind.

Im Wesentlichen setzt sich der Privatschutz aus folgenden **Bausteinen** zusammen: Tarife für ambulante ärztliche Behandlungen, Arzneimittel, Zahnbehandlung, Zahnersatz sowie Tarife für das Krankenhaus. Die meisten Versicherungsunternehmen bieten auch Tarife für Kuren an.

Wie Kassenpatienten können auch Privatpatienten ihren Arzt bzw. Zahnarzt frei wählen. Bei einem Krankenhausaufenthalt können sie außerdem zwischen einem Einbett- oder Mehrbettzimmer wählen.

Für den Einzelnen und für berufstätige Ehepaare kann die private Krankenversicherung kostengünstiger sein als der gesetzliche Versicherungsschutz. Bedingung für die Wahlfreiheit ist allerdings, dass der versicherte Arbeitnehmer mit seinem Gehalt über der Beitragsbemessungsgrenze liegt, die jedes Jahr verändert wird. Ist nur ein Verdiener in der Familie, ist die gesetzliche Krankenversicherung in der Regel preiswerter, da alle Familienmitglieder beitragsfrei mitversichert sind.

Ist jemand selten krank und hat ein Jahr lang keine Versicherungsleistungen in Anspruch genommen, so kann er eine **Beitragsrückerstattung** erhalten. Die gesetzliche Krankenversicherung kennt diese Einrichtung nur in wenigen Fällen.

Auch Mitglieder der gesetzlichen Krankenversicherung können Leistungen der privaten Krankenversicherung in Anspruch nehmen. Diese Zusatzversicherungen werden in verschiedenen Formen angeboten:

- **Krankenhaustagegeldversicherung:** Je Krankenhaustag wird ein tariflich vereinbarter Betrag an den Versicherungsnehmer ausbezahlt, um etwaige Mehrkosten auszugleichen. Krankenhaustagegeldversicherungen haben häufig nicht nur gesetzlich, sondern auch privat versicherte Mitglieder.
- **Krankentagegeldversicherung:** Die ausgezahlten Beiträge richten sich nach der Anzahl der Arbeitsunfähigkeitstage. Sie dient dazu, den krankheitsbedingten Verdienstausfall auszugleichen. Die private Versicherung bietet so die Möglichkeit an, die Differenz zwischen dem gezahlten Krankengeld der gesetzlichen Versicherung und dem sonst erzielten Einkommen auszugleichen.
- **Krankenhauskosten-Zusatzversicherung:** Sie wird von gesetzlich Versicherten abgeschlossen, um bei einem Krankenhausaufenthalt die Vorteile von Privatpatienten zu haben, so z. B.

freie Klinik- und Arztwahl sowie den Komfort eines Zwei- oder sogar Einbettzimmers. Wer sich dabei grundsätzlich mit einem Zweibettzimmer zufrieden gibt, bezahlt eine niedrigere Prämie. Die Tarifangebote der Versicherungen unterscheiden sich erheblich und sollten daher sorgfältig verglichen werden.

- **Private Pflegeversicherung:** Tatsache ist, dass die Anzahl der pflegebedürftigen Menschen zukünftig weiter ansteigen wird. Die finanziellen Mittel aus der gesetzlichen Pflegeversicherung reichen hierfür häufig nicht aus. Eine private Pflegeversicherung abzuschließen, kann daher sinnvoll sein. Was sie kostet, hängt vom Alter und Geschlecht ab. Der Staat belohnt den Abschluss einer privaten Pflegeversicherung durch einen jährlichen Zuschuss von 60,00 €. Versicherungen dürfen keine Bewerber ablehnen. Eine Altersbeschränkung ist nicht vorgesehen.
- **Auslands-Reisekrankenversicherung:** Sie ist für Kassenpatienten, die ins außereuropäische Ausland reisen, unverzichtbar. Wer z. B. als gesetzlich Versicherter in die USA reist und dort in ein Krankenhaus eingeliefert werden muss, kann im finanziellen Ruin enden.

Private Unfallversicherung

Sie hat die Aufgabe, die wirtschaftlichen Folgen von privaten und beruflichen Unfällen tragen zu helfen. Die private Unfallversicherung gibt es als Einzel- und Gruppenversicherung. So kann z. B. eine Unternehmung für ihre Außendienstmitarbeiter zusätzlich eine private Unfallversicherung für Verkehrsunfälle abschließen.

Bei der **gesetzlichen** Unfallversicherung beschränken sich die Leistungen auf Unfälle am Arbeitsplatz sowie auf dem direkten Hin- und Rückweg. Die meisten Unfälle passieren aber im Haushalt und in der Freizeit. Den umfassenderen Versicherungsschutz für alle diese Fälle bietet die private Unfallversicherung.

Anders als bei der gesetzlichen Unfallversicherung bestimmt der Versicherungsnehmer über seine Beitragszahlungen die Art und Höhe der Versicherungsleistung selbst. Neben einer Invaliditätssumme sind folgende Leistungen möglich: Todesfallsumme, Tagegeld, Krankenhaustagegeld mit Genesungsgeld und Übergangsentschädigung.

Lebensversicherung

Im Gegensatz zu den meisten Versicherungsarten wird bei der Lebensversicherung kein Schadensersatz geleistet, sondern eine bestimmte Summe ausbezahlt (Summenversicherung). Die Zahlung kann auf einmal **(Kapitalversicherung)** oder in Teilbeträgen **(Rentenversicherung)** erfolgen. Folgende **Formen** der Lebensversicherung werden unterschieden:

- Bei der **Todesfallversicherung** wird die Versicherungssumme erst beim Tod des Versicherten fällig.
- Bei der **Erlebensfallversicherung** wird die Leistung fällig, wenn der Versicherungsnehmer einen bestimmten Zeitpunkt erlebt (z. B. 60 Jahre alt wird).
- Die **gemischte Lebensversicherung** ist eine Versicherung auf den Erlebens- oder Todesfall. Die Versicherungssumme wird ausbezahlt, wenn ein bestimmtes Lebensalter erreicht wird. Stirbt der Versicherungsnehmer schon früher, wird der gesamte Betrag bereits zu diesem Zeitpunkt fällig.

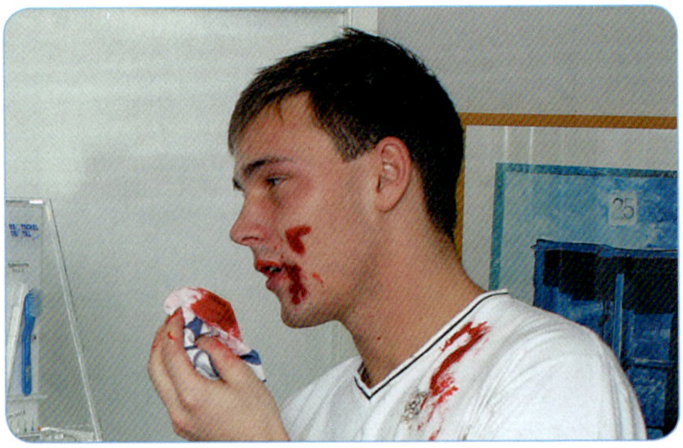

Berufsunfähigkeitsversicherung

Laut Statistik muss jeder vierte Beschäftigte wegen Krankheit aus seinem Beruf aussteigen. In diesen Fällen schützt die gesetzliche Rentenversicherung nur eingeschränkt. Tritt der Schaden in den ersten 5 Versicherungsjahren ein, zahlt sie keinen Cent. Auch gibt es eine volle Erwerbsminderungsrente nur dann, wenn der Versicherte weniger als 3 Stunden täglich irgendeiner Erwerbstätigkeit nachgehen kann. Eine private Berufsunfähigkeitsrente bietet hier Abhilfe.

Praxistipp

- Eine private Absicherung ist in jungen Jahren besonders preiswert.
- Wer eine Berufsunfähigkeitsversicherung abschließt, sollte sich nicht gleich auf die billigste Police stürzen. In manchen Policen ist nämlich eine „Verweisungsklausel" enthalten. Sie besagt, dass der Versicherer den Kunden im Ernstfall auf einen anderen Beruf verweisen kann, anstatt ihm die Rente auszuzahlen.
- Wichtig ist, eine ausreichend hohe Rente abzusichern. Sparen wäre an dieser Stelle verfehlt, denn es ist ja möglich, dass man später von dem Geld leben muss.
- Schummeln bei den Gesundheitsfragen im Antrag ist gefährlich. Wenn man dem Versicherten auf die Schliche kommt, verliert er seinen Schutz.
- Eine ungünstige Berufsunfähigkeitsversicherung sollte nie vorschnell gekündigt werden. Hat sich nämlich der Gesundheitszustand des Versicherten verschlechtert, bekommt er eventuell keinen neuen Vertrag mehr oder er muss einen satten Prämienzuschlag akzeptieren.

Insassenunfallversicherung

Durch sie haben Kraftfahrer die Möglichkeit, Bei- und Mitfahrer gegen Unfälle zu versichern. Die Versicherung zahlt bei Tod und Invalidität, und zwar unabhängig von der Schuldfrage. Übrigens: Im Beitragssatz ist ein zusätzliches Krankenhaustagegeld für alle Insassen enthalten. Bedingung ist allerdings, dass sie angeschnallt waren.

13.2.2 Vermögensversicherungen

Haftpflichtversicherung

Sie schützt den Versicherungsnehmer vor der Leistung von Schadensersatz gegenüber Dritten. Die Verpflichtung, Schadensersatz zu zahlen (Haftpflicht), ist im § 823,1 BGB geregelt.

Die Haftpflichtversicherung bezahlt den Schaden in Höhe der vereinbarten Deckungssumme und übernimmt den Rechtsschutz, um ungerechtfertigte Ansprüche abzuwehren. Eine Zahlung erfolgt nicht, wenn ein Schaden vorsätzlich herbeigeführt wird (z. B. ein Versicherungsnehmer wirft einen Stein mit voller Absicht in ein Schaufenster).

Gegen Schadensersatzansprüche, die bei der Ausübung einer beruflichen Tätigkeit entstehen, schützen spezielle Berufshaftpflichtversicherungen. So hat z. B. auch Dr. Heilmann für sich und seine Mitarbeiterinnen eine entsprechende Versicherung abgeschlossen.

Rechtsschutzversicherung

Wer in einem Rechtsstreit unterliegt, hat die entstandenen Kosten zu tragen. Das Kostenrisiko kann für den Einzelnen ganz beträchtlich sein. Es zu übernehmen ist Aufgabe der Versicherung. Sie ersetzt die Aufwendungen für den Rechtsanwalt, die Gerichtskosten, die Auslagen für Zeugen und Sachverständige. Voraussetzung ist allerdings, dass der Rechtsstreit nicht von Anfang an aussichtslos ist.

Reiserücktrittsversicherung

Versichert sind die geschuldeten Rücktrittskosten. Das sind die Stornogebühren, die anfallen, wenn man eine Reise nicht antreten oder eine Ferienwohnung nicht nutzen kann. Muss man vorzeitig abreisen, ersetzt die Versicherung im Allgemeinen die zusätzlichen Rückreisekosten. Möglich ist auch, per Zusatzklausel die bereits bezahlten, aber noch nicht in Anspruch genommenen Reiseleistungen mitzuversichern.

Reisegepäckversicherung

Sie schützt den Versicherten vor dem finanziellen Schaden, der durch Verlust oder Beschädigung des Reisegepäcks entstehen kann. Versichert sind sämtliche Sachen des persönlichen Reisebedarfs. Dazu gehören Kleidung und das aufgegebene Gepäck und Handgepäck. Auch nahezu alle Sportgeräte einschließlich Zubehör sind während des Transports und der Lagerung mitversichert.

Kfz-Haftpflichtversicherung

Sie ist gesetzlich vorgeschrieben. Bezahlt werden begründete Schadensersatzansprüche gegen Fahrzeughalter und -fahrer.

13.2.3 Sachversicherungen

Hausratversicherung

Sie ersetzt Schäden am Hausrat (z. B. Bekleidung, Elektrogeräte, Möbel), die durch Feuer, Sturm, Hagel, Raub, Leitungswasser und Einbruchdiebstahl verursacht worden sind. Der Normaltarif der Hausratversicherung kann erweitert werden, sodass auch Schadensersatz bei Fahrraddiebstahl und Glasbruch geleistet wird.

Feuerversicherung

Sie ersetzt Schäden, die durch Brand, Blitzschlag, Explosion oder Flugzeugabsturz entstanden sind. Der Versicherungsschutz wird nur für Sachen gewährt, die dem Versicherungsnehmer gehören. Bricht ein Feuer aus, muss er unverzüglich Maßnahmen ergreifen, die den zu erwartenden Schaden mindern können.

Einbruchdiebstahlversicherung

Der Versicherer leistet Ersatz für Gegenstände, die durch Einbruchdiebstahl aus einem Gebäude entfernt oder dabei beschädigt oder zerstört werden. Entsprechend dem Namen dieser Versicherung müssen zwei Tatbestände zusammentreffen:

- der Einbruch und
- der Diebstahl.

Fremdes Eigentum wird in der Regel ohne Prämienerhöhung mitversichert, wenn dies ausdrücklich vereinbart wurde.

Kaskoversicherung

Sie beinhaltet einen Versicherungsschutz gegen Schäden am eigenen Fahrzeug. Als **Teilkaskoversicherung** tritt sie z. B. ein bei Schäden durch Brand, Explosion, Entwendung, Sturm und Hagel. Die **Vollkaskoversicherung** deckt darüber hinaus Schäden, die der Besitzer durch einen selbst verschuldeten Unfall am eigenen Fahrzeug verursacht hat. Auch Schäden, die durch mut- oder böswillige Handlungen Unbekannter am eigenen Fahrzeug entstehen, werden beglichen.

Arbeitsaufträge

1. *Welche Versicherung ist für folgende Schadensfälle zuständig?*
   - *Dr. Heilmann verschmutzt bei der Arbeit mit Abdruckmaterial die neue Seidenbluse einer Patientin. Diese fordert, dass ihr die Reinigungskosten erstattet werden.* Haftpflichtvers (Berufshaftpfl.)
   - *Frau Bachmann verursachte schuldhaft einen Unfall, bei dem ihre Mitfahrerin erheblich verletzt wurde. Diese fordert Schmerzensgeld in Höhe von 16.000,00 €.* Insassenunfallvers.
   - *Im Sommerurlaub verkratzt Frau Heilmann mit ihrem Surfbrett die Autotür eines Bekannten. Der Lackschaden ist beträchtlich.* priv. Haftpflichtvers.
   - *Für die in einer gesetzlichen Krankenversicherung versicherte Carmen Kistner entstanden bei einem Krankenhausaufenthalt 1.200,00 € zusätzliche Kosten, weil sie in einem Einbett-Zimmer untergebracht war.*
   - *Um ein nicht begründetes Bußgeldverfahren abwehren zu können, entstanden Lucia Fernandez Anwaltskosten von 1.800,00 €.*
   - *Durch einen geplatzten Schlauch an der Waschmaschine kam es in der Wohnung von Corinna Maybaum zu einem Wasserschaden von über 3.000,00 €.*
   - *Die Zahnärztin Frau Dr. Weishaupt extrahiert einen Zahn ohne ausreichende Röntgendiagnostik. Es kommt zu einer Nervschädigung mit einem dauerhaften Taubheitsgefühl. Die Patientin fordert 10.000,00 € Schmerzensgeld.*

2. *Unterscheiden Sie zwischen den Zuständigkeitsbereichen der privaten und der gesetzlichen Unfallversicherung.*

3. *Erklären Sie die verschiedenen Arten der Kraftverkehrsversicherung.*

4. *Der amerikanische Schriftsteller Mark Twain misstraute Versicherungen: „Das sind Gesellschaften, die bei Sonnenschein Regenschirme ausleihen und sie wieder einsammeln, sobald die ersten Tropfen fallen."*

   Diskutieren Sie diese These.

5. *Frank S. kann sich nun endlich einen Traum erfüllen: Ein Strandurlaub in der Dominikanischen Republik. Das Angebot des Reisebüros hört sich nicht schlecht an. „Vierzehn Tage all included für 985,00 € sind ein richtiges Schnäppchen", meint auch die Frau vom Reisebüro. Auf die angeblich so wichtigen Versicherungen angesprochen wird Frank unsicher. „Reiseausfall-, Gepäck- und Auslandskrankenversicherung soll ich auch noch abschließen. Ist das wirklich notwendig und was kostet das zusätzlich?"*
   a) *Erkundigen Sie sich bei einem Reisebüro, wie hoch die Prämien für die einzelnen Versicherungen sind und was sie beinhalten. (Annahme: Zeitwert für das Gepäck 450,00 €)*
   b) *Diskutieren Sie in der Klasse die Frage, ob es wirklich sinnvoll ist, jede dieser einzelnen Versicherungen abzuschließen. Berücksichtigen Sie dabei auch die Kosten für die Versicherung.*

14 Das Geld muss stimmen – Gehaltsabrechnung

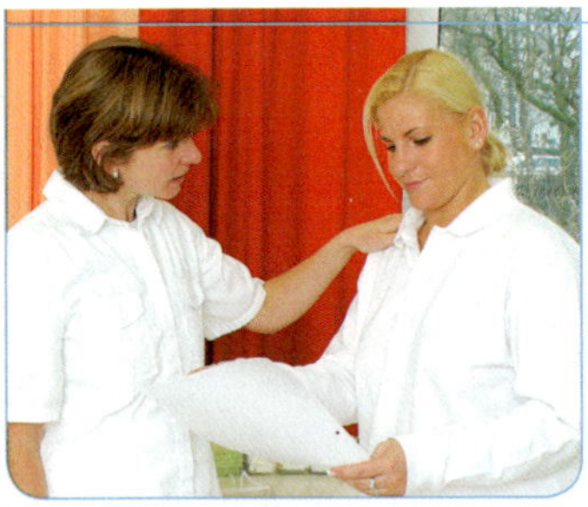

Lucia Fernandez wird nach ihrer bestandenen Abschlussprüfung in der Zahnarztpraxis von Frau Dr. Heilmann weiter beschäftigt. Sie bekommt einen Arbeitsvertrag.

Laut Manteltarifvertrag bekäme sie ein monatliches Gehalt von brutto 1.523,00 €.[1] Im Rahmen eines vermögenswirksamen Bausparvertrages werden monatlich 40,00 € vom Nettogehalt auf das entsprechende Sparkonto überwiesen. Dafür erhält sie von ihrer Chefin zusätzlich zum Bruttogehalt einen Arbeitgeberzuschuss in Höhe von 20,00 €. Dies ist mehr, als im Tarifvertrag als Mindestbeitrag vorgeschrieben wird.

Dann kommt der erste Zahltag. Lucia hält ihre Lohnabrechnung in der Hand und will es nicht glauben, was sie da sieht. Netto bekommt sie 1.127,17 € und ausgezahlt werden ihr nur 1.087,17 €.

- *Prüfen Sie die Gehaltsabrechnung auf ihre Richtigkeit.*
- *Wie errechnen sich die Abzugsbeträge?*
- *Wovon hängt die Höhe der Abzüge im Einzelnen ab?*

Bruttolohn		**1.523,00 €**
VWL Arbeitgeber	+	20,00 €
Lohnsumme	=	1.543,00 €
Lohnsteuer	-	103,75 €
Solidariätszuschlag	-	4,55 €
Kirchensteuer	-	9,34 €
Krankenversicherung	-	112,64 €
Pflegeversicherung	-	18,13 €
Rentenversicherung	-	144,27 €
Arbeitslosenversicherung	-	23,15 €
Nettolohn	**=**	**1.127,17 €**
VWL- Beitrag	-	40,00 €
Auszahlungsbetrag	**=**	**1.087,17 €**

Hinweis: Berechnung nach den geltenden Grundlagen Sept. 2014, mit Planungsstand 2015

14.1 Grundlagen der Gehaltsabrechnung

Die Gehaltsabrechnung folgt einem einfachen Schema. Ausgehend vom Bruttolohn werden im ersten Schritt evtl. Zuschläge addiert. Hierzu gehören zum Beispiel Zuschüsse des Arbeitgebers zu vermögenswirksamen Sparverträgen, die der Arbeitnehmer abgeschlossen hat. Meist sind diese Zuschüsse tarifvertraglich festgelegt. In der Regel gibt es aber unabhängig davon individuelle Vereinbarungen zwischen dem Arbeitgeber und dem einzelnen Arbeitnehmer.

Der Grundlohn kann außerdem z. B. auch durch Überstundenvergütungen oder andere „Sonderarbeitszeiten" ergänzt werden. Im Manteltarifvertrag[1] für die Zahnmedizinischen Fachangestellten gibt es für diese und andere Leistungen u. a. folgende Zuschlagssätze:

- Mehrarbeit: 30 % Zuschlag
- Sonn- und Feiertagsarbeit: 60 % Zuschlag
- Nachtarbeit: 70 % Zuschlag
- Arbeit am Neujahrstag, am 1. Mai sowie an den Oster-, Pfingst- und Weihnachtsfeiertagen: 120 % Zuschlag

Von dem sich daraus ergebenden Gesamtbruttolohn oder -gehalt werden die Lohn- und Kirchensteuer sowie der Solidaritätszuschlag abgezogen. Außerdem folgt der Block der Sozialversicherungsabzüge.

→ LF 1, Kap. 12

[1] Tarifvertrag für Hessen, Hamburg, Westfalen-Lippe und Saarland – entnommen aus: www.zahnjob.de

Von dem sich so ergebenden **Nettolohn** werden evtl. weitere Abzüge vorgenommen. Dabei kann es sich um Leistungen handeln, die in Form von vermögenswirksamen Sparverträgen zu zahlen sind. Es kann aber auch sein, dass ein Arbeitnehmer durch Gehaltvorauszahlungen oder auch Lohnpfändungen Kürzungen des Nettolohnes hinnehmen muss. Das endgültige Ergebnis ist der **Auszahlungsbetrag**.

14.2 Beitragsberechnung

Die Höhe der Sozialversicherungsbeiträge hängt ausschließlich vom Bruttoentgelt ab. Jeder Versicherte muss einen Prozentbetrag vom Gehalt an die einzelnen Sozialversicherungszweige zahlen.

Der Arbeitgeber führt die Beiträge für kranken-, pflege-, renten- und arbeitslosenversicherungspflichtige Beschäftigte in einem Betrag (Gesamtsozialversicherungsbeitrag) an die Krankenkasse ab, bei der der Arbeitnehmer versichert ist. Die Beitragssätze sind in den einzelnen Versicherungszweigen unterschiedlich. → LF 1, Kap. 12

Die Beiträge für die Unfallversicherung am Arbeitsplatz und auf dem Weg zur und von der Arbeit nach Hause trägt der Arbeitgeber allein.

Die Beiträge für die Sozialversicherungszweige werden in einen Arbeitnehmer- und einen Arbeitgeberanteil aufgeteilt. Für die Gehaltsabrechnung ist der Arbeitgeberanteil von Bedeutung:

Versicherungszweig	**Beitragssatz** Stand: 2015	**anteilig AN/AG jeweils**
Krankenversicherung	14,60 %	7,300 %
Pflegeversicherung	2,35 %	1,175 %
Rentenversicherung	18,70 %	9,350 %
Arbeitslosenversicherung	3,00 %	1,500 %

Besonderheiten:

Krankenversicherung:
Sofern eine Krankenkasse mit dem Beitragssatz von 14,6% nicht auskommt (ggf. auch aufgrund eines besseren Versorgungsangebotes), kann sie Zusatzbeiträge erheben. Diese hat aber der Arbeitnehmer allein zu tragen.

Pflegeversicherung:
Als Ausgleich für die zusätzlichen Lohnnebenkosten, die mit der Einführung der Pflegeversicherung für die Arbeitgeber entstanden, wurde bei deren Einführung der Buß- und Bettag als gesetzlicher/kirchlicher Feiertag in allen Bundesländern außer in Sachsen gestrichen. In der Folge beträgt der anteilige Beitragssatz in Sachsen für die Arbeitnehmer 1,675 % (statt 1,175) und für die Arbeitgeber demzufolge 0,675 % (statt 1,175)

14.3 Beitragsbemessungsgrenzen

Für die Berechnung gibt es Höchstgrenzen. Alles, was ein Arbeitnehmer darüber hinaus verdient, wird nicht mehr zur Beitragsberechnung herangezogen. Im Einzelnen gelten für das Jahr 2015 die Beträge in der auf der nächsten Seite stehenden Tabelle.

Die Höchstgrenzen werden u. a. damit begründet, dass auch die Leistungen, die im Versicherungsfall fällig werden, begrenzt und nicht vom Einkommen abhängig sind. Dies ist z. B. bei einer Zahnbehandlung der Fall. Hier steht ausschließlich die zahnmedizinische Leistung, nicht aber die Höhe der gezahlten Beiträge zur Diskussion.

Darüber hinaus werden mit der Höhe der Beiträge ggf. auch höhere Leistungsansprüche erworben. Stellen Sie sich z. B. vor, dass der Formel- 1-Rennfahrer Sebastian Vettel oder ein Vorstandsvorsitzender einer Großbank ohne Begrenzungen Beiträge an die Kranken- oder Rentenversicherung zahlen müsste und dann im Krankheits- oder Rentenfall auch entsprechende Leistungsansprüche an die jeweilige gesetzliche Kasse stellen würde.

Die Sozialversicherung wurde Ende des 19. Jahrhunderts mit der im Jahre 1883 gegründeten gesetzlichen Krankenversicherung durch den damaligen Reichskanzler Otto von Bismarck ins Leben gerufen und hatte allein die Existenzsicherung zum Ziel.

Versicherungszweig	Beitragsbemessungsgrenze	Höchstbeitrag (Arbeitnehmer)
	Planungsstand Sept. 2014 für das Jahr 2015	
Krankenversicherung Wer mehr als 4.575,00 € pro Monat verdient, ist nicht mehr krankenversicherungspflichtig	4.125,00 €	301,13 €
Pflegeversicherung	4.125,00 €	48,47 € (siehe Anmerkung in Kapitel 14.2)
Rentenversicherung	6.050,00 € alte Bundesländer 5.200,00 € neue Bundesländer	565,68 € 486,20 €
Arbeitslosenversicherung	6.050,00 € alte Bundesländer 5.200,00 € neue Bundesländer	90,75 € 78,00 €

14.4 Lohnsteuerklassen

Das Einkommensteuerrecht unterscheidet sechs Steuerklassen. Die Frage, welcher Steuerklasse ein Arbeitnehmer zugeordnet wird, hängt in erster Linie von dem Familienstand und der Frage ab, wie viele Verdiener es in der Familie gibt. Ein weiterer Gesichtspunkt ist die Frage, ob ein Steuerpflichtiger nur ein oder mehrere Beschäftigungsverhältnisse hat. Darüber hinaus können verheiratete Doppelverdiener in bestimmten Grenzen die für sie jeweils geltenden Steuerklassen wählen.

Das Steuerrecht ist zu umfangreich, als dass es hier umfassend dargestellt werden könnte. Um Grundsätze zu kennen und zu beurteilen, reicht aber folgender Überblick:

Steuerklasse ... für wen gültig?

I Ledige, Verheiratete, die dauernd getrennt leben, auch Verwitwete (ab dem übernächsten Jahr nach dem Tod des Ehepartners) oder Geschiedene sowie in einer eingetragenen Lebenspartnerschaft Lebende.

Lohnsteuerklasse I kommt nicht zur Anwendung, wenn die Voraussetzungen für Steuerklasse III oder Steuerklasse IV erfüllt sind.

II Alleinerziehende, die normalerweise in der Steuerklasse 1 wären, sowie Verwitwete mit mindestens einem Kind.

III Verheiratete Alleinverdiener, die nicht dauernd getrennt leben, sowie Verwitwete bis zum auf den Tod des Partners folgenden Kalenderjahr oder verheiratete Doppelverdiener, bei denen der Ehepartner in Steuerklasse V ist.

IV Verheiratete Arbeitnehmer, wenn beide Ehegatten unbeschränkt einkommensteuerpflichtig sind, nicht dauernd getrennt leben und beide die Steuerklasse IV gewählt haben.

V Verheiratete Arbeitnehmer, wenn der Partner ebenfalls einkommensteuerpflichtig ist und die Steuerklasse III gewählt hat.

VI Arbeitnehmer mit einem zweiten oder weiteren Dienstverhältnis sowie in den Fällen, in denen der Arbeitnehmer dem Arbeitgeber schuldhaft keine Lohnsteuerkarte vorgelegt hat.

Die Steuerklasse wird auf der elektronischen Lohnsteuerkarte ebenso wie die Zahl der zu berücksichtigenden Kinderfreibeträge eingetragen.

14.5 Kirchensteuer und SoLi

Kirchensteuer wird von allen Arbeitnehmern entrichtet, die Mitglied der evangelischen oder katholischen Kirche sind. Die Kirchensteuer ist konfessionsunabhängig und beträgt 9 % der Lohnsteuer. Lediglich in den Bundesländern Baden-Württemberg, Bayern sowie den Stadtstaaten Bremen und Hamburg liegt der Steuersatz bei 8 %.

Der Solidaritätszuschlag wurde nach der Wiedervereinigung eingeführt und sollte den Aufbau der Infrastruktur in den neuen Bundesländern unterstützen. Er beträgt 5,5 % der Lohn- und Einkommensteuer. Bei niedrigen Einkommen fällt ggf. schon Lohnsteuer, aber noch kein Solidaritätszuschlag an, weil es hier eine Gleitzone von 0 % auf 5,5 % gibt.

... und so sähe es in dem Beispiel von Lucia Fernandez aus, wenn man die verschiedenen Lohnsteuerklassen vergleicht:

Steuerklasse	I	II	III	IV	V	VI
Lohnsteuer	103,75 €	77,23 €	...	103,75 €	283,13 €	319,39 €
Kirchensteuer	9,34 €	6.96 €	...	9,34 €	25,48 €	28,74 €
Solidaritätszuschlag	4,55 €	...	...	4,55 €	15,57 €	17,57 €

Ermittlung der Abzüge auf der Basis September 2014

Arbeitsaufträge

1. *Erläutern Sie unter Rückgriff auf das Beispiel in der Ausgangssituation den Unterschied von Brutto- und Nettolohn sowie den Auszahlungsbetrag. Wie hoch ist der Betrag, den Dr. Heilmann als Gesamtbetrag der vier Sozialversicherungszweige an die Krankenkasse abzuführen hat?*
2. *Versuchen Sie, jeweils ein Pro- und ein Contra-Argument für oder gegen die Festlegung von Beitragsbemessungsgrenzen herauszufinden.*
3. *Erklären Sie, worin sich die sechs Lohnsteuerklassen unterscheiden, und ordnen Sie die folgenden Arbeitnehmer den Steuerklassen zu bzw. zeigen Sie auf, welche Alternativen für die Wahl der Steuerklasse ggf. vorhanden sind:*
   a) Alleinverdienender verheirateter Familienvater
   b) Ehepaar mit zwei Einkommen
   c) Lediger Auszubildender, der mit Genehmigung des Ausbilders am Wochenende in einer Disco jobbt
   d) Ehefrau mit steuerpflichtigem Arbeitsverhältnis, deren Ehemann in Steuerklasse III ist
4. *Berechnen Sie den Auszahlungsbetrag unter der Annahme, dass eine ZMA, die schon mehr als zwanzig Jahre Berufserfahrung aufzuweisen und mehrere Zusatzqualifikationen erworben hat, monatlich brutto ein Grundgehalt in Höhe von 2.250,00 € bekommt und darüber hinaus für einen vermögenswirksamen Sparvertrag mit einer monatlichen Abbuchung in Höhe von 50,00 € weitere 15,00 € erhält. Die ZMA ist im Jahr 1965 geboren, hat ein Kind, wohnt in Hessen und ist Mitglied der evangelischen Kirchengemeinde.*

   Da es nur um die prinzipielle Berechnung geht, gehen Sie bitte davon aus, dass grundsätzlich alle Steuerklassen zur Verfügung stehen könnten.

Steuerklasse	I	II	III	IV	V	VI
Lohnsteuer	271,67 €	241,50 €	68,33 €	271,67 €	520,00 €	553,17 €
Kirchensteuer	10,58 €	8,18 €	...	17,30 €	46,80 €	49,78 €
Solidaritätszuschlag	6,46 €	1,97 €	...	10,57 €	28,60 €	30,42 €

Ermittlung der Abzüge auf der Basis September 2014

15 Was man nicht schwarz auf weiß besitzt
Abschluss und Inhalte von Arbeitsverträgen

Lucia war glücklich. Frau Dr. Heilmann hatte ihr schon vor der Abschlussprüfung zugesagt, dass sie übernommen würde, wenn das Ergebnis der Prüfung mindestens „gut" lautete. Dass es nun im praktischen Teil sogar eine „1" wurde, hatte die Sache abgerundet.
Aber die rauhe Wirklichkeit holte Lucia schon kurze Zeit später wieder ein: „Ich hatte Ihnen zwar in Aussicht gestellt, dass Sie übernommen werden, aber ich konnte nicht damit rechnen, dass Frau Harries nach ihrem Erziehungsurlaub gleich wieder einsteigt und ab nächstem Monat wieder in die Praxis zurückkehrt. Für Sie beide ist aber in der Praxis nicht genug zu tun ..."
Lucia konnte das alles nicht verstehen: „Aber ich habe mich doch auf Ihre Zusage verlassen, habe mich nirgends beworben und stehe jetzt trotz meiner guten Noten plötzlich ohne alles da, das geht doch nicht, das können Sie doch nicht mit mir machen ... Ein Wort muss doch gelten ..."
„Schriftlich haben wir noch gar nichts abgemacht. Ich habe Ihnen die Übernahme nur in Aussicht gestellt ... Aber lassen Sie uns morgen noch einmal in Ruhe darüber sprechen, ich überlege mir, ob ich Ihnen nicht zumindest mit einem Zeitvertrag weiterhelfen kann ..."

- *Wie beurteilen Sie die Frage, ob durch die von Frau Dr. Heilmann in Aussicht gestellte Übernahme schon ein Arbeitsvertrag zustande gekommen ist?*

Arbeitsverträge sind Dienstverträge, in denen sich ein/-e Arbeitnehmer/-in dazu verpflichtet, bestimmte Dienstleistungen zu erbringen.

Arbeitsverträge müssen nach EU-Recht schriftlich geschlossen und von beiden Partnern unterschrieben werden. Spätestens ein Monat nach Beginn der Tätigkeit muss der Vertrag dem Arbeitgeber übergeben werden.

Ein Arbeitsvertrag muss folgende Punkte beinhalten:

- Personalien der Parteien
- Dauer des Jahresurlaubs
- Arbeitsplatz
- einzuhaltende Kündigungsfristen
- Stellenbeschreibung/Stelle/Amtsbezeichnung
- Höhe des Arbeitsentgeltes
- Zeitpunkt des Beginns des Arbeitsvertrages
- Tages- oder Wochenarbeitszeit
- vorhersehbare Dauer des Arbeitsverhältnisses
- gegebenenfalls Angabe der Tarifverträge oder bei befristeten Arbeitsverhältnissen kollektiver Vereinbarungen

Dabei darf in Arbeitsverträgen nichts vereinbart werden, was gegen gesetzliche und tarifvertragliche Regelungen verstößt.

15.1 Arten von Arbeitsverträgen

Unbefristete Arbeitsverträge

Sie enden durch Kündigung oder Aufhebungsvertrag.

Befristete Arbeitsverträge

Sie sind nach dem Teilzeitgesetz möglich. Sie enden nach Ablauf einer bestimmten Zeit. Sie müssen sachlich begründet werden (z. B. Krankheitsvertretung, Aushilfe, Saisonarbeit). Werden Auszubildende nach bestandener Prüfung direkt übernommen, so gilt dies ebenfalls als sachlicher Grund.

Ohne sachlichen Grund können Arbeitsverträge bei Neueinstellungen oder von Beschäftigten ab 58 Lebensjahren befristet werden. Diese Arbeitsverträge dürfen dreimal verlängert werden, höchstens aber für insgesamt 24 Monate. Danach geht ein befristeter automatisch in einen unbefristeten Vertrag über.

15.2 Wichtige Pflichten aus einem Arbeitsvertrag

Pflichten des Arbeitgebers = Rechte der Angestellten	Pflichten des Arbeitnehmers = Rechte des Arbeitgebers
Beschäftigung: Die Arbeitnehmerin muss in der vertraglich festgelegten Tätigkeit beschäftigt werden.	**Arbeitsleistung:** Die Angestellte muss sich bemühen, die vereinbarte Arbeitsleistung zu erbringen.
Vergütung: Das vereinbarte Gehalt und etwaige vereinbarte Nebenleistungen wie Urlaubsgeld, vermögenswirksame Leistungen, Überstundengeld usw. müssen pünktlich gezahlt werden.	**Gehorsamspflicht:** Die Anweisungen des Arbeitgebers müssen befolgt werden, die Praxisordnung muss eingehalten werden.
Fürsorge: Der Arbeitgeber ist verpflichtet, Gesundheit und Leben seiner Angestellten zu schützen (z. B. durch Einhaltung des Arbeitszeitgesetzes, der Unfallverhütungsvorschriften, des Jugendarbeitsschutzgesetzes, Abführung der Sozialversicherungsbeiträge).	**Sorgfaltspflicht:** Die Arbeiten müssen sorgfältig und nach bestem Wissen erledigt werden.
Zeugnis: Er muss bei Beendigung des Arbeitsverhältnisses ein Zeugnis oder auf Wunsch Zwischenzeugnisse ausstellen.	**Schweigepflicht:** Betriebsgeheimnisse und der Datenschutz (vor allem der Patientendaten) müssen gewahrt werden.
	Wettbewerbsverbot: Die Fachangestellte darf dem Arbeitgeber keine Konkurrenz machen, nebenbei für die Konkurrenz arbeiten oder für diese werben.

Pflichtverletzungen können ein Kündigungsgrund sein oder sogar zu Schadensersatzansprüchen führen.

Zahnärztekammer Niedersachsen
Vorschlag zur Abfassung eines Dienstvertrages

Dienstvertrag

zwischen

Frau/Herrn ______________________ Zahnarzt (Praxisinhaber)

in ______________________

und Frau/Fräulein ______________________ Zahnmedizinische Fachangestellte

wohnhaft in ______________________

wird folgender

Dienstvertrag

abgeschlossen.

§ 1

Frau/Fräulein ______________________ tritt mit Wirkung ab ____________
als geprüfte Zahnmedizinische Fachangestellte in die Dienste des Praxisinhabers.

§ 2

Es wird eine Probezeit von 6 Monaten vereinbart. Sie endet am ____________.
Während der Probezeit kann das Dienstverhältnis unter Einhaltung einer Kündigungsfrist von 2 Wochen gekündigt werden, letztmalig am ____________ zum ____________.

§ 3

Die Mitarbeiterin verpflichtet sich, die ihr übertragenen Aufgaben gewissenhaft zu erfüllen, den Weisungen des Praxisinhabers Folge zu leisten, sich dessen Angestellten und den Patienten gegenüber höflich und ordentlich zu verhalten, die gesetzliche Schweigepflicht (§ 203 StGB) zu beachten, die festgesetzte Arbeitszeit einzuhalten, das Arbeitsmaterial nur für die aufgetragenen Arbeiten zu verwenden sowie die Betriebs-, Unfall- und Strahlenschutzvorschriften zu beachten.

§ 4

Als Vergütung für ihre Tätigkeit erhält die Mitarbeiterin ein Gehalt in Höhe von € ____________ brutto monatlich. Die Vergütung wird monatlich nachträglich jeweils am letzten Tag des Monats gezahlt. Fällt der Fälligkeitstag auf einen Sonnabend oder einen Sonn- oder Feiertag, so wird die Vergütung einen Tag vorher gezahlt.

50000 – 06/96

§ 12

(1) Das Arbeitsverhältnis kann jeweils mit einer Kündigungsfrist von 4 Wochen zum Fünfzehnten oder zum Ende eines Kalendermonats gekündigt werden. Unberührt hiervon bleiben die weitergehenden Kündigungsschutzvorschriften.

(2) Unberührt bleibt die Möglichkeit der fristlosen Kündigung des Arbeitsverhältnisses aus einem wichtigen Grunde.

(3) Die Kündigung bedarf der Schriftform.

(4) Nach erfolgter Kündigung hat die Zahnmedizinische Fachangestellte Anspruch auf Gewährung einer angemessenen Freizeit zum Aufsuchen eines neuen Arbeitsplatzes.

§ 13

Die Zahnmedizinische Fachangestellte hat nach Auflösung des Arbeitsverhältnisses Anspruch auf Aushändigung eines Zeugnisses. Das Zeugnis muss Auskunft geben über Art und Dauer der Tätigkeit. Es ist auf ausdrückliches Verlangen auch auf Leistung und Führung im Dienst zu erstrecken. Nach erfolgter Kündigung des Arbeitsverhältnisses hat die Zahnmedizinische Fachangestellte Anspruch auf Aushändigung eines vorläufigen Zeugnisses. Dieses ist bei Beendigung des Arbeitsverhältnisses gegen das endgültige Zeugnis umzutauschen.

§ 14

Gegenseitige Ansprüche aus dem Arbeitsverhältnis sind innerhalb einer Ausschlussfrist von 3 Monaten seit Entstehen schriftlich geltend zu machen.

Änderungen und Ergänzungen dieses Vertrages bedürfen der Schriftform.

Die „Angaben zur Person der Zahnmedizinischen Fachangestellten" sind Bestandteil dieses Vertrages (Anlage 1).

Falsche Angaben berechtigen den Praxisinhaber zur Auflösung des Vertrages aus wichtigem Grunde.

§ 15

Besondere Vereinbarungen:

____

____

____

____________, den ____________

______________________ (Arbeitgeber, Praxisinhaber)

______________________ (Zahnmedizinische Fachangestellte)

Praxistipp

Wertvolle Tipps zu Bewerbung und Vorstellungsgespräch finden Sie auf: www.top-bewerbung.de
Das Muster eines Arbeitsvertrages mit Tarifbindung finden Sie z. B. unter www.zahnaerzte-wl.de → ZÄK WL > Praxismitarbeiter/Arbeitsrecht > → Verträge → Dienstvertrag mit tariflicher Bindung.

Arbeitsaufträge

1. *Was ist ein Arbeitsvertrag, was beinhaltet er, wie kommt er zustande und warum wird er schriftlich abgeschlossen?*
2. *Warum sollte ein Arbeitsvertrag ggf. ausdrücklich auf die tarifvertraglichen Vereinbarungen Bezug nehmen?*
3. *Wie beurteilen Sie die Frage, ob in der Eingangssituation von Dr. Heilmann eine rechtsverbindliche Vertragszusage abgegeben wurde?*
4. *Eine direkte Übernahme nach bestandener Ausbildung kann ein sachlicher Grund für einen befristeten Arbeitsvertrag sein. Erläutern Sie die eventuellen Folgen.*
5. *Welche Pflichten sind in dem Musterdienstvertrag im Internet enthalten?*

16 Mehr als gut „schwatzen" können
Kommunikation im Praxisteam

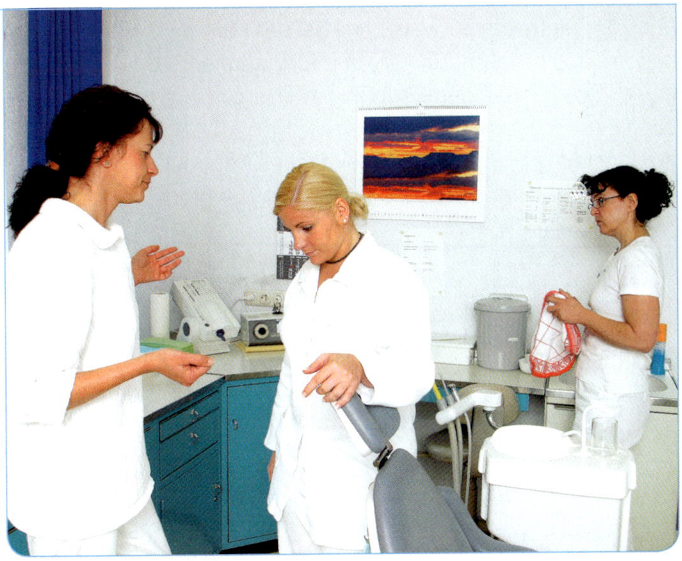

Ort: Zahnarztpraxis Dr. Heilmann
Situation: Kritikgespräch zwischen Corinna Maybaum und Lucia Fernandez. Anwesend ist Carmen Kirsten.

Corinna Maybaum (mit gehobener Stimme, naserümpfend): „Liebe Frau Fernandez, jetzt haben wir das Theater. Herr Buchholz sitzt im Wartezimmer und wartet darauf, dass ihm heute seine Brücke zementiert wird. Und ich hatte Ihnen doch am Montagabend aufgetragen, den Patienten von der Terminverschiebung zu benachrichtigen, weil die Brücke noch beim Techniker ist. Warum haben Sie den Patienten denn nicht abbestellt? Ja, wenn man hier schon mal einen um etwas bittet!"

Lucia (unsicher, nach unten schauend): „Ich hatte doch schon so viel zu tun mit der Reinigung und Desinfektion der Behandlungsplätze. Das ist doch wichtig für die nächste Behandlung und braucht doch auch seine Zeit. Selin wollte für mich das Gespräch erledigen. Die muss es einfach vergessen haben."

Corinna (mit drohendem Unterton und ärgerlichem Gesichtsausdruck): „Wenn ich als ältere Kollegin etwas sage, erwarte ich von Ihnen als Auszubildende, dass Sie das auch tun. Ausreden kann ich da nicht gelten lassen. Die Chefin wird sicherlich auch noch ein paar warme Worte mit Ihnen reden. Zuverlässigkeit ist nämlich bei uns das A und O."

Lucia (jetzt selbstsicherer, den direkten Blickkontakt suchend): „Hören Sie doch auf mit Ihren Drohgebärden. Eigentlich ist es doch Ihre Aufgabe, sich um die Termine zu kümmern. Und mehr als arbeiten kann ich auch nicht. Sie hätten sich halt noch mal erkundigen müssen, ob Herr Buchholz auch wirklich informiert wurde."

Corinna (erneut mit den Händen gestikulierend): „Was Sie sich so herausnehmen, finde ich nicht in Ordnung! Nur gut, dass Frau Kirsten dieses Gespräch mitgehört hat."

Lucia (in ruhigem Ton, Arme vor der Brust verschränkt): „Ich habe mir nichts vorzuwerfen und wenn Sie künftig etwas an mir auszusetzen haben, dann bitte in einem Gespräch unter vier Augen. Das ist einfach üblich und die bessere Form der Kommunikation."

- *Wie findet Kommunikation überhaupt statt?*
- *Was ist bei der Kommunikation zu beachten?*

16.1 Kommunikation: Was ist das?

Der Begriff Kommunikation begegnet uns überall, sei es in der Werbung, im Berufsleben oder auch in den unterschiedlichsten Situationen des Privatlebens. Im weitesten Sinne geht es bei der Kommunikation um die Übermittlung von Informationen von einem Sender zu einem Empfänger. Das geschieht über eine „Leitung" und der Empfänger gibt eine Rückmeldung (Feedback). Ein einfaches Kommunikationsmodell hat daher das folgende Aussehen:

Beispiel

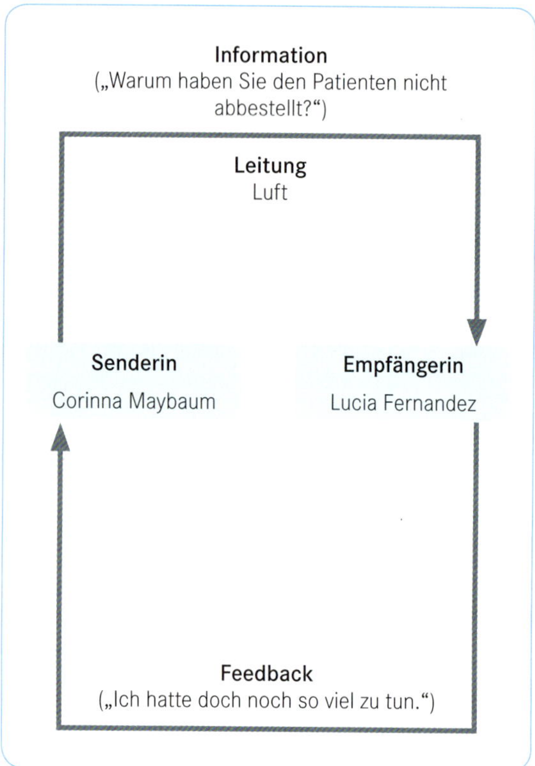

Mit dem Sender der Information meint man den Sprecher, der Empfänger ist der Zuhörer. Informationen werden immer über eine bestimmte Leitung übertragen. Das kann das Telefon sein, ein Brief, die Datenverarbeitungsanlage oder bei einem persönlichen Gespräch auch die Luft. Die Information in unserem Beispiel ist das gesprochene Wort. Dies ist aber nicht die alleinige Information, die übermittelt wird. Neben dieser verbalen werden auch nonverbale Informationen übermittelt, die nicht in Wörtern ausgedrückt werden. Diese zusätzlichen Informationen werden dem Zuhörer durch Körperhaltung, Gestik, Mimik und auch durch die Lautstärke der Stimme mitgeteilt.

Die gehobene Stimme von Corinna Maybaum und ihr Naserümpfen sind neben den gesprochenen Wörtern wichtige Bestandteile ihrer Information. Und wenn Lucia unsicher nach unten schaut, gehört das auch mit zu ihrer Rückmeldung an Corinna. Zu **Störungen** bei der Kommunikation kommt es, wenn der Empfänger die gehörte und gesehene Information anders deutet, als der Sender sie gemeint hat. So passiert es leicht, dass ein Signal, wie z. B. lautes Räuspern, ganz unterschiedlich gedeutet wird. Einer Kommunikation kann man sich auch nicht verweigern. Wenn eine Kollegin in der Mittagspause nichts sagt, drückt sie genau dadurch auch etwas aus, z. B. dass sie in Ruhe gelassen werden möchte und keine aktive Kommunikationsaufnahme möchte.

16.2 Kommunikationstechniken

Zwischenmenschliches Zusammenwirken am Arbeitsplatz läuft im Wesentlichen über Kommunikation ab. Das gilt bei einer Zahnarztpraxis nicht nur für den Kontakt mit Außenstehenden wie z. B. Patienten, sondern natürlich auch für die Mitglieder des Praxisteams. **Kommunikationsfähigkeit** ist deshalb eine unverzichtbare Eigenschaft für viele Alltagssituationen und für den beruflichen Erfolg. Wegen ihrer großen Bedeutung zählt diese Fähigkeit zu den Schlüsselqualifikationen, die von Arbeitgebern immer nachdrücklicher gefordert werden. Kommunikationsfähigkeit ist auch eine Bedingung für eine funktionierende Teamarbeit. Wer sich anderen klar und deutlich mitteilen kann, sich nicht nur gern selber reden hört, sondern auch anderen aktiv zuhören kann, gilt als kommunikationsfähig. Eine wichtige Rolle spielen hierbei die **Kommunikationstechniken.** Derjenige, der sie beherrscht und berücksichtigt, hat Vorteile bei der Kommunikation.

Kommunikationstechniken drücken sich in den folgenden Regeln aus[1]. Die erfolgreiche Arbeit im Praxisteam läuft einfach besser, wenn man versucht sie anzuwenden. Allgemein gilt natürlich: Höflichkeit und Freundlichkeit sind die Grundlage jeder erfolgreichen Kommunikation.

Regel 1

Haben Sie Mut, sich zu Ihrer Meinung zu bekennen, und verstecken Sie sich bei Diskussionen im Praxisteam nicht hinter sprachlichen Hilfsmitteln.

Beispiele:

Man-Sätze: „Man kann das sicher auch anders machen."	Besser: „Ich würde es so machen ..."
Wir-Sätze: „Wir sollten jetzt von etwas anderem reden."	Besser: „Ich möchte von etwas anderem reden."

Regel 2

Verwenden Sie im Gespräch Formulierungen, die positiv klingen. Das kommt bei Ihren Arbeitskolleginnen besser an.

Beispiele:

negativ bisher	positiv ab jetzt
sich streiten	diskutieren
belehren	anregen, informieren
Wir müssen befürchten, dass ...	Wir können hoffen, dass ...
Fehler machen	Erfahrungen sammeln
Das ist falsch!	Kann man das nicht auch so sehen, dass ...

Regel 3

Verwenden Sie in Diskussionen auch mal lustige und schlagfertige Formulierungen.

Beispiele:

- Wir arbeiten Hand in Hand - was die eine nicht schafft, lässt die andere liegen.
- Wir wissen zwar nicht, was wir wirklich wollen, aber das mit ganzer Kraft.
- Wo wir sind, klappt nichts - aber wir können nicht überall sein.
- Jeder macht, was er will - keiner macht, was er soll - aber alle machen mit.

(aus: Ebeling, P., Rhetorik - der Weg zum Erfolg, München 1990, S. 169)

Regel 4

Achten Sie bei Ihren Arbeitskolleginnen auf Informationen, die versteckte Botschaften mit Appellcharakter enthalten.

Beispiele:

„Das werde ich auch schon alleine schaffen."	**Gemeint ist:** „Ohne dich schaffe ich es nicht."
„Dann machen Sie das halt, wenn Sie es unbedingt wollen."	**Gemeint ist:** „Besser, Sie lassen die Sache bleiben."
„Das Wetter macht mich heute ganz krank."	**Gemeint ist:** „Heute können Sie nicht viel von mir verlangen."

1 vgl. Reutler, B., Kommunikationstraining, Wiesbaden 1989.

Regel 5

Achten Sie auf **Körperhaltung, Gestik und Mimik.** Die Körpersprache sagt vieles über Ihre Stimmung oder die Ihres Gesprächspartners. Signale für eine **positive** Stimmung sind z. B.:

- einander zugewandte Gesichter
- Blickkontakt
- entspanntes Lächeln
- zur Partnerin gedrehter Oberkörper
- entspannte Arm- und Handhaltung
- spiegelbildliche Haltung zu dem Gesprächspartner

Konfrontationssignale bei der Körpersprache sollten vermieden werden. Beispiele hierfür sind:

- im Gespräch auf den Partner zeigen
- auf den Tisch klopfen (nicht nur mit der Faust, auch mit dem Finger)
- sich stark zurücklehnen und von oben herabblicken
- verächtlich lächeln
- locker mit der Hand abwinken

Regel 6

Vermeiden Sie **Killerphrasen** in Gesprächssituationen. Sie verhindern häufig, dass bestehende Zustände verbessert werden.

Ich bin mir nicht sicher, ob unser Chef das mag.

Dafür haben wir die Ausrüstung nicht.

Da kommen wir in ganz tiefes Fahrwasser.

Das kriegen wir nie durch!

Wir kriegen das nicht auf die Reihe.

Wir haben das eigentlich schon immer so getan.

Dazu bin ich nicht befugt.

Das können wir wirklich nicht riskieren.

Ich persönlich wäre ja dafür, aber ...

Das ist nicht mein Problem.

Nach meiner Meinung hat ja keiner gefragt.

Wir haben dazu keinen Auftrag.

Das geht mit Sicherheit nie durch.

Ich fürchte, wir machen uns damit keine Freunde.

Das ist nicht mein Job.

Regel 7

Versuchen Sie, Ihren Gesprächspartner nicht zu **demotivieren**. Ärger und Angriffe sind Gift für Gesprächssituationen. So sollten Sie z. B.

- auf „Stacheldrahtworte“ verzichten. Dies sind Ausdrücke, die so stachelig sind, dass Gesprächspartner sie nicht schlucken können.
- den anderen nicht lächerlich machen.
- forschende Fragen im Sinne eines Verhörs unterlassen.
- Ermahnungen mit Drohgebärden unterlassen.
- auf moralische Appelle verzichten.
- Anordnungen und Wünsche nicht im Befehlston weitergeben.
- dem anderen nicht mit unehrlichen Schmeicheleien begegnen.

Die positive Grundeinstellung bei jeder Gesprächssituation sollte zunächst einmal sein: **„Ich bin okay – du bist okay“**. Vorgefasste negative Meinungen über den anderen erschweren jedes fruchtbare Gespräch. Wer stets die Ärmel hochkrempelt und die Boxerhandschuhe anzieht, braucht sich nicht zu wundern, wenn eine erfolgreiche Kommunikation zwischen ihm und seinen Gesprächspartnern immer misslingt.

falsch
Ich bin okay. – Du bist nicht okay.

richtig
Ich bin okay. – Du bist okay.

falsch
Ich bin nicht okay. – Du bist okay.

Praxistipp

Sind Sie mit der Kommunikation in Ihrem Praxisteam unzufrieden? Wenn ja, warten Sie nicht auf den großen Durchbruch, der diesen Zustand von heute auf morgen ändert. Machen sie es wie die Japaner. Durchbrüche bestehen für sie in der Summe vieler kleiner Fortschritte. Sie nennen das „Kaizen“. Es bedeutet ständige Verbesserung. Denn verbessern lässt sich immer etwas, auch die Qualität von Kommunikationsprozessen.

Arbeitsaufträge

1. *Beschreiben Sie in eigenen Worten das Kommunikationsmodell.*
2. *Unterscheiden Sie zwischen verbaler und nonverbaler Kommunikation und nennen Sie Beispiele.*
3. *Aus einem Gespräch zwischen zwei Arbeitskolleginnen der Zahnarztpraxis Dr. Heilmann:*

   ***Saskia Schultz:** „Du, ist dir auch aufgefallen, von der Corinna Maybaum hört man nie etwas bei den monatlichen Treffen unseres Praxisteams. Einen Beitrag zur Kommunikation leistet sie so gut wie nie. Schade eigentlich.“*
   ***Manuela Harris:** „Das sehe ich aber ganz anders, denn ...“*

   Wenn Sie auch der Meinung sind, dass Manuela Recht hat, so versuchen Sie, ihre Antwort zu ergänzen.

Arbeitsaufträge

4. *Erstellen Sie ein Mindmap zu dem Thema „Kommunikation" in Gruppenarbeit.*
Einige Äste sind Ihnen als Beispiele vorgegeben. An die Vorgabe müssen Sie sich aber nicht halten. Es sind nur Vorschläge. Legen Sie weitere Äste, sodass ein verzweigtes System entsteht. Die einzelnen Gruppen sollten ihr Mindmap der Klasse vorstellen.

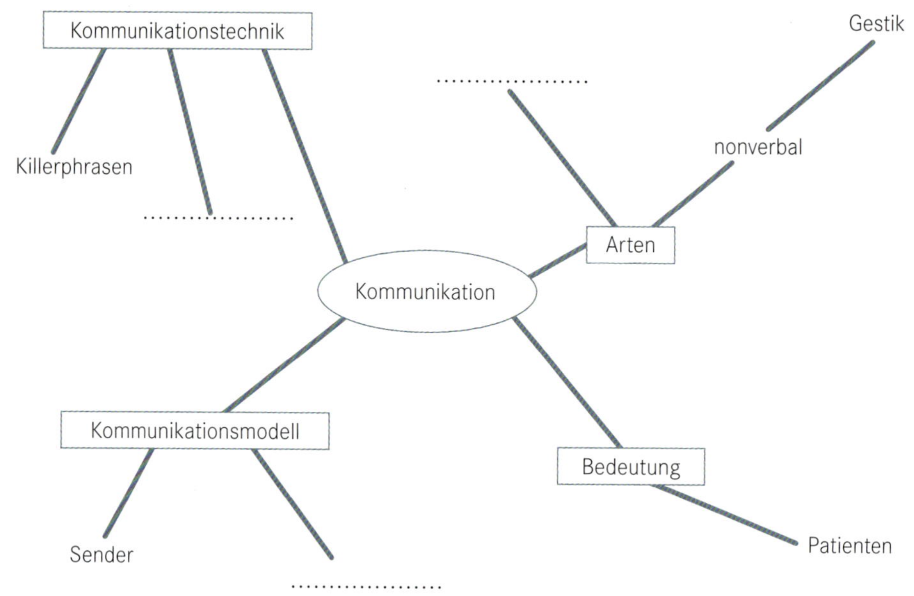

Kurzerklärung: „Mindmap"
Mindmap ist eine besondere Form zum Sichtbarmachen und Strukturieren von Ideen eines Denkprozesses. Von den Hauptästen zweigen Verästelungen ab, die immer tiefer ins Detail gehen. Alle Gedanken können so festgehalten werden.

5. *Versuchen Sie, die folgenden negativ klingenden Formulierungen durch positive zu ersetzen:*
- *Das ist bestimmt nicht richtig,*
- *durchtrieben,*
- *unfähig,*
- *das glaube ich Ihnen nicht,*
- *halb leer,*
- *das gibts gar nicht.*

6. *Diskutieren Sie über die Einstiegssituation (siehe S. 119).*
a) Beurteilen Sie die Gesprächssituation zwischen Lucia Fernandez und Corinna Maybaum.
b) Machen Sie Verbesserungsvorschläge zu dem Kommunikationsverhalten der beiden Kolleginnen.
c) Nennen Sie einige nonverbale Elemente, die in dem Gespräch eine Rolle spielen.

7. *Paul Watzlawick, ein bekannter Kommunikationswissenschaftler, sagte einmal: „Man kann nicht nicht kommunizieren."*
Diskutieren Sie darüber, was er damit gemeint haben könnte.

Lernfeld 2

Patienten empfangen und begleiten

Sie tragen durch Ihr Auftreten dazu bei, ein positives Erscheinungsbild der Praxis zu entwickeln mit dem Ziel, ein langfristiges Vertrauensverhältnis zwischen Praxis und Patient aufzubauen. Sie beobachten Ihr eigenes Verhalten, unterscheiden und bewerten verschiedene Umgangsformen und setzen diese bewusst zur Gestaltung der Patienten-Praxis-Beziehung und der Atmosphäre in der Praxis ein. Unter Berücksichtigung von Patientenverhalten, Patienteninteressen und Patientenalter planen und führen Sie das Gespräch mit dem Patienten. Auf der Basis der Rechtsbeziehungen zwischen Patient und Zahnarzt erfassen Sie Patientendaten mit aktuellen Medien und prüfen sie auf Vollständigkeit. Sie planen die Vorbereitung der Untersuchung und dokumentieren Befunde und die zahnärztliche Aufklärung. Die aufgenommenen Daten und Datenträger ordnen Sie unter abrechnungs- und verwaltungstechnischen Gesichtspunkten. Dazu beschreiben Sie die Abrechnungswege, unterscheiden verschiedene Ordnungssysteme und prüfen deren Anwendbarkeit für die Zahnarztpraxis. Sie treffen Vorkehrungen zur Datensicherung und beachten die Schweigepflicht und die rechtlichen Bestimmungen des Datenschutzes. Sie bedienen eine Datenverarbeitungsanlage, nutzen Branchen- und Standardsoftware zur Datenerfassung und -aufbereitung und wenden Möglichkeiten aktueller Telekommunikation an.

1 Schön und funktionell soll es sein
Gestaltung des Empfangs- und Wartebereiches

1.1 Aufbau einer Praxis und Aufgaben der einzelnen Funktionsbereiche

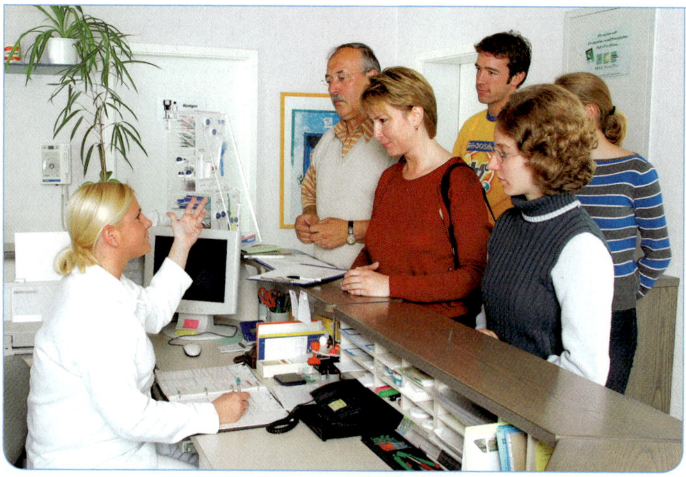

Lucia Fernandez hat Dienst, als jemand an der Eingangstür klingelt. Normalerweise kann man während der Öffnungszeiten die Praxis betreten, ohne zu klingeln. Lucia ist davon überzeugt, dass auch jetzt die Tür geöffnet ist, aber ...
„Ja bitte, was möchten Sie, die Tür ist doch offen!"
„Es tut mir leid, aber ich kann allein nicht hineinkommen, ich habe einen Zwillingskinderwagen dabei und mit dem komme ich die Treppe nicht hoch. Können Sie mir bitte helfen oder jemanden schicken?"
„Aber ich kann jetzt nicht hier weg. Ich bin im Moment allein!"
„Ich kann den Kinderwagen ja auch vor dem Haus stehen lassen. Aber ich kann nicht beide Kinder gleichzeitig tragen. Sie müssen mir bitte helfen."
„Moment, ich komme gleich ..."
Lucia lässt den Empfangsbereich einen Moment allein, hetzt die Treppe hinunter und hilft der jungen Mutter. Aber als die beiden mit den Kleinen wieder oben sind, stehen sie vor dem nächsten Problem. Der Kinderwagen steht unten und weder im Empfangsbereich noch im Wartezimmer sind Kinderstühlchen oder Kinderwiegen. Eine Krabbeldecke ist auch nicht vorhanden ... An fast alles hatte man gedacht, aber an eine solche Situation offenbar nicht.
Als Lucia zusammen mit der Mutter noch überlegt, wie man das Problem lösen könnte, kommen schon die nächsten Patienten. Jetzt wird auch noch der Platz im Empfangsbereich der Praxis eng. Weinende Kinder, eine hilflose Mutter und nervöse, auf „ihren Termin" und einer schnellen Behandlung bestehende andere Patienten ...

- *Wie ist der Empfangs- und Wartebereich in Ihrer Praxis ausgestaltet?*
- *Was ist dabei aus Ihrer Sicht besonders schön und was würden Sie verändern?*
- *Wären Sie auf eine solche Situation vorbereitet oder betrachten Sie dies eher als eine zu vernachlässigende Ausnahme?*

1.1.1 Praxistypen

Die Zahnarztpraxis gibt es sicher nicht. Jede Praxis hat ihre eigenen räumlichen und personellen Voraussetzungen, aber auch ihren eigenen Stil. Das beginnt beim äußeren Erscheinungsbild und der Gestaltung des Eingangsbereichs, des Praxisschilds und der Gestaltung der Homepage. Es setzt sich fort in der Frage, ob das Wartezimmer einen einladenden Eindruck macht: Werden Möglichkeiten angeboten, um die Zeit zu überbrücken, oder ist es eben nur ein Zimmer, in dem die Zeit abgesessen wird? Und nicht zuletzt strahlen auch die Behandlungsräume eine bestimmte Atmosphäre aus, die positiv entspannend oder nüchtern-sachlich sein kann.

Die Kernfragen oder die Grundbedingungen der Praxisgestaltung lassen sich in einem Zieldreieck zusammenfassen:

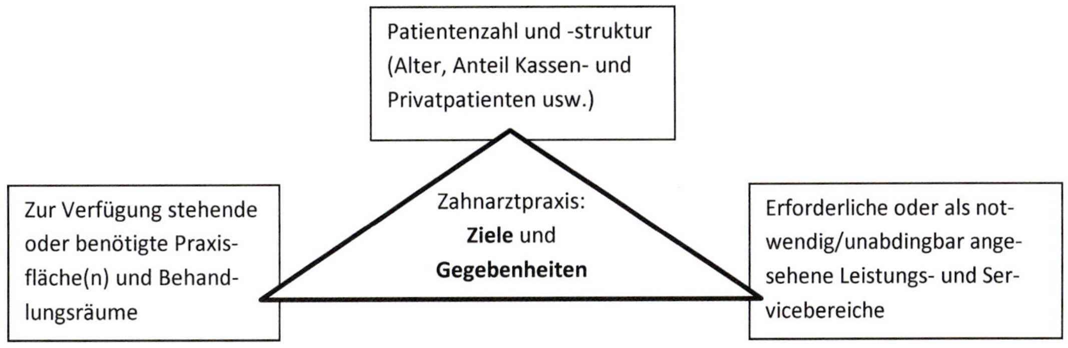

Wenn es um die Einrichtung einer Praxis geht, lassen sich aus den genannten Zielen und Vorgaben im Prinzip zwei Bestimmungsgrößen ableiten:

- *Man geht von den gegebenen Voraussetzungen, die man als unveränderlich betrachtet, aus und versucht, das Beste daraus zu machen oder*
- *man hat klare Zielvorstellungen vom Erscheinungsbild der Praxis und richtet alle anderen Maßnahmen an dieser Vision aus.*

Beiden möglichen Vorgehensweisen sind Grenzen gesetzt. In dem einen Fall kann eine Praxis in ihrer langfristigen Existenz gefährdet werden, wenn sie sich nicht anpassungsfähig zeigt. Im anderen Fall grenzt gegebenenfalls das Budget ausufernde Vorstellungen ein.

Praxistipp

Informationen und Ideen zur Einrichtung einer Praxis erhalten Sie z. B. auch im Internet. Allerdings ist eine Eingrenzung des Bereiches, der Sie besonders interessiert, ganz wichtig. Allein bei der Eingabe des Stichwortes „Einrichtung Zahnarztpraxis" erhalten Sie je nach ausgewählter Suchmaschine unter Umständen weit mehr als eine Million Einträge, die Sie natürlich nicht einmal ansatzweise auswerten können. Dies gilt prinzipiell für alle Suchaufträge.

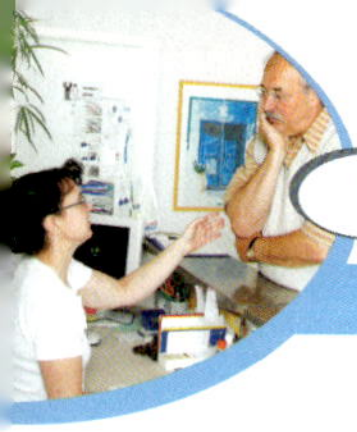

1.1.2 Funktionsbereiche einer Praxis

Unabhängig von allen „strategischen Einzelfragen“ gibt es Funktionsbereiche, die in allen Praxen gleiche Aufgaben zu erfüllen haben:

A

Öffentlichkeit
- Eingangsbereich
- Empfangsbereich
- Toiletten
- Wartezimmer

↓

B

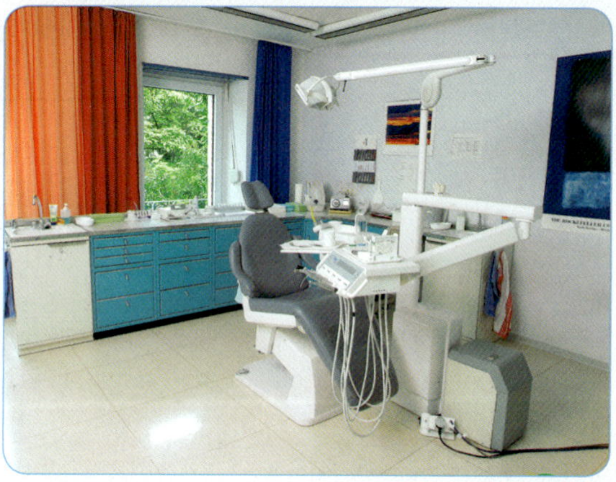

Behandlung
- Beratungsräume
- Behandlungsräume
- Röntgenräume
- Ruheräume (z. B. nach Operationen)

↓

C

Verwaltung/Intern
- Bürobereich
- Sozialraum
- Personaltoiletten
- Zahntechnik
- Laborräume

Die einzelnen Funktionsbereiche sind miteinander verbunden. Im Idealfall spricht man von einer internen „Verkettung". Jede Praxis hat eigene Voraussetzungen für die Gestaltung der Arbeits- und Funktionsbereiche. Trotzdem wird versucht, generell die folgenden Gesichtspunkte zu berücksichtigen:

- optimale Anordnung der Räume
- bestmögliche Raumaufteilung
- Optimierung der vorhandenen Nutzfläche
- klare Trennung nach Funktionsbereichen
- günstige Anordnung technischer Anlagen
- angenehmes Praxisklima
- gute Farbauswahl und -abstimmung
- natürliche Raumluftzufuhr
- optimale Sanitär- und Sozialbereiche
- kurze interne „Verkehrswege"
- günstige Arbeitspositionen
- ausgefeiltes Kommunikationssystem

1.1.3 Der Empfangsbereich

„Empfangsbereich" statt „Anmeldung" ist mehr als nur eine veränderte Bezeichnung für ein und dieselbe Sache. Der Empfang ist die Visitenkarte der Praxis. Hier gewinnen die Patienten die ersten Eindrücke von der Ausstattung, aber auch vom Personal und der gesamten Atmosphäre.

Am Empfangsbereich entscheidet sich, ob sich ein Patient neben der zahnmedizinischen Betreuung auch sonst wohlfühlt. Der beste Zahnarzt wird Schwierigkeiten haben, wenn man „Angst" vor dem Kontakt mit dem Personal hat, weil es unfreundlich und unhöflich ist. Patienten sind Kunden, denen die Bemühungen des Personals zu gelten haben. Genauso wie jedes andere Unternehmen muss auch eine Zahnarztpraxis bestrebt sein, möglichst zufriedene Kunden zu haben.

In dem Empfangsbereich laufen die „Nerven" der Zahnarztpraxis zusammen. Hier werden die Patienten aufgenommen, es werden Termine vereinbart, Rezepte ausgehändigt, die Post wird entgegengenommen - kurzum: Es wird der gesamte Praxisablauf organisiert.

Geräteausstattung

In dem Empfangsbereich, der auch als „Kommunikationszentrum" der Zahnarztpraxis dient, werden verschiedene technische Hilfsmittel eingesetzt. Dabei haben moderne Anlagen nicht in allen Fällen die althergebrachten Organisationsmittel ersetzt. Auch im Zeitalter des Computers und des Internets wird noch mit Karteikarten sowie mit Zettel und Bleistift gearbeitet. Allerdings haben sich die Schwerpunkte doch deutlich verschoben.

Zu einer modernen „Rezeption" gehören heute unter anderem folgende Kommunikationsmittel:

- Telefonanlage mit verschiedenen Sprechstellen in den Behandlungs-, Technik- und Warteräumen;
- Anrufbeantworter, der außerhalb der Praxiszeiten eingeschaltet ist;
- Praxiscomputer mit Internetanschluss;
- Telefaxgerät oder Modem im PC;
- Karteisysteme.

Schon bei der Einrichtung muss darauf geachtet werden, dass z. B. **arbeitsergonomische Gesichtspunkte** genauso beachtet werden wie die **Vorschriften des Datenschutzes.** Ein Patient, der direkt auf den PC-Monitor schauen kann, wenn er am Empfangstresen steht, könnte Informationen über andere Patienten erhalten. Der Datenschutz wäre in einer unzulässigen Weise gefährdet.

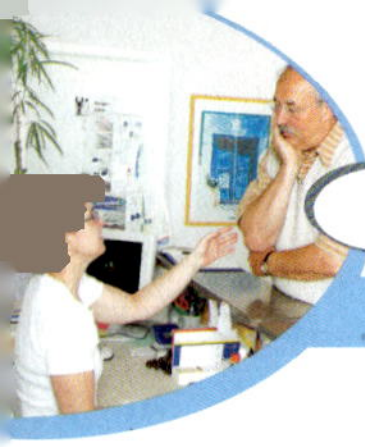

Wenn der Empfangsbereich so gestaltet wäre, dass die dort arbeitende Kraft sich jedes Mal umdrehen müsste, um einen eintretenden Patienten wahrzunehmen, wäre ebenfalls ein Mangel vorhanden, der nicht nur arbeitsergonomisch bedenklich wäre, sondern der auch die Kommunikation zwischen Fachangestellter und Patient in einer nicht akzeptablen Form beeinträchtigen würde.

Arbeitsaufträge

1. *Skizzieren Sie (am besten auf einer Folie für den Tageslichtprojektor) in groben Umrissen den Aufbau Ihrer Praxis und erklären Sie daran die einzelnen Funktionsbereiche und deren innere Verkettung. Versuchen Sie darzustellen, welche Vorteile Ihr Praxisplan hat, stellen Sie aber auch dar, welche Probleme evtl. damit verbunden sind oder was Sie ändern würden, wenn ...*
2. *Warum geht es nicht nur darum, dass eine Praxis verschiedene Bereiche hat, sondern warum empfiehlt sich die Zusammenfassung verschiedener Räumlichkeiten zu so genannten Funktionsbereichen?*
3. *Wie ist in Ihrer Praxis der Empfangsbereich organisiert? Von wem wird er besetzt und welche Aufgaben werden von diesem Bereich übernommen?*
4. *Der beste und modernste Empfangsbereich nutzt nichts, wenn dort nicht auch das richtige Personal mit den richtigen menschlichen Eigenschaften und dem richtigen Gespür für die Belange der Patienten sitzt. Versuchen Sie einmal die Merkmale einer guten Mitarbeiterin im Empfangsbereich einer Zahnarztpraxis zu charakterisieren.*

Hilfreich könnten folgende Merkmale sein:

	sehr wichtig	*schon wichtig*	*eher unwichtig*	*völlig unwichtig*
1 Organisatorisches Talent				
2 Verständnis für Kinder und alte Menschen				
3 Hilfsbereitschaft gegenüber den Patienten				
4 Gepflegtes Äußeres, adrette und saubere Kleidung				
5 Verschwiegenheit				
6 Gute kaufmännische Kenntnisse				
7 Ausgeglichenheit, stets gut gelaunt				
8 Interesse für politische Ereignisse				
9 Einfühlungsvermögen in die Probleme der Patienten				
10 Mitleid mit Schmerzpatienten				
11 Durchsetzungsvermögen				
12 Zuverlässigkeit in der Arbeitserledigung				

Bitte keine Eintragung in das Buch

Arbeitsaufträge

	sehr wichtig	*schon wichtig*	*eher unwichtig*	*völlig unwichtig*
13 Dezentes Make-up, kein Piercing u. Ä.				
14 Loyalität gegenüber dem Zahnarzt				
15 Teamfähigkeit im Mitarbeiterkreis				
16 Gute zahnmedizinische Kenntnisse				
17 Bereitschaft zu flexibler Arbeitszeit und zu Überstunden				
18 Gutes Aussehen, angenehme Stimme				
19 Bereitschaft zur Fortbildung				

Bitte keine Eintragung in das Buch

Der Wartebereich

Die Gestaltung des Wartebereichs ist zwar durch die baulichen Gegebenheiten begrenzt, aber dennoch kann man oft mehr tun als man denkt. Auch bei der besten Praxisorganisation lassen sich Wartezeiten nie ganz vermeiden. Abgesehen von wenigen Personen, die ein Wartezimmer auch einmal als eine willkommene Abwechslung vom häuslichen Alleinsein betrachten und die Zeit für ein Schwätzchen nutzen, warten die meisten Patienten nicht gern. Daher muss die Wartezeit sinnvoll überbrückt werden können.

Dafür gibt es viele Möglichkeiten, die weit über das einfache Auslegen von Zeitschriften hinausgehen.

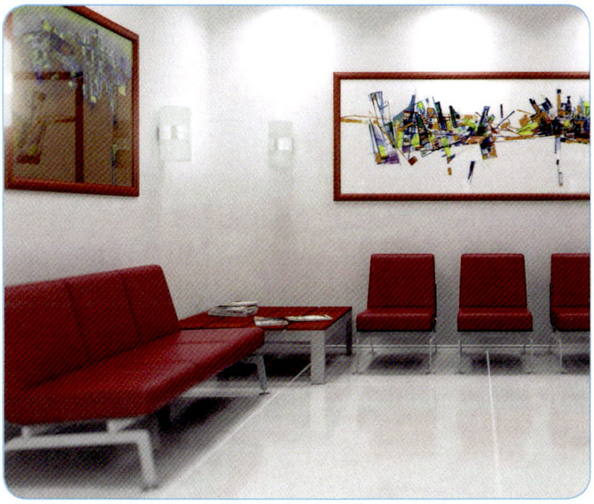

Vorwartezone

Hier warten Patientinnen und Patienten, die gar nicht in die eigentliche Behandlung wollen. Es können z. B. Privatpatienten sein, die lediglich kurz mit dem Zahnarzt zwischen zwei Behandlungen sprechen wollen. Es können aber auch andere Besucher sein, die rein privat vorsprechen (z. B. Verwandte, Freunde, Bekannte) oder auch angemeldete oder unangemeldete Pharmareferenten. In diesen Fällen müssen Sie als Mitarbeiterin mit dem nötigen Fingerspitzengefühl entscheiden, wie Sie sich verhalten.

In jedem Fall empfiehlt es sich, zum Zahnarzt zu gehen und ihn zu fragen. Hat der Zahnarzt keine Zeit, so teilt man dies den Besuchern mit. In dieser Situation sollte man nach Möglichkeit eine Alternative anbieten (späterer Termin, Telefongespräch, Rückruf usw.). Steht der Zahnarzt für ein Gespräch zur Verfügung, werden die Besucher gebeten, kurz in der Vorwartezone Platz zu nehmen.

Aufenthaltsraum

Dies ist der eigentliche Wartebereich bzw. das Wartezimmer. Hier gibt es die längsten Wartezeiten. Daher ist diesem Raum auch eine ganz besondere Aufmerksamkeit zu widmen. Hier soll sich der Patient nach Möglichkeit wohlfühlen. Da der Begriff „Wartezimmer“ eher negativ klingt, sollte man ihn gegebenenfalls durch „Aufenthaltsraum“ ersetzen.

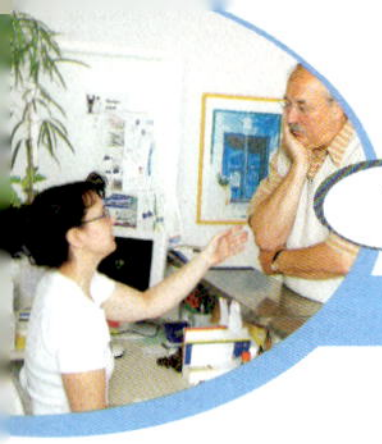

Hier ein paar Tipps, die den Patienten das Warten angenehmer gestalten können:

- Eine (wechselnde) **Bilderausstellung** kann die Patienten auf andere Gedanken bringen.
- Ein **Wasserspender**, aus dem man sich kostenlos bedienen kann, bietet bei längerer Wartezeit die Möglichkeit, sich zu erfrischen.
- Aktuelle **Zeitschriften und Infomaterial** sowie dezent eingespielte **Musik** können einen Beitrag leisten, die Patienten abzulenken.
- Über einen Flatscreen-Fernseher ausgestrahlte Informationen zur Praxis, Kurznachrichten oder Gesundheitstipps sind informativ und verkürzen die Wartezeit.
- Nicht selten verspürt man in einer Zahnarztpraxis den typischen Praxisgeruch. Mit der Installation von **Raumaromageräten** kann man dem entgegenwirken.

Toiletten

Es ist selbstverständlich, dass gerade in Zahnarztpraxen die Toiletten besonders hygienisch und sauber sind. Papierbelegte Toilettenbrillen, saubere Handwaschbecken mit Seifenspender und Einmalhandtüchern, Ziehgeräten bzw. elektrischen Handtrocknern und Treteimern für Hygieneartikel sollten zum Standard gehören. Eine Kindertoilette kann eine sinnvolle Ergänzung darstellen. Eine mehrmalige Reinigung und Desinfektion der Toiletten im Laufe eines Behandlungstages ist nicht nur sinnvoll, sondern notwendig.

Arbeitsaufträge

1. *Welche Funktionen hat ein Wartezimmer in einer Praxis?*
2. *Was halten Sie von der Idee, im Wartezimmer Spielfilme auf einer Großbildleinwand zu zeigen und den Ton – ähnlich wie in Flugzeugen – mithilfe von Kopfhörern zu übertragen?*

1.1.4 Allgemeine Anforderungen an die Praxisgestaltung

Ein Arbeitsplatz soll beste Bedingungen bieten, sodass die geforderte Leistung in einer möglichst angenehmen Umgebung erbracht werden kann. Dazu gehört, dass die Einrichtung geschmackvoll, vor allem aber auch funktionell ist.

Ergonomie ist die Anpassung der Arbeitsbedingungen an die Menschen unter Berücksichtigung psychologischer und physiologischer Gegebenheiten sowie der Fähigkeiten der an einem Arbeitsplatz tätigen Menschen. Die Richtlinien zum Arbeitsschutz und zur Einrichtung ergonomischer Büroarbeitsplätze gelten auch für Zahnarztpraxen.

→ LF 13, Kap. 2

Farbe und Licht

Für das Wohlbefinden spielen Farbe und Licht eine große Rolle. Neben allgemeinen Wohlfühleffekten ist die DIN 67505 zu beachten. Sie präzisiert die Anforderungen an die „Beleuchtung zahnärztlicher Behandlungsräume und zahntechnischer Laboratorien".

Weil auch die beste Lichtquelle von ungünstigen Farben „verschluckt" werden kann, spielt die Farbgestaltung eine ebenso wichtige Rolle. Dies gilt umso mehr, als Farben in Verbindung mit der Art der Beleuchtung auch verschiedene Reflektionswirkungen haben können. Von Farben gehen aber auch psychologische Wirkungen aus, die beachtet werden müssen. So wird man sich eine Praxis eher in „ruhigen" Pastelltönen als in einem knalligen aggressiven Rot vorstellen können.

Natürlich müssen Praxisräume, vor allem aber Labor- und Behandlungsräume sauber und steril sein. Das bedeutet aber nicht, dass der Raum auch steril wirken muss. Ein „Arztweiß" strahlt unweigerlich nicht nur Sauberkeit, sondern vor allem Kälte aus. Abwechslung bringen außer warmen Farben an den Wänden ebenso Bilder und Tapeten. Verschiedene Lichteffekte (indirekte Deckenbeleuchtung, Strahler usw.) können eine Praxis optisch merklich aufwerten.

Dabei hat man im Wartebereich viel größere Möglichkeiten als im Kernbereich der Praxisräume. Hier sind die gestalterischen Elemente weniger wichtig als die Arbeitsergonomie. Und trotzdem gilt, dass z. B. Lichtquelle nicht gleich Lichtquelle ist. Die Optik einer Leuchte und die Art und Weise, wie sie angebracht ist, spielt eine nicht zu unterschätzende Rolle für das „Heimischfühlen" am Arbeitsplatz.

Beispiele zur Lichtstärkeempfehlung am Arbeitsplatz:

- Empfangsräume und Wartezimmer mit einer Lichtstärke zwischen 120 und 240 Lux;
- Büroarbeitsplätze sowie Labor- und Behandlungsräume mit einer Lichtstärke von ca. 800 Lux. Bei Bedarf muss hier die Möglichkeit bestehen, gezielte Strahler einzusetzen. Dazu gehören z. B. auch die Speziallampen am Behandlungsstuhl.

Empfehlenswert ist eine indirekte Grundbeleuchtung durch Deckenstrahler, die ggf. mit speziellen Reflektoren dem Raum eine besondere Atmosphäre verleihen. Über oder an den jeweiligen Arbeitsplätzen können individuell einstellbare Spezialleuchten eingesetzt werden. Zu beachten ist, dass

- Strahler keine Schatten auf die Arbeitsplätze werfen,
- Lichtquellen nicht direkt oder indirekt durch Spiegeleffekte blenden und das Licht möglichst von links oben nach unten werfen.
- Wird ein Arbeitsplatz dauerhaft von einer Fachangestellten besetzt, für die andere Arbeitsbedingungen wichtig sind (dies beginnt z. B. schon bei „Linkshändern"), so sollte bei der Büroeinrichtung darauf Rücksicht genommen werden.

Lärm

Lärm macht krank, aber trotzdem lässt sich in einer Zahnarztpraxis ebenso wenig wie an den meisten anderen Arbeitsplätzen die Lärmentstehung ganz vermeiden. Lärm schädigt den Gehörsinn und beeinflusst das zentrale Nervensystem.

Bei offenen Empfangsstationen ist daher darauf zu achten, dass Hektik und mögliche Störungen durch Patientengespräche, Türgeräusche, Telefonate usw. zusammengefasst nicht einen Geräuschpegel ergeben, der ein konzentriertes Arbeiten erschwert. Schallschluckende Ausführungen von Decken, Fußböden und Wänden, insbesondere aber schalldichte straßenseitige Fenster können hier ebenso helfen wie Stellwände und Raumteiler. Auch größere Blumen brechen den Schall und tragen zu einer Lärmverminderung bei.

Raumklima

Wer kennt es nicht? Dem einen ist es zu kalt, dem anderen zu warm, der eine möchte lüften, dem anderen „zieht" es ... Das Raumklima wird bestimmt durch

- Temperatur,
- Luftbewegung,
- Luftfeuchtigkeit,
- Sauerstoffgehalt.

Pflanzen sind für Praxisräume besonders zu empfehlen. Ausgenommen hiervon sind die Behandlungsräume, weil hier ggf. hygienische Vorschriften entgegenstehen. Pflanzen erhöhen nicht nur die relative Luftfeuchtigkeit, sondern sie filtern auch Schadstoffe aus der Luft. Die optimale Luftfeuchtigkeit liegt bei 50 % bis 60 %.

In den Praxisräumen sollte die Temperatur zwischen 21 und 22 Grad betragen. Dies sind jedoch nur Richtwerte. Entscheidend ist das Wohlbefinden der Patienten und hier gilt, dass man leichter friert als schwitzt. Achten Sie aber darauf, dass die Räume im Sommer durch intensive Sonneneinstrahlung nicht zu sehr aufgeheizt werden.

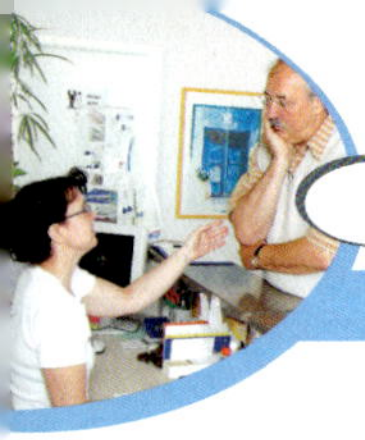

Arbeitsaufträge

1. *Was würden Sie tun, wenn Sie die in der gegenüberliegenden Seite dargestellte Checkliste „Allgemeinen Anforderunge an die Praxisgestaltung" zu bewerten und in eine Reihenfolge zu bringen hätten? Halten Sie dies für*
   - *möglich, weil die eine Sache wichtiger als die andere ist?*
   - *unmöglich, weil alle Bereiche gleichermaßen wichtig oder unwichtig sind?*
   - *nicht nötig, weil es sich um Selbstverständlichkeiten handelt, die in jeder Praxis umgesetzt werden?*
2. *Farbe und Licht sollen sich angeblich nicht nur auf die Gesundheit, sondern auch und insbesondere auf die Psyche auswirken. Wie erklären Sie sich dies?*
3. *Wie kommt man zu der Aussage, dass „Lärm krank macht", und was können Sie gegen Lärm in der Praxis tun (der Bohrer pfeift, von der Straße kommt Lärm, das Telefon klingelt am laufenden Band, die Patienten unterhalten sich laut im Wartezimmer, die Kinder werden unruhig und schreien, ...)?*
4. *Dem einen Patienten ist es im Wartezimmer zu kalt, dem anderen zu warm, sodass er immer wieder das Fenster öffnet. Es entwickelt sich ein Streitgespräch, in das Sie hineingezogen werden, als Sie den nächsten Patienten in das Behandlungszimmer bitten wollen. Wie reagieren Sie (richtig)? Sie ...*
   - *a) ... öffnen das Fenster und fordern den frierenden Patienten auf, sich eine Jacke anzuziehen.*
   - *b) ... beheben das Problem, indem Sie den nörgelnden Patienten zuerst zur Behandlung bitten, obwohl er zuletzt kam.*
   - *c) ... fordern beide Patienten auf, ihren Streit vor der Praxis auf der Straße auszutragen.*
   - *d) ... sagen gar nichts, denn alles, was Sie tun könnten, wäre aus der Sicht mindestens eines Patienten falsch.*
   - *e) ... holen Ihren Chef, damit er den Streit schlichtet.*
   - *f) ... lassen die beiden streitenden Patienten zur Strafe bis zum Schluss auf die Behandlung warten.*
   - *g) ... bieten dem frierenden Patienten an, sich im Vorraum aufzuhalten.*
   - *h) ... fragen, ob es nicht möglich sei, das Fenster jede halbe Stunde für ein paar Minuten zur „Stoßlüftung" zu öffnen. Die Patienten, die meinen, dass es dann „zieht", könnten in dieser Zeit kurz im Flur Platz nehmen.*
   - *i) ... machen etwas ganz anderes - aber was?*
5. *Wie verhalten Sie sich, wenn im Wartezimmer neben älteren Patienten auch eine Mutter mit einem kleinen Kind sitzt, das drauf und dran ist, den Wartebereich zu einem Spielplatz „umzugestalten", ohne dass die Mutter etwas dagegen tut? Andere Patienten reagieren zunehmend genervt und sind schon zu Ihnen in den Empfangsbereich gekommen, um sich zu beschweren.*
6. *Wie stehen Sie zu der Idee, in dem Wartebereich bzw. im Wartezimmer einer Zahnarztpraxis einen kostenfreien Internetzugang zu installieren und einen internetfähigen PC aufzustellen, den die wartenden Personen kostenlos nutzen können? Nennen Sie jeweils zwei Pro- und Kontra-Argumente.*

Checkliste	Sinnvoll?		Vorhanden?	
	Ja	Nein	Ja	Nein
Aufenthaltsraum soll groß genug sein.				
Beleuchtung muss ausreichend sein, möglichst durch Tageslicht.				
Wände sind in frischen Farben tapeziert oder farblich gut abgestimmt gestrichen.				
Bilder lockern die Wände auf.				
Möbel sind optisch ansprechend und passen zum Stil der Praxis.				
Sitzmöbel stehen in Gruppen und haben genügend Abstand.				
Stühle und Sessel sind bequem und trotzdem rückenfreundlich.				
Bei den Sitzmöbeln wurde auch an ältere Patienten gedacht, sie müssen sich ohne große Anstrengungen aus den Stühlen erheben können.				
Der Wartebereich ist durch Stellwände in einzelne Bereiche abtrennbar (z. B. Video-Ecke).				
Im Empfangs- und Wartebereich sind ansprechende Pflanzen- und Blumenarrangements vorhanden.				
Für Kinder ist eine ausreichende Spielecke vorhanden.				
Die Spielsachen sind immer hygienisch sauber und ungefährlich.				
Ausliegende Zeitschriften sind in gutem Zustand und seriös.				
Die Lichtquellen reichen aus, um genügend Licht zum Lesen abzugeben.				
Es ist eine ausreichend große Garderobe vorhanden.				
Die Räume sind gut temperiert und belüftet.				
Leise Entspannungsmusik im Hintergrund kann eine Möglichkeit sein, der „Totenstille“ im Warteraum vorzubeugen. Aber dann ist auf die Musikauswahl zu achten. Viele Menschen empfinden die dauerhafte Berieselung mit Musik auch als Belästigung.				
Dekoration ist auf die Jahreszeit abgestimmt (z. B. Weihnachts-, Ostergestecke).				
Patientenwegweiser an der Wand.				
Möglichkeit zu telefonieren.				
Kaffee-, Tee-, Saft- und Getränkebar.				
Es gibt zahnärztliche und allgemeine medizinische Informationen.				
Ständer mit Merkblättern über Krankheiten, Vorsorge usw. zum Mitnehmen.				
Patientenbibliothek mit Büchern aus dem Gesundheitswesen, die auch an die Patienten ausgeliehen werden.				
Kopiermöglichkeit von interessanten Zeitschriftenberichten.				
Kreuzworträtsel oder Rätselzeitschriften.				
Schreibpult.				

Bitte keine Eintragung in das Buch

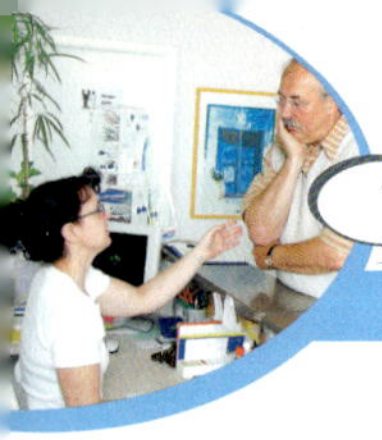

1.2 Der Datenschutz ist in einer Zahnarztpraxis besonders wichtig und erstreckt sich über alle Funktionsbereiche

Es war wieder ein Tag, an dem in der Praxis besonders viel los war. Damit die Patienten nicht das Gefühl hatten, ewig warten zu müssen, wurden sie unmittelbar, nachdem ein Behandlungszimmer frei geworden war, dorthin gebeten. Bis zu Behandlungsbeginn verging aber dann oft mindestens eine Viertelstunde, manchmal sogar mehr.
Als Frau Dr. Heilmann mit ihrer Auszubildenden Selin Kahya zur Behandlung kam, wandte sich die dort wartende Patientin schnell von den Unterlagen des vorangehenden Patienten ab, die versehentlich noch in dem Behandlungszimmer lagen. „Was machen Sie denn da?“, entfuhr es Frau Dr. Heilmann: „Ach nichts, aber ich konnte nicht die ganze Zeit auf dem Stuhl sitzen und da habe ich mich nur ein bisschen im Behandlungszimmer umgesehen ...“

- *Was ist hier passiert und worin besteht das Problem?*
- *Wer ist Schuld an dem, was passiert ist, und wie hätte der Vorfall verhindert werden können?*
- *Was bedeutet der Begriff „Patientengeheimnis“?*

Zahnärztinnen und Zahnärzte sind verpflichtet, über das Stillschweigen zu bewahren, was ihnen ihre Patienten anvertraut haben. Die schon als „heilige Pflicht“ von Hippokrates bezeichnete (zahn-) ärztliche Verschwiegenheit findet sich in § 203 Strafgesetzbuch (StGB) wieder.

→ ausführliche Informationen in LF 1, Kap. 7

Allgemein gilt nach § 203 Abs. 1 StGB, dass derjenige, der unbefugt ein fremdes Geheimnis, namentlich ein zum persönlichen Lebensbereich gehörendes Geheimnis oder ein Betriebs- oder Geschäftsgeheimnis offenbart, das ihm als Arzt (...) anvertraut worden oder sonst bekannt geworden ist, mit Freiheitsstrafe bis zu einem Jahr oder mit Geldstrafe bestraft wird.

Inhalt und Kern der Vorschrift bestehen darin, dass Dritte von den persönlichen Angaben des Patienten, die dieser gegenüber seinem Zahnarzt macht, sowie der Tatsache der Behandlung an sich nichts erfahren sollen. Nicht nur der Zustand der Zähne, sondern auch der Name und das Geburtsdatum des Patienten sowie alle anderen personenbezogenen Daten gehören zu den „Geheimnissen“ des § 203 StGB.

Die **Wahrung der ärztlichen Schweigepflicht** wird in Bezug auf Zahnärzte über den Straftatbestand des § 203 StGB hinaus noch unter den Schutz der **Berufsordnung für Zahnärzte** gestellt. Die Berufsordnung der Landeszahnärztekammer bestimmt, dass der Zahnarzt die Pflicht hat, über alles, was ihm in seiner Eigenschaft als Zahnarzt anvertraut und bekannt geworden ist, gegenüber Dritten Verschwiegenheit zu wahren. Absatz 3 besagt, dass der Zahnarzt verpflichtet ist, alle in der Praxis tätigen Personen über die gesetzliche Pflicht zur Verschwiegenheit zu belehren und dies zu dokumentieren.[1]

[1] aus: LZK Baden-Württemberg 8/2008, www.lzkbw.de/PHB/handbuch/download/D37349-1828467650-10BC.doc, Seite 4

Klar ist, dass das etwas mit der Berufsausübung und der Behandlung zu tun hat, aber man wird sich auch fragen, wo die Verbindung zur Gestaltung des Empfangsbereiches liegt.

Ganz einfach:
Das Patientengeheimnis sollte durch geeignete räumliche Gegebenheiten organisatorisch gewährleistet sein.

Hier einige Punkte, die die Einhaltung vereinfachen[1]:

- Der Empfangsbereich sollte mit einer **Diskretionszone** ausgestattet sein.
  - In der **reinen Bestellpraxis:** Wenn sich durch **geschickte Terminvergabe** nur 1-2 Patienten den Wartebereich in einer offenen Praxis teilen, so können persönliche Angaben diskret erfragt werden.
  - In der **flexiblen Bestellpraxis:** Es ist aufgrund der größeren Anzahl von Patienten zwingend erforderlich, die **Angaben schriftlich** einzuholen. Sinnvoll ist das Aufstellen eines kleinen Schredders am Eingangsbereich, um die nicht mehr benötigten Zettel oder falsch ausgefüllten Formulare vernichtet zu können.
- Der **Empfangstresen** ist so zu gestalten, dass **keine Patientenakte**, kein Kalender oder ähnliche Unterlagen mit Patientendaten für die Anwesenden **einsehbar** sind.
- Aufstellen des **Faxgerätes** an einem Ort, an dem Unbefugte keinen Zugriff nehmen oder die Faxe lesen können.
- Das **Telefon** darf nicht zur Quelle des Vertrauensbruches werden: Möglichst keine Namensnennung, wenn weitere Patienten in der Nähesind, Befunde sollten nur im geschlossenen Zimmer durchgegeben werden.
- Die **Weiterbehandlung** sollte nicht dem/der Mitarbeiter/-in im Vorbeigehen zugerufen werden, sondern am besten auf einem Formblatt schriftlich übergeben werden, auf dem die Anweisung dokumentiert ist (auch als Gedächtnisstütze für die/den Mitarbeiter/-in), wenn andere Patienten zuhören können.
- Der **Computer** muss so aufgestellt sein, dass die Patienten am Tresen keinen freien Blick auf den Bildschirm haben. Am besten wird ein Bildschirmschoner auch für die kurzfristige Abwesenheit des Mitarbeiters/der Mitarbeiterin installiert, der durch ein Passwort gesichert ist. Das Passwort ist in regelmäßigen Abständen zu ändern. Im Falle eines Mitarbeiterwechsels ist das Passwort in jedem Fall zu ändern.
- Der **Wartebereich** sollte so gestaltet sein, dass die Patienten **optisch** und **akustisch** vom übrigen Praxisgeschehen **abgeschirmt** sind. Es muss ausgeschlossen werden, dass ein Patient durch Indiskretion zum Gesprächsstoff der Wartenden wird.
- Die **Karteikarten** oder sonstige Patientenunterlagen sollten sich nicht in den Behandlungsräumen sammeln. Nur die Karte des jeweiligen Patienten sollte dort offen zugänglich sein. Der Computer im Behandlungsraum ist so einzurichten, dass er vom Patienten nicht benutzt werden kann (s. o.). Der Praxisablauf sollte so organisiert werden, dass die Behandlungsräume nicht als „Ausweichwartezimmer" genutzt werden müssen.
- **Nach Dienstschluss** sollte das Prinzip **„clear desk"** gelten. Putzkräfte, Hausmeister usw. dürfen keinen Zugriff auf Daten haben, deshalb sind diese wegzuschließen.
- Die **Aktenvernichtung** immer mit einem Gerät mit hoher Sicherheitsstufe (5) vornehmen, damit das Papier zerrissen bzw. verwirbelt wird. Es nutzt wenig, wenn die Akten nur in (gut lesbare) (Quer-)Streifen geschnitten werden.

[1] aus: www.lzikbw.de/PHB/handbuch/download/D37349-1828467650-10BC.doc

Verpflichtung und Verschwiegenheitserklärung der ZMA

Da Datenschutz gerade in einer Zahnarztpraxis keine Nullachtfünfzehn-Nebensache ist, werden die dort tätigen Mitarbeiter auch entsprechend verpflichtet. Das gilt natürlich auch für Sie als ZMA. Hier zwei Beispiele für solche Dokumente von der Landeszahnärztekammer Baden-Württemberg:

Unterweisung über die Verpflichtung auf die Wahrung des Datengeheimnisses

Frau ________________________, wohnhaft in ____________________________________, wurde heute von mir, ________________________________ (Zahnärztin), eingehend mündlich darüber unterwiesen, dass sie zur absoluten Verschwiegenheit bezüglich der Wahrung des Datengeheimnisses nach dem Bundesdatenschutzgesetz verpflichtet ist. Die Mitarbeiterin wurde darauf hingewiesen, dass sich die Verpflichtung auf alle Einzelangaben über persönliche oder sachliche Verhältnisse einer natürlichen Person sowie auf alle Schutzmaßnahmen, die gegen Missbrauch dieser Daten erforderlich sind, beziehen.

Im Einzelnen wurde die Mitarbeiterin über folgende Regelungen in Kenntnis gesetzt:

1. Es ist untersagt, personenbezogene Daten unbefugt zu verarbeiten oder zu nutzen.
   Dieses Verbot gilt auch nach Beendigung des bestehenden Beschäftigungsverhältnisses weiter.
2. Einzuhalten sind:
   - bestehende rechtliche Vorschriften und Praxisregeln
   - Anweisungen der Arbeitgeberin bzw. des Arbeitgebers

   über den Umgang mit personenbezogenen Daten sowie Maßnahmen zur Sicherung der Daten vor Verlust oder Missbrauch.
3. Zum Schutz personenbezogener Daten ist im Rahmen der zugewiesenen Aufgaben immer die notwendige Sorgfalt anzuwenden. Festgestellte Mängel oder Unzulänglichkeiten sind unverzüglich der Arbeitgeberin/dem Arbeitgeber anzuzeigen.
4. Die Verwendung privater Software neben der betrieblichen Software ist auf betrieblichen EDV-Einrichtungen nicht gestattet.

Der Mitarbeiterin wurde eine Kopie der Unterweisung ausgehändigt.

________________________, den ______________________________ 20___

____

(Unterschrift der Mitarbeiterin)

Unterweisung über die Verschwiegenheitsverpflichtung

Frau ________________, wohnhaft in ____________________, wurde heute von mir, ______________________________ (Zahnärztin), eingehend mündlich darüber unterwiesen, dass sie zur absoluten Verschwiegenheit über alle Tatsachen und Begebenheiten, die ihr in der Eigenschaft als Mitarbeiterin meiner Praxis anvertraut oder bekannt werden bzw. bekannt geworden sind, verpflichtet ist.

Hierzu gehören auch sämtliche wirtschaftlichen, finanziellen, privaten oder sonstigen Umstände, die ihr über Patienten mitgeteilt oder bekannt werden.

Sie wurde des Weiteren darüber unterwiesen, dass auch nahen Angehörigen der Patienten nicht unbefugt Auskunft erteilt werden darf.

Die Pflicht zur Verschwiegenheit bezieht sich auch auf schriftliche Mitteilungen der Patienten, Dokumentationen und Aufzeichnungen über Patienten, Röntgenaufnahmen und sonstige Untersuchungsbefunde.

Die Mitarbeiterin wurde ebenfalls darüber unterwiesen, dass die Verpflichtung zur Verschwiegenheit auch nach Beendigung des Anstellungsverhältnisses weiter besteht.

Im Rahmen der Unterweisung wurde auf § 203 Strafgesetzbuch („Verletzung von Privatgeheimnissen“) verwiesen.

Der Mitarbeiterin wurde eine Kopie der Unterweisung ausgehändigt.

________________________________, den ____________________________ 20___

____

(Unterschrift der Mitarbeiterin)

2 Alle Patienten sind verschieden – Grundregeln für den richtigen Umgang

Die Quartalsabrechnung muss fertig werden, gleichzeitig ist das Wartezimmer randvoll und laufend klingelt das Telefon.

„Praxis Dr. Heilmann – Sie sprechen mit Selin Kahya – **was kann ich für Sie tun?“**

„Praxis Dr. Heilmann – Sie sprechen mit Selin ... – **Moment, ich versuche Sie weiterzuverbinden.“**

„Praxis Dr. Heilmann – Sie sprechen mit Selin ... – **Nein, Sie haben heute keinen Termin, sondern erst nächste Woche ...“**

„Praxis Dr. Heilmann – Sie sprechen mit Selin ... – **was ist mit Ihrem Kind?** Es ist hingefallen und hat sich einen Zahn abgebrochen? **Hätten Sie nicht besser aufpassen können?** Das Wartezimmer ist randvoll. Es geht nicht ...“

„Praxis Dr. Heilmann – Sie sprechen mit Selin... – was kann ich für Sie ... **Nein! Ich habe Feierabend und mein Chef auch – nehmen Sie eine Schmerztablette und kommen Sie morgen früh zu uns!“ ...**

- *Wie gehen Sie mit solchen Situationen um?*
- *Welche Grundregeln der Kommunikation sollte man beachten?*
- *Wie geht man am besten mit schwierigen Situationen um?*

2.1 Einstellung auf Eigenschaften und Erwartungen der Patienten

Patientengruppen und -typen

Wenn Sie in Ihrer Patientendatei 500 Personen haben, dann können Sie davon ausgehen, dass es sich um Menschen handelt, die sich sehr voneinander unterscheiden. So selten es vorkommt, dass zwei Menschen völlig gleich aussehen, so wenig werden sich zwei oder mehr Patienten in allen persönlichen Eigenschaften gleichen.

Oft ist das Einzige, was die Zahnarztbesucher wirklich vereint, die Tatsache, dass sie den Zahnarzt aufsuchen müssen. In den meisten Fällen passiert das noch nicht einmal freiwillig. Zweifellos ist es wichtig, sich möglichst gut auf jeden einzelnen Patienten einzustellen. Auch wenn Sie die Schmerzen oder andere Probleme nicht nehmen können, haben Sie doch einen großen Einfluss darauf, wie gut oder wie schlecht sich ein Patient aufgehoben fühlt.

Hilfreich kann sein, sich einmal mit der Frage zu beschäftigen, welche Eigenschaften die Patienten haben bzw. welche Merkmale maßgebend sind oder für den Umgang mit ihnen wichtig sein könnten.

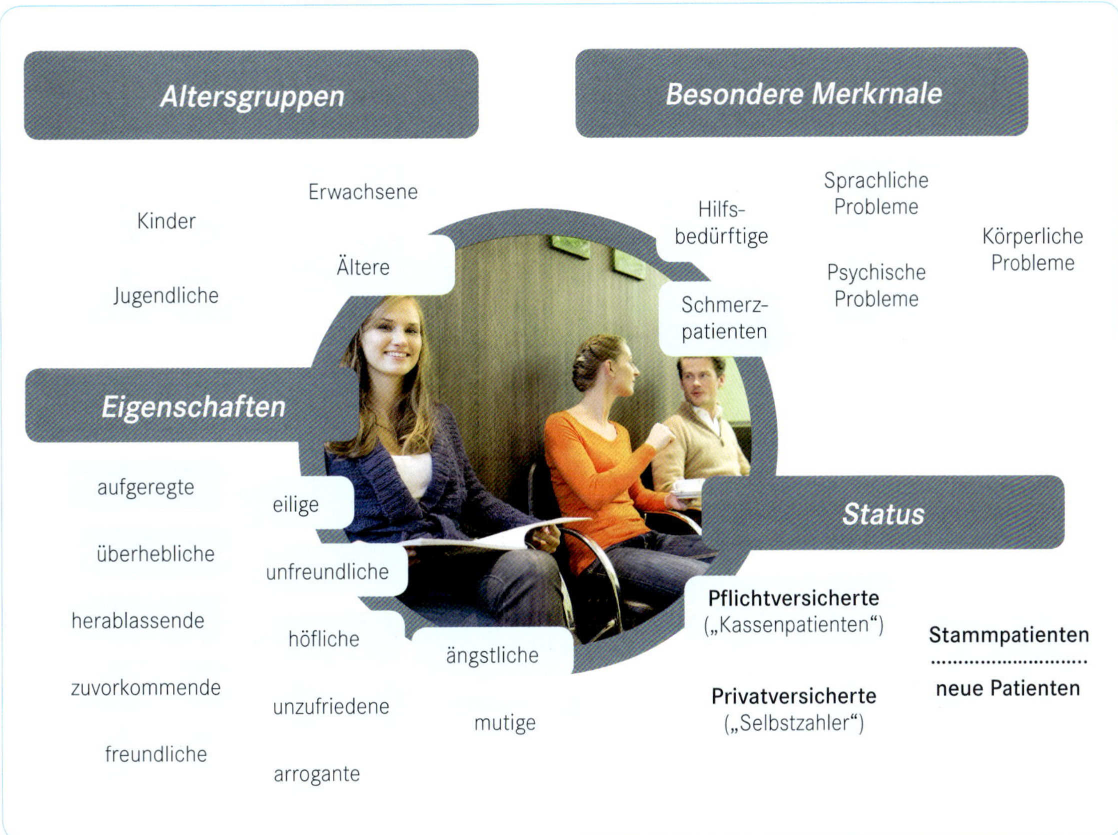

Auf diesen Erkenntnissen aufbauend kann man versuchen, die Patienten verschiedenen Gruppen zuzuordnen.

2.1.1 Patientenstatus – alle Patienten sind gleich, oder?

Unabhängig von allen anderen Kriterien werden Sie eines feststellen: Der Versicherungsstatus bei Privatpatienten oder bei Patienten, die Ihren Chef/ Ihre Chefin kennen, beeinflusst häufig die Erwartungshaltung Ihnen gegenüber. Hier müssen einerseits Sie selbst abwägen, ob und inwieweit Sie dem nachkommen können. Andererseits sollte es in der Praxis möglichst klare Regeln und Anweisungen geben.

Zwar ist nicht zu bestreiten, dass alle Patienten das Recht auf gleiche Behandlung haben. Es gibt aber durchaus wirtschaftliche Unterschiede, die sich zwangsläufig bei der Abrechnung von Privatliquidationen und pflichtversicherten Kassenpatienten ergeben. Und: Persönliche Beziehungen zwischen Patient und Zahnarzt dürfen natürlich auch nicht einfach ignoriert werden.

Diese Patientengruppe stellt daher eine besondere Herausforderung dar. Oft sind es diejenigen, die glauben, dass die Regeln in einer Praxis für alle gelten – nur nicht für sie. Sie glauben, dass sie einen Sonderstatus besitzen, der ihnen „Narrenfreiheiten" gibt.

„Ich warte hier – die Chefin kennt mich."

Hier müssen Sie auch „aus dem Bauch heraus" entscheiden. Klären Sie am besten vorher

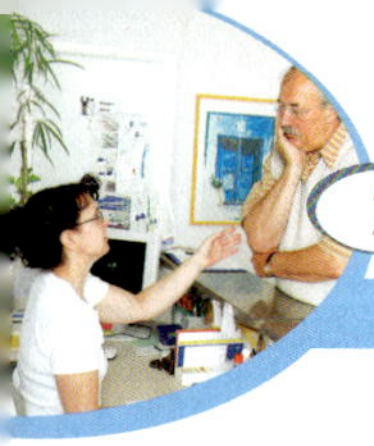

mit Ihrer Chefin/Ihrem Chef, wie Sie sich verhalten sollen, wenn sich jemand, den Sie nicht kennen, auf eine Freundschaft beruft und deshalb auf Sonderrechte beharrt. Fragen Sie aber auch, was Sie tun sollen, wenn z. B. ein Verwandter von ihm im Wartezimmer sitzt und sich - ohne auf Vorrechte zu bestehen - in die Reihe der dort Sitzenden eingeordnet hat.

2.1.2 Vorsorge, Kontrolle oder Schmerzpatient?

Schmerzpatienten kennen nur ein Ziel: Sie wollen möglichst sofort behandelt werden, um von ihrem Zahnschmerz befreit zu werden. Die Reaktionen der Schmerzpatienten sind aber ganz verschieden. Sobald der Patient die Praxis betritt, sind Sie also schon gefordert, schnell einschätzen zu müssen, wie stark die Schmerzen des Patienten wirklich sind.

Praxistipp

1. Nehmen Sie den Patienten und seine Schilderungen ernst - Sie haben keine andere Wahl.
2. Versuchen Sie einen „echten“ Schmerzpatienten nicht damit zu trösten, dass Sie ihm sagen: „Na, so schlimm ist es doch gar nicht!“ Das wird er Ihnen in seiner Situation übel nehmen.
3. Vermitteln Sie den Eindruck, dass dem Patienten so schnell wie möglich geholfen wird. Schicken Sie ihn nicht ins Wartezimmer: Das würde Sie vor das zusätzliche Problem stellen, ihn dort zum Frust der anderen Patienten als Ersten herausrufen zu müssen. Muss sich der Schmerzpatient aber andererseits in die normale Reihenfolge fügen, wird er sich zurückgesetzt fühlen.

2.1.3 Angst vorm Zahnarzt - die ZMA als Psychologin

Angst vor dem Zahnarztbesuch scheint unabhängig von Geschlecht und Alter zu sein. Selbst wenn die erste Frage „gestandener Männern“ ist: „Geht es auch mit einer Spritze?“, so werden sie nicht zugeben, dass sie Angst vor dem Bohrer haben. Es ist also aussichtslos, sich hier auf eine Diskussion einlassen zu wollen. Ein Patient, der mit „flauem Gefühl“ in die Zahnarztpraxis geht, wird es sich mit guten Worten alleine nicht ausreden lassen.

Sie sollten den Faktor Angst ernst nehmen, ganz gleich, ob es kleine Kinder oder „große“ Erwachsene sind. In jedem Fall müssen Sie versuchen, beruhigend zu wirken und die Ängste nicht noch verstärken. Sie sollten sich möglichst neutral zu verhalten. Es bringt nichts, etwas schönzureden, es ist aber auch nicht zielführend, offen zu sagen, dass das ein sehr schwieriger Eingriff werde, bei dem man schon auf die Zähne beißen müsse ... Bei Kindern hilft es vielleicht ein bisschen, wenn man sie ablenkt oder ihnen den Kopf streichelt. Bei Erwachsenen ist vielleicht ein aufmunternder, ermutigender Blick angebracht.

Ebenso wie beim Schmerzpatienten ist es auch hier fast unmöglich, den Patiententyp bezüglich der anderen Merkmalskategorien auszumachen. Die Einteilung in die einzelnen Gruppen soll nur bewusst machen, welche besonderen Gegebenheiten jeweils vorliegen oder mit welchen besonderen Verhaltensweisen man ggf. rechnen muss. Die individuelle Einschätzung, die damit verbundene patientenbezogene Einstellung und den jeweils angemessenen Umgang ersetzt sie natürlich nicht.

2.1.4 Kinder - erste Erfahrung mit dem Zahnarzt

Vielen Kindern geht es genauso wie Erwachsenen: Sie haben vor dem Besuch beim Zahnarzt einfach Angst. Das liegt daran, dass es sich um eine ungewohnte Situation in einer ungewohnten Umgebung handelt, die nicht selten etwas Stummes und Bedrückendes mit sich bringt. Allein die Atmosphäre, die ein Wartezimmer ausstrahlen kann, trägt dazu bei.

Oft herrscht hier große Ruhe, weil sich die Patienten in der Regel gegenseitig nicht kennen und sich nicht unterhalten. Viele lesen Zeitung oder ausliegende Zeitschriften. Die leise Hintergrundmusik ist in der Regel auch nicht gerade das, was

Kinder anspricht. Vorhandenem Spielzeug- oder Malecken sieht man an, dass für sie eben eine Ecke gesucht wurde, in der noch etwas Platz ist bzw. wo sowieso nichts anderes hingepasst hätte.

Und dann hört man auch noch aus dem gegenüberliegenden Behandlungszimmer das drohende Surren des Bohrers ... Wichtig ist natürlich die Stimmung der Kinder selbst, aber auch die der begleitenden Personen. Meist ist die Mutter dabei. Ihr Verhalten kann die zahnmedizinische Angestellte kaum direkt beeinflussen, es überträgt sich aber auf die Kinder. Hat die Mutter Angst vor dem Eingriff bei ihrem Kind, wird das Kleine selbst kaum mutig sein. Sind die Begleitpersonen nervös, weil sie unter Zeitdruck stehen, wird auch dem Kind die Ruhe entzogen und es fängt an zu zappeln und will am liebsten nach Hause.

Was ist zu tun?

- Das Kind sollte die Praxis als eine möglichst „normale“ Umgebung wahrnehmen. Interessantes Spielzeug im Wartezimmer, vielleicht sogar ein Fernseher, in dem Zeichentrickfilme laufen, können die Wartezeit verkürzen.
- Kinder sollte man immer mit ihrem Namen ansprechen. Das schafft Vertrauen.
- Fragen Sie das Kind nach etwas, das aus seiner gewohnten Umgebung stammt und worüber es unbefangen reden kann. Sprechen Sie es auf sein Lieblings(haus)tier oder auf die beste Fernsehsendung an.

Praxistipp

Versuchen Sie gar nicht, einem Kind die Unwahrheit zu sagen. Wenn Sie wissen, dass es bei einem Eingriff nicht ohne Schmerzen abgeht, dann sagen Sie nicht: „Es tut gar nicht weh“. Dieses Kind wird Ihnen sonst so schnell nichts mehr glauben, wenn es doch wehgetan hat ...

2.1.5 Selbstbewusst und stark? Jugendliche Patienten

Jugendliche wollen oft stark sein. Sie sind es zwar oft auch, aber gerade beim Zahnarzt sieht es manchmal anders aus. Trotzdem: Geben Sie den jugendlichen Patienten das Gefühl, dass sie eben schon „ein bisschen erwachsen“ sind. Das beginnt bei der Anrede. Auch wenn es komisch klingen mag und der Altersunterschied manchmal nur sehr gering ist, sollten Sie jemanden, der 16 Jahre und älter ist, mit „Sie“ anreden. Natürlich kann man bei Patienten, die man persönlich kennt, auch bei dem vertrauten „Du“ bleiben.

2.1.6 Oft „keine Zeit“: Erwachsene/Ältere

Es ist keinesfalls so, dass Erwachsene ohne ein „komisches“ Gefühl zum Zahnarzt gingen. Auch hier gilt: Kaum jemand ist freiwillig hier. Bei Erwachsenen ist es noch wichtiger als bei den jüngeren Patienten, schnell ihr Verhalten und ihr Auftreten richtig einzuordnen.

Wahrscheinlich ist die Gruppe der Erwachsenen die schwierigste Patientengruppe, weil sich hier sehr viele verschiedene Typen mischen. Am schwierigsten werden diejenigen sein, die keine Zeit mitbringen und ihre Nervosität und Unzufriedenheit auf die übrigen Patienten übertragen.

Ältere Patienten benötigen Ihre besondere Fürsorge und Aufmerksamkeit. Bei dieser Patientengruppe spielen neben dem Alter oft Beeinträchtigungen (schlechtes Sehen, Hören, eingeschränkte Merkfähigkeit) eine einschränkende Rolle.

Weil auch die zahnmedizinischen Eingriffe umfassender werden, brauchen Ältere ein hohes Maß an Unterstützung. Die neue Zahnprothese ist sicher passgenau angefertigt worden. Trotzdem müssen Sie dem Träger vielleicht mit viel Energie und Einfühlungsvermögen klar machen, dass er sich erst daran gewöhnen muss. Wenn er ansonsten nämlich in seinem Bekanntenkreis erzählt, dass der neue Zahnersatz nicht passe, können Sie daran nichts ändern - auch wenn die Beschwerde hundertmal falsch sein sollte!

Praxistipp

Gehen Sie einfühlsam mit Ihrem jeweiligen Patienten um. Stellen Sie sich auf seine individuelle Situation ein. Schreiben Sie das, was nicht vergessen werden darf, auf. Sehen Sie darüber hinweg, wenn Ihnen ein Patient Anlass zum Ärgern geben sollte. Lassen Sie es ihn nicht spüren, solange es sich in Grenzen hält.

2.1.7 Besondere Aufmerksamkeit - hilfsbedürftige Patienten

Die Art der Hilfsbedürftigkeit kann selbstverständlich sehr unterschiedlich sein. Vermerken Sie in der Karteikarte, ob ein Patient z. B. geh- oder sehbehindert ist. Bedenken Sie, dass viele Menschen wegen ihrer Behinderungen unsicher und ausgesprochen sensibel sein können.

Menschen mit Behinderungen wollen aber häufig nicht, dass sie eine „Sonderrolle" einnehmen. Sie wollen unabhängig und selbstständig sein. Deshalb ist jede unnötige oder übertriebene Hilfe fehl am Platz und erzeugt eher das Gegenteil von dem, was man erreichen wollte.

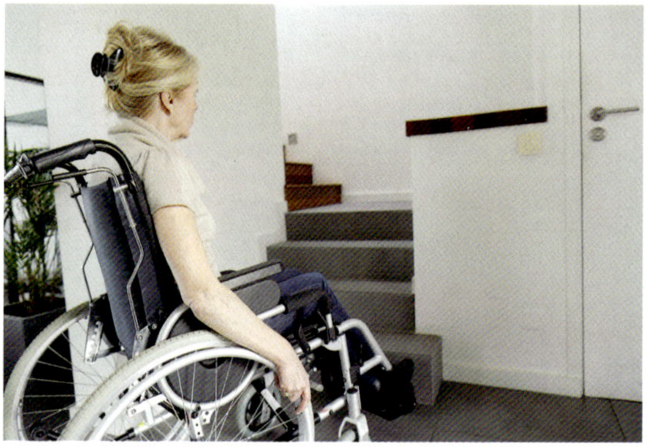

Während man körperliche Behinderungen recht gut erkennen kann, ist dies bei geistigen Behinderungen oft anders. Daher muss ein Patient, bei dem eine solche Einschränkung vorliegt, besonders gut, aber auch diskret beobachtet werden, damit im Zweifelsfall schnell eingegriffen werden kann. Bei Patienten mit sprachlichen Problemen bleibt oftmals nur die Möglichkeit, sich in einem sehr eingeschränkten Rahmen zu unterhalten und/oder sich auch der Zeichensprache unter Einsatz von Mimik und Gestik zu bedienen. Kopfnicken, Kopfschütteln und andere Zeichen sind gerade bei ausländischen Patienten oft die einzige Möglichkeit der Verständigung.

Praxistipp

Wenn Sie häufig Patienten ohne ausreichende Sprachkenntnisse in Ihrer Praxis haben, kann ein kleines Handbuch mit den gängigsten Redewendungen hilfreich sein. Darin sollten auch zahnmedizinische Fachbegriffe enthalten sein. Es gibt auch Vordrucke und Merkblätter in verschiedenen Sprachen, die Sie sich zulegen sollten.

Arbeitsaufträge

1. *Die voranstehende Darstellung der Patientengruppen ist nur beispielhaft. Welche Anregungen oder praktische Erfahrungen haben Sie in diesem Zusammenhang?*
2. *Nennen Sie Gründe, die dafür sprechen, dass man Patienten in dieser Form zu typisieren versucht, und nennen Sie Argumente, die dagegen sprechen, Menschen schematisch in „Schubladen" einzuordnen.*
3. *Ein Privatpatient, der obendrein auch noch mit Ihrem Chef befreundet ist und den Sie auch kennen, betritt die Praxis und möchte - wie sollte es anders sein -möglichst gleich „drankommen". Er habe in einer Stunde auch noch einen weiteren Termin. Im Wartezimmer sitzen noch fünf andere Patienten ... Was tun Sie? Bitten Sie den Patienten „erst einmal ins Wartezimmer", um ihn dann evtl. vor allen anderen aufzurufen? Oder gehen Sie in den Behandlungsraum, wo Ihr Chef gerade eine Zahnextraktion durchführt? Oder fragen Sie Ihre Kollegin, was zu tun sei? Oder ...? Begründen Sie bitte Ihre Antwort.*

2.2 Den richtigen Ton erwischen - verbale und nonverbale Kommunikation mit den Patienten

2.2.1 Allgemeine Verhaltensmaßstäbe im Umgang miteinander

Es gibt bestimmte Regeln, die man versuchen sollte einzuhalten, auch wenn es vielleicht schwer fällt, weil man selbst auch nicht immer in der richtigen Stimmung ist ...

Kontaktaufnahme und Kommunikation

Was passiert, wenn der Patient den Empfangsbereich betritt und ... Wie treten Sie ihm gegenüber? Wie stellen Sie fest, was zu machen ist? Ist es ein Schmerzpatient? Wie lange wird die Behandlung dauern? Kann ich ihn sofort drannehmen? Muss ich ihn „einschleusen", weil er vielleicht ein guter Bekannter des Chefs oder eine einflussreiche Person in der Stadt ist? Oder wird der Patient behandelt wie jeder andere? Wie mache ich ihm klar, dass er etwas länger warten muss, weil er nicht angemeldet war? Oder geht er dann wieder?

Phase I

Der Patient betritt die Praxis. Jetzt wird insbesondere bei neuen Patienten blitzschnell der erste Eindruck vermittelt:

- Wie wirkt die Aufteilung der Räume?
- Wie ist der erste Eindruck vom Personal?
- Kann man sich hier wohlfühlen?
- Herrscht Ordnung im Eingangsbereich?
- Ist die Farbgestaltung eher wohltuend oder trist?

Eine Zahnarztpraxis hat viele „Kunden" mit einem jeweils sehr individuellen Geschmack. Es ist unmöglich, den Geschmack aller Patienten treffen zu wollen, weil es „den Geschmack" nicht gibt. Wichtig ist, wie das Gesamtkonzept einer Praxis auf die Patienten wirkt.

Dazu gehören z. B. die Farbgestaltung und die Dekoration von Wand und Raum. Ziel muss sein, dass eine Atmosphäre entsteht, die weder steril noch abstoßend wirkt, sondern in der man sich wohlzufühlen bereit ist.

Gerade im Empfangsbereich sollte der Patient genügend Platz finden, um sich anmelden zu können. Ein überladener Empfangstresen, sichtlich gestresste Helferinnen, keine Möglichkeit, eine Tasche oder einen Schirm abzustellen, sind erste negative Eindrücke, die ein Patient schnell auf das gesamte Praxisgeschehen überträgt, ohne dass man dies beeinflussen kann.

Phase II

Der Patient steht im Empfangsbereich. Jetzt kommt er zum ersten Mal in einen persönlich-menschlichen Kontakt zu dem Praxisteam.

Eine Mitarbeiterin im Empfangsbereich entscheidet mit ihrem ganz persönlichen Verhalten in einem nicht unerheblichen Maße darüber, wie gut oder wie schlecht sich ein Patient verstanden oder aufgehoben fühlt.

Ob der Schmerzpatient tatsächlich Mitleid will, sei dahingestellt. In jedem Fall ist aber davon auszugehen, dass er das Gefühl haben will, dass seine Situation eine besondere ist und er wird erwarten, dass die Fachangestellte alles unternimmt, damit er schnell drankommt.

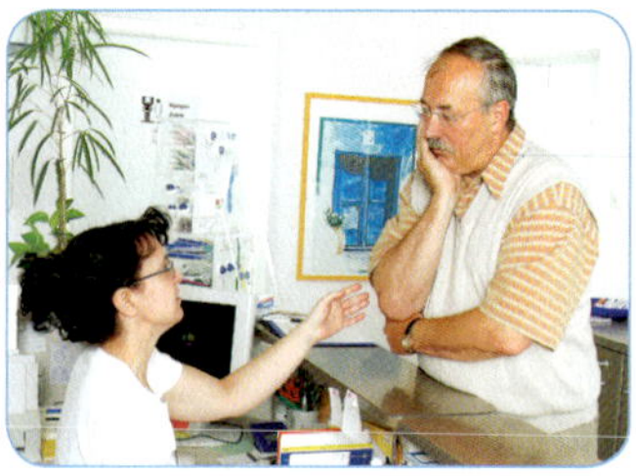

Wenn das nicht sofort geht, dann helfen vielleicht **einige nette und aufmunternde Worte** - wenn der Arbeitsstress auch noch so groß ist.

Nicht nur auf die Worte kommt es an. **Ein freundliches Lächeln, das zärtliche und einfühlsame Streicheln des Kopfes eines von Zahnschmerzen geplagten Kindes** oder auch nur die Tatsache, dass man einen gehbehinderten Patienten ins Wartezimmer begleitet, kann Wunder bewirken.

Abgerundet wird das erste Bild von der Praxis durch das **Auftreten** und die **Kleidung der Mitarbeiterinnen.** Ob Berufskleidung getragen wird, bestimmt letztlich der Zahnarzt.

Die Zahnmedizinische Fachangestellte sollte

- in jedem Fall **sauber, ordentlich und geschmackvoll gekleidet** sein. Jede Mitarbeiterin hat ihren eigenen Stil und sollte ihn auch nicht verbergen. Aber es gibt trotzdem einige Grundregeln, die man beachten kann.
- **nicht zu auffällig geschminkt und „geschmückt" sein.** Beides hinterlässt leicht einen unseriösen Eindruck, auch wenn dieses Urteil gar nicht gerechtfertigt sein mag. Ein intensives Make-up verliert aber ohnehin im Laufe des Tages seinen „Glanz". Manch persönlicher Schmuck kann zwar in der Freizeit durchaus reizvoll sein, aber am Arbeitsplatz Zahnarztstuhl wirkt er eher störend.
- eine **Frisur tragen, die der Tätigkeit angemessen** ist. Lange blonde Haare sind nur so lange reizvoll, wie sie einem Patienten auf dem Behandlungsstuhl nicht dauernd im Gesicht liegen.
- **keine allzu intensiv riechenden Kosmetika** verwenden. Hier sollte man eher auf dezente Duftnoten zurückgreifen.

Phase III

Verbale und nonverbale Kommunikation

Jedes Gespräch ist eine zweiseitige Kommunikation. Am besten ist es, wenn man sich bewusst ist, dass die Rollen der Gesprächspartner zwar verschieden sind, aber daraus keine Rangordnung abgeleitet werden darf.

Eine Zahnarztpraxis kann ebenso wenig auf Patienten verzichten wie ein Patient ohne einen Zahnarzt auskommen kann. Aber allein die Tatsache, dass im Rahmen der freien Zahnarztwahl ein Patient darüber entscheiden kann, wen er aufsucht, sollte dazu führen, dass die **Patienten** ähnlich wie in anderen Bereichen auch als **„Kunden"** angesehen werden, die ein Recht auf eine zuvorkommende Behandlung haben.

Gesprächsführung hat viel mit Psychologie zu tun. Auch ohne viel zu fragen, muss man die gegenüberstehende Person einschätzen können. Was will er, wie gut oder schlecht ist er drauf, wie kann ich ihm am besten helfen, was kann ich tun, was muss ich tun, was darf ich auf keinen Fall tun, ... Die Kette der Fragen lässt sich fast beliebig verlängern ...

Der Patient sammelt auch optische Eindrücke. Wenn er im Empfangsbereich steht, wird mit ihm geredet. Aber neben dem Sprechen sind auch Mimik und Gestik für die gegenseitige Einschätzung oft wichtiger als man glaubt. Sie können sicher sein, dass die Patienten Ihr Verhalten genau beobachten. Ob die Rückschlüsse, die sie daraus ableiten, immer richtig sind, sei dahingestellt. Wichtiger ist, dass Sie dies nicht beeinflussen können.

Aus Ihrer Körperhaltung, Ihren Bewegungen und Ihrem Ausdrucksverhalten spricht oft viel mehr als das, was Sie sagen. Während eines Gesprächs sollten Sie vermeiden

- mit einem Ohr dem Patienten zuzuhören und gleichzeitig Ihre Aufmerksamkeit etwas anderem schenken zu wollen;
- sich gleichzeitig mit anderen Aufgaben am PC zu beschäftigen, es sei denn, Sie geben die Daten des Patienten direkt ein;
- eingehende Telefongespräche anzunehmen, ohne dem wartenden Patienten z. B. durch die Worte „einen Augenblick, bitte" das sichere Gefühl zu geben, dass es sich nur um eine kurze Unterbrechung handelt (dies muss es dann aber auch sein!);
- die Augen zu verdrehen, denn damit signalisieren Sie Desinteresse oder Ablehnung;
- nervös mit den Fingern auf dem Schreibtisch zu spielen, denn das zeigt, dass Ihnen der Patient lästig ist;
- den Patienten ständig mit versteinerter Miene anzuschauen; Sie sollten ihn aber auch nicht ständig anlächeln, weil ihn auch dies verunsichern kann;
- den Patienten von oben bis unten zu mustern; das ist indiskret und unhöflich.

Praxistipp

Hören Sie dem Patienten zu und unterbrechen Sie ihn nicht. Wenn er abschweift, bringen Sie das Gespräch höflich auf den Punkt. Konzentrieren Sie sich auf den Patienten und beschäftigen Sie sich nicht gleichzeitig mit anderen Dingen. Bleiben Sie stets sachlich und freundlich. Lassen Sie sich nicht auf Streitgespräche ein.

Arbeitsaufträge

1. *Kommunikation ist immer eine zweiseitige Angelegenheit, bei der es im wahrsten Sinne des Wortes darauf ankommt, ob man sich richtig versteht.*
   a) *Was soll Ihrer Meinung nach hiermit zum Ausdruck gebracht werden?*
   b) *Was tun Sie im Praxisalltag, wenn es darum geht, zu verstehen, was die Patienten tatsächlich wollen und von Ihnen erwarten? Machen Sie Ihre Aussagen am besten an konkreten Beispielen fest und versuchen Sie, daraus allgemeine Schlussfolgerungen abzuleiten.*
2. *Es gibt die Auffassung, dass auch beim Umgang mit Patienten die Regel gilt, dass alles ein Echo hat. Also: „Wie man in den Wald hineinruft, so schallt es auch heraus." Was meinen Sie dazu?*

Arbeitsaufträge

Mitarbeiterin **Manuela Harris** 	Mitarbeiterin **Saskia Schultz** 	Mitarbeiterin **Corinna Maybaum** 	Mitarbeiterin **Lucia Fernandez** 
Guten Morgen, Praxis Heilmann.	Guten Morgen, Praxis Dr. Heilmann, was kann ich für Sie tun?	Guten Morgen, Praxis Dr. Heilmann, wie kann ich Ihnen helfen?	Praxis Dr. Heilmann, Sie wünschen bitte?
 Mein Name ist Eleonore Wagner. Ich hätte gern einen Termin bei Ihnen.			
Frau Wagner, sind Sie Kassen- oder Privatpatientin?	Waren Sie schon einmal bei uns?	Frau Wagner, wir haben einen sehr vollen Behandlungsplan. Darf ich Sie fragen, ob Sie Schmerzen haben oder nur zur Kontrolle kommen möchten?	Frau Wagner, Frau Dr. Heilmann ist ab morgen für zwei Wochen in Urlaub. Ich kann Ihnen erst danach einen Termin geben.
Ich bin Kassenpatientin.	Nein, ich bin zugezogen und suche einen neuen Zahnarzt.	Ich habe leichte Zahnschmerzen und möchte, dass mal kurz nachgeschaut wird.	Ich habe aber Zahnschmerzen.
Frau Wagner, unser Behandlungsplan ist randvoll. Ich kann Ihnen erst in zwei Wochen einen Termin geben.	Kommen Sie zufällig auf unsere Praxis oder hat uns jemand empfohlen?	Frau Wagner, unser Behandlungsplan ist sehr voll. Darf ich Sie fragen, wie Sie versichert sind?	Tut mir leid für Sie, aber ich kann Ihnen keinen Termin geben.
Ich habe aber Zahnschmerzen und bin neu zugezogen. Kann die Frau Doktor nicht wenigstens mal gucken?	Ihre Praxis ist mir von Bekannten genannt worden.	Ich bin bei der AOK versichert, aber warum fragen Sie danach? Behandeln Sie etwa Kassenpatienten anders als Privatpatienten?	Ja, aber Sie müssen doch verstehen, dass ich keine zwei Wochen warten kann.
Frau Wagner, es tut mir wirklich leid. Wir könnten zwar kurz nachschauen, aber Frau Doktor ist ab morgen für zwei Wochen in Urlaub und dann müssten Sie sowieso von einem anderen Zahnarzt weiterbehandelt werden.	Frau Wagner, unser Behandlungsplan ist sehr voll. Darf ich Sie fragen, ob Sie Schmerzen haben oder nur zur Kontrolle kommen möchten?	Tut mir leid, wenn Sie das vielleicht falsch verstanden haben, aber ich brauche das für meine Kartei. Und es ist richtig, für Privatpatienten halten wir immer extra Termine frei.	Frau Wagner, es geht nicht. Rufen Sie in zwei Wochen wieder an. Vielleicht helfen ja Tabletten, wenn die Schmerzen nicht aufhören. Auf Wiederhören.
Das verstehe ich, aber es wäre mir trotzdem angenehm, ich wäre „Ihr“ Patient, auch wenn ich zur Weiterbehandlung woanders hinmüsste.	Ich habe leichte Zahnschmerzen und möchte, dass mal kurz nachgeschaut wird.	Das konnte ich mir doch fast denken! Als Kassenpatientin sitzt man bei Ihnen also in der zweiten Klasse.	
Frau Wagner, das freut uns, aber glauben Sie mir, es geht wirklich nicht. Sie können ja zum nächsten Quartal den Zahnarzt wechseln und dann zu uns kommen.	Dann kommen Sie bitte heute Abend um 18:00 Uhr. Aber Sie müssen wahrscheinlich ein bisschen warten.	Frau Wagner, das haben Sie falsch verstanden.	
Dann kann ich wohl nichts machen. Auf Wiederhören.	Ich werde pünktlich da sein. Danke. Auf Wiederhören.	Ich habe nur das verstanden, was Sie gesagt haben, und das reicht mir! Auf Wiederhören!	

3. *Für das Gespräch mit einer Patientin, die am letzten Praxistag vor dem Urlaub anruft, stellen wir Ihnen vier mögliche Abläufe vor.*

a) Versuchen Sie, die einzelnen „Gesprächsstränge“ zu analysieren und die Verhaltensweisen der Angestellten am Telefon zu bewerten. Was haben sie Ihrer Meinung nach richtig und gut und was haben sie eher schlecht und falsch gemacht?

b) Wie hätten Sie sich in einer solchen Situation verhalten? Wie wäre es mit einem Rollenspiel dazu?

Arbeitsaufträge

4. *Die Praxis hat vor 5 Minuten geschlossen, der Patient ist durch die noch geöffnete Tür hereingekommen. Die Angestellte führt gerade ein Telefongespräch. Wie beurteilen Sie ihre Verhaltensweisen?*

Verhaltensweisen der Angestellten	1 völlig richtig ... völlig falsch 4			
	1	2	3	4
1 Der Patient wird gebeten draußen zu warten, damit der Datenschutz beim Telefonieren gewahrt bleibt.				
2 Dem Patienten wird mit einem Handzeichen angedeutet, dass er in das Wartezimmer gehen möge.				
3 Der Patient muss warten, das Telefonat hat Vorrang.				
4 Wenn es ein Privatgespräch ist, würde ich das Telefonat sofort abbrechen.				
5 Mit einem Fingerzeig auf die Uhr wird dem Patienten zu verstehen gegeben, dass die Praxis geschlossen hat.				
6 Sie halten kurz den Hörer zu, weisen den Patienten darauf hin, dass die Sprechstundenzeiten vorbei sind, und bitten ihn morgen wiederzukommen. Dann telefonieren Sie weiter.				
7 Sie nehmen das mobile Telefon und gehen in einen Nebenraum, damit der Patient das Gespräch nicht mithören kann.				
8 Der Patient ist selbst schuld, dass er zu spät kommt. Weil die Praxis geschlossen ist, tun Sie so, als würden Sie ihn gar nicht sehen.				

Bitte keine Eintragung in das Buch

5. *Die vier Bilder der Angestellten sprechen jeweils eine eigene „Sprache". Auch wenn es sich nur um eine gefühlsmäßige Einschätzung handelt, sollten Sie versuchen, die Stimmung der Mitarbeiterinnen zu charakterisieren. Wer wirkt ...*

- *mürrisch?*
- *gestresst?*
- *offen?*
- *zielbewusst?*
- *genervt?*
- *freundlich?*
- *...*
- *...*

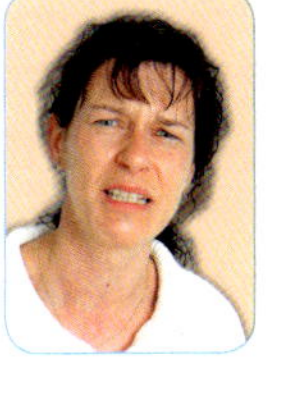

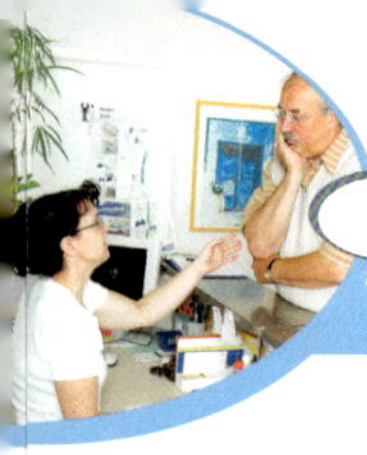

Aktiv zuzuhören, ist allein deshalb wichtig, weil es hilft, herauszufinden, in welcher konkreten Situation sich ein Patient befindet. So ist es z. B. wichtig, zu wissen, ob es einem Patienten eher darauf ankommt, etwas für die Gesunderhaltung der Zähne zu tun, oder ob es ihm eher um das äußere Aussehen, also um die Ästhetik, geht.

Allein ein Blickkontakt oder ein Kopfnicken können „Wunder bewirken“, denn sie signalisieren, dass Sie zuhören und „ein offenes Ohr“ haben. Aktives Zuhören darf aber nicht verwechselt werden mit Gedankenlesen: Hören und interpretieren Sie nicht mehr, als der Patient tatsächlich sagt. Je besser Sie sich auf die Situation des Patienten einstellen, desto schneller „schmilzt das Eis“ und desto eher kommt eine vertrauliche Atmosphäre zustande.

Beispiel für eine Antwort auf die Frage nach einer vorbeugenden Behandlung:

P: *Vor fünf Jahren wurde bei mir eine Parodontosebehandlung durchgeführt.*

Z: Wie haben Sie das erlebt?

P: *Das war sehr unangenehm, weil ich tagelang Schmerzen hatte und in dieser Zeit nicht vernünftig essen konnte.*

Z: Das wollen Sie in Zukunft vermeiden?

P: *Ja, das will ich auf keinen Fall mehr erleben.*

Z: Wir können Ihnen sicher dadurch helfen, dass Sie regelmäßig zu uns kommen und wir Ihre Zähne gründlich reinigen. Damit beugen wir einer nochmaligen Zahnfleischerkrankung vor und wir können Ihr Zahnfleisch gesund erhalten.

Z: Wissen Sie, die Möglichkeiten, die uns heute zur Verfügung stehen, um die Zähne ein Leben lang gesund zu halten, sind wirklich vielfältig. Wenn ich bedenke, was sich auf diesem Gebiet in den letzten Jahren getan hat, dann ist das mit der Zahnheilkunde von früher einfach nicht mehr vergleichbar.

Z: Ich bin zwar keine Spezialistin, aber ich freue mich immer, wenn mir unsere Patienten erzählen, dass der Zahnarztbesuch für Sie dadurch wesentlich angenehmer geworden ist und dass sie durch die Prophylaxe ein völlig neues Mundgefühl bekommen haben.

aus: Zur Praxis, pn 7+8, 2001, Seite 12 (Auszüge)

Regel Nr. 4

Bleiben Sie auch in kritischen Situationen ruhig. Greifen Sie die Patienten nicht mit aggressiven Worten an, denn Sie müssen damit rechnen, dass eine entsprechende Gegenreaktion kommt und Sie ohnehin irgendwann stillhalten müssen.

Regel Nr. 5

Erhalten Sie immer eine vertrauliche Atmosphäre. Denken Sie daran, dass Sie nichts über andere Patienten erzählen oder zumindest keinesfalls deren Namen nennen. Es kann schon vorkommen, dass es sinnvoll ist, darüber zu sprechen, dass z. B. eine bestimmte Behandlungsmethode bei anderen Patienten erfolgreich angewandt wurde. Dann dürfen aber keine Details genannt werden, denn der Patient wird vermuten, dass das, was Sie über andere erzählen, über ihn auch weitergegeben wird.

Regel Nr. 6

Kleine Aufmerksamkeiten als Dankeschön sind keine Bestechung. Weisen Sie deshalb keine Geschenke ab, sondern freuen Sie sich. Manches Geschenk kann Geschmackssache sein - aber vergessen Sie nicht, dass oft auch viel Mühe dahinter stecken kann. Es bedarf aber auch eines gewissen Fingerspitzengefühls, Patienten klar zu machen, dass ein Geschenk wirklich nicht mit dem Erkaufen von Vorteilen (günstige Termine, kürzere Wartezeiten usw.) gleichzusetzen ist.

Bedenken Sie, dass jedes Gespräch ...

der **Beginn** einer neuen Patientenbeziehung

oder

das **Ende** einer bestehenden Praxis-Patienten-Beziehung sein kann.

Praxistipp

Sind die Patienten freundlich und aufgeschlossen, so hat auch die Helferin in der Regel kein Problem. Anders ist es, wenn die Patienten schlecht gelaunt und genervt sind. Der Patient bewertet Sie aber mit seinen eigenen Augen und ein erster negativer Eindruck pflanzt sich häufig schnell fort. Aber es hat auch keinen Zweck, sich zu verstellen nach dem Motto: Ich muss freundlich sein, weil mein Chef es so will. Dies halten Sie nicht durch und Sie werden auch schnell durchschaut, weil alle anderen Verhaltensweisen nicht so recht zu der gespielten Freundlichkeit passen.

Berücksichtigen Sie in den ersten Sekunden des Kontaktes die SMILE-Regel:

S **Sicherheit im Auftreten,** das heißt, dass der Patient das Gefühl haben muss, dass Sie ihn, aber auch Ihre Aufgabe verstehen; dass man in der Lage ist, einen Patienten als Kunden so zu sehen, wie er ist, und nicht, wie man ihn gerne hätte.

M **Mienenspiel,** das heißt, vergessen Sie nicht, dass der Patient Ihnen nicht nur zuhört, sondern Sie auch beobachtet. Eine gespielte Freundlichkeit sieht man Ihnen an ...

I **Innerlich überzeugend wirken,** das heißt, dass Sie sich darüber im Klaren sein sollten, dass Freundlichkeit die angenehme Eigenschaft hat zu dem zurückzukehren, der sie aussendet.

L **Lächeln kostet nichts,** das heißt, dass Sie auch Stress oder Hektik am einfachsten mit einer positiven Ausstrahlung verringern können.

E **Einsichtigkeit,** das heißt, dass es wenig Zweck hat, einem Patienten nicht Recht geben zu wollen, wenn er Recht hat.

Arbeitsaufträge

1. *Eine neue Patientin betritt dem Empfangsbereich und grüßt Sie mit den Worten: „Guten Tag, mein Name ist Neumann, ich bin eine Tennisfreundin von Frau Dr. Heilmann und habe Zahnschmerzen.“ Versuchen Sie aus dieser knappen Aussage ein Modell mit den Elementen einer Nachricht aufzubauen. Übernehmen Sie dazu die folgende Darstellung in Ihr Heft und füllen Sie die freien Kästchen aus. Arbeiten Sie allein und vergleichen Sie dann die Ergebnisse:*

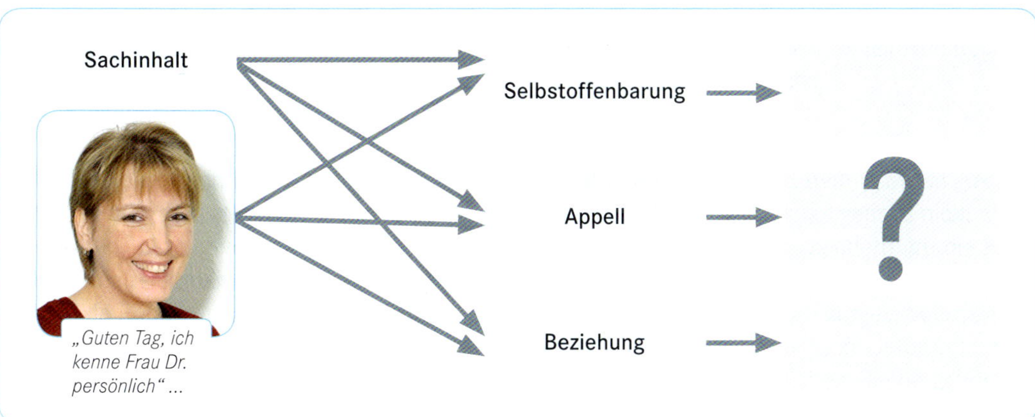

Dagegen ist das **Privatrecht** von einem gleichrangigen Verhältnis der jeweiligen Parteien gekennzeichnet. Sie verhandeln „auf gleicher Augenhöhe“. Das Privatrecht ist in erster Linie im Bürgerlichen Gesetzbuch geregelt. Zum Privatrecht gehört z. B. eine Rechtsstreitigkeit über eine angebliche fehlerhafte Behandlung.

Neben den Gesetzen gibt es die **Verordnungen**. Es sind **Rechtsnormen**, die nicht auf dem normalen gesetzgeberischen Weg entstehen, sondern auf der Grundlage der gesetzgeberischen Vorgaben in der Regel durch Regierungen oder Verwaltungsstellen erlassen werden.

Eine besondere Form von Verordnungen sind diejenigen, die von der EU kommen. Hierbei handelt es sich um Rechtsakte, die unmittelbar, d. h. ohne eine weitere Veränderung für oder gegen alle EU-Staaten gleichermaßen gelten.

Neben all diesen festgeschriebenen Vorgaben gibt es aber auch das sogenannte **Gewohnheitsrecht**. Es entsteht dadurch, dass bestimmte Verhaltensweisen über einen langen Zeitraum geduldet wurden, ohne dass dabei die juristische Haltbarkeit überprüft wurde. Dies kann man mit dem Begriff des **Günstigkeitsprinzips** vergleichen. Es sagt aus, dass in untergeordneten Vereinbarungen zwar nicht gegen höheres Recht verstoßen werden darf, dass aber bessere Regelungen festgelegt werden dürfen. So dürfen in einer Zahnarztpraxis zwar höhere als die tarifvertraglich vereinbarten Ausbildungsvergütungen ausgehandelt werden, aber für gleiche Arbeit muss auch gleiches Entgelt gezahlt werden.

3.1.2 Straf- und Zivilrecht

Das Strafrecht ist Teil des öffentlichen Rechts, während das Zivilrecht zum Privatrecht gehört. Das bedeutet, dass bei strafrechtlichen Tatbeständen der Staat (über den Staatsanwalt) Anklage erhebt.

Dies ist dann der Fall, wenn ein Gewaltverbrechen begangen wurde oder wenn es um Steuerhinterziehungen oder eklatante Datenschutzverletzungen, Geldunterschlagungen, Abrechnungsbetrügereien oder Ähnliches geht. Anklage durch den Staatsanwalt wird z. B. auch bei schweren Vergehen im Straßenverkehr erhoben. Das kann z. B. beim Fahren unter erheblichem Alkoholeinfluss der Fall sein, wenn in diesem Zusammenhang ein Unfall mit Todesfolge passiert.

Im Zivilprozess geht es darum, dass eine Privatperson einen Anspruch gegen eine andere Privatperson oder auch gegen öffentliche Verwaltungsorgane erhebt. Dazu gehört z. B. die Klage eines

Strafrecht

Das Strafrecht umfasst alle Maßnahmen, die der Staat gegen Straftäter, d. h. gegen die Zuwiderhandlungen von Gesetzen, ergreift. Straftaten werden vom Staat verfolgt.

Die Bürger haben nur bei bestimmten Fällen mit Privat- oder Nebenklagen Einfluss auf die Strafverfolgung.

Strafbare Handlungen werden unterschieden in **Übertretungen** und **Vergehen oder Verbrechen.**

Die Folgen sind Freiheits- oder Vermögensstrafen und evtl. Nebenstrafen (wie z. B. Aberkennung der bürgerlichen Ehrenrechte).

Zivilrecht

Privatrecht ist sogenanntes „nachgiebiges“ Recht, d. h., die Verhandlungspartner können Vereinbarungen selbst festlegen.

Im Streitfall werden Gerichte nur dann aktiv, wenn sie angerufen werden, d. h., eine der Parteien muss Klage gegen die andere erheben. Wenn kein öffentliches Interesse oder keine Straftat vorhanden ist, wird der Staatsanwalt von sich aus nicht tätig.

Nach dem Motto „Wo kein Kläger ist, ist kein Richter“ werden viele Streitigkeiten auf privater Ebene auch außergerichtlich erledigt.

Patienten wegen einer aus seiner Sicht fehlerhaften Zahnbehandlung oder die Klage eines Zahnarztes gegen einen Privatpatienten wegen einer nicht beglichenen Privatliquidation.

Es ist auch möglich, dass straf- und zivilrechtliche Ansprüche parallel verlaufen. Wegen eines aufgrund von grober Fahrlässigkeit verursachten schweren Behandlungsfehlers kann z. B. der Staatsanwalt Anklage erheben und gleichzeitig der betroffene Patient als Nebenkläger auftreten und z. B. Schadenersatz verlangen.

In diesen Fällen schaltet sich die Staatsanwaltschaft in der Regel aber nur dann ein, wenn von einem vorliegenden Straftatbestand ausgegangen werden kann. Dies wäre z. B. dann der Fall, wenn aufgedeckt würde, dass mit den Krankenkassen nicht erbrachte Leistungen abgerechnet wurden oder wenn Patienten durch die Verabreichung einer Überdosis an Schmerzmitteln bleibende gesundheitliche Schäden davontragen würden.

Unabhängig davon, dass in einem Staat die Rechtssicherheit und die Rechtsgleichheit wichtige Säulen der Rechtsordnung sind, können alle Gesetze und Verordnungen nur Vorgaben sein, die allgemeine Verhaltensregeln darstellen. Das Urteil, wie ein Fall konkret auszulegen ist, fällen in letzter Instanz oft Richter im Rahmen ihrer Ermessensspielräume.

Arbeitsaufträge

1. *Welche Rechtsquellen unterscheidet man?*
2. *Worin liegt der Unterschied zwischen öffentlichem und privatem Recht?*
3. *Was versteht man unter Zivil- und was unter Strafrecht?*
4. *Ordnen Sie die folgenden Sachverhalte richtig zu:*

Sachverhalt	Rechtsquelle
a) Strafmandat wegen Überschreitung der Höchstgeschwindigkeit	1. Zivilrecht
b) Ärger mit dem Nachbarn wegen „Obstdiebstahls“	2. Strafrecht
c) Ein Arbeitnehmer will eine Änderung in seinem Arbeitszeugnis durchsetzen	3. öffentliches Recht
d) Widerspruch gegen Steuerbescheid	4. Privatrecht
e) Ärger mit dem Verkäufer wegen eines mangelhaften Gerätes	5. Gewohnheitsrecht

5. *In welchem der folgenden Fälle geht es um privatrechtliche Dinge?*
   a) Auftragsvergabe der Gemeinde an eine Straßenbaufirma;
   b) Kauf eines Lkw durch einen Fuhrunternehmer;
   c) Kauf eines gepanzerten Pkw im Auftrag der Bundesregierung;
   d) Ausfertigung und Zustellung eines Steuerbescheides.
6. *Ein Patient glaubt, dass ihm der Zahnarzt bei einem Eingriff „zu sehr wehgetan habe“. An wen muss er sich wenden, wenn er gegen diese „Körperverletzung“ vorgehen will?*
7. *Ein Privatpatient ist mit einer Liquidation nicht einverstanden, Leistungen seien fehlerhaft abgerechnet worden. Erörtern Sie, ob es sich um einen Tatbestand des Zivil- oder Strafrechts handelt.*
8. *Beschreiben Sie, was die Begriffe „Rechtssicherheit“ und „Rechtsgleichheit“ bedeuten und worin die Problematik dieser beiden Rechtsansprüche bei der Umsetzung in die Wirklichkeit besteht.*

3.2 Willenserklärungen und Geschäftsfähigkeit als Voraussetzung für den Abschluss rechtswirksamer Geschäfte

Die 17-jährige Selin Kahya befindet sich im ersten Ausbildungsjahr bei Frau Dr. Heilmann. Sie erhält pro Monat 410,00 €. Obwohl sie noch zu Hause wohnt, muss sie ihren Eltern kein Geld abgeben.
Selin glaubt, dass sie mit ihrem „selbst verdienten Geld“ machen kann, was sie will. Ihre Eltern kontrollieren dies im Normalfall auch nicht. Das Einzige, was sie ihr zu Beginn der Ausbildung gesagt haben, war, dass sie „sparsam“ sein solle.
Als Selin eines Tages nach Hause kommt und erzählt, dass sie „von ihrem selbst verdienten Geld“ zusammen mit ihrer Freundin einen Urlaub in der Dominikanischen Republik für 895,00 € gebucht habe, glauben ihr das die Eltern zunächst nicht. Als Selin dann noch hinzufügt, dass sie ihrer Freundin 200,00 € „Kredit“ gegeben habe, damit diese mitfliegen könne, ist das gute Verhältnis zu ihren Eltern plötzlich gestört.
„Die sind förmlich ausgerastet!“, erzählt Selin. „Dabei können sie mir doch gar nichts verbieten, denn es ist mein Geld, das ich ganz allein verdient habe - damit bin ich geschäftsfähig!“

- *Wie stellt sich die Situation aus Ihrer Sicht rechtlich und „menschlich“ dar?*
- *Versuchen Sie ggf. in Gruppen, die unterschiedlichen Rollen einzunehmen und die jeweiligen Positionen zu verdeutlichen. Welchen „Kompromiss“ könnten Sie sich vorstellen?*

3.2.1 Rechtsfähigkeit

Unter Rechtsfähigkeit versteht das Gesetz die Fähigkeit einer Person, Träger von Rechten und Pflichten zu sein. Die Rechtsfähigkeit ist eine Voraussetzung, um überhaupt Geschäfte abschließen zu können.

Während die Rechtsfähigkeit von natürlichen Personen (Menschen) mit der Geburt beginnt und mit dem Tod endet, wird sie für juristische Personen erst durch einen besonderen Rechtsakt geschaffen (Eintragung in das jeweilige Register = konstitutive Wirkung).

→ LF 2, Kap. 3.1.3

3.2.2 Geschäftsfähigkeit

Juristische Personen sind immer geschäftsfähig. Bei natürlichen Personen hängen Art und Umfang der Geschäftsfähigkeit von verschiedenen Faktoren, insbesondere aber vom Alter und dem Geisteszustand ab. Zum Schutz vor unüberlegten Handlungen und vor Übervorteilung dürfen nur solche Personen Rechtsgeschäfte selbstständig abschließen, die das entsprechende Maß an Geschäftsfähigkeit besitzen:

- **Unbeschränkte Geschäftsfähigkeit**
  Personen, die das 18. Lebensjahr vollendet haben und bei denen keine sonstigen Gründe für eine Geschäftsunfähigkeit vorliegen.

- **Beschränkte Geschäftsfähigkeit**
  Personen ab dem 7. Lebensjahr bis vor Vollendung des 18. Lebensjahres, sofern keine anderen Gründe für eine Geschäftsunfähigkeit vorliegen.
  „Leistung mit eigenen Mitteln" (früher: „Taschengeldparagraf"): Eigenständige Anschaffungen sind nur mit dem Geld möglich, das von den Erziehungsberechtigten zur freien Verfügung überlassen wurde und die damit bar bezahlt werden.
- **Geschäftsunfähigkeit**
  - Kinder unter 7 Jahren
  - Personen, bei denen die freie Willensbildung durch dauernde Geistesstörung unterbunden ist: Auch von dem eigenen Taschengeld sind keine eigenständigen Anschaffungen möglich.

Mit den Stufen der Geschäftsfähigkeit sollen die minderjährigen Verbraucher (aber auch deren Eltern oder Erziehungsberechtigte) vor Übervorteilungen und unüberlegten Handlungen geschützt werden, deren Tragweite sie noch nicht absehen können.

Auch wenn in der Praxis zum Teil sehr unterschiedlich vorgegangen wird, gilt, dass jedes mit einem Geschäftsunfähigen abgeschlossene Geschäft nichtig und jedes mit einem beschränkt Geschäftsfähigen abgeschlossene Geschäft schwebend unwirksam ist. Sind die Erziehungsberechtigten gegen den Vertrag, so wird dieser nichtig.

Im Zweifelsfall trägt der Verkäufer die Verantwortung und eventuelle Kosten für Geschäfte, die aus diesen Gründen nicht ordnungsgemäß zustande gekommen sind.

In den folgenden Fällen darf aber eine beschränkt geschäftsfähige Person Rechtsgeschäfte auch ohne Zustimmung abschließen:

- Verträge, die ausschließlich einen rechtlichen Vorteil bringen. Beispiel: Annahme eines Geschenks ohne Gegenleistung (Geldverwendung ist damit nicht erfasst).
- Verträge, die nur mit dem Taschengeld erfüllt werden. Die Höhe spielt dabei keine Rolle, das Geld muss aber der/dem beschränkt Geschäftsfähigen zur freien Verfügung stehen.
- Verträge, die im Zuge eines Arbeits- oder Ausbildungsverhältnisses (das mit Zustimmung der Erziehungsberechtigten eingegangen wurde) abgeschlossen werden. So darf eine minderjährige Auszubildende kündigen, ohne die Erziehungsberechtigten um Erlaubnis zu bitten.

Merke:
(Un-)Wirksamkeit von Willenserklärungen

Geschäftsunfähige:
Willenserklärungen sind ***ungültig*** *(nichtig).*

Beschränkt Geschäftsfähige:
Willenserklärungen sind ***schwebend unwirksam.*** *Sie können von den Erziehungsberechtigten widerrufen werden.*

Geschäftsfähige:
Willenserklärungen sind ***wirksam,*** *sofern keine anderen Gründe entgegenstehen.*

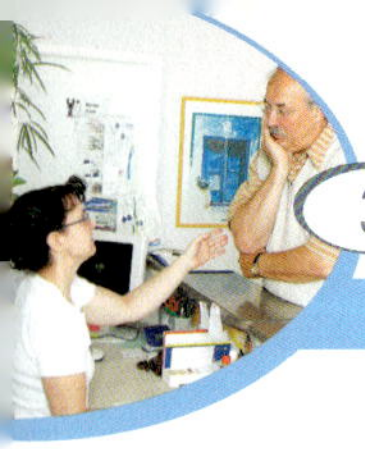

Arbeitsaufträge

1. *Was unterscheidet natürliche von juristischen Personen?*
2. *Wann erlangen natürliche und juristische Personen ihre Rechtsfähigkeit?*
3. *Worin unterscheidet sich die Geschäftsfähigkeit von der Rechtsfähigkeit?*
4. *Welche Stufen der Geschäftsfähigkeit unterscheidet man?*
5. *Warum gibt es in der Geschäftsfähigkeit Beschränkungen?*
6. *Wie beurteilen Sie die Frage, wer in der Ausgangssituation im Recht ist?*
7. *Erörtern Sie, inwieweit Theorie und Praxis bezüglich der Anwendung und Überprüfung der Geschäftsfähigkeit vor dem Abschluss von Verträgen im täglichen Leben in Einklang zu bringen sind.*
8. *Versuchen Sie sich einmal in einem Rollenspiel:*

   Ein 5-jähriges Mädchen kauft sich am Kiosk ein Eis für 0,80 €. Als es nach Hause kommt, schimpft die Mutter, weil das Mädchen wegen seiner Neurodermitis eigentlich kein Eis essen darf. Die Mutter geht entrüstet zum Kioskbesitzer und droht ihm an, dass er dafür haften müsse, wenn das Kind nun wieder einen Krankheitsschub bekäme. „Für Geld machen Sie alles und setzen sogar die Gesundheit meiner Tochter aufs Spiel", ergänzt sie. Er wisse doch schließlich genau, dass er der geschäftsunfähigen Kleinen kein Eis verkaufen durfte. In jedem Falle wolle sie das Geld dafür zurückhaben. Der Kioskbesitzer entgegnet, dass solche Geschäfte doch heute völlig normal seien, und weist den Vorwurf der Bereicherung zurück.

   Versetzen Sie sich (in Gruppen) in die Rollen der Mutter und des Kioskbesitzers. Überlegen Sie sich Argumente und eröffnen Sie nach ca. 5 Minuten die Diskussion. Hinweis: Sie benötigen sicherlich eine Diskussionsleitung. Wählen Sie jemanden aus Ihrer Mitte.

3.2.3 Formen der Willenserklärungen

Die Vertragsfreiheit lässt Raum für viele Arten, wie Willenserklärungen abgegeben werden. Am häufigsten dürften im privaten Bereich die Willenserklärungen vorkommen, die gar nicht ausdrücklich erfolgen, sondern durch „einfaches" Handeln. Ganz gleich, ob beim Einkauf im Supermarkt, an der Zapfsäule der Tankstelle oder durch einen „Wink" an der Theke – es handelt sich immer wieder um Willenserklärungen, bei denen oft nicht ein einziges Wort „verloren" und schon gar nichts geschrieben wird und trotzdem sind sie gültig.

Schlüssiges (konkludentes) übereinstimmendes Handeln

Das Verhalten muss hierbei klar erkennbar geäußert werden.

Beispiele für ein solches Handeln:
- Kauf von Waren aus einem Automaten
- Entnahme einer am Empfangstresen der Zahnarztpraxis ausgestellten Zahnbürste und Bezahlung
- Befolgen der Aufforderung, zur Behandlung zu kommen
- Einschieben einer Geld- oder ec-Karte und Drücken der Bestätigungstaste

Schweigen

Verträge können auch dadurch zustande kommen, dass eine Seite ein Angebot unterbreitet und das Schweigen („Nichtreaktion") der anderen Seite nicht als Ablehnung, sondern als Zustimmung betrachtet.

Solche Verträge gelten aber nur dann als zustande gekommen, wenn es sich um regelmäßige Geschäftsbeziehungen handelt. Dies ist z. B. der Fall, wenn eine Zahnarztpraxis regelmäßig montags von einem Dentallabor Chemikalien bezieht. Hier kann auch geliefert werden, ohne dass jedes Mal eine eigene Bestellung vorauszugehen hätte.

Ausdrückliche Äußerung

Mündlich

- Persönliches Gespräch
- Telefon

Schriftlich

- Brief
- Fax

Elektronisch

- E-Mail
- Internet

3.2.4 Rechtswirksamkeit von Willenserklärungen

Generell gilt für die Abgabe von Willenserklärungen zwar das Prinzip der „Vertragsfreiheit". Aber insbesondere der Schutz der Verbraucher hat doch eine Reihe von Einschränkungen zur Folge:

Freiheiten im Vertragsrecht	Einschränkungen der Gültigkeit von Willenserklärungen	Rolle des Vertragspartners
	Nichtig sind Verträge von und mit geschäftsunfähigen Vertragspartnern.	**Geschäftsunfähig:** Jeder Mensch bis zur Vollendung des 7. Lebensjahres und Menschen, bei denen die freie Willensbildung durch eine dauernde Geistesstörung unterbunden ist.
Abschlussfreiheit Wenn nicht gegen geltendes Recht verstoßen wird, kann jeder Geschäftsfähige Verträge schließen, mit wem er will.	Rechtsgeschäfte mit beschränkt Geschäftsfähigen bedürfen der Zustimmung des gesetzlichen Vertreters. Aber alle Rechtsgeschäfte sind gültig, die - mit einer Vollmacht vorgenommen werden, - mit eigenen Mitteln bezahlt werden (Achtung: Darunter fallen keine Ratenverträge o. Ä.), - keine Verpflichtungen beinhalten, - im Rahmen und/oder in der unmittelbaren Folge eines mit Zustimmung der Erziehungsberechtigten abgeschlossenen Arbeits- oder Ausbildungsverhältnisses getätigt werden.	**Beschränkt geschäftsfähig:** Jeder Mensch vom vollendeten 7. bis vor Vollendung des 18. Lebensjahres und Menschen, die wegen Trunk-, Verschwendungssucht oder einer psychischen Erkrankung nur eingeschränkt handlungsfähig sind und Personen, die unter vormundschaftlicher Fürsorge und Betreuung stehen.

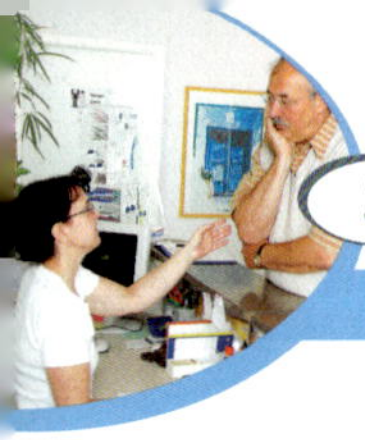

<table>
<tr>
<td rowspan="2">Inhaltsfreiheit
Wenn nicht gegen geltendes Recht verstoßen wird, können die Inhalte von Verträgen frei ausgehandelt werden.</td>
<td>Nichtig sind Verträge, die nur aus Scherz, zum Schein, im Zustand der vorübergehenden Störung der Geistestätigkeit abgeschlossen wurden oder die gegen ein Gesetz bzw. die guten Sitten verstoßen und/oder die Notlage eines Vertragspartners in unzulässiger Weise ausnutzen.</td>
<td>– Scherzgeschäfte, bei denen für jeden klar sein müsste, dass eine Willenserklärung nicht ernst gemeint sein kann.
– Scheingeschäfte, deren Inhalt der Erreichung eines ganz anderen Zweckes dient (z. B. der Geldwäsche).</td>
</tr>
<tr>
<td>Anfechtbar sind Verträge, die aufgrund eines offensichtlichen Irrtums, einer arglistigen Täuschung oder einer widerrechtlichen Drohung zustande gekommen sind.</td>
<td>– Irrtum in der Erklärung (z. B. Tippfehler, Versprecher beim Telefonieren)
– Irrtum im Inhalt (z. B. Edelstahl statt Kunststoff)
– Irrtum in der Übermittlung (z. B. wenn eine Sachbearbeiterin in der Telefonzentrale einen falschen Preis angibt)
– arglistige Täuschung (z. B. Verheimlichung eines Unfallschadens)
– widerrechtliche Drohung (z. B. Androhung von Gewalt)</td>
</tr>
<tr>
<td>↓</td>
<td>Formvorschriften</td>
<td>Anwendungsbereiche</td>
</tr>
<tr>
<td rowspan="3">Formfreiheit
Grundsätzlich können Verträge mündlich, schriftlich oder sogar nur durch übereinstimmendes Handeln zustande kommen.

In Einzelfällen ist aber eine bestimmte Form vorgeschrieben.</td>
<td>Schriftform
D. h., eine nur mündlich abgegebene Willenserklärung ist nichtig.</td>
<td>– Kündigungen
– Testamente
– Mietverträge, die länger als ein Jahr laufen
– private Bürgschaftserklärungen</td>
</tr>
<tr>
<td>Öffentliche Beglaubigung
D. h., ohne die Bestätigung der Echtheit der Unterschrift des Vertragspartners ist eine Willenserklärung nicht gültig.</td>
<td>– Anmeldungen in das Handelsregister
– Nichtannahme einer Erbschaft</td>
</tr>
<tr>
<td>Öffentliche Beurkundung
D. h., dass nicht nur die Unterschrift beglaubigt, sondern der Inhalt eines Schriftstückes bzw. Verhandlungsgegenstandes bestätigt wird.
Erklärung, dass
– die Beteiligten vor dem Notar erschienen sind,
– die in der Urkunde gemachten Erklärungen von ihnen abgegeben wurden,
– der Inhalt verlesen,
– die Willenserklärungen durch ihre Unterschrift bestätigt wurden.</td>
<td>– Grundstückskaufverträge
– Eintragung einer Hypothek
– Erbschaftsvertrag</td>
</tr>
</table>

3.2.5 Gegenstände des Rechtsverkehrs

Rechtssubjekte → **Personen**

natürliche Personen

Die „Personeneigenschaft" liegt von Geburt an vor.

juristische Personen

Eingetragene Vereine und Kapitalgesellschaften werden erst durch die Gründung und Registereintragung zu „Personen".

Privatrecht

- rechtsfähige (eingetragene) Vereine
  - nichtwirtschaftliche oder ideelle Vereine, z. B. Sport-, Gesang-, Geselligkeitsvereine
  - wirtschaftliche Vereine in Form handelsrechtlicher Gesellschaften, z. B. AG, GmbH, Genossenschaft
- Stiftungen von Einzelpersonen oder Vereinen, z. B. Stiftung Volkswagenwerk, Kruppstiftung

öffentliches Recht

- Körperschaften des öffentlichen Rechts, z. B. Bund, Länder, Gemeinden, Ortskrankenkassen, Zahnärztekammer
- Anstalten des öffentlichen Rechts, z. B. Universitäten, Hochschulen, Schulen, Bibliotheken, Rundfunk- und Fernsehanstalten, Strafanstalten, Kreissparkassen
- Staatliche Stiftungen, z. B. Studienstiftung des Deutschen Volkes, Stiftung Preußischer Kulturbesitz

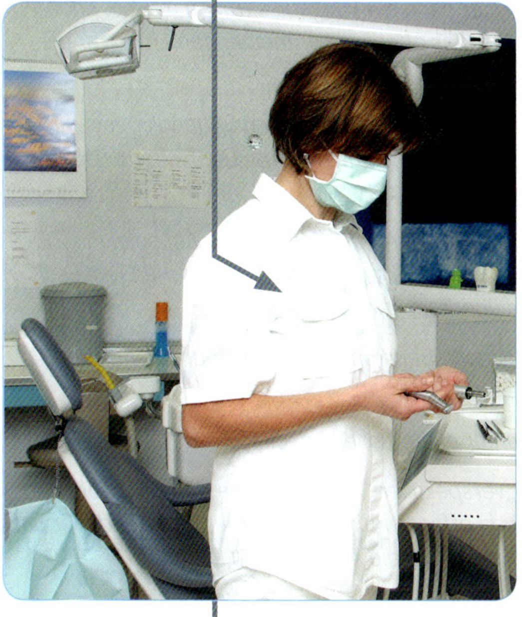

Rechtsobjekte → **Sachen**

- unbewegliche Güter (Immobilien)
- bewegliche Güter
  - vertretbare/fungible Gegenstände (Gattungswaren, bei denen ein Stück durch ein beliebiges anderes Stück ersetzt werden kann)
  - nicht vertretbare Gegenstände bzw. Einzelstücke

Rechtsobjekte → **Rechte**

- alle „nicht dinglichen Gegenstände" wie z. B. Patente, Lizenzen, Wegerechte, Nutzungsrechte, Eigentumsrechte

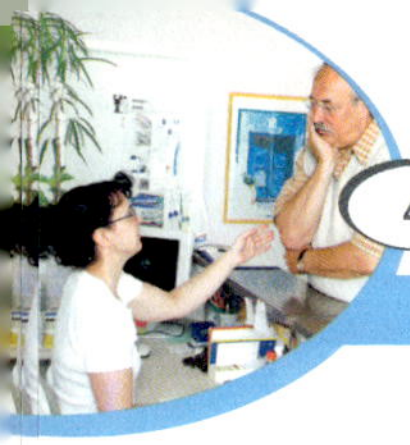

Aber:

- Je dringender ein Eingriff vollzogen werden muss, desto geringer sind die an eine Beratung zu stellenden Ansprüche.
- Der Patient kann auf die Beratung selbst verzichten.
- Bei Bewusstlosen darf der Zahnarzt die mutmaßliche Einwilligung des Patienten voraussetzen.
- Eine Beratung kann dann unterbleiben, wenn die negativen Folgen größer sein könnten als der positive Effekt der Beratung. Dies ist z. B. dann der Fall, wenn durch die Beratung schwere psychische Schäden verursacht werden könnten. Eine Beratung, die den Patienten in seiner vermeintlich ausweglosen Situation in den Suizid treiben würde, kann nicht nur, sondern sie muss sogar unterbleiben.
- Die Entscheidungsfähigkeit des Patienten darf nicht durch starke Schmerzen oder Medikamente so eingeschränkt sein, dass eine reale Wahrnehmung nicht mehr gewährleistet ist.

Merke: Das Beratungsgespräch muss in den Patientenakten dokumentiert werden. Der Patient kann eine Einwilligung in eine Behandlung jederzeit widerrufen.

4.1.4 Der Anamnesebogen

Bei Patienten, die zum ersten Mal eine Zahnarztpraxis aufsuchen, werden wichtige persönliche und gesundheitliche Daten erfasst. Dies geschieht mithilfe eines Anamnesebogens. Man unterschiedet verschiedene Formen der Anamnese:

Allgemeine Anamnese

Aufnahme von
- früheren und/oder bestehenden Erkrankungen, die in einem unmittelbaren Zusammenhang mit den momentanen Beschwerden stehen (könnten):
  - Infektionskrankheiten wie z. B. AIDS, Herpesviren, Hepatitis, Stoffwechselerkrankungen
  - Herzkreislauferkrankungen und Herzfehler wie z. B. Entzündungen der Herzklappen, Herzinfarkt, Herzschrittmacher, hoher oder niedriger Blutdruck
  - Allergien oder Unverträglichkeiten wie z. B. Medikamentenallergien, Dentalallergien
  - innere Krankheiten wie z. B. Atemwegserkrankungen, Erkrankung der Leber, Bauchspeicheldrüse, Schilddrüse, Nieren
- Schwangerschaft (wichtig z. B. wegen Röntgenstrahlung)

Spezielle Anamnese

Patienten schildern ihre aktuellen Beschwerden und deren Verlauf.

Familienanamnese

Bestimmte Krankheitsbilder kommen familiär gehäuft vor oder sie sind erblich bedingt. Die Kenntnis solcher Zusammenhänge kann die Behandlung wesentlich beeinflussen.

Medikamentenanamnese

Der Patient sollte über die Einnahme von Medikamenten befragt werden. Dazu gehören einmalig eingenommene Schmerzmittel ebenso wie z. B. die für eine Zahnextraktion ganz wichtige Kenntnis, ob z. B. blutverdünnende Mittel genommen werden.

Praxistipp

Die sorgfältige Anamnese ist auch für evtl. folgende rechtliche Auseinandersetzungen wichtig. Dies gilt sowohl für die Befragung des Zahnarztes als auch für die eigenen Angaben des Patienten. Gerade bei Unfällen (z. B. Schlägereien o. Ä.) ist eine genaue Aufzeichnung der Angaben wichtig.

Beispiel für einen Anamnesebogen

Hinweise für Patienten
Allgemeinerkrankungen können auch Auswirkungen auf die zahnärztliche Behandlung haben. Daher bitten wir Sie, vor dem Beginn der ersten Behandlung die folgenden Fragen zu beantworten. Alle Angaben sind streng vertraulich und unterliegen der ärztlichen Schweigepflicht.

PERSÖNLICHE ANGABEN

Name | Vorname

Geburtsdatum

Bei Kindern auch Name des Vaters/der Mutter

Tel./Fax: | E-Mail

Arbeitgeber | Krankenkasse

Besteht eine Zusatzversicherung (z. B. für Zahnersatz)? → Ja | Nein

Grund der Konsultation

Angst vor Zahnbehandlungen? → Ja | Nein

ALLGEMEINER GESUNDHEITSZUSTAND

Regelmäßige Einnahme von Medikamenten?	Nein	Ja	→ Welche?
Kreislaufstörungen?	Nein	Ja	→ Ohnmachtsanfälle? Hoher Blutdruck? Niedriger Blutdruck?
Herzbeschwerden?	Nein	Ja	→ Herzklappenfehler? Angina pectoris? Herzinfarkt? Herzschrittmacher?
Stoffwechselstörungen?	Nein	Ja	→ Diabetes? Schilddrüsenerkrankungen?
Allergien?	Nein	Ja ↓ Allergiepass?	→ Spritzen? Medikamente? Asthma? Latex?

Allgemeine Fragen

Hepatitis?	Ja	Nein
Raucher/-in?	Ja	Nein
Magen- und Darmstörungen?	Ja	Nein

Nur für FRAUEN

Besteht eine Schwangerschaft?	Ja	Nein
Einnahme der Pille?	Ja	Nein
Stillen?	Ja	Nein

Sofern sich während der Behandlung Änderungen in Ihrem Gesundheitszustand ergeben, melden Sie dies bitte umgehend.

→ FK LF 1, Kap. 4 / AW LF 2, Kap. 2

4.1.5 Behandlungsleistung

Mit dem Beginn der Behandlung verpflichtet sich der Zahnarzt zur sorgfältigen Ausübung seiner Tätigkeit. Aber er schuldet keinen Erfolg der Leistungserbringung. Hierin besteht ein wesentlicher Unterschied des Dienstvertrages (von Zahnärzten, Rechtsanwälten usw.) zum Werkvertrag, bei dem die Erzielung eines bestimmten Arbeitserfolges im Mittelpunkt steht (⟶ zu Qualität und Haftungsfragen siehe auch Lernfeld 13, Kap. 4 und 5).

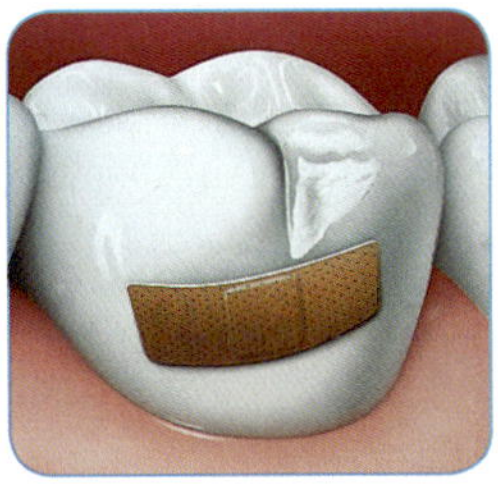

Dienstvertrag: Vertrag über die Leistung von Diensten gegen Entgelt. Ein bestimmter messbarer Erfolg wird dabei nicht geschuldet (§ 611 ff. BGB).

Beispiele:

- Arbeitsvertrag
- Nachhilfeunterricht
- Engagement einer Band zum Firmenjubiläum

Werkvertrag: Vertrag über die Herstellung eines Werkes oder der Veränderung einer Sache. Hier wird ein konkreter Erfolg geschuldet.

Beispiele:

- Anfertigung von Zahnersatz durch einen Zahntechniker
- Herstellung und Anbringung von Gardinen im Wartezimmer
- Liefern und Verlegen eines Teppichbodens
- Vernetzung der Praxiscomputer

4.1.6 Sorgfaltspflicht

Bei der Ausübung seiner Tätigkeit hat der Zahnarzt dafür Sorge zu tragen, dass nichts unterlassen wird, was dem Patienten helfen kann. Der Arzt hat seine Leistungen auf der Grundlage neuester medizinischer Erkenntnisse zu erbringen. Im Zweifelsfall hat er auch entsprechende Fachkollegen zurate zu ziehen (z. B. Fachärzte).

Grundsätzlich können auch Fachangestellte mit der Übernahme von Tätigkeiten beauftragt werden. Ob und in welchem Umfang dies geschieht, hängt im Wesentlichen von der Art der Leistung, dem Krankheitsbild und der Fähigkeit der Mitarbeiter/-innen ab.

Merke: Die Verantwortung hat bei allen Aufgabenübertragungen immer der Zahnarzt. Deshalb ist es nicht erlaubt, dass solche Tätigkeiten bei einer generellen Abwesenheit des Zahnarztes (z. B. in dessen Urlaub) von Zahnmedizinischen Fachangestellten wahrgenommen werden.

grundsätzlich *übertragbare* Leistungen	nur bedingt *übertragbare* Leistungen, sofern die Qualifikationen vorhanden sind
– Laborleistungen – Wechsel einfacher Verbände – Ton- und Sprachmessungen – physikalisch-medizinische Tätigkeiten	– Subkutane und intramuskuläre Injektionen, wenn Kenntnisse der Injektionstechnik vorhanden sind – Röntgenaufnahmen, wenn der Nachweis über die Fachkunde Strahlenschutz vorliegt und der Zahnarzt in erreichbarer Nähe ist, damit über die Qualität der Aufnahme und eventuell nötige zusätzliche Aufnahmen von ihm entschieden werden kann

4.1.7 Ausschluss der Leistungspflicht

Für den Zahnarzt besteht **kein Behandlungszwang,** d. h., er kann durchaus ablehnen eine Leistung zu erbringen. Aber es gilt auch, dass nach § 323 c Strafgesetzbuch eine unterlassene Hilfeleistung einen Straftatbestand darstellt, der juristisch verfolgt werden kann.

Dieser Straftatbestand gilt nicht nur für Ärzte und Zahnärzte, sondern für jeden. Wer also bei einem Verkehrsunfall nicht hilft, weil er glaubt, keine Zeit zu haben, macht sich strafbar. Dies gilt nicht, wenn durch den Hilfseinsatz das eigene Leben in Gefahr gerät. Niemand wird z. B. erwarten können, dass ein Helfer bei einem Verkehrsunfall durch brennendes Benzin rennt, um den Fahrer des verunglückten Pkw eventuell noch zu retten.

Es besteht **kein Anspruch auf die Leistung eines Schuldners,** wenn diese für den Schuldner oder für „jedermann" objektiv oder dem Schuldner subjektiv unmöglich ist.

Beispiel:
Wenn der Zahnarzt nach einem Autounfall im Krankenhaus liegt, kann er eine Behandlung objektiv nicht durchführen, auch wenn der Patient möglicherweise extra 100 km angereist ist.

Die Patienten können durchaus auch ihre Leistung berechtigt verweigern. Dies kann z. B. dann der Fall sein, wenn die Leistung des Zahnarztes nachweislich nicht ordnungsgemäß erbracht wurde.

§ 323 c StGB

Wer bei Unglücksfällen oder ... Gefahr und Not nicht Hilfe leistet, obwohl dies erforderlich und ihm den Umständen nach zuzumuten, insbesondere ohne erhebliche eigene Gefahr und ohne Verletzung anderer wichtiger Pflichten möglich ist, wird mit Freiheitsstrafen bis zu einem Jahr oder mit Geldstrafe bestraft.

Natürlich wird ein Zahnarzt eine Behandlung nicht ablehnen, wenn es dafür keine Gründe gibt. Die Aufnahme eines Patienten kann z. B. abgelehnt werden, wenn

- die **Praxis überlastet** ist und die Neuaufnahme von Patienten nicht mehr möglich wäre, ohne die Versorgung der anderen Patienten zu gefährden;
- eine Behandlung verlangt wird, für die der Zahnarzt in speziellen Fällen **nicht die nötige Sachkunde** besitzt.

Außerdem kann ein Behandlungsvorgang abgebrochen werden, wenn

- der Patient **nicht bereit ist, die Anweisungen des Zahnarztes** zu befolgen;
- sich ein Patient gegenüber dem Zahnarzt in einer **nicht hinnehmbaren Weise** verhält (z. B. Beleidigungen, Beschimpfungen);
- das **Vertrauensverhältnis** zwischen Zahnarzt und Patient **gestört** ist;
- eine **ungerechtfertigte Krankschreibung** verlangt wird;
- ein **Privatpatient offene Rechnungen** nicht begleicht.

Hingegen ist das alleinige Fehlen einer Versichertenkarte kein Grund zum Abbruch einer Behandlung.

Ein Behandlungsvorgang kann abgebrochen werden, wenn das Vertrauensverhältnis zwischen Zahnarzt und Patient gestört ist.

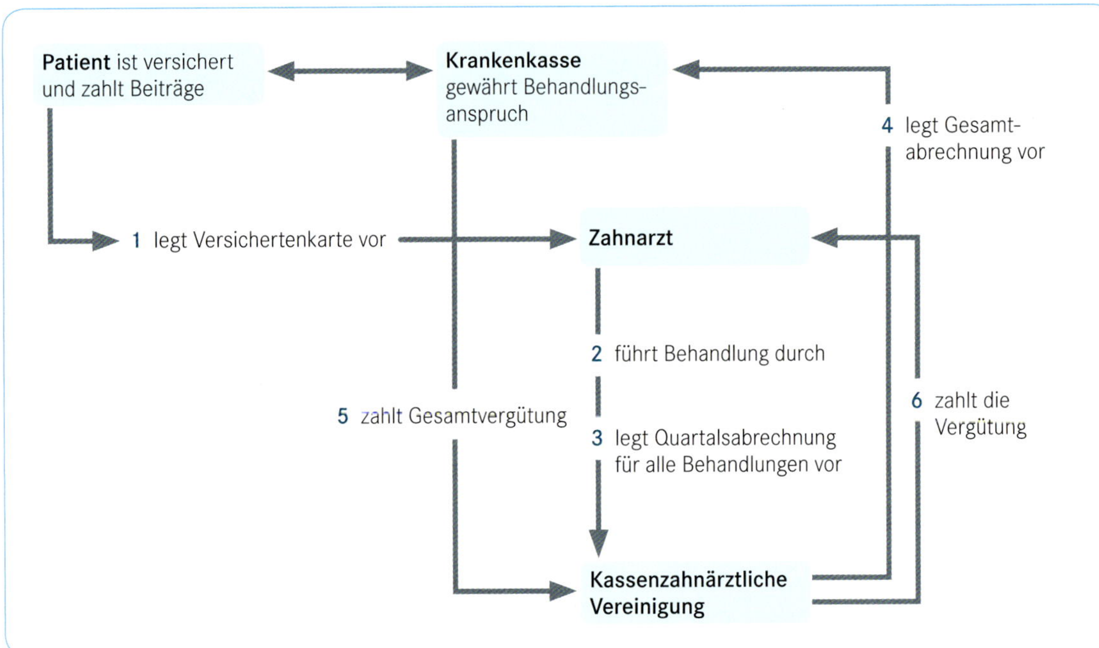

4.1.8 Abrechnung mit Kassenpatienten

Die **Abrechnung** der zahnärztlichen Leistungen erfolgt bei Privatpatienten direkt oder **bei Kassenpatienten** über die Kassenzahnärztliche Vereinigung und von dort über die Krankenkassen. Diese Abrechnung, von der ein Kassenpatient direkt überhaupt nicht berührt wird, erfolgt aber nicht nach jeder Behandlung, sondern **quartalsbezogen.**

→ AW LF 1, Kap. 2.3.4

Ein **Privatpatient** erhält die Liquidation in der Regel einige Zeit nach der Behandlung zugeschickt und muss sie innerhalb einer bestimmten Frist begleichen. Ob und wie er dies mit seiner privaten Krankenversicherung abrechnet, interessiert den Zahnarzt nicht.

→ AW LF 1, Kap. 2.3.2

Für die Abrechnung gibt es eine Vielzahl von Einzelregelungen, die im Sozialgesetzbuch V festgelegt sind. Die wichtigsten Bestimmungen sollten Sie kennen.

→ WL LF 6, Kap. 5

4.1.9 Geldschulden

Rechnungen sind – sofern nichts anderes angegeben ist – spätestens 30 Tage nach Fälligkeit und Zugang der Rechnung zu leisten. Danach tritt automatisch der Verzug ein. Die Patienten müssen darauf aber in der Rechnung oder Zahlungsaufstellung besonders hingewiesen werden!

Im Falle nicht rechtzeitiger Zahlungen wird trotz der eindeutigen Rechtslage in der Regel zunächst mit einem höflichen Schreiben an die offene Rechnung erinnert. Der Zahnarzt kann aber wie jeder andere Gläubiger auch Schadenersatz in Form von Verzugszinsen verlangen. Dies sind ohne Nachweis tatsächlich gezahlter Zinsen wie bei einem einseitigen Handelskauf und bei einem bürgerlichen Kauf 5% mehr als der Basiszinssatz der Europäischen Zentralbank.

Den Zahlungsverzug kann es natürlich auch bei nicht rechtzeitig beglichenen Eingangsrechnungen geben, zum Beispiel für bestellte und gelieferte Waren. Bei einem solchen zweiseitigen Handelskauf liegen die Verzugszinsen 8% über dem EZB-Zinssatz.

Praxistipp

Die Kostendämpfungsmaßnahmen im Gesundheitswesen haben dazu geführt, dass Kassenpatienten bestimmte Leistungen nur dann erhalten, wenn sie diese privat begleichen oder zuzahlen. Dies gilt z. B. bei verschiedenen prothetischen Maßnahmen. Sie müssen entscheiden, wie Sie damit umgehen.

Zahnarztpraxis Dr. Heilmann

Dr. med. dent. A. Heilmann · Zahnarzt · Andertensche Str. 92, 64289 Darmstadt

Andertensche Str. 92
64289 Darmstadt
Tel. 063451 17009
Fax 063451 17010

Vereinbarung über zusätzliche Kosten bei der Füllungstherapie (gem. § 28 Abs. 2 Satz 4 SGB V)

Ich bin von Frau Dr. Heilmann über die bei der Füllungstherapie ausrechnende, zweckmäßige und wirtschaftliche Form der Versorgung unterrichtet worden.

Ich wünsche eine darüber hinausgehende Versorgung:

oben rechts	18	17	16	15	14	13	12	11	21	22	23	24	25	26	27	28	oben links
unten rechts	48	47	46	45	44	43	42	41	31	32	33	34	35	36	37	38	unten links

Zahn	GOZ	Leistung	Faktor	Gesamtkosten	Kassenanteil	Patientenanteil
vom Versicherten zu zahlende voraussichtliche Gesamtkosten:						

Ich verpflichte mich die nicht von der Krankenkasse übernommenen Kosten selbst zu tragen. Die tatsächlich zu zahlenden Kosten werden nach Beendigung der Behandlung in einer gesonderten Rechnung ausgewiesen.

Datum   Unterschrift d. Zahnärztin   Unterschrift d. Versicherten

Grundsätzlich haben Sie bei privat zu zahlenden Zusatzleistungen, aber auch bei Privatpatienten die Möglichkeit,

- die Leistung auf Rechnung durchzuführen, d. h., die Behandlung in dem Glauben vorzunehmen, dass der Patient (hier: Schuldner) seine Rechnung später auch bezahlt;
- direkt zu kassieren. Wenn der Patient dies nicht will oder nicht kann, erhält er „nur" die versicherungsmäßig abzurechnende Grundleistung („keine Leistung ohne Bezahlung"). Dies ist aber nur in Ausnahmefällen angebracht, d. h. dann, wenn es sich um völlig unbekannte Patienten, „fahrende Leute" aus einem Zirkus usw. oder um Patienten handelt, mit deren Zahlungsmoral Sie schon schlechte Erfahrungen gemacht haben;
- mit dem Patienten eine Vereinbarung über die Übernahme der zusätzlichen Kosten zu schließen, bevor die Behandlung durchgeführt wird.

Arbeitsaufträge

1. *Welche allgemeinen Regelungen sieht das BGB für Schuldverhältnisse vor?*

2. *Wann kommen Verträge zustande und wozu sind die Vertragspartner verpflichtet?*

3. *Was ist das Besondere an einem Behandlungsvertrag?*

4. *Wodurch unterscheiden sich Werk- und Dienstvertrag?*

5. *Ein Patient kommt unangemeldet in die Praxis und klagt über Zahnschmerzen. Sie erklären, dass er ca. eine Stunde warten müsse, weil er nicht angemeldet sei. Der Patient nimmt im Wartezimmer Platz. Nach zehn Minuten geht er wieder, weil die Schmerzen weg seien. Wie beurteilen Sie die Frage, ob ein Behandlungsvertrag zustande gekommen ist?*

6. *Wer ist auf der Seite des Zahnarztes/der Zahnärzte Vertragspartner, wenn es sich um eine Einzel- oder eine Gemeinschaftspraxis oder um eine Praxisgemeinschaft handelt?*

7. *Aus der Tatsache, dass man bei einem Dienstvertrag keinen messbaren Erfolg schuldet, könnte man ableiten, dass das Ergebnis einer Behandlung unbedeutend ist. Warum stimmt dies nicht?*

8. *Unter welchen Bedingungen kann ein Behandlungsvertrag abgebrochen werden?*

9. *Erläutern Sie ausführlich, was das Prinzip der freien Arztwahl bedeutet.*

10. *Unter welchen Umständen können Sie sich vorstellen, dass Ihr Chef die Aufnahme und Behandlung eines Patienten ablehnt?*

11. *Schildern Sie, in welchen Stufen die Abrechnung mit Kassenpatienten abläuft und worin sich diese von der Abrechnung mit Privatpatienten unterscheidet.*

12. *Stellen Sie sich folgende Situation vor:*
In Ihre Praxis kommt am Montagmorgen ein Patient, der offenbar nach einer Kirmesfeier gar nicht nach Hause gegangen ist, sondern direkt aus dem Festzelt den Weg in die Praxis gefunden hat. Der Patient wirkt müde und angetrunken, klagt aber über starke Zahnschmerzen. Natürlich hat er auch die Morgenhygiene ausfallen lassen.
Ihr Chef ist noch nicht da, Sie erwarten ihn in ca. 15 Minuten. Sie wissen aber, dass er genauso wie Sie eine Abneigung gegenüber solchen Patienten hat. Was tun Sie? Üben Sie Ihr Verhalten in einem Rollenspiel, d. h., eine Ihrer Mitschülerinnen muss die Rolle des Patienten übernehmen.
Die anderen beobachten die Szene, um anschließend ernsthaft darüber zu diskutieren, was alles richtig und was weniger gut gemacht wurde.

4.2 Sonstige behandlungsrechtliche Vorschriften

„Guten Morgen - mein Name ist Heinrich Zimmerman. Ich war bis vor fünf Jahren Patient in der Praxis von Dr. Heilmann. Danach bin ich nach München gezogen. Ich habe gehört, dass die Tochter von Dr. Heilmann die Praxis übernommen hat.
Jetzt benötige ich eine Arbeitsunfähigkeitsbescheinigung, die ungefähr vor vier Jahren ausgestellt wurde. Ich war damals wegen einer unfallbedingten Kieferverletzung mehrere Wochen krankgeschrieben. Ich weiß auch, dass damals mehrmals geröntgt wurde. Sie müssten doch die Unterlagen noch haben, oder? Es ist ganz wichtig für meinen Rentenantrag. Und wenn Sie gerade dabei sind, schicken Sie doch bitte die genaue Diagnose an meinen jetzigen Hausarzt. Wichtig ist auch, dass ..."
Carmen Kistner hörte diese Nachricht vom Anrufbeantworter ab, als sie ihren Dienst begann. „Vor fünf Jahren ... und dann noch aus der alten Praxis - wir haben doch alles umorganisiert und auf Computer umgestellt. Ob wir da noch etwas finden?"

→ AW LF 2, Kap. 2.1 / FK LF 2, Kap. 2

- *Was wird in einer Patientenkartei oder -datei alles festgehalten und warum wird dieses getan?*
- *Wie ist eine Patientenkartei aufgebaut und welche Vor- und Nachteile hat sie gegenüber einer elektronischen Datei?*
- *Welche Informationen aus den Patientenunterlagen dürfen herausgegeben werden und in welchen Fällen ist der Zahnarzt auch ohne das vorangehende Einverständnis des Patienten zur Meldung oder zur Auskunft gegenüber Behörden verpflichtet?*

4.2.1 Dokumentationspflicht

Unabhängig davon wie die Dokumentation erfolgt, gibt es klare Grundsätze, die einzuhalten sind. Auf der Grundlage gesetzlicher Bestimmungen finden sich die Dokumentationspflichten in den Berufsordnungen wieder (siehe nachfolgendes Bespiel aus Hessen). Eine weitere Konkretisierung und Absicherung der damit verbundenen Prozessabläufe wird in jeder einzelnen Zahnarztpraxis durch das Qualitätsmanagementsystem festgelegt.

§ Berufsordnung für hessische Zahnärzte § 5 Zahnärztliche Aufzeichnungen

1. Der Zahnarzt ist verpflichtet, Befunde und Behandlungsmaßnahmen fortlaufend und für jeden Patienten getrennt aufzuzeichnen.
2. Zahnärztliche Aufzeichnungen, Krankengeschichten und Röntgenbilder sind Urkunden und entsprechend den gesetzlichen oder vertraglichen Vorschriften aufzubewahren. Bei ihrer Herausgabe sind die Bestimmungen über die zahnärztliche Schweigepflicht zu beachten.

Wenn die Ursache für eine zahnärztliche Behandlung ein besonderes Ereignis wie z. B. ein Unfall gewesen ist, muss ggf. eine besondere Mitteilung darüber an die Unfallkasse gemacht werden.

Unfallversicherungsträger:

Name, Vorname:

Aktenzeichen:

Bericht Zahnschaden

1 Befund des Gebisses

Erläuterungen:
- f = fehlender Zahn
-)(= Lückenschluss
- e = bereits ersetzter Zahn
- x = nicht erhaltungswürdiger Zahn
- k = vorhandene Krone
- b = vorhandenes Brückenglied
- w = erkrankter, aber erhaltungswürdiger Zahn

1.1 Zustand des Gebisses vor dem Unfall/der Erkrankung

18	17	16	15	14	13	12	11	21	22	23	24	25	26	27	28
			55	54	53	52	51	61	62	63	64	65			
			85	84	83	82	81	71	72	73	74	75			
48	47	46	45	44	43	42	41	31	32	33	34	35	36	37	38

1.2 Unfall-/Erkrankungsbefund

18	17	16	15	14	13	12	11	21	22	23	24	25	26	27	28
			55	54	53	52	51	61	62	63	64	65			
			85	84	83	82	81	71	72	73	74	75			
48	47	46	45	44	43	42	41	31	32	33	34	35	36	37	38

2 Angaben des Versicherten zum Unfallhergang/zur Erkrankung:

3 Wann nahm der Versicherte Sie erstmals in Anspruch (Datum/Uhrzeit)?

4 Welche Behandlungsmaßnahmen sind wegen der Erkrankungs-/Unfallfolgen derzeit erforderlich oder wurden bereits durchgeführt?

5 Ist wegen der Erkrankungs-/Unfallfolgen voraussichtlich eine weitere Behandlung zu einem späteren Zeitpunkt angezeigt?

☐ nein ☐ nicht absehbar ☐ ja, am

Welche Behandlung?

Datenschutz:

Ich habe die Hinweise nach § 201 SGB VII gegeben.

Ort, Datum

Unterschrift und Stempel

Gebühr 17,50 EUR

Institutionskennzeichen (IK)

Falls kein IK - Bankverbindung -

A 1162 1107 Bericht Zahnschaden

4.2.2 Karteiführung

Eine Kartei ist ein Hilfsmittel, auf dem geschriebene Informationen über verschiedene Sachverhalte festgehalten werden. Auch in der ärztlichen Praxis findet man unterschiedliche Systeme und Arten von Karteien. Im Mittelpunkt steht zwar die Patientenkartei, aber es gibt sowohl in einer Praxis wie z. B. auch im Krankenhaus die Notwendigkeit, Informationen über Lieferer von medizinischen Hilfsmitteln oder Anschriften von Fach- und Spezialärzten festzuhalten. Allgemein unterscheidet man:

- Sachkarteien, z. B. Bezugsquellenkartei
- Personenkarteien, z. B. Patientenkartei, Adressenkartei
- Terminkarteien, z. B. Fälligkeit von Privatliquidationen

Karteikarten

Die in einer Zahnarztpraxis am häufigsten anzutreffende Karteiform dürfte die als Steil- oder Blockkartei geführte Patientenkartei sein. Sie besteht aus beliebig vielen, in einem entsprechenden Behälter stehenden Karteiblättern aus Pappe.

Der Kartenbehälter kann auch in einen Schrank oder Schreibtisch eingebaut sein. Möglich ist auch ein Karteitrog. Die Art der Aufbewahrung hängt stark von der Art der Kartei, vor allem aber auch von der Gestaltung des Arbeitsplatzes und von der Häufigkeit des Zugriffs auf die Kartei ab. Eine Patientenkartei enthält so wichtige Unterlagen und Information, dass man sie nicht nur vor unberechtigter Einsichtnahme, sondern auch vor Diebstahl und Feuereinwirkung schützen muss.

Karteiaufbau

Jedes Karteiblatt lässt sich in verschiedene Zonen bzw. Abschnitte unterteilen. Im oberen Bereich gehören dazu Kartenkopf und Kartenleiste. Auf ihnen werden wichtige Ordnungsmerkmale festgehalten und ggf. entsprechende Ordnungs- und Signalmittel angebracht. Sie können entweder unverrückbar sein, d. h., wenn sie einmal angebracht sind, kann man sie nicht mehr ändern, oder es handelt sich um so genannte Kartenreiter, deren Position verändert werden kann.

Zwischen den einzelnen Karten werden bei sehr umfangreichen Karteien unter Umständen Trenn- oder Leitkarten eingestellt. Sie haben eine ähnliche Funktion wie Trennblätter in Ordnern und gliedern Karteien in übersichtliche Gruppen. Außerdem geben sie den einzelnen Karteiblättern eventuell mehr Standsicherheit.

Über die Art der Dokumentation und Aufbewahrung gibt es keine standardisierenden Vorschriften. In den meisten Fällen werden aber Karteien benutzt, weil sie

- nur wenig Platz beanspruchen;
- problemlos in die Schublade eines Schreibtisches oder Aktenschrankes zu integrieren sind;
- schnell und einfach nach den jeweils für sinnvoll erachteten Kriterien sortiert werden können;
- im Gegensatz zu den Unterlagen in Aktenordnern schnell zu entnehmen und zurückzulegen sind;
- den zur Verfügung stehenden Platz optimal ausnutzen (es gibt keine Leerräume zwischen den Karteikarten);
- sich im Sinne der genannten Vorteile auch sehr gut archivieren lassen;
- kostengünstig sind.

Obwohl es weder formale noch inhaltliche Normungen gibt, wird eine Karteikarte bestimmte Merkmale aufweisen:

- meist Format DIN A5, gefaltet und mit Einsteckmappen versehen
- Karteikopf mit Alphabet am Karteikartenrand
- Stammdaten des Patienten
  - Familienname, ggf. Geburtsname, Vorname, Geburtsdatum des Hauptversicherten
  - Familienname, ggf. Geburtsname, Vorname, Geburtsdatum des Familienversicherten

- Name und Anschrift, eventuell Sorgeberechtigter bei Kindern und Jugendlichen oder bei anderen unter besonderem Schutz stehenden Personen
- genaue Anschrift mit Straße, PLZ, Wohnort, Telefonnummer, Faxnummer, E-Mail-Adresse
- Beruf der/des Versicherten
- Krankenkasse
- besondere Vermerke (Diagnosen, Unverträglichkeiten, Allergien)
- Angabe des Hausarztes

Behandlungsdaten/Bewegungsdaten

- Diagnosen
- Befunde
- Laborberichte
- andere Arztberichte (Fachärzte, Krankenhaus)
- Verordnungen (Medikamente, Heilmittel, Hilfsmittel, Sachleistungen)
- erfolgte Meldungen (z. B. bei anzeigepflichtigen Krankheiten)
- Dauer der Arbeitsunfähigkeit
- Überweisungsdaten an andere Arztkolleginnen/-kollegen
- Anamnese, bei Unfällen zusätzlich Hergang (bei welcher Tätigkeit; ob Arbeitsunfall, Wegeunfall Betrieb, Freizeitunfall, Schulunfall; Zeitpunkt; Ort; Erste Hilfe-Maßnahmen; Beteiligte, Zeugen; Verletzungen)

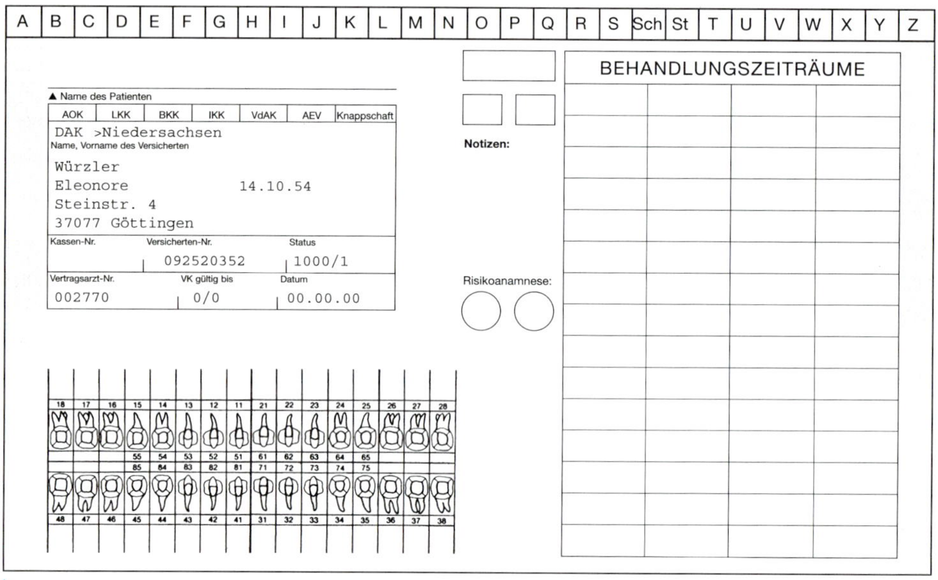
A B C D E F G H I J K L M N O P Q R S Sch St T U V W X Y Z
▲ Name des Patienten
AOK LKK BKK IKK VdAK AEV Knappschaft
DAK >Niedersachsen
Name, Vorname des Versicherten
Würzler
Eleonore 14.10.54
Steinstr. 4
37077 Göttingen
Kassen-Nr. | Versicherten-Nr. 092520352 | Status 1000/1
Vertragsarzt-Nr. 002770 | VK gültig bis 0/0 | Datum 00.00.00
Notizen:
Risikoanamnese:
BEHANDLUNGSZEITRÄUME

Vorderseite (Ausschnitt) einer Patientenkarteikarte (gesetzlich versichert)

Datum	Zahn	Behandlung	Anzahl	BEMA/Bugo			Notizen
6.3.03		Untersuchung, Beratung					001, Ä1
	26	Sensibilitätstest positiv					007
		Infiltrationsanästhesie (2ml					009
		Ultracain DS forte)					1,50€
		cp mit Calcimol					233
		Füllung m-o-d-p aus Amalgam					211
8.3.03	26	Politur					212
	38	Röntgenbild in Rechtwinkeltechnik					5000
		Pat nicht schwanger, letzte Aufnahme					
		vor 3 Jahren, Rö-Pass ausgestellt					
		Heliodent 70kV 0,32 sec					
		Ind: zerstörte Krone und Beschwerden des Pat.					

Rückseite (Ausschnitt) einer Patientenkarteikarte (privat versichert)

Merke: Die Karteikarten müssen 10 Jahre aufbewahrt werden. Damit gilt die gleiche Frist wie bei allen anderen Patientenunterlagen.

4.2.3 Elektronische Dokumentationsformen

Es gibt kaum eine Zahnarztpraxis, die zumindest neben der herkömmlichen Karteiverwaltung nicht auch noch eine elektronische Dateiverwaltung betreibt. Die Datenflut wird mithilfe eines PCs effektiver und Raum sparender bewältigt. Aber sie erfordert nicht nur Kenntnisse im Umgang mit der Datenverarbeitung, sondern ein hohes Maß an Disziplin und Ordnung bei der Datenablage. Ein großer Vorteil besteht darin, dass man die Daten auch mit anderen Praxen oder z. B. einem Dentallabor schnell und problemlos austauschen bzw. diesem übermitteln kann.

→ LF 2, Kap. 6

4.2.4 Zweck der Dokumentation

Alle in Ausübung des Berufes gemachten Feststellungen und getroffenen Maßnahmen müssen aufgezeichnet werden. Diese Dokumentation dient

- dem Nachweis über durchgeführte Behandlungen;
- der Rückverfolgung von Behandlungsverläufen, wenn es zu Komplikationen kommen sollte;
- der Vermeidung von eventuell „Doppeluntersuchungen“ (wichtig z. B. bei Röntgenaufnahmen).

→ AW LF 2, Kap. 2 / FK LF 2, Kap. 2

Die erstellten Unterlagen verbleiben entweder in der aktuellen Patientenkartei oder sie werden nach Abschluss einer Behandlung archiviert.

→ LF 6, Kap. 4

4.2.5 Herausgabe der Karteikarte bzw. der Aufzeichnungen über die Behandlung

Gerade im Streitfall verlangt der Patient nicht selten die Herausgabe der Karteikarte bzw. der Aufzeichnungen über den Behandlungsverlauf. Hierzu sagt die Musterberufsordnung im § 12 Abs. 4, dass der Zahnarzt dem Patienten Einsicht in seine Unterlagen zu gewähren hat.

Eine Einsichtnahme kann jedoch nur in den Räumen der Praxis erfolgen, da auch dieses Dokument stets in der Praxis verbleiben sollte. Wünscht der Patient eine Ablichtung der Kartei bzw. der Aufzeichnungen, ist ihm diese zu überlassen. Die dadurch entstehenden Kosten kann der Zahnarzt dem Patienten in Rechnung stellen.

Dabei hat der Zahnarzt das Recht, praxisinterne Vermerke – zum Beispiel über Mundhygiene oder Zahlungsmoral – unkenntlich zu machen. Solange die Vermerke sich nicht auf die Behandlung beziehen oder für die Rekonstruktion des Behandlungsablaufs von Bedeutung sind, müssen sie auch nicht bekannt gegeben werden.

Sollten die Unterlagen an einen Dritten weitergegeben werden, etwa an einen nachbehandelnden Zahnarzt oder einen Rechtsanwalt, muss der Patient eine sogenannte Schweigepflichtentbindungserklärung abgeben. Ansonsten ist der Zahnarzt nicht befugt, die Daten des Patienten weiterzugeben.

Patientenquittung

Der Patient ist aber nicht nur berechtigt, seine Karteikarte einzusehen. Er darf nach § 305 Abs. 2 SGBV auch direkt im Anschluss an die Behandlung oder mindestens quartalsweise spätestens vier Wochen nach Ablauf des Quartals von seinem Zahnarzt eine Patientenquittung verlangen.

Daraus gehen die zulasten der Krankenkasse erbrachten Leistungen und deren vorläufige Kosten hervor. Für das Ausstellen dieses Nachweises kann der Zahnarzt eine Aufwandspauschale in Höhe von einem Euro zzgl. der Versandkosten verlangen.

Davon unabhängig können Patienten die Informationen über Leistungen, die ihr Zahnarzt in den letzten 18 Monaten erbracht und abgerechnet hat, auch über ihre Krankenkasse erfahren. In der Regel dauert diese Abfrage jedoch länger, manchmal bis zu sechs Monate. Der Zahnarzt erfährt nicht, dass der Patient über die Krankenkasse Auskunft eingeholt hat.

4.2.6 Meldepflicht

Zu den besonderen Berufspflichten der Ärzte und der Zahnärzte gehört die Förderung der Gesundheitserziehung und der Gesundheitspflege sowie die Mitwirkung an der Verhütung und der Bekämpfung von Volkskrankheiten.

Nicht nur die Ärzte, sondern auch die Zahnärzte haben der Meldepflicht nach den Vorschriften des Heilberufsgesetzes (§ 2 Abs. 2) nachzukommen. Während es bei den Ärzten um Sachverhalte aus den Bereichen

- Bundesseuchengesetz,
- Geschlechtskrankheiten,
- Meldung von Behinderungen,
- Schwangerschaftsabbrüche,
- Geburts- oder Todesfälle,
- AIDS-Fallberichte,
- Berufskrankheiten

geht, sind Zahnärzte in der Regel davon nur eingeschränkt bzw. gar nicht betroffen. Für sie geht es bei der Meldepflicht in erster Linie nur um die nachfolgenden Gebiete:

Infektionsschutzgesetz

Nach dem **Infektionsschutzgesetz** gilt die Meldepflicht für **alle ansteckenden Krankheiten.** Diese Meldepflicht entbindet in bestimmten Fällen den Arzt von der Schweigepflicht. Neben die **namentliche Meldung von Erkrankungen** durch den behandelnden Arzt tritt nunmehr auch die Meldung von Krankheitserregern durch ein Labor. Eine solche Meldung muss neben den persönlichen Angaben des Patienten (Name, Vorname, Geburtsdatum, Geschlecht, Adresse) eine ganze Reihe weiterer Informationen enthalten.

Mit einem **bundeseinheitlichen Meldebogen** wird sichergestellt, dass die Meldung dem zuständigen Gesundheitsamt **spätestens nach 24 Stunden** vorliegt. Wenn die Meldepflicht nicht beachtet wird, können Bußgelder bis zu 25.000,00 € verhängt werden. Wenn eine unterlassene Meldung zur Verbreitung einer Krankheit führt, kann es sich um eine Straftat handeln, die mit bis zu 5 Jahren Freiheitsstrafe geahndet wird.

Betäubungsmittelgesetz

Nach dem Betäubungsmittelgesetz darf ein Arzt oder Zahnarzt Betäubungsmittel verordnen, wenn ihre Anwendung begründet ist. Dies gilt z. B. bei Patienten mit schweren Schmerzen, die auf übliche Schmerzmittel nicht mehr ansprechen, oder bei Patienten, die von anderen Drogen abhängig sind und deren Wartezeit bis zur Langzeittherapie nur durch Betäubungsmittel als Ersatzdroge überbrückt werden kann.

Betäubungsmittel dürfen auch verabreicht werden, wenn es Notfälle erfordern (z. B. bei einem Herzinfarkt).

Für die Verschreibung der Betäubungsmittel sind in jedem Falle die von dem **Bundesinstitut für Arzneimittel und Medizinprodukte,** Bonn, ausgegebenen dreiteiligen amtlichen Formblätter vorgeschrieben.

Betäubungsmittelrezept-Formblätter werden auf schriftliche Anforderung unter Nachweis der

Berufsberechtigung an den Arzt geschickt. Die Teile I und II sind zur Vorlage in der Apotheke bestimmt, während der Teil III beim Arzt verbleibt und drei Jahre aufzubewahren ist.

Füllt ein Arzt ein **Betäubungsmittelrezept** fehlerhaft aus, muss er die Teile I bis III zusammen aufbewahren.

§ 13 Betäubungsmittelgesetz Verschreibung und Abgabe auf Verschreibung

Die in Anlage III bezeichneten Betäubungsmittel dürfen nur von Ärzten, Zahnärzten und Tierärzten und nur dann verschrieben oder im Rahmen einer ärztlichen, zahnärztlichen oder tierärztlichen Behandlung einschließlich der ärztlichen Behandlung einer Betäubungsmittelabhängigkeit verabreicht oder einem anderen zum unmittelbaren Verbrauch überlassen werden, wenn ihre Anwendung am oder im menschlichen oder tierischen Körper begründet ist. Die Anwendung ist insbesondere dann nicht begründet, wenn der beabsichtigte Zweck auf andere Weise erreicht werden kann.

Betäubungsmittelrezepte sind gegen Diebstahl zu sichern, ein Verlust muss unverzüglich der „Bundesopiumstelle“ unter Angabe der Rezeptnummer angezeigt werden.

Für die Verschreibung der gängigen Betäubungsmittel durch den Arzt ist eine Höchstmenge festgesetzt, die im Normalfall bei durchschnittlicher Dosierung einen Bedarf von 30 Tagen gewährleisten soll (z. B. Morphin 20.000 mg). In begründeten Einzelfällen darf die Höchstmenge überschritten werden. Für Zahnärzte sind geringere Höchstmengen festgelegt.

Arbeitsaufträge

1. *Warum muss nahezu alles, was in der Praxisarbeit passiert, auch dokumentiert werden?*
2. *Versuchen Sie einen Zusammenhang zwischen der Dokumentationspflicht und dem Qualitätsmanagement in einer Zahnarztpraxis herzustellen.* (→ LF 13, Kap. 4)
3. *Welche verschiedenen Möglichkeiten der Dokumentation von Patienten- und Behandlungsdaten kennen Sie und wie geht man in Ihrer Praxis vor?*
4. *Stellen Sie heraus, welche Vorteile sich mit der herkömmlichen Karteiführung verbinden und welche Vorteile die DV-gestützte Datenbearbeitung und -verwaltung hat.*
5. *In welchen Fällen wird die zahnärztliche Schweigepflicht aufgrund gesetzlicher Vorgaben aufgehoben?*
6. *Erläutern Sie den Inhalt des Infektionsschutzgesetzes.*
7. *Welche Pflichten werden dem Zahnarzt durch das Betäubungsmittelgesetz auferlegt?*
8. *Die geschiedene Ehefrau eines Patienten will von Ihnen am Telefon wissen, ob ihr ehemaliger Mann tatsächlich eine Privatliquidation in Höhe von 525,00 € gezahlt habe.*
   a) *Wie steht es um Ihre Auskunfts- und Schweigepflicht?*
   b) *Nehmen Sie in einem Rollenspiel folgende Positionen ein:*
      - *die der Ehefrau, die unbedingt Auskunft haben will und dies auch nachhaltig begründet und menschlich nachvollziehbar argumentiert;*
      - *die der Helferin am Telefon, die diese Auskunft nicht zu geben bereit ist und sich auf gesetzliche Vorgaben des Datenschutzes zu berufen versucht;*
      - *die der Zahnärztin, die das Problem schließlich zu lösen hat …*

4.3 Pflichten des Patienten

4.3.1 Termineinhaltung

Auch das gehört dazu: Patienten haben sich an vereinbarte Termine zu halten, sonst müssen sie damit rechnen, dass sie ohne Behandlung zahlen müssen ...

Termin dreimal verpasst – Patientin muss 350,00 € bezahlen

Ein Zahnarzt wurde zum dritten Mal von einer Patientin versetzt. Geplant war eine dreieinhalbstündige Behandlung im Ober- und Unterkieferbereich. Der Zahnarzt stellte ihr die ausgefallene Behandlung mit 1.045,00 € in Rechnung. Nach dem Urteil des Landgerichts Hannover muss die Patientin 350,00 € zahlen.

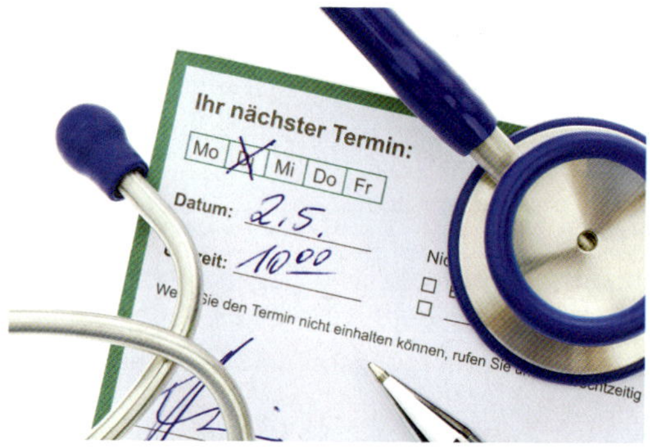

Grundsätzlich dienen Terminvereinbarungen lediglich dem geregelten Praxisablauf und sind nicht so verbindlich, dass ihre Nichteinhaltung zu einem Schadenersatzanspruch des Arztes führe. Das gelte hier nicht, weil eine bestimmte Behandlung zu einem festen Termin vereinbart worden sei, für die der Arzt eine längere Zeitspanne habe einplanen müssen. Die volle Summe für die (nicht geleistete) Behandlung könne der Arzt aber nicht verlangen. Wenn ein mehr als dreistündiger Termin platze, sei er verpflichtet, seine Zeit beispielsweise für Verwaltungstätigkeiten zu nutzen.

Quelle: Dental-Labor, Heft 3/1999

Natürlich wird die ZMA in der Patientenaufnahme nicht nur schematisch und nach „Schema F“ vorgehen, sondern gut daran tun, in jedem Einzelfall abzuwägen, wie vorzugehen ist. Dabei geht es einerseits darum, dass eine Planung der Praxisabläufe nur möglich ist, wenn man verlässliche Grundlagen dafür hat. Dazu gehört natürlich auch, dass Patienten ihre Termine wahrnehmen und möglichst pünktlich vor Behandlungsbeginn vorstellig werden.

Andererseits wird es immer wieder genau wie im normalen Praxisablauf Situationen geben, in denen Patienten verhindert sind und ganz einfach nicht kommen können. Sie haben dann durchaus das Recht, dass man ihnen auch das nötige Verständnis entgegenbringt. Nicht selten entstehen dadurch auch gar keine nennenswerten Leerzeiten.

Grund ist, dass es dem Praxisablauf durchaus auch zugute kommen kann, eine unvorhergesehene „Luft“ im Zeitplan zu haben, weil einerseits vielleicht die eine oder andere Behandlung doch länger dauert als sie eingeplant war und andererseits der Praxisalltag auch zeigt, dass es immer wieder Notfälle oder Schmerzpatienten gibt, bei denen man froh ist, noch eine „Behandlungslücke“ oder ein entsprechend frei gewordenes Zeitfenster zu haben.

Unabhängig davon gilt natürlich, dass ein Patient mit seiner Anmeldung durchaus in ein Pflichtverhältnis kommt, welches ihn ebenso wie den behandelnden Zahnarzt auch bindet. An erster Stelle steht dabei, dass er zum vereinbarten Behandlungstermin auch erscheint oder ihn rechtzeitig vorher absagt, wenn es ihm nicht möglich ist, den Termin wahrzunehmen oder wenn sich die Situation anderweitig verändert hat und eine Behandlung nicht mehr erforderlich zu sein scheint.

Gerade bei länger dauernden Eingriffen, wie dies z.B. bei Zahnersatz oder operativen Eingriffen der Fall ist, werden in der Praxis entsprechend Zeiten reserviert, die bei einem Ausfall des Patienten letztlich auch Umsatzausfälle bedeuten, während andererseits sowohl die Personalkosten als auch andere Praxiskosten weiterlaufen.

Im Zweifelfall, vor allem aber, wenn sich solche Ereignisse häufen, wird eine Zahnarztpraxis sowohl überlegen müssen, welche Gründe dafür maßgebend sein könnten (dies gilt umso mehr, wenn es nicht nur bestimmte, sondern eine Vielzahl von Patienten sind), aber auch ins Auge fassen, die ausgefallenen Behandlungen in angemessener Form in Rechnung zu stellen.

Unabhängig davon gilt auch für den Behandlungsvertrag, dass zwei Seiten nötig sind, um ihn zu erfüllen. Nicht nur der Arzt oder Zahnarzt hat Pflichten, sondern auch der Patient. Dazu gehört, dass er bereit ist, die **Anweisungen des Arztes** zu befolgen, und mitwirkt, damit sich ein Behandlungserfolg einstellen kann. Diese **Pflicht zur Mitwirkung** beginnt schon bei der Aufnahme des Patienten und dem damit verbundenen Gespräch. Wenn bei der Anamnese (→ Seite 168 f.) z. B. wichtige Vorerkrankungen nicht genannt oder verschwiegen werden, kann sich dies negativ auf die Diagnose und die therapeutischen Maßnahmen auswirken.

→ FK LF 2, Kap. 4

Werden seitens des Patienten wichtige Vorerkrankungen oder Unverträglichkeiten nicht genannt, verletzt er schuldhaft seine Pflicht. Beim Auftreten von Komplikationen kann dies die **Schadenersatzpflicht eines Arztes mindern oder sogar völlig ausschließen.** Beispiel: Ein Patient sagt nicht, dass er ein Blutverdünnungsmittel einnimmt. Bei der Extraktion eines Zahnes kommt es zu Komplikationen, weil die Blutung nicht gestillt werden kann.

Die Mitwirkung des Patienten endet bei der **Zahlungspflicht**. Bei **Kassenpatienten** erfolgt die Abrechnung der Leistung nach dem einheitlichen Bewertungsmaßstab (EBM). Hat ein Kassenpatient seine Versichertenkarte vergessen und reicht sie nicht nach, kann der Arzt nur dann auf die Möglichkeit der Privatliquidation zurückgreifen, wenn er vorher die Behandlung als Privatpatient vereinbart hat. Ist dies nicht der Fall, so hat er keinen Schadenersatzanspruch, weil er mitverantwortlich dafür ist, dass er die Behandlung durchgeführt hat, ohne dass die Versichertenkarte vorlag.

→ AW LF 2, Kap. 1.2

Bei **Privatpatienten** wird die Vergütung der zahnärztlichen Leistung nach der Gebührenordnung für Zahnärzte (GOZ) geregelt. Diese gelten auch für Kassenpatienten, wenn sie zahnärztliche Leistungen verlangen, die nicht von der gesetzlichen Krankenversicherung abgedeckt sind.

→ AW LF 4, Kap. 2

Wurde die Versichertenkarte zu Behandlungsbeginn, aus welchen Gründen auch immer, nicht vorgelegt und auch nicht nachgereicht, ist eine Abrechnung mit der Krankenkasse nicht möglich.

An deren Stelle kann eine Privatliquidation treten. Dies gilt aber nur dann, wenn der Patient darauf ausdrücklich hingewiesen wurde, als er die Versichertenkarte nicht vorlegen konnte, sich aber trotzdem behandeln ließ. Unabhängig davon besteht natürlich der Leistungsanspruch des Zahnarztes, aber er kann ggf. trotzdem nicht eingeklagt werden.

Arbeitsaufträge

1. *Konkretisieren Sie, was gemeint ist, wenn man von einer „Mitwirkungspflicht“ des Patienten bei einer anstehenden Zahnbehandlung spricht.*
2. *Berichten Sie, wie Sie in Ihren Praxis mit der Frage der Kostenerstattung umgehen, wenn Patienten ihre vereinbarten Termine nicht wahrnehmen und welche Gründe für Ihr jeweiliges Verhalten maßgebend sind.*

5 Die elektronische Gesundheitskarte und Europäische Krankenversicherungskarte

Für Corinna Neudeck war es der erste Urlaub mit ihrem Freund. Auf die 14 Tage „Malle“ hatte sie sich schon lange gefreut. Sonne pur, Spaß und Lebensfreude – wenn nur der hintere Backenzahn nicht so große Probleme bereiten würde. Nach ein paar Tagen ging es nicht mehr. Corinna musste in Palma de Mallorca einen Zahnarzt aufsuchen.

Die erste Frage war, ob sie denn eine Europäische Krankenversichertenkarte habe. Die hatte sie nicht, sondern nur ihre ganz normale Krankenversichertenkarte. „Haben Sie dann das Formular E 111 dabei?“, war die nächste Frage, auf die Corinna wieder passen musste.

Also musste sie die Behandlung privat bezahlen. Glücklicherweise hatte sie aber eine Reisekrankenversicherung abgeschlossen, sodass sie die Kosten in Höhe von 136,50 € nach ihrer Rückkehr aus dem Urlaub zurückbekam.

Auch auf die Frage, ob es irgendwelche Dinge wie z. B. Unverträglichkeiten oder Allergien gäbe, auf die man achten müsse, wenn man ihr bei der Zahnbehandlung eine Spritze geben müsse oder wenn man ein Schmerzmittel verordne, konnte Corinna nur eine ganz vage Auskunft geben.

- *Welche Funktion haben die Krankenversichertenkarte und die Europäische Gesundheitskarte?*
- *Worin besteht das Problem, wenn man sich im Ausland behandeln lassen will/muss oder wenn ein Ausländer die Dienste Ihrer Zahnarztpraxis in Anspruch nehmen muss?*

5.1 Funktionen der elektronischen Gesundheitskarte

Die elektronische Gesundheitskarte löst die bisherigen Versicherungskarten ab. Die Einführung erfolgt zwingend aufgrund entsprechender gesetzlicher Bestimmungen. Deshalb sind die Versicherten zum Beispiel auch verpflichtet, ein Passfoto für die Herstellung ihrer neuen Karte zur Verfügung zu stellen.

Die elektronische Gesundheitskarte enthält auf verschiedenen Ebenen mehrere Informationen.

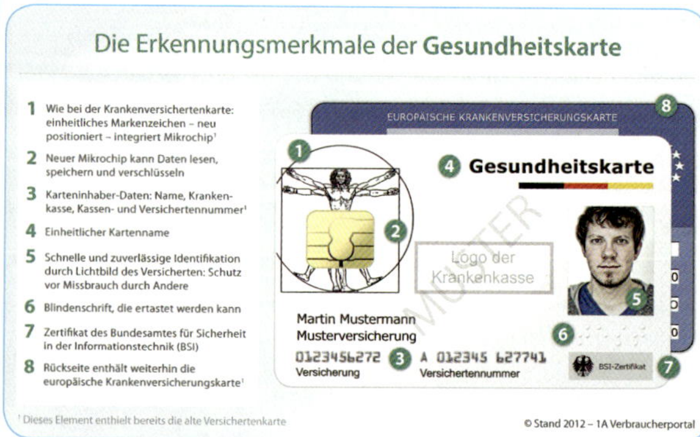

Bestandteile der elektronischen Gesundheitskarte (Vorderseite)

5.1 Grunddaten

Grunddaten sind zunächst wichtige persönliche Daten des Patienten und seiner Krankenversicherung.

Dazu gehören:
- Familienname und Vorname des Versicherten
- Geburtsdatum
- Geschlecht
- Anschrift
- Krankenversichertennummer
- Versichertenstatus
- Zuzahlungsstatus
- Tag des Beginns des Versicherungsschutzes
- bei befristeter Gültigkeit der Karte das Datum des Fristablaufs
- Bezeichnung der ausstellenden Krankenkasse einschließlich eines Kennzeichens für die Kassenärztliche Vereinigung, in deren Bezirk der Versicherte seinen Wohnsitz hat

5.2 Ausbaustufen

Neben den Grunddaten lassen sich auf den Karten noch sehr viel mehr Informationen unterbringen, durch welche die eigentlichen Vorteile der zielgerichteten und kostensparenden medizinischen Versorgung erst richtig zum Tragen kommen.

Dazu gehören unter anderem
- Notfallinformationen, z. B. Blutgruppe, Allergien, Herzerkrankungen, Dialyse, Asthma
- verordnete eingenommene Arzneimittel
- Informationen über den Impfstatus
- aktuelle Diagnosen, z. B. Operationen, Röntgenuntersuchungen
- Arztbriefe und andere ärztliche Mitteilungen
- Patientenakten der behandelnden Ärzte
- eigene zur Verfügung gestellte Daten, z. B. Patientenverfügungen, Organspenderbereitschaft

Die Aufnahme dieser Daten erfolgt nur mit Zustimmung des Patienten. Erste Ausbaustufe ist das elektronische Rezept. Der Arzt speichert die Verordnung auf der Karte, die dann in der Apotheke oder beim Therapeuten ausgelesen werden kann.

5.3 Vorteile der elektronischen Gesundheitskarte

Mit der Nutzung der Gesundheitskarte verbinden sich Möglichkeiten, die es in der Vergangenheit in dieser Form nicht gab:

- Durch die Dokumentation der verordneten **Arzneimittel** wird verhindert, dass bei einem evtl. **Arztwechsel** (z. B. Sonntagsdienst) oder in einer **Notfallbehandlung** neue Medikamente verordnet werden, durch die es zu eventuell gefährlichen Wechselwirkungen mit bereits erhaltenen Präparaten kommt.
- Bei **zahnoperativen Eingriffen** kann z. B. aus der Karte entnommen werden, ob ein Patient evtl. blutgerinnungshemmende Mittel einnimmt.
- **Doppeluntersuchungen** können weitgehend vermieden werden, wenn der Arzt die bereits von einem Kollegen gesammelten Gesundheitsinformationen einsehen und darauf aufbauen kann.
- Der **Gesundheitscheck** wird erleichtert, weil alle relevanten Daten auf dem Chip gespeichert sind und bei einem Arztgespräch zur Verfügung stehen. Dabei ist es völlig gleich, wo, wann und mit wem das Gespräch stattfindet.
- **Patientenorientierte Dienstleistungen** (z. B. Überweisungen) werden erleichtert und sicherer.
- Die **medizinische Kommunikation** unter den Ärzten, Zahnärzten, Krankenhäusern oder Zahnkliniken wird verbessert. Dadurch wird die zielgerichtete Behandlung optimiert.

5.4 Datensicherheit

Alles, was auf dem Chip der Gesundheitskarte steht, ist nur von Angehörigen der Heilberufe und Apothekern auslesbar. Diese müssen über einen entsprechenden Schlüssel, den so genannten Heilberufeausweis, verfügen. Zusätzlich wird der Zugang zu den Daten nur über eine PIN-Nummer ermöglicht.

Schließlich werden die letzten 50 Zugriffe auf die Karte dokumentiert. Missbrauch in der Nutzung der

Karten und der darauf enthaltenen Daten wird strafrechtlich verfolgt. Wichtig ist auch zu wissen, dass z. B. Betriebsärzte nur dann die Daten einsehen und auf sie zurückgreifen dürfen, wenn sie am allgemeinen ärztlichen Notfalldienst teilnehmen und über einen Heilberufeausweis verfügen. Die dann genutzten Daten dürfen aber keinesfalls in die Hände des Arbeitgebers gelangen oder eine Grundlage für arbeitsplatzbezogene Maßnahmen bilden.

Neben dem Wohl des Patienten hatte der Gesetzgeber bei der Einführung der elektronischen Gesundheitskarte auch die langfristige Einsparung der zum Teil erheblichen Verwaltungskosten im Auge. Zum Beispiel muss jedes der in Deutschland pro Jahr rund 800 Millionen Rezepte bis zu fünfmal bearbeitet und die darauf enthaltenen Daten müssen erfasst werden. Die damit verbundenen Kosten, wie auch die Kosten beim Datenaustausch der Mediziner und Therapeuten untereinander, sollen durch die Chipspeicherung erheblich reduziert werden.

5.5 Die Europäische Krankenversichertenkarte

Die elektronische Gesundheitskarte gilt nur im Inland. Für medizinische Behandlungen im Ausland wurden bisher die Formulare:

- E 111 und E 111 B (für Touristen),
- E 110 (für Mitarbeiter im internationalen Transportwesen),
- E 128 (für in einen anderen Mitgliedstaat entsandte Erwerbstätige und Studenten) und
- E 119 nur für Sachleistungen (für Arbeitslose bei Arbeitssuche in anderen Mitgliedstaaten)

benötigt, um die Behandlungskosten nicht im Zweifelsfall selbst bezahlen zu müssen.

Mit der Europäischen Krankenversichertenkarte (European Health Insurance Card - EHIC) müssen sich Versicherte in der gesetzlichen Krankenversicherung nicht mehr bei jeder Auslandsreise entsprechende Vordrucke besorgen. Die Europäische Krankenversichertenkarte wird auf der Rückseite der elektronischen Gesundheitskarte angebracht.

Sozialversicherte, die bei einem vorübergehenden Aufenthalt im europäischen Ausland krank werden oder sich verletzen, können gegen Vorlage der Europäischen Krankenversichertenkarte (EKVK) medizinische Leistungen in Anspruch nehmen. Dies gilt für Urlaubsreisende ebenso wie für Studenten, Arbeitssuchende, Freiberufler oder Arbeitnehmer, die für einige Zeit im Ausland arbeiten.

Die Europäische Krankenversicherungskarte gilt in den 28 EU-Staaten sowie Norwegen, Lichtenstein, der Schweiz und Island.

Mit der EKVK hat ein ausländischer Patient Anspruch auf dieselbe medizinische Versorgung im Rahmen der gesetzlichen Krankenversicherung wie inländische Patienten. Die Krankenkassen übernehmen die Behandlungskosten mitunter jedoch nur teilweise. Die EKVK gilt z. B. nicht für geplante Behandlungen im europäischen Ausland. Diese müssen aus eigener Tasche bezahlt werden, sofern der zuständige Kostenträger die Behandlung nicht vorab genehmigt hat.

Die Europäische Krankenversichertenkarte hat europaweit einheitliche Merkmale. Damit ist garantiert, dass die Karte in allen europäischen Mitgliedstaaten erkannt und angewandt werden kann.
Alles, was für die Gewährung von medizinischen Leistungen und für die Erstattung der Kosten im europäischen Ausland gemäß dem europäischen Gemeinschaftsrecht notwendig ist, wird als Daten auf der Karte erfasst.

Hierzu zählen:
- der Familienname und die Vornamen,
- das Geburtsdatum,
- als persönliche Kennnummer die ersten zehn Stellen der Krankenversichertennummer,
- eine Kennnummer der Krankenkasse,
- eine Kennnummer der Karte,
- die Gültigkeitsdauer der Karte (Ablaufdatum).

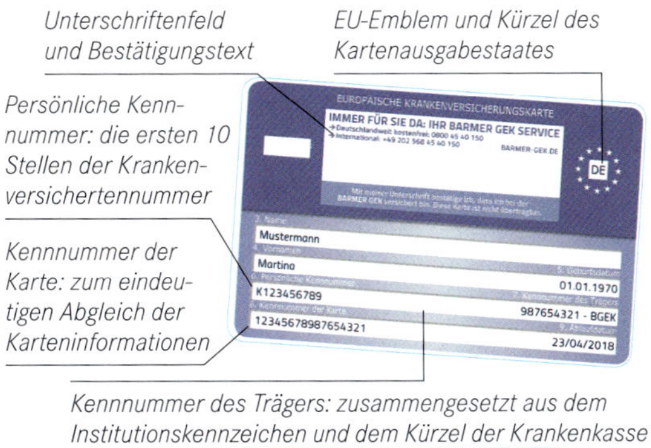

Rückseite der elektronischen Gesundheitskarte

Ergänzt werden diese Angaben um ein Unterschriftenfeld für den Karteninhaber sowie das EU-Emblem und das Kürzel des Kartenausgabestaates (DE für Deutschland).

Die Vorlage der Karte genügt, um sich bei einem Unfall oder einer akuten Erkrankung medizinisch behandeln zu lassen. Dann besteht ein Anspruch auf die Leistungen, die sich während des Aufenthalts im Gebiet eines anderen EU-Mitgliedstaates als notwendig erweisen.

Der Arzt **muss** alle Leistungen und Behandlungen erbringen, die der Gesundzustand dieses Patienten erfordert, damit er seinen Aufenthalt unter medizinisch sicheren Bedingung fortsetzen kann. Er ist **nicht** zu Behandlungen **verpflichtet,** die verschoben werden können, bis die versicherte Person in ihren Wohnstaat zurückgekehrt ist (das ist z. B. der Fall bei nicht dringenden Operationen oder auch bei den meisten Zahnbehandlungen).

Die betroffene Person könnte gewisse Schwierigkeiten haben, die Übernahme der Kosten für Sachleistungen zu erwirken, die über diejenigen hinausgehen, die während eines vorübergehenden Aufenthalts erforderlich sind.

Die anfallenden Kosten werden von der gesetzlichen Krankenkasse des Patienten erstattet.
Wenn Versicherte sich aus bestimmten Gründen bewusst für eine Behandlung im Ausland entscheiden, müssen sie zuvor klären, ob die Kosten hierfür übernommen werden.
Dies gilt auch für chronisch Kranke, wenn die Krankheit eine besondere medizinische Überwachung notwendig macht und den Einsatz besonderer Techniken oder Geräte erfordert (zum Beispiel bei Dialysebehandlungen). Der durch die Europäische Krankenversichertenkarte abgedeckte Bereich gilt nur für die unmittelbar erforderliche medizinische Versorgung (z. B. Beinbruch, kranker Zahn, Virusinfektion) oder für die fortlaufende Versorgung bei chronischen Erkrankungen wie Diabetes.

Im Notfall reicht auch eine provisorische Ersatzbescheinigung. Sie ist ein der Europäischen Versichertenkarte gleichwertiges Dokument, das diese bei Verlust, Vergessen oder auch in dem Falle ersetzt, wenn die Krankenversicherung nicht in der Lage ist, dem Betroffenen vor seiner Abreise eine Europäische Krankenversichertenkarte auszustellen. Sie erfüllt die gleiche Funktion wie die Europäische Krankenversichertenkarte.

Mittelfristig sollen auch Gesundheitsdatensätze wie beispielsweise Notfalldaten oder Arzneimitteldokumentationen als freiwillige Anwendungen der Gesundheitskarte europaweit verfügbar gemacht werden können.

Wichtig zu wissen:
Die Europäische Krankenversichertenkarte gilt nicht für Gesundheitsdienstleister aus dem privaten Sektor.

Arbeitsaufträge

1. *Worin sehen Sie die besonderen Vorteile dieser neuen Gesundheitskarte und welche Argumente könnten von den Kritikern ins Feld geführt werden?*
2. *Wie beurteilen Sie den Fall in der Eingangssituation und wie hätten Sie in dieser Situation gehandelt?*

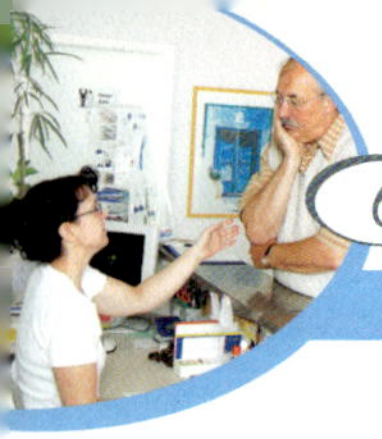

6 Dateien statt Karteien
Datenverarbeitung in der Praxiswelt

Computer gehören heute zum Praxisalltag. So werden auch in der Praxis von Dr. Heilmann nahezu alle Vorgänge mit dem PC erfasst und abgewickelt, ganz egal, ob es sich um die Dokumentation von Behandlungen oder um das Ausstellen von Abrechnungen und Privatliquidationen, um zahnärztliche Befunde, die Terminplanung oder sonstige Dinge aus dem Praxisalltag handelt.
Bisher waren die PCs zwar über einen Zentralrechner miteinander verbunden, aber sie wurden mehr oder weniger voneinander getrennt benutzt. Jetzt soll ein praxisinternes Netzwerk aufgebaut werden, damit jeder Mitarbeiter Zugriff auf (fast) alle Daten hat. Außerdem soll von jedem Rechner ein freier Zugang zum Internet möglich sein. Und plötzlich steht die Frage im Raum, ob die bisherigen Maßnahmen des Datenschutzes ausreichen. Bisher war ja alles gut gegangen, aber ...

- *Welche grundsätzlichen Fragestellungen müssen bei der Anwendung der Datenverarbeitung in der Zahnarztpraxis geklärt werden?*

6.1 Konfigurationsfragen

PCs sind unabhängig von ihrer Größe in ihrem Aufbau ähnlich. Die Hauptelemente sind

- Eingabeeinheit (Maus, Tastatur),
- Zentraleinheit (CPU = Central Processing Unit) einschließlich des internen Speichers zur Verarbeitung der Daten,
- Datenträger als Speichermöglichkeiten (interne/externe Festplatte, CD, Diskette, Stick),
- Ausgabegeräte (Monitor, Drucker).

Hinsichtlich der Anordnung unterscheidet man zwei grundsätzliche Systeme:

Insellösung/Einplatzcomputer

Hier wird entweder die gesamte Datenverarbeitung über nur einen einzigen PC abgewickelt (wie dies z. B. zu Hause oder in sehr kleinen Betrieben und Praxen der Fall sein könnte) oder es gibt zwar mehrere PCs, die aber untereinander nicht verbunden bzw. nicht vernetzt sind. Dann muss i. d. R. jeder einzelne Arbeitsplatz über die gesamte Software verfügen.

Mehrplatzsysteme/Netzwerke

Die Erweiterung einer Computeranlage auf das so genannte „Multi-User-Systems“ bedeutet, dass man einen Zentralrechner hat, der sämtliche Programme und Prozesse verwaltet. An diesen Server angeschlossen sind so genannte Terminals, die nur aus einem Eingabegerät (Maus, Tastatur) und einem Monitor bestehen.

Netzwerk

Mehrplatzsysteme, bei denen an jedem Arbeitsplatz auch ein Rechner steht, der mit dem anderen

durch spezielle Netzwerkkabel verbunden ist, führen zu einem Computernetz, bei dem eine isolierte Arbeit an jedem PC möglich ist, aber genauso gut auch die Daten untereinander ausgetauscht und weitergegeben werden können. Praxisinterne Vernetzungen bezeichnet man als **Intranet.**

Das größte externe Netzwerk ist das **Internet.** Es hat keinen Besitzer, sondern ist eine Ansammlung von Zentralrechnern, die von Universitäten, Forschungszentren, aber auch privaten Firmen angeboten werden. Hier können sich Nutzer Speicherplätze mieten, um ihre Informationen über das Internet unter einer jeweils speziellen Adresse weltweit zu verbreiten.

Die Zukunft im Gesundheitswesen wird darin bestehen, dass die Patientendaten irgendwann auch komplett über das Internet verwaltet und abrufbar bereitgehalten werden. Ein solches System wird von nicht wenigen aber auch sehr kritisch betrachtet. Der Datenschutz steht hier vor großen Herausforderungen.

6.2 Software

Der PC als solcher ist leb- und hirnlos und kann nicht eigenständig denken. Alles, was er tut, muss ihm vorher beigebracht werden. Dies geschieht durch die entsprechenden Programme. Hier unterscheidet man zwei Arten:

Betriebssysteme

Die Systemprogramme sind ein zentraler Bestandteil des Computers. Sie sind vergleichbar mit den elektronischen Steuerungen in einem Auto, dessen Motor auch nicht läuft, wenn die Befehle, die er bekommt, nicht umsetzbar sind. Die bekanntesten Betriebssysteme sind die von Microsoft. Daneben gibt es aber auch noch eine Reihe von Mitbewerbern wie z. B. Linux und Apple.

Anwenderprogramme

Hierbei handelt es sich einmal um ganz allgemeine Software wie sie z. B. für Textverarbeitung, die Erstellung von Grafiken oder auch die Tabellenkalkulation benötigt wird. Daneben gibt es ganz spezielle Softwarepakete für die zahnärztliche Praxis.

6.3 Datenschutz

Datenschutz ist ein vielfältiges Aufgabengebiet, bei dem es um zwei zentrale Bereiche geht:
- Schutz vor Datenverlusten
- Schutz vor unerlaubtem Datenzugriff

Schutz vor Datenverlusten

Es gibt keine Technik, die völlig frei von Fehlern und Anfälligkeiten ist. Umso wichtiger ist es, dass die gespeicherten Daten gesichert werden. In regelmäßigen Abständen, spätestens aber am Ende eines

Arbeitstages sollten die Daten, die be- oder verarbeitet wurden, gesichert werden. Dies geschieht durch eine Speicherung auf einem externen Datenträger oder auf einem anderen Rechner.

Darüber hinaus ist gerade bei der Nutzung des Internets sicherzustellen, dass keine Viren, welche die Datenbestände zerstören können, eingeschleppt werden. Dazu gibt es die so genannten Virenschutzprogramme. Die Virenscanner können Viren erkennen und vernichten. Ein Virenscannerprogramm sollte bei Betrieb des PCs dauernd mitlaufen.

Wichtig ist, dass niemand private Datenträger mitbringen und etwas auf den Praxis-PC herunterladen sollte.

Gegen unbeabsichtigtes Löschen von Daten sollten vorhandene Einrichtungen auf Datenträgern genutzt werden. Hierzu zählt der Schreibschutz an Disketten oder Sticks ebenso wie die Nutzung von nicht wiederbeschreibbaren CDs.

Schutz vor unerlaubtem Datenzugriff

Bei einem unerlaubten Zugriff auf Daten und Dateien besteht die Gefahr, dass Daten

- vernichtet oder verfälscht und/oder
- in falsche Hände geraten und veröffentlicht werden.

Ein wichtiger Schritt ist, dass es eine klare Regelung gibt, wer auf welche Programmteile und Datensegmente das Zugriffs- und Bearbeitungsrecht hat. Hierzu werden **Passworte** vergeben. Mit ihnen lassen sich unterschiedliche Zugangsrechte auf den Datenbestand regeln.

Neben der Einschränkung der Nutzer kann mit solchen Passworten aber auch verfügt werden, was ein Nutzer mit den vorhandenen Daten machen kann. Dies kann dahin gehend beschränkt sein, dass die Daten nur gelesen werden können. Oder die Berechtigung besteht darin, dass gelesen, aber auch geschrieben, d. h. verändert werden darf. So kann z. B. eine Auszubildende ZFA im Bereich der Terminplanung arbeiten (und auch Eintragungen vornehmen) und sie kann auch Behandlungsdaten eintragen, hat aber keinen Zugang zur Buchführung.

Mit entsprechenden Protokollbändern, die den Zugriff automatisch aufzeichnen, lässt sich nachvollziehen, wer zu welcher Zeit an welchem Platz mit welchen Daten gearbeitet hat. Wichtig ist auch, dass es für bestimmte DV-Bereiche Zutrittskontrollsysteme gibt.

Arbeitsaufträge

1. *Erläutern Sie, worin die wesentlichen Unterschiede zwischen herkömmlicher manueller und moderner elektronischer Verarbeitung von Patientendaten und zahnärztlichen Behandlungs- und Dokumentationsvorgängen bestehen.*
2. *Was ist der Unterschied zwischen Betriebssystemen und Anwenderprogrammen?*
3. *Welche verschiedenen Kategorien des Datenschutzes unterscheidet man und was kann/muss getan werden, damit keine Daten verloren gehen oder manipuliert werden?*
4. *Welche Funktion haben Passwörter?*
5. *Erläutern Sie, was in Ihrer Praxis getan wird, um den Datenschutz zu gewährleisten, und wie die Berechtigungen im Rahmen der Arbeit am PC verteilt sind.*
6. *Überlegen und beurteilen Sie, ob es überhaupt einen absoluten Datenschutz geben kann.*

Lernfeld 3

Praxishygiene organisieren

In diesem Lernfeld informieren Sie sich über Infektionsgefahren in der Zahnarztpraxis. Sie beschreiben Infektionswege und planen fachgerecht Desinfektions- und Sterilisationsmaßnahmen zur Minimierung des Infektionsrisikos. Zur Vermeidung der Weiterverbreitung von Krankheitserregern planen Sie Schutzmaßnahmen und treffen fallbezogen eine begründete Auswahl auch unter Berücksichtigung wirtschaftlicher und umweltgerechter Aspekte. Sie organisieren, dokumentieren und überprüfen die Durchführung von Hygienemaßnahmen im Team unter Beachtung der Unfallverhütungsvorschriften. Vor ökonomischem und ökologischem Hintergrund planen Sie die Pflege und Wartung von Instrumenten und Geräten und zeigen Wege für die umweltgerechte Entsorgung von Praxismaterialien auf.

1 Für eine Praxis unverzichtbar
Der Wartungsvertrag

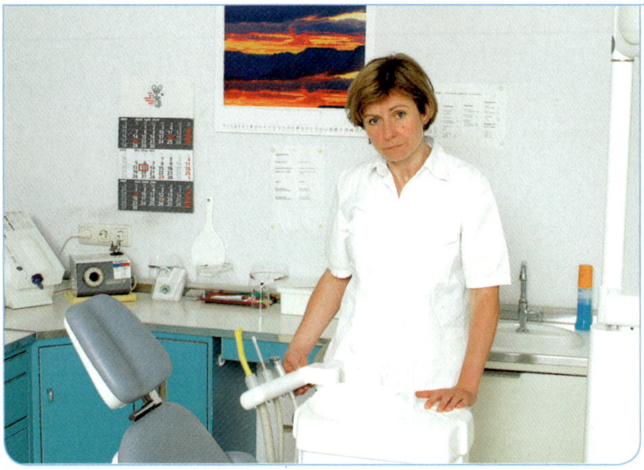

Es ist Montagvormittag und das Wartezimmer von Frau Dr. Heilmann sitzt voller ungeduldiger Patienten, die alle zügig behandelt werden wollen. Als Frau Windisch auf dem Stuhl im Behandlungszimmer 2 sitzt, leuchtet plötzlich am Bedienungspaneel das Blinksignal „Amalgam" auf und ein Hupsignal ertönt. Frau Dr. Heilmann ist sofort klar, dass der Amalgamabscheider einen Defekt hat, was wahrscheinlich auf einen Ausfall des Antriebsmotors hinweist. Die Trennung von Amalgam und Schmutzwasser ist also nicht mehr gewährleistet. Die Wasserzufuhr für die Rundspülung in der Speischale wurde durch das Gerät sofort gesperrt. Konsequenz: Der Behandlungsplatz kann nicht mehr genutzt werden und die geplante Behandlungsabfolge muss neu organisiert werden. „Der Techniker der Wartungsfirma muss sofort herkommen", ist die klare Anweisung von Frau Dr. Heilmann an die Mitarbeiterin Corinna Maybaum. Als nach vier Tagen trotz mehrerer Telefonanrufe immer noch niemand von der Wartungsfirma Dental-GmbH erschien, ist Frau Dr. Heilmann mit ihrer Geduld am Ende. „Wir kündigen den Wartungsvertrag und suchen uns eine Firma, die auch zu ihren vertraglichen Pflichten steht", so ihre Worte, als sie ärgerlich Corinna Maybaum mit dieser Aufgabe betreut.

- *Was ist ein Wartungsvertrag?*
- *Welche Besonderheiten weist er auf?*

1.1 Ein Wartungsvertrag kommt zustande

Zahnarztpraxen zählen zu der Gruppe der wartungsintensiven Betriebe. Sehr viel Zeit wird darauf verwendet, die Instrumente, Geräte und Vorrichtungen zu pflegen, intakt zu halten und, falls notwendig, auch instand zu setzen. Im Vordergrund stehen dabei die Sicherheit und Gesundheit der Patienten. Werden notwendige Wartungsarbeiten schlecht oder gar nicht ausgeführt, ist auch ein reibungsloser Behandlungsablauf gefährdet. Zeitliche Verzögerungen, unzufriedene Patienten und zusätzliche Kosten sind die Folge.

Für Wartungsarbeiten ist vor allem das Praxisteam zuständig. Gegenstände, die einer besonderen Pflege bedürfen, sind z. B. chirurgische Instrumente, Handstücke und das Mundspülbecken. Desinfektion und Reinigung gehören hier vor allem zu den Wartungstätigkeiten.

Der Gesetzgeber stellt in der Medizinprodukte-Betreiberverordnung (MPBetreibV) besondere Anforderungen an medizinische Geräte. Unfallverhütungsvorschriften ergänzen diese Bestimmungen. So darf der Zahnarzt bestimmte Geräte am Behandlungsplatz nur betreiben, wenn der Hersteller oder eine von ihm beauftragte fachkundige Person das Gerät vor Inbetriebnahme einer Funktionsprüfung unterzogen hat. Außerdem sieht der Gesetzgeber regelmäßige sicherheitstechnische Kontrollen bei Geräten mit eingebauten Hochfrequenzmodulen vor.

Das Praxispersonal wäre mit dieser Aufgabe überfordert. Es besitzt weder die notwendigen Fachkenntnisse noch die erforderlichen Messinstrumente und Werkzeuge, um Wartungsaufgaben dieser Art vorzunehmen. Der Zahnarzt schließt daher mit einem auf diesen Aufgabenbereich spezialisierten Betrieb einen Wartungsvertrag ab. Durch geeignete notwendige Maßnahmen wird so den gesetzlichen Vorgaben entsprochen, die Betriebsbereitschaft wird aufrechterhalten und eventuell auftretende Störungen werden schnell und fachmännisch beseitigt.

Wartungsverträge gehören zu der Gruppe der **Werkverträge.** Wie jeder andere Vertrag kommt auch der Wartungsvertrag durch Antrag und Annahme zustande. Der Antrag kann dabei von der Wartungsfirma oder dem Zahnarzt ausgehen. Häufig ist es so, dass der Zahnarzt eine unverbindliche Anfrage an eine Wartungsfirma richtet und um ein Angebot bittet (= Antrag). Ist er mit dem Inhalt des Angebots einverstanden, erteilt er der Wartungsfirma den Auftrag (= Annahme), die vereinbarten Arbeiten auszuführen. Eventuell erhält er von der Wartungsfirma noch eine ausdrückliche Auftragsbestätigung.

→ LF 2, Kap. 3

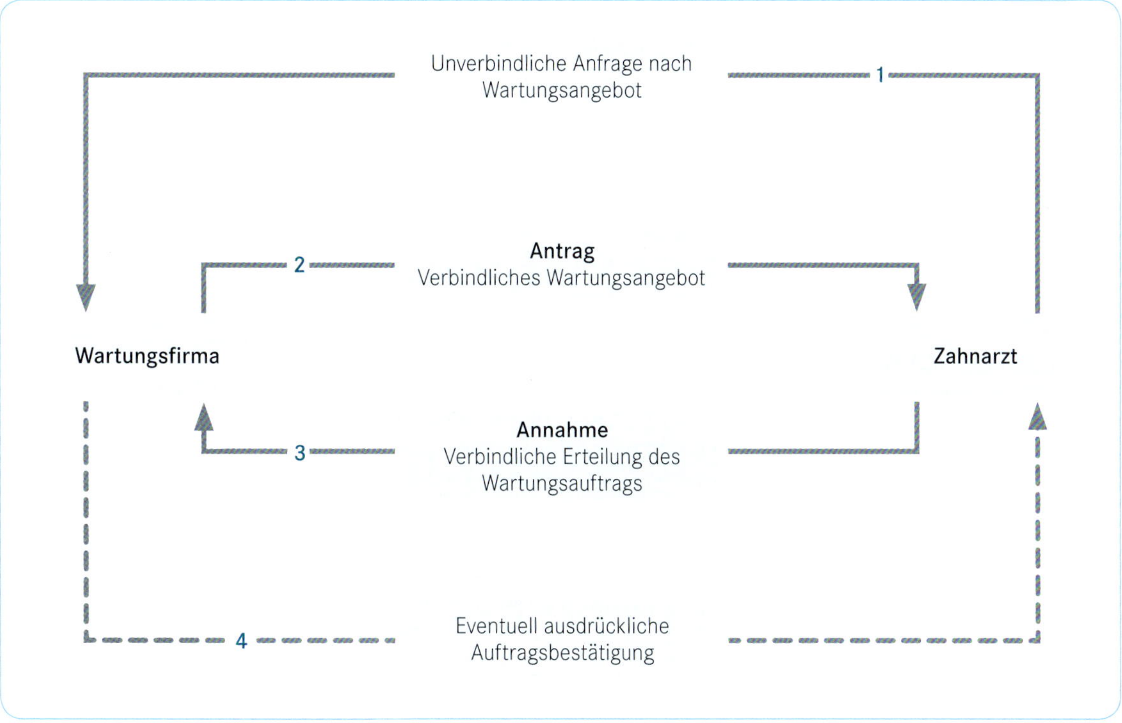

1.2 Inhalt eines Wartungsvertrages

Wartungsfirmen können die rechtliche Bindung ihrer Angebote durch Verwendung von so genannten Freizeichnungsklauseln einschränken. Dies geschieht z. B. durch Formulierungen wie „unsere Angebote sind freibleibend und unverbindlich“. Denkbar ist auch, dass die rechtliche Bindung sich nur auf einzelne Inhalte des Angebots beschränkt. Beispiel aus dem Angebot einer Wartungsfirma: „Die vereinbarten Reparaturfristen sind unverbindlich.“

WARTUNGSANGEBOT
– für dental-med. Geräte –

Allgemeine Bedingungen zum Wartungsangebot
Leistungen des Auftragnehmers

Die Wartung umfasst nach gerätespezifischen Arbeits- und Messvorschriften:

a) Betriebswartung
- Überprüfung der elektrischen und mechanischen Sicherheit
- Funktionsprüfung gemäß Wartungsliste
- Reinigen und Fetten der mechanischen Geräteteile
- Kontrollieren der Betriebsbereitschaft der Geräte

b) Instandhaltung und Instandsetzung
- Durchführung der von dem Auftragnehmer für notwendig erachteten vorbeugenden Maßnahmen, insbesondere der Austausch von durch natürliche Abnutzung nicht mehr voll nutzbaren Teilen
- Durchführung der von dem Auftragnehmer zur Verbesserung der Betriebsbereitschaft als notwendig erachteten technischen Änderungen einschließlich des dazu benötigten Materials für Geräte (Modifizierungen)
- Bei Störungen oder Schäden infolge natürlicher Abnutzung: Fehlerdiagnose sowie das Beseitigen von Störungen oder Schäden mit Austausch unbrauchbar gewordener Teile
- Kosten: für die in der Anlage aufgeführten Geräte gemäß festgelegter Pauschale für 1 kompletten Arbeitsplatz eines Herstellers, zzgl. Ersatzteilen gemäß zz. gültiger Preisliste + MwSt.

c) Sonstige Leistungen
- Vorhaltung von technischem Fachpersonal in dem Dental-Depot
- Vorhaltung der zur Wartung benötigten Spezialwerkzeuge, Mess- und Prüfmittel
- Dokumentation durchgeführter Kontrollen, Überprüfungen, Instandhaltungs- und Instandsetzungsmaßnahmen
- Garantie auf eingebaute Ersatzteile gemäß Herstellerangaben 3 bzw. 6 Monate, ausgenommen Verschleißteile wie: Ersatzlampen, Sicherungen, Dichtungen, O-Ringe sowie Arbeitszeit und Anfahrt

Sollten Sie einen kombinierten Arbeitsplatz haben, erstellen wir Ihnen gern ein individuelles Kostenbild.
Die Wartung erfolgt während der üblichen Geschäftszeit, soweit nachstehend nichts anderes bestimmt ist.
Für die Durchführung der Wartung erstellt der Auftragnehmer in Abstimmung mit dem Kunden einen Terminplan.

Auftraggeber:	**Auftragnehmer:**
Praxisstempel:	Deuker + Neubauer Dental
Unterschrift:	Technischer Kundendienst
Datum:	

nach: Deuker + Neubauer Dental, Zweigniederlassung Pluradent

Auszug aus einer Wartungsliste, die dem Angebot zugrunde liegt:

Behandlungsstuhl		**Bemerkungen**
Hand- und Fußschalter	☐	Anschlüsse und Schalter auf festen Sitz prüfen
Sicherheitsabschaltung	☐	Sicherheitsschalter auf sicheres Abschalten kontrollieren
Leitungen	☐	Unterbrechungen und Befestigungen prüfen
Lager und Umlenkungen	☐	Gängigkeit und Geräusche überprüfen, ggf. reinigen und fetten
Hydraulik (wenn vorhanden)	☐	Dichtigkeit prüfen, ggf. Öl nachfüllen
Spindelmotor (wenn vorhanden)	☐	Spindel fetten, Bremse prüfen
Stuhlbefestigung	☐	Stuhlbefestigung am Boden prüfen
Polster	☐	Visuelle Kontrolle, Befestigung OK

nach: Deuker + Neubauer Dental, Zweigniederlassung der Pluradent

Rechtliche Grundlage für den Abschluss eines Wartungsvertrages ist vor allem das Bürgerliche Gesetzbuch. Ergänzt werden diese Bestimmungen durch die Allgemeinen Geschäftsbedingungen der Wartungsfirma, die der Zahnarzt mit dem Abschluss des Wartungsvertrages akzeptiert. Spezialgesetze wie z. B. Medizinprodukte-Betriebsverordnung ergänzen die Vorschriften.

1.3 Pflichten der Vertragspartner

Über die einzelnen Pflichten der Vertragspartner bei einem Wartungsvertrag informiert die folgende Übersicht:

Verletzen die Vertragspartner ihre vertraglichen Pflichten, so sieht das Gesetz ein Kündigungsrecht vor. Werden z. B. die Wartungsarbeiten von einem Techniker unvollständig oder fehlerhaft ausgeführt, so kann der Vertrag gekündigt werden. Dies geht aber nur dann, wenn eine gesetzte Frist zur Nachbesserung abgelaufen ist.

Werden Arbeiten von Wartungsfirmen nur mangelhaft ausgeführt, so stehen dem Zahnarzt folgende Rechte zu: Er kann

- darauf bestehen, dass die Mängel behoben werden;
- nach Ablauf einer von ihm gesetzten angemessenen Nachfrist den Mangel selbst beseitigen oder beseitigen lassen und Ersatz seiner Aufwendungen verlangen;
- nach Ablauf einer angemessenen Nachfrist vom Wartungsvertrag zurücktreten;
- nach Ablauf einer angemessenen Nachfrist Schadenersatz verlangen (z. B. wegen Umsatzverlust aufgrund eines ausgefallenen Behandlungsplatzes).

Arbeitsaufträge

1. *Beurteilen Sie, ob Frau Dr. Heilmann den Vertrag mit der Wartungsfirma Multi-Dental-GmbH in der beschriebenen Situation wirklich kündigen darf.*
2. *Frau Dr. Heilmann erhält ein Wartungsangebot von der Firma Pro-Dent OHG, in dem die Formulierung steht: „Vereinbarte Reparaturfristen sind unverbindlich." Welche rechtliche Bedeutung hat diese Freizeichnungsklausel?*
3. *Beschreiben Sie, wie ein Wartungsvertrag zustande kommt.*
4. *Welche Pflichten haben Zahnarzt und Wartungsbetrieb mit dem Abschluss eines Wartungsvertrages übernommen?*
5. *Ein fehlerhaftes Ersatzteil wird von einem Techniker der Wartungsfirma in ein Röntgengerät eingebaut. Das Gerät ist deshalb zz. nicht zu benutzen. Mehrere Mahnungen zur Beseitigung des Mangels waren bisher erfolglos. Diskutieren Sie rechtliche Möglichkeiten gegenüber der Wartungsfirma.*
6. *Zu welcher Art von Verträgen gehören Wartungsverträge?*
7. *Nennen Sie Wartungsarbeiten, die in Ihrer Ausbildungspraxis von dem Praxisteam auszuführen sind.*
8. *Vergleichen Sie das vorstehende Wartungsangebot mit Angeboten aus Ihrer Ausbildungspraxis. Stellen Sie Unterschiede und Gemeinsamkeiten fest.*

2 Nur nicht von ihnen auffressen lassen

Die Kosten einer Zahnarztpraxis

Bei den Treffen des Praxisteams tauchte in den letzten Wochen ein Wort immer häufiger auf: das Wort „Kosten". Es war die Rede von „Kosten fressen uns noch auf", „Kosten laufen uns davon" und „kostenbewusstes Verhalten ist angesagt". Frau Dr. Heilmann betonte immer öfter, dass sie ja nicht nur Zahnärztin sei, die an das Wohl ihrer Patienten zu denken habe, sondern als Unternehmerin auch auf die Kosten achten müsse. „Ich sehe da eine Schere", so ihre Worte, „die sich zwischen zurückgehenden Erlösen aufgrund der Sparmaßnahmen im Gesundheitswesen und ständig steigenden Kosten immer weiter öffnet." Die Zahnärztin ergänzte: „Sollte es nicht gelingen, unsere Kosten zu senken, müsste ich auch unseren Personalbestand zur Disposition stellen." Als Frau Dr. Heilmann in die betroffenen Gesichter ihrer Mitarbeiterinnen schaute, fuhr sie fort: „Meine Damen, so weit ist es ja noch nicht, aber jede von Ihnen sollte sich einmal Gedanken darüber machen, wo es Möglichkeiten zur Kosteneinsparung gibt. Wir packen das schon gemeinsam ..."

- *Was sind Kosten?*
- *Wie kann man Kosten beeinflussen?*

2.1 Was sind Kosten?

Welches sind die einzelnen **Merkmale des Kostenbegriffs**? Auszug aus einer Rechnung an Frau Dr. Heilmann:

Merkmal 1
mengenmäßiger Verbrauch von Gütern und Dienstleistungen

Merkmal 2
Verbrauch dient der Erstellung der zahnärztlichen Leistung

Wir berechnen für die durchgeführten Wartungsarbeiten:			
Lohnanteil	2 Techniker à 6 Std. zu je	60,00 €	720,00 €
Material	1 Versorgungsschlauch	95,00 €	95,00 €
Nettobetrag			815,00 €
+ 19 % MwSt.			154,85 €
Endbetrag			969,85 €

Merkmal 3
mengenmäßiger Verbrauch wird mit Euro bewertet

Merke: Kosten sind der bewertete Verbrauch von Gütern oder Dienstleistungen, der notwendig ist, um die zahnärztlichen Leistungen zu erbringen.

In Zahnarztpraxen gibt es **verschiedene Arten von Kosten.** Beispiele sind:

- Personalkosten für zahnärztliche Mitarbeiter/-innen;
- Kosten für Verbrauchsmaterial, wie z. B. Watterollen, Abdruckmaterial, Röntgenfilme;
- Raumkosten, wie z. B. Praxismiete, Strom, Wasser;
- Kosten für fremde Dienstleistungen, wie z. B. Wartungsfirmen, Sicherheitsfachkräfte;
- Zinsen für Praxisdarlehen;
- Abschreibungen auf medizinische Geräte.

2.2 Ausgaben und Kosten

Kosten dürfen nicht verwechselt werden mit Ausgaben. Beispiel: Frau Dr. Heilmann benötigt einen neuen Amalgamabscheider. Einen Vergleich von Ausgaben und Kosten zeigt folgende Übersicht.

Ergebnis: Die 1.200,00 €, die Frau Dr. Heilmann für den Kauf des Amalgamabscheiders gezahlt hat, sind Ausgaben und zunächst keine Kosten. Nur ein Teil der 1.200,00 €, nämlich 240,00 €, stellt neben den Wartungs- und Entsorgungskosten die jährlichen Kosten dar. Die 240,00 €, die als Abschreibung bezeichnet werden, sind quasi die Verschleiß- und Abnutzungskosten. Alle Kostenarten haben eine Gemeinsamkeit: Sie sind entstanden beim Verbrauch von Gütern (hier in Form von Abnutzung und Verschleiß) und Dienstleistungen (hier in Form von Arbeitszeit für Wartung und Entsorgung), die notwendig wurden, um die zahnärztliche Leistungen zu erbringen.

„Die Kosten des Gesundheitswesens laufen uns davon.“ Beklagt wird dieser Zustand schon seit vielen Jahren. Ein Ende der Entwicklung ist nicht abzusehen. Steigende Krankenkassenbeiträge und eine Kürzung der bezahlten Leistungen haben nicht ausgereicht, um das Gesundheitswesen finanzieren zu können. Auch der Zahnarzt und seine Mitarbeiter/-innen müssen sich heute stärker als früher um Einnahmen bemühen. Sie müssen aber auch lernen „in Kosten zu denken“, denn eine wirtschaftlich gut gehende Praxis ist nicht mehr selbstverständlich.

Ausgaben	**Kauf eines Amalgamabscheiders zu 1.200,00 €**						Für den Kauf des Gerätes sind **Ausgaben** von 1.200,00 € im Anschaffungsjahr angefallen
Kosten	jährliche Wertminderung durch Verschleiß und Abnutzung	+	anteilmäßiger Betrag, den die Wartungsfirma erhält	+	anteilmäßiger Betrag, den der Fachbetrieb für Entsorgung von Amalgamresten erhält	=	jährliche Kosten für Amalgamabscheider
	240,00 €		30,00 €		15,00 €		285,00 €
	Abschreibung	+	**Wartungskosten**	+	**Entsorgungskosten**	=	**Summe der Kosten**

Was früher undenkbar war, ist heute alltäglich: Ärzte geben aus wirtschaftlichen Gründen ihre Praxis auf und müssen ihre Mitarbeiter entlassen.

Kostenbewusstes Verhalten ist also mehr denn je das Gebot der Stunde. Dabei sind sowohl der Praxisinhaber als auch seine Mitarbeiter/-innen gefordert. Sie alle können einen Beitrag zur Einsparung von Kosten leisten.

2.3 Einige Vorschläge für das Praxisteam zur Kostensenkung

- Abrechnung der Privatpatienten nicht mehr wie bisher einer ärztlichen Verrechnungsstelle übertragen, sondern selbst erledigen.
- Eventuell Wartungsverträge kündigen und einer kostengünstigeren Firma übertragen.
- Die Anschaffungskosten der Verbrauchsmaterialien (Watterollen, Röntgenfilme, Einmalhandschuhe usw.) durch den Einkauf größerer Mengen und die Gewährung von Mengenrabatt senken.

- Jetzigen Lieferant von Verbrauchsmaterial austauschen gegen preislich günstigeren.
- Anästhetika in Zukunft auf Abruf kaufen und sich nur kleinere Mengen hinlegen. Die Gefahr, dass das Verfallsdatum überschritten und die unverbrauchten Mittel entsorgt werden müssen, wird so gemindert.
- Sauganlage künftig sorgfältiger reinigen, um so der Gefahr der Verkalkung vorzubeugen.
- Statt Einwegverpackungen künftig Mehrwegverpackungen verwenden und dadurch die Entsorgungskosten reduzieren.
- Prüfen, ob eine Abgabe von Überschussamalgam an die Scheideanstalt nicht kostengünstiger ist als an Entsorgungsbetrieb.
- Verstärkt Zeit und Kosten sparende Formen der zahnärztlichen Software verwenden.
- Nur in den Behandlungsräumen eine Fußbodendesinfektion vornehmen. In den anderen Räumen reicht eine normale Feuchtreinigung.
- Den Bestand an Röntgenmaterialien sorgfältiger überwachen, um nicht, wie schon einige Male passiert, einen zeitaufwändigen und kostenintensiven Stillstand bei der Behandlung zu haben.
- Mit Füll- und Abdruckmaterial sparsamer umgehen.

Praxistipp

Wenn man über den Praxisablauf einmal gründlich nachdenkt, ist es nicht so schwer, Verbesserungsvorschläge zu machen, die sich Kosten mindernd auswirken.

Werden die Kosten einer Zahnarztpraxis unter die Lupe genommen, gilt es, Kosten und Nutzen abzuwägen. Beispiel: Hepatitis-Prophylaxe für die Mitarbeiterinnen. Hier überwiegt eindeutig der Nutzen. Er kommt nicht nur den Patienten zugute, sondern die Hepatitis-Prophylaxe garantiert auch mehr Sicherheit im Betriebsablauf, da keine Mitarbeiterin wegen dieser Infektionskrankheit längere Zeit ausfällt.

2.4 Fixe und variable Kosten

Kosten lassen sich danach einteilen, ob sie abhängig oder unabhängig von der Menge der durchgeführten Zahnbehandlung sind.

Fixe (feste) Kosten: Sie sind über längere Zeit gleich hoch, unabhängig davon, wie viele Zahnbehandlungen in einer Praxis durchgeführt werden. Dies ist z. B. der Fall bei Praxismiete, Versicherungen, Gehältern.

Beispiel

Steigt die Anzahl der Zahnbehandlungen von monatlich 600 auf 900, so bleibt die Fixkostenbelastung durch die gemieteten Praxisräume von 2.200,00 € unverändert.

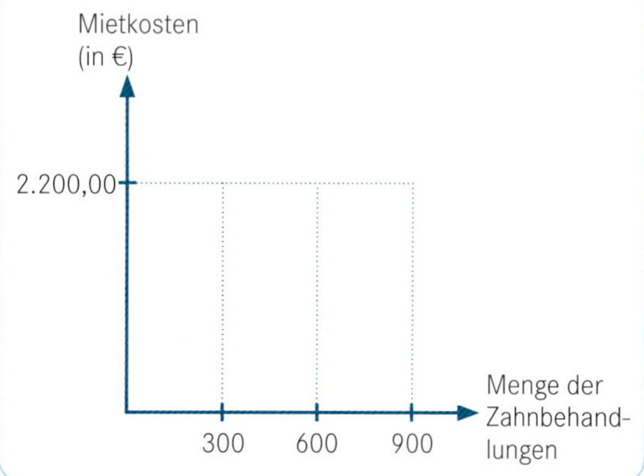

Viele fixe Kosten lassen sich mittel- oder langfristig auch abbauen. Die Kosten können damit einer veränderten Erlössituation der Praxis angepasst werden. Möglich wird dies z. B. durch die Kündigung von Versicherungs- oder Arbeitsverträgen.

Variable (veränderliche) Kosten: Sie verändern sich dann, wenn die Anzahl der durchgeführten Zahnbehandlungen zu- oder abnimmt. Beispiel hierfür sind die verschiedenen Arten von Verbrauchsmaterialien (Watterollen, Abdruckmaterial, Mundschutz usw.).

Beispiel

Erhöht sich die monatliche Anzahl der Zahnbehandlungen von 600 auf 900, so steigen auch die Kosten für das Verbrauchsmaterial von 800,00 € auf 1.200,00 €.

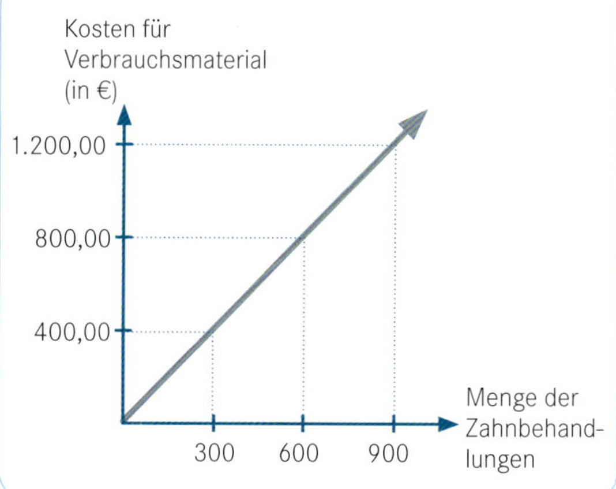

(Hinweis: Wie Sie sicherlich gemerkt haben, „hinkt“ dieses Beispiel ein wenig, da je nach Art der Zahnbehandlung auch unterschiedliche Kosten für Verbrauchsmaterial anfallen. Aber trotzdem: Die grundsätzliche Aussage des Beispiels ist richtig.)

Arbeitsaufträge

1. *Diskutieren Sie in der Klasse einmal über das Thema: „Wie lassen sich in einer Zahnarztpraxis Kosten senken?“ Sammeln Sie die Vorschläge und legen Sie gemeinsam eine Rangfolge fest. Der Rang soll dabei ausdrücken, wie wichtig Sie diesen Vorschlag einstufen (Beispiel: 1. Rang = besonders wichtig).*
2. *Nehmen Sie die Vorschläge des Praxisteams unter die Lupe. Welche finden Sie sinnvoll und welche bringen Ihrer Meinung nach nichts oder wenig, um Kosten zu sparen?*

Arbeitsaufträge

3. Durch welche einzelnen Merkmale lässt sich der Kostenbegriff beschreiben?
4. „Ausgaben sind immer auch gleich Kosten!" Nehmen Sie Stellung zu dieser Behauptung.
5. Erklären Sie am Beispiel der beiden Kostenarten „Zinsen für Praxisdarlehen" und „Befestigungszement" das Wesen von fixen und variablen Kosten.
6. Die Abschreibung für ein Ultraschall-Zahnsteinentfernungsgerät beträgt 620,00 € pro Jahr. Erklären Sie die Bedeutung dieser Aussage.
7. Frau Dr. Heilmann hat vergessen Bargeld einzustecken und entnimmt deshalb 80,00 € aus der Geschäftskasse. Eine Arbeitskollegin ist der Meinung, dass dieser Betrag als Kosten verbucht werden müsse. Bewerten Sie diese Meinung.
8. In Ihrer Klasse wird die Meinung vertreten, dass fixe Kosten ja feste Kosten seien und sich deshalb auch nicht abbauen lassen. Stellen Sie diese Meinung richtig und liefern Sie auch die entsprechende Begründung.
9. In einem Gespräch zwischen zwei Mitgliedern des Praxisteams fällt die Aussage: „Für die neue Sitzgruppe im Wartezimmer werden Kosten in Höhe von 3.650,00 € anfallen." Beurteilen Sie diese Formulierung.
10. Zeichnen Sie den typischen Kostenverlauf von variablen und von fixen Kosten in ein Koordinatenkreuz.
11. Fixe und variable Kosten addieren sich zu Gesamtkosten. In einem Koordinatensystem lässt sich dieser Zusammenhang gut darstellen und veranschaulichen.
Die Kostensituation eines Betriebes zeigt folgende Werte (Menge in Stück/Kosten in Tausend €):

Menge	fixe Kosten	variable Kosten
10	50	40
20	?	?
30	?	?
40	?	?
50	?	?

a) Ermitteln Sie die fehlenden Tabellenwerte.
b) Ermitteln Sie die Gesamtkosten.
c) Zeichnen Sie in einem Koordinatensystem die fixen Kosten ein.
d) Tragen Sie auf die fixen Kosten die variablen Kosten ab, um die Gesamtkostenkurve zu erhalten.

3 Einfach wegschmeißen geht nicht! Sammlung, Trennung und Entsorgung von Abfällen

Das Mitarbeiterteam der Zahnarztpraxis Dr. Heilmann kommt am Freitagnachmittag zu einer Besprechung zusammen. Wichtigster Tagesordnungspunkt: Mängel beim Abfallmanagement.

Frau Dr. Heilmann und Manuela Harris führen aus, dass die Abfallsammlung und Abfalltrennung nicht richtig funktioniert. „Wir haben hier ein Problem, das wir nicht auf die leichte Schulter nehmen sollten", so die Zahnärztin zu ihren Mitarbeiterinnen. Missstände, die in den letzten Wochen auftraten, waren vor allem:

- Medikamente mit abgelaufenem Verfalldatum fanden sich wiederholt im Hausmüll wieder.
- Altröntgenfilme wurden unmittelbar neben den neueren Filmen gestapelt und nicht ordnungsgemäß beseitigt.
- Mehrwegverpackungen wurden immer häufiger von Einwegverpackungen verdrängt, was der Hauptgrund für eine ständig wachsende Menge von Verpackungsmaterial war.
- Ausgediente Wurzelheber und Sonden wurden einfach in den Instrumentenkasten zurückgelegt und nicht in den dafür vorgesehenen Abfallbehälter.

- *Wie sollte ein funktionierendes System des Abfallmanagements in einer Zahnarztpraxis organisiert sein?*

Die Grundregel eines aktiven Abfallmanagements verlangt auch von Zahnarztpraxen folgende Verhaltensweisen zu beachten: Vermeiden; wenn das nicht geht: Verringern; was Vorrang hat vor der Entsorgung.

Gelingt es, Abfall zu vermeiden, ist die Menge des zu entsorgenden Abfalls natürlich geringer. Die Abfallvermeidung steht daher an erster Stelle eines umweltorientierten Abfallmanagements. Die Vermeidung oder Verringerung der Abfallmenge beginnt bereits beim Einkauf. Werden langlebige Produkte verwendet, nachfüllbare Materialien gekauft oder wird auch auf Mehrweg- statt Einwegverpackungen geachtet, lässt sich die Abfallmenge deutlich reduzieren.

Nicht alle Abfallarten lassen sich vermeiden und manche nur schwer verringern. Ist dies der Fall, hat der Praxisinhaber Maßnahmen zur Abfallentsorgung zu organisieren. Nach dem Abfallgesetz haftet er dafür, dass die Entsorgung in der richtigen Art und Weise erfolgt. Ein Teil der zu entsorgenden Abfälle ist relativ einfach zu behandeln. Dies gilt z. B. für anfallende Verpackungsmaterialien, die Bestandteile des normalen Hausmülls sind. Schwieriger und aufwendiger ist die Entsorgung solcher Abfälle, von denen aufgrund ihrer chemischen Zusammensetzung Gefahren für Mensch und Umwelt ausgehen können. Sie dürfen deshalb keinesfalls zusammen mit dem Hausmüll entsorgt werden.

3.1 Entsorgungsunternehmen

Der Gesetzgeber listet in der Verordnung zur Bestimmung von Reststoffen überwachungsbedürftige Stoffe auf, die einer **besonderen Entsorgung** bedürfen (z. B. amalgamhaltige Rückstände).

Übernahmeschein Blatt ①
zum Nachweis der Übernahme von Abfällen

Nr. 23115 1011251

Diese Ausfertigung (weiß) ist mit der Unterschrift des Beförderers/Entsorgers im Nachweisbuch des Erzeugers/Beförderers bei Beförndererwechsel abzuheften.

Abfallbezeichnung [1)]
Fixierlösungen

Abfallschlüssel [1)]	**Entsorgungsnachweis-Nummer**	**Menge in t**
090104	SNE9U1900001	

Erzeugernummer (soweit vorhanden)	**Beförderernummer** (Übernahme vom Erzeuger)	**Entsorgernummer** (soweit vorhanden)
	E97880840	E97894266

Datum der Übernahme (Tag, Monat, Jahr)

Abfallerzeuger oder Beförderer bei Beförderwechsel (Name, Anschrift)	**Beförderer** (Name, Anschrift)	**Abfallentsorger** (Name, Anschrift)
	RWTÜV Anlagentechnik GmbH Südring 15 59368 Werne (0 23 89) 52 850	RWTÜV Anlagentechnik GmbH Südring 15 59368 Werne

Unterschrift (als Versicherung der richtigen Deklaration)	**Unterschrift** (als Versicherung der ordnungsgemäßen Beförderung)	**Unterschrift** (als Versicherung der Annahme zur ordnungsgemäßen Entsorgung)

Frei für Vermerke / Übernahmeschein-Nummern bei Nutzung eines Sammelentsorgungsnachweises

1) Nach EAK-Verordnung, Bestimmungsverordnung besonders überwachungsbedürftige Abfälle, Bestimmungsverordnung überwachungsbedürftige Abfälle zur Verwertung.

Zahnärzte bedienen sich bei dieser Aufgabe im Allgemeinen spezieller Entsorgungsfachbetriebe. Diese bedürfen für ihre Tätigkeit einer besonderen Zulassung. Zwischen ihnen und der jeweiligen Zahnarztpraxis wird ein Entsorgungsvertrag geschlossen. Hier wird festgelegt, welche umwelt- und gesundheitsschädigenden Stoffe abgeholt werden, um sie dann einer von den zuständigen Behörden zugelassenen Verwertungs- und Beseitigungsanlage zuzuführen. Bei der Übernahme der Abfälle durch das Entsorgungsunternehmen erhält der Zahnarzt einen **Übernahmeschein.** Er ist der Nachweis für eine ordnungsgemäße Entsorgung und muss unbedingt aufbewahrt werden. Zur sorgfältigen Sammlung und Trennung der unterschiedlichen Abfälle gehört es zum kostenpflichtigen Service der Entsorgungsbetriebe, spezielle Behälter zur Verfügung zu stellen, die entsprechend des vereinbarten Entsorgungszyklus (z. B. viertel- oder halbjährlich) abgeholt und gegen leere ausgetauscht werden. Maßnahmen zur Abfallentsorgung hat der Praxisinhaber im Hygieneplan festzulegen.

→ FK LF 3, Kap. 3, 4

Aus dem Angebot eines Entsorgungsunternehmens:

Zur Sammlung unterschiedlicher Abfälle stellen wir einen Standardbehältersatz zur Verfügung. Er besteht aus:

- 1 Behälter für Fixierbad (Füllmenge ca. 30 kg)
- 1 Behälter für Entwickler-Flüssigkeit (Füllmenge ca. 30 kg)
- 1 Dose für Siebe und Amalgamschlamm
- 1 Dose für extrahierte Zähne mit Amalgamfüllung
- 1 Behälter für Kanülen und Skalpelle

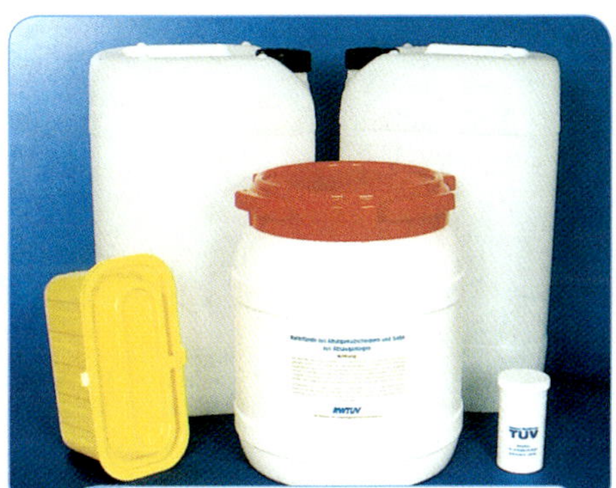

Standardbehältersatz für die Abfallentsorgung

3.2 Abfallarten

Abfallarten in einer Zahnarztpraxis

	Abfallarten	Aufbewahrung	Entsorgung
Gruppe A	• hausmüllähnliche Praxisabfälle • Verpackungen • desinfizierte Abfälle	• Abfallsäcke • Papiertonne • Abfallbehälter, geschlossene Abfallsäcke	• Hausmüllverbrennung, -deponie, • Verwertung duales System • Hausmüllverbrennung, -deponie
Gruppe B	• Spritzen, Skalpelle, Kanülen u. a. • mit Blut und Sekreten kontaminierte Abfälle wie z. B. Watterollen, Tupfer	• durchstichfeste Sammelbehälter • sicher umschlossen durch spezielle Behälter in Abfallsäcke. Aufnehmende Behälter müssen durchdringfest und abschließbar sein.	• Entsorgungsbetrieb • Hausmüllverbrennung, -deponie
Gruppe C	• mit Erregern meldepflichtiger Erkrankungen behaftete Abfälle	• sicher umschlossene Abfallsäcke, vorher aber Sterilisation bzw. Desinfektion	• Hausmüllverbrennung, -deponie
Gruppe D	• Bleifolien, Altfilme • Fixierbäder, Entwicklerbäder • Überschussamalgam • Abscheidegut aus Amalgamabscheider • extrahierte Zähne mit Amalgamfüllung, Amalgamschlamm, leere Amalgamkapseln • Altmedikamente • Batterien	• Behälter, Tüten • Kanister • dicht verschließbare Behälter • fest verschließbare Behälter mit Desinfektionsmittelzusatz • dicht verschließbare Behälter • gekennzeichnete Behälter • gekennzeichnete Behälter	• Entsorgungsbetrieb • Entsorgungsbetrieb • Abgabe zur Verwertung an Scheideanstalt oder Entsorgungsbetrieb • Abgabe an Hersteller des Amalgamabscheiders, Entsorgungsbetrieb • Entsorgungsbetrieb • Rückgabe an Apotheke, Entsorgungsbetrieb • Rückgabe an Fachhandel, Entsorgungsbetrieb

Arbeitsaufträge

1. *Zeigen Sie beispielhaft einige Möglichkeiten auf, wie sich die Abfallmengen in einer zahnärztlichen Praxis verringern lassen.*
2. *Nennen Sie Abfallarten, die einer besonders sorgfältigen Behandlung bedürfen.*
3. *Informieren Sie sich in Ihrer Praxis, durch wen und wie häufig die Entsorgung von Abfällen erfolgt, die aus umwelthygienischer Sicht besondere Anforderungen stellen.*
4. *Eine Ihrer Arbeitskolleginnen findet die strengen Bestimmungen über die Abfallentsorgung in Zahnarztpraxen sehr übertrieben. „Das kostet nur viel und bringt wenig“, so ihre Meinung. Versuchen Sie diese Meinung zu entkräften.*

Lernfeld 6

Praxisabläufe organisieren

Sie analysieren die im Zusammenhang mit der Verfolgung von Praxiszielen auftretenden zeitlichen Abläufe in der Praxisorganisation und -verwaltung. Sie verschaffen sich einen Überblick über Möglichkeiten der Terminplanung und nutzen Ihre Kenntnisse über Bestellsysteme bei der Terminvereinbarung unter Berücksichtigung von Patienten- und Praxisinteressen. Auf die im Zusammenhang mit der zahnärztlichen Behandlung relevanten Regelungen der Sozialgesetzgebung weisen Sie den Patienten hin. Darüber hinaus informieren Sie ihn über den auf den Behandlungsfall bezogenen Praxisablauf, nehmen Fragen und Beschwerden entgegen und entwickeln fallbezogene Lösungsmöglichkeiten. Sie erkennen und schätzen Konfliktpotenzial ein, vermeiden durch vorbeugendes Verhalten dessen Entfaltung und tragen durch situationsgerechtes Verhalten zur Konfliktlösung bei. Sie reflektieren Verwaltungsabläufe unter den Gesichtspunkten Zeitmanagement und Qualitätssicherung, entwickeln und erstellen für standardisierte Arbeitsabläufe Formulare und Pläne. Sie organisieren die Archivierung von Behandlungsunterlagen und Dokumentationen zu Rechtsverordnungen unter Beachtung der Aufbewahrungsfristen und des Datenschutzes und beurteilen Ablagesysteme unter Kosten-Nutzen-Aspekten. Sie überwachen den Posteingang, bewerten ihn im Hinblick auf die weitere Bearbeitung und bereiten unter begründeter Auswahl der Versendungsform den Postausgang vor. Auf der Grundlage der gesetzlichen und vertraglichen Bestimmungen stellen Sie die Abrechnungsunterlagen für die Leistungsabrechnung mit den Kostenträgern zusammen und erledigen den damit im Zusammenhang stehenden Schriftverkehr. Sie nutzen aktuelle Medien der Informationserfassung, -bearbeitung und -übertragung.

Arbeitsaufträge

1. *Die Teamfähigkeit wird oft als Schlüsselqualifikation bezeichnet. Warum?*
2. *Wodurch zeichnet sich ein erfolgreiches Team aus?*
3. *„Wer den Hafen nicht kennt, für den steht kein Wind günstig." Was kann mit diesem Spruch in Bezug auf die Teamarbeit gemeint sein?*
4. *Der Eingangsfall greift eine ganze Reihe von Problemen im Verhältnis der Zahnärzte zum Praxispersonal auf. Wie sehen Sie die dargestellte Problematik? Kennen Sie ähnliche Schwierigkeiten oder halten Sie das, was geschildert wurde, eher für eine Ausnahme?*
5. *Unterschiedliche Meinungen zu bestimmten Dingen wird es immer geben. Wann wird Ihrer Auffassung nach aus einer Meinungsverschiedenheit ein Konflikt?*
6. *Teamsitzungen sind kein Allheilmittel zur Sicherstellung eines reibungslosen Praxisablaufes. Wovon hängt es ab, ob eine Teamsitzung erfolgreich verläuft oder nicht?*
7. *Martina Buse wird als Zahnmedizinische Fachangestellte ausgebildet. Sie schildert ihren Mitschülerinnen folgendes Problem:*

   „In unserer Praxis wird seit zwei Monaten ein Assistenzarzt beschäftigt. Anfangs fand ich ihn ja unheimlich nett. Er nimmt sich wirklich viel Zeit für mich und erklärt mir alles, was ich wissen will. Langsam wird mir die Sache aber aus einer anderen Sicht unheimlich. Ich werde das Gefühl nicht los, dass er oft nur einen Vorwand sucht, um mich von den anderen abzukoppeln. Mal bestellt er mich früher, mal soll ich länger bleiben. Er sagt, dass viele Dinge einfach nicht während des normalen Praxisablaufes erklärt und besprochen werden könnten, z. B. Röntgenaufnahmen oder Laborberichte. Seine Augen kleben dann förmlich an mir", schildert Martina ihre Eindrücke. Meistens müsse nur etwas aufgeräumt werden, aber das könnte man problemlos auch zu anderen Zeiten erledigen. „Ich habe schon mehrfach darum gebeten, pünktlich nach Hause gehen zu können, weil ich auch eine Fahrgemeinschaft habe." Und das Ergebnis: „Er lädt mich nach der Arbeit zum Essen ein und will mich dann nach Hause fahren. – Er macht mir auch ständig offene und versteckte Komplimente wegen meines Aussehens. Ich will das alles nicht und fühle mich belästigt. Was soll ich tun? Ich traue mich nicht ihn direkt anzusprechen. Soll ich zum Chef gehen? Soll ich erst einmal mit meinen Kolleginnen sprechen. Oder soll ich mich an die Ausbildungsbeauftragte der Zahnärztekammer wenden? Ich weiß es nicht …"

   a) *Fassen Sie zusammen, worin Martinas Problem besteht, und erörtern Sie mögliche Gründe, warum sie nicht den direkten Weg eines Gesprächs mit dem Assistenzarzt geht, sondern das Problem mit sich herumträgt.*
   b) *Simulieren Sie ein Gespräch, in dem eine Schülerin die Rolle von Martina und eine andere die Rolle des Assistenzarztes einnimmt, der davon überzeugt ist, dass er nichts Falsches getan hat. Die anderen Schülerinnen beobachten das Gespräch und machen sich Notizen über die Stärken und Schwächen der Kontrahenten.*

3 Damit es läuft ... Terminplanungen im Praxisteam

Eigentlich funktionierte das Patientenbestellsystem in der Praxis Dr. Heilmann ganz gut. Den Mitarbeiterinnen gelang es, bei den Terminen, die vergeben wurden, die Behandlungsdauer recht genau vorauszusehen. Wenn dann auch die Patienten pünktlich kamen, war alles okay. In der Regel braucht niemand länger als 20 Minuten zu warten. Aber es gab auch Tage, an denen „hinten und vorne" nichts klappte.

Corinna Maybaum: „Wenn plötzlich Schmerzpatienten auftauchen oder wenn Privatpatienten unbedingt sofort behandelt werden wollen, dann wirft das unsere ganze Planung über den Haufen. Aber was sollen wir tun? Mit einer offenen Sprechstunde geht es gar nicht, denn dafür ist unsere Praxis zu gut besucht. Und abweisen können und wollen wir auch keinen Patienten - auch wenn nicht jeder Schmerzpatient auch wirklich Schmerzen hat ..."

Welche Aufgaben hat die Terminplanung in einer Zahnarztpraxis zu erfüllen und wie setzt man das am besten um?

3.1 Grundsätze der Zeitplanung

Zeitplanung bedeutet, dass man den täglichen Praxisablauf möglichst optimal vorstrukturiert. Jede Planung benötigt zwar eine gewisse Flexibilität, um auf unvorhersehbare Ereignisse (z. B. Notfälle) reagieren zu können, aber eine Planung, die nur auf Improvisation aufgebaut ist, verdient den Namen nicht. Der Umgang mit Zeit und Terminen will gelernt sein. Dazu gehört auch eine möglichst große Disziplin, um nicht durch das eigene Verhalten die Grundlagen des Timemanagements zu zerstören.

Regel Nr. 1: Zeitvorgaben

Viele zahnärztliche Behandlungen wiederholen sich oft und sind daher zeitlich relativ leicht kalkulierbar. Dies gilt sowohl für Routineuntersuchungen und Befundbesprechungen als auch für eine ganze Reihe von Standardeingriffen wie Füllungen, Extraktionen, Untersuchungen usw.

Hierfür sollten vom Zahnarzt zusammen mit seinen Fachangestellten feste Durchschnittszeiten eingeplant werden, die sich aus Erfahrungswerten plus einem angemessenen Zeitpuffer zusammensetzen. Hinzu kommen abrechnungstechnische Vorgaben, die zwar nicht immer im Einklang mit der tatsächlich benötigten Zeit stehen, die aber trotzdem zu beachten sind.

→ LF 3, Kap. 3

Regel Nr. 2: Es geht nicht ohne Pufferzeiten
Weder Zahnarzt noch Patient sind Maschinen. Man wird es kaum erreichen, dass auch bei einer noch so ausgeklügelten Planung nicht doch Reservezeiten benötigt werden. Daher sollte der Terminplan Luft lassen für unvorhersehbare Ereignisse (Schmerzpatienten, Notfälle, längere Behandlungszeiten usw.). Wo die Pufferzeiten liegen, ist nicht egal. Sinnvoll ist es, sie am Ende eines Behandlungszeitraums einzuplanen (z. B. durch Freihalten der letzten 30, 45 oder 60 Minuten vormittags und nachmittags).

Man wird feststellen, dass diese Zeiten nie oder nur ganz selten frei bleiben. Plant man die Pufferzeiten nicht ein, gibt es nur drei Möglichkeiten:

- Behandlungszeiten der Patienten versuchen zu verkürzen (scheitert in der Regel aus medizinischen, aber auch aus grundsätzlichen Erwägungen).
- Einige der wartenden Patienten nach Hause schicken, wenn die Konsultation nicht dringend erscheint (dürfte auch nur eine theoretische, aber praktisch kaum umsetzbare Möglichkeit sein).
- Schmerzpatienten müssen in der eigentlich vorgesehenen Pause, d. h. nach regulärem Praxisschluss, behandelt werden. Dadurch erhöhen sich die Arbeitsbelastung und der Stress.

Regel Nr. 3: Disziplin bei der Terminplanung
Es spricht nichts dagegen, dass der Zahnarzt keine Behandlungsmaschine ist, sondern auch einmal ein persönliches Wort für die Patienten übrig hat. Gerade in schwierigen Situationen, aber auch ganz allgemein bei der Behandlung von Kleinkindern oder auch sehr alten Patienten ist ein besonderes Einfühlungsvermögen des Zahnarztes nötig.

Eine gute Mitarbeiterin berücksichtigt dies bereits in der Zeitplanung. Trotzdem ist auch der Arzt gefordert, sich dem Diktat der Uhr zu beugen. Wer von den Patienten Pünktlichkeit und Zuverlässigkeit erwartet, muss auch selbst Zeitdisziplin anlegen. Wenn der Zahnarzt überzieht, wird es kritisch, weil dann die ganze Zeitplanung zu scheitern droht.

Folge: Die Wartezeiten verlängern sich, es gibt keine Möglichkeit mehr, eine kurze Pause einzulegen, in der nicht nur eine Tasse Kaffee getrunken werden kann, sondern in der der Zahnarzt und die Mitarbeiterinnen auch wichtige Informationen austauschen oder wichtige Rückrufe tätigen können. Die Patienten werden ungeduldig, die Fachangestellten werden hektisch. Kommt dann noch ein Notfall hinzu, ist am Terminplan nichts mehr zu retten.

Also: Es müssen zwischen Zahnarzt und Mitarbeiterinnen Absprachen über das Informationssystem bei Zeitüberschreitungen getroffen werden. Dafür reicht es beispielsweise, einmal kurz durchzuklingeln oder unter einem Vorwand in das Behandlungszimmer zu gehen und dem Zahnarzt möglichst unauffällig ein Kärtchen mit einer Zahl, die die Zeitüberschreitung oder die Anzahl der wartenden Patienten enthält, zu geben.

Regel Nr. 4: Zusammenarbeit ist alles
Immer wieder kommt es vor, dass die Terminvergabe unkontrolliert erfolgt und unterschiedliche Handhabungen des Terminbuches zu Terminüberschneidungen führen. Dies gilt besonders dann, wenn mehrere Fachangestellten im Empfang einer Praxis tätig sind, wenn sie die Termine nicht sofort eintragen, sondern vielleicht sogar versuchen, sie sich zu merken, bis ein anderer Arbeitsgang beendet ist.

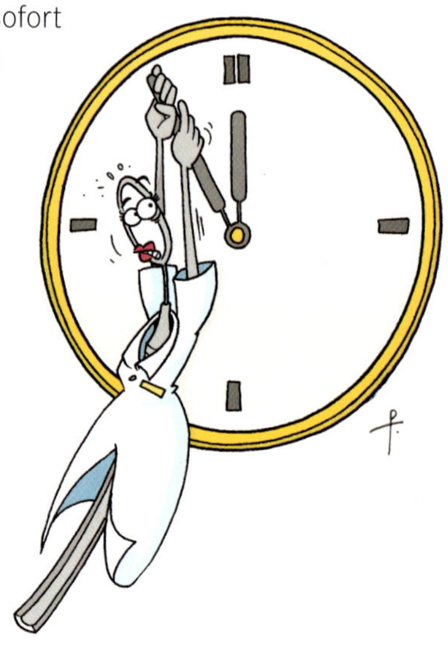

Das Chaos kann komplett werden, wenn vom Zahnarzt, von einzelnen Behandlungsräumen aus oder aufgrund von Privatanrufen ohne vorherige Rücksprache Zeiten für (Folge-)Besuche festgelegt werden, die nicht mit dem Terminplan abgestimmt sind. Dann werden Patienten zur Sprechstunde eingetragen, die in der angegebenen Zeit gar nicht mehr versorgt werden können. Ergebnis: Es entsteht eine Zeitnot, die eine teilweise mangelhafte oder stark verkürzte Zuwendung für den einzelnen Patienten und zum Teil unzumutbare Wartezeiten zur Folge hat.

Regel Nr. 5: Pünktlichkeit

Wenn der erste Patient für 08:00 Uhr bestellt ist, muss auch die Behandlung sichergestellt sein. Jede Zeitverzögerung, die zu Beginn entsteht, ist nur dann aufzuholen, wenn entsprechende Pufferzeiten vorhanden sind oder wenn erwartete Patienten nicht erscheinen.

Regel Nr. 6: Kampf den „Terminkillern" – klarer Arbeitsablauf

Während der Arzt behandelt, fallen im Vorzimmer oder im Empfang die unterschiedlichsten Tätigkeiten an. Das Telefon klingelt und Patienten wollen eine mündliche Beratung, Pharmareferenten möchten gern mit dem Zahnarzt sprechen und nicht zuletzt wollen vielleicht sogar seine Kinder oder andere Familienangehörige und Freunde mal kurz zu ihm.

Es gibt in solchen Situationen keine allgemein gültigen und immer richtigen Ratschläge für Verhaltensweisen. In jedem Falle sollte man über generelle Regeln, wie in solchen Fällen vorzugehen ist, sprechen. Dies ersetzt zwar nicht die Einzelfallentscheidungen, die immer zu treffen sein werden, aber sie geben der ZFA die Sicherheit der richtigen Reaktion und des nötigen Rückhaltes.
Helfen können dabei

- klare Regelungen über telefonische Rückrufe,
- Einführung und Bekanntgabe von Telefonsprechstunden,
- Besuchstermine für Pharmareferenten,
- der Hinweis auf die Möglichkeit schriftlicher Anfragen (Behörden, Krankenkassen),
- Unterschriftsvollmachten für die Fachangestellte (z. B. Atteste, Besuchs- oder AU-Bescheinigungen).

Regel Nr. 7: Kein Bestellsystem ohne Warteliste

Es ist nicht auszuschließen, dass Patienten ganz kurzfristig einen vereinbarten Termin nicht wahrnehmen können oder eine geplante Behandlung nicht durchgeführt werden kann, weil z. B. gesundheitliche Gründe entgegenstehen (vereiterter Zahn bei einer geplanten Wurzelbehandlung, Fieber bei einem operativen Eingriff, Einnahme eines unverträglichen Medikamentes usw.).

Nunmehr entsteht folgende Situation: **Sie**

- haben den Zeitplan ohnehin schon überschritten, sodass Ihnen der Ausfall gerade recht kommt.
- nutzen den entstehenden Zeitpuffer, um Arbeiten zu erledigen, die Sie bisher nicht einplanen konn-ten (aber was macht Ihr/-e Chef/-in dieser Zeit?).
- besprechen mit Ihrem Chef/Ihrer Chefin wichtige Dinge, die für später eingeplant waren.
- haben eine Warteliste geführt und rufen einen Patienten an, der kurzfristig erreichbar ist, in der Nähe wohnt und sofort zur Behandlung kommen kann. Angenehmer Nebeneffekt: Sie können wirklich einmal pünktlich oder vielleicht sogar ein paar Minuten früher in die Pause oder nach Hause gehen.

Praxistipp

Häufig sind viele Gründe dafür verantwortlich, dass in der Zeitplanung etwas schiefläuft, aber bei genauer Betrachtung liegt der wahre Grund nur bei einigen wenigen Hauptursachen. Erwiesen ist, dass nur 20 % der Fehlerarten für etwa 80 % aller Fehler verantwortlich sind (80-20-Regel). Das gilt auch für die Zahnarztpraxis.

Also: Notieren Sie innerhalb eines Zeitraumes von 3 bis 4 Wochen, weshalb es jeweils zu Verzögerungen im Praxisablauf kam (zu wenig Zeit für Patienten reserviert, Computer abgestürzt, Patienten kamen zu spät usw.), und stellen Sie die fünf Hauptgründe fest. Hier sollten Sie anfangen zu handeln.

3.2 Praxisinterne Zeitplanung

Eine der Hauptklagen von Patienten sind zu lange Wartezeiten vor der Behandlung. Mit einer durchdachten Terminplanung sind zwar nicht alle, aber immerhin einige Probleme zu lösen. Dabei sollten die täglichen Erfahrungen vonseiten des Zahnarztes und der Mitarbeiterinnen eingebracht werden, um gemeinsam zu einer Optimierung der Behandlungszeiten und zu einer Minimierung der Wartezeiten zu kommen.

Praxistipp

Unter www.unternehmenarztpraxis.de finden Sie die Beschreibung von Problemen des Zeitmanagements in Zahnarztpraxen.

3.3 Patientenbestellsystem

Das mit der Terminabsprache verbundene Patientenbestellsystem hat sich immer mehr durchgesetzt. Das Ziel der Terminsprechstunde besteht darin, dass bestellte Patienten im Normalfall höchstens 5 bis 10 Minuten zu warten haben, bevor sie zur Behandlung gerufen werden. Die Termine werden je nach Dringlichkeit oder medizinischer Notwendigkeit vergeben. Dabei ist eine exakte Angabe der Uhrzeit nötig. Von den Patienten muss vor der Terminvergabe erfragt werden, warum die Konsultation des Zahnarztes erfolgt, weil hiervon die Zeitdauer der Behandlung abgeleitet wird. → LF 2, Kap. 1

Für den **Patienten**

- entstehen keine langen Wartezeiten;
- ist es von Vorteil, dass er sich voll auf seine Behandlung einstellen kann und diese unbeeinflusst von einer evtl. mit der Wartezeit zusammenhängenden großen Nervosität und ihren negativen Auswirkungen (Blutdruck usw.) erfolgen kann.

- bedeutet dies aber auch, dass er auf den Ersttermin evtl. länger warten muss;
- heißt dies, dass er weder gleich noch unbedingt zu dem Termin kommen kann, der ihm passt, sondern er muss sich in das Bestellsystem einreihen;
- ist damit unabdingbar verbunden, dass man sich den Termin merkt.

Bestellsysteme

offene Sprechstunde

Jeder Patient kann nach eigenem Ermessen in die Sprechstunde kommen.

- jederzeitiges Aufsuchen der Zahnarztpraxis möglich
- weitgehend entfallende Terminplanung
- eventuell längere Wartezeiten wegen der nicht planbaren „Patientendichte“

halboffene Sprechstunde

Die Patienten können entweder zu den offenen Sprechstunden kommen oder sie vereinbaren einen Termin während oder außerhalb dieser Zeiten.

- Kompromiss zwischen offener und termingebundener Praxis
- Vorteil für berufstätige Patienten
- Probleme können entstehen, wenn Patienten mit vereinbarten Terminen während der offenen Sprechstundenzeiten behandelt werden.

Terminsprechstunde

Die zahnärztliche Konsultation ist nur nach vorheriger Terminabsprache möglich.

- Je nach medizinischem Grund oder medizinischer Dringlichkeit werden sofortige, kurzfristige oder langfristige Termine vergeben.
- Zeit, die ein Patient benötigt, muss ungefähr abgeschätzt werden können.
- Pufferzeiten für Notfallpatienten sind einzuplanen.

Für die **Mitarbeiterinnen und den Zahnarzt**

- ist der Praxisablauf überschaubarer zu planen und nicht von Zufälligkeiten abhängig;
- gibt es weniger Belastungsspitzen;
- verbessert sich die Möglichkeit, sich auf die einzelnen Behandlungen vorzubereiten;
- führt ein Bestellsystem zu geregelteren Arbeitszeiten;
- sind Störfälle in der Planung nicht auszuschließen, weil z. B. Schmerzpatienten, Notfälle, aber auch eigene Krankheiten die Grenzen des Systems markieren;
- ist es unumgänglich, ein Patientenbestellbuch zu führen, in dem alle Termine vermerkt sind;
- kann die Planung durcheinander geraten, wenn Behandlungen länger als geplant dauern und sich dann bestellte Patienten beschweren, weil sie trotz Termin nicht rechtzeitig behandelt werden.

Da nicht auszuschließen ist, dass einerseits Patienten dazwischengeschoben werden müssen, weil die Behandlung dringend ist, andererseits aber auch Patienten ausfallen können (Krankheit, schlechtes Wetter, Vergessen des Termins usw.), sollte den Patienten ggf. empfohlen werden, etwa eine Stunde vor dem vereinbarten Behandlungsbeginn in der Praxis anzurufen, um sich nach dem aktuellen Stand zu erkundigen.

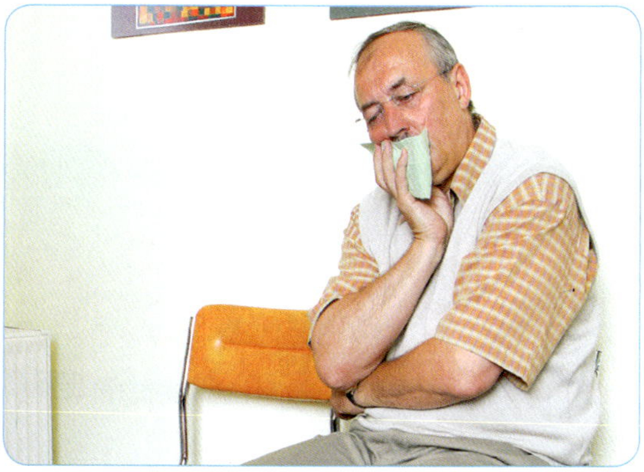

3.4 Nummernsystem für große Gemeinschaftspraxen

In großen Gemeinschaftspraxen, in denen mehrere oder viele Zahnärzte einen gemeinsamen Patientenstamm haben, kann ebenso wie in Zahnkliniken das Nummernsystem sinnvoll sein. Es ist eine besondere Form des Bestellsystems in Verbindung mit der offenen Sprechstunde. Hier müssen sich die Patienten zu Beginn oder während der Sprechstunden persönlich oder telefonisch eine fortlaufende Nummer geben lassen, um sich dann in die schon angemeldeten Patienten einreihen zu lassen und zu der entsprechenden Zeit wieder in der Praxis zu erscheinen. Auf einer Anzeigetafel kann abgelesen werden, welche Nummer gerade an der Reihe ist.

Probleme bestehen darin, dass die

- Sprechstunde nicht beliebig ausgedehnt werden kann, sodass es bei großem Patientenandrang zu Schwierigkeiten kommen kann;
- Patienten nicht genau wissen, wann ihr Behandlungstermin ist;
- Patienten mehrmals in die Sprechstunde kommen müssen, wenn sie die Nummer nur nach persönlicher Vorsprache erhalten;
- Bestellung nach dem Nummernsystem den Patienten u. U. das Gefühl verleiht, tatsächlich nur eine Nummer zu sein und damit die psychisch wichtige Einschätzung, individuell behandelt zu werden, verloren geht.

3.5 Patientenbestellbuch

Nicht nur für die Patienten ist es wichtig, dass Termine gemerkt und eingehalten werden. Auch die Mitarbeiterinnen werden gar keine andere Wahl haben, als die Termine der Patienten entweder manuell in Terminplanern oder EDV-gestützt (→ Kap. 3.7) festzuhalten.

Beide Systeme haben ihre Vor- und Nachteile, die es abzuwägen gilt. Dabei ist nicht unbedingt ausgeschlossen, dass auch die herkömmliche Methode

der Führung eines Terminplans in Verbindung mit der Planung per Computer praktiziert wird. Entscheidend sind die Bedürfnisse und die in der Praxis vorliegenden Bedingungen. Dazu gehören z. B. nicht nur räumliche und sachliche Voraussetzungen, sondern auch die Erfahrungen der Fachangestellten im Umgang mit dem PC oder die Bereitschaft, sich mit Unterstützung des Zahnarztes hier einzuarbeiten.

Es geht darum, welche Aufgaben mit dem PC erledigt werden können und erledigt werden sollen. Angefangen von der **automatischen Terminplanung** über die Verwaltung einer Patientendatei und die Ausstellung von Liquidationen bis hin zur Informationsbeschaffung durch das Internet sind hier keine Grenzen gesetzt. Wenn der einzige Praxiscomputer dem Internet geöffnet wird, sollten allerdings die Sicherung der Patientendaten vor unbefugtem Zugriff und der Schutz vor Computerviren beachtet werden.

Das **Patientenbestellbuch** liegt an einer festen Stelle im Empfang. Hier werden sowohl nach persönlicher als auch nach telefonischer Anfrage Termine vergeben. Patienten, die aus der Behandlung kommen, können vor Verlassen der Praxis Folgetermine eintragen lassen.

Ein Patientenbestellbuch sollte

- groß und übersichtlich, aber auch transportabel sein, damit es ggf. auch zum Zahnarzt in ein Behandlungszimmer gebracht werden kann;
- mehrere Monate umfassen;
- eine geeignete zeitliche Gliederung haben (z. B. 10-Minuten-Raster);
- Platz genug haben, damit Korrekturen oder notwendige Doppelbelegungen eingetragen werden können (z. B. Anmeldung/Dazwischenschieben von Schmerzpatienten);
- so viele Spalten haben, wie Behandlungszimmer vorhanden sind;
- Blätter haben, die sich herausnehmen lassen, wenn der jeweilige Zeitraum vorüber ist;
- zu Beginn der Sprechstunde genügend Zeit für Routinearbeiten lassen, denn auch das Einschalten von Geräten, das Durchlüften der Räume, die Kontrolle des Faxgerätes, das Abhören des Anrufbeantworters, die Kontrolle des Briefkastens usw. kosten Zeit;
- berücksichtigen, dass am Ende der Sprechstunde noch Zeit benötigt wird, um Räume, Geräte, Instrumente usw. zu reinigen, sodass der letzte Termin nicht an das Ende der Arbeitszeit, sondern früher gelegt wird;
- immer Reservezeiten haben, weil nie ausgeschlossen werden kann, dass sich Komplikationen ergeben oder Nachbehandlungen nötig sind.

Praxistipp

Man kann davon ausgehen, dass die Schmerzpatienten nicht gleichmäßig über den Tag verteilt kommen. Möglicherweise gibt es sogar Unterschiede an den einzelnen Wochentagen. Finden Sie heraus, wann die meisten Schmerzpatienten kommen. In vielen Zahnarztpraxen ist das freitags oder montags der Fall. Setzen Sie zu den Zeiten, an denen Sie in Ihrer Praxis erfahrungsgemäß mit Schmerzpatienten rechnen müssen, einen „Behandlungsblock“ ein.

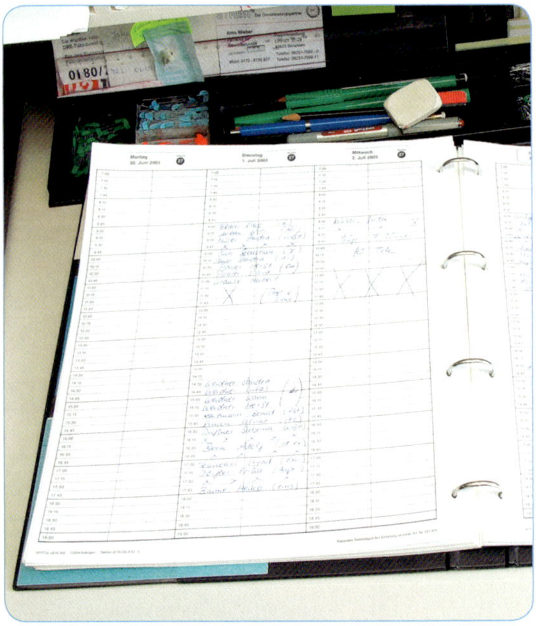

Die Eintragungen sollten

- immer sofort vorgenommen werden, damit man sie nicht vergisst;
- mit Bleistift erfolgen, weil sie dann korrigiert werden können;
- eine farbliche Trennung der einzelnen Sprechstundenspalten enthalten, wenn in der Praxis mehrere Zahnärzte parallel behandeln, damit man auf einen Blick sieht, wer bei wem behandelt wird;
- den Vor- und Zunamen der Patienten beinhalten, damit man immer genau weiß, wer von der Familie bestellt ist. Die Telefonnummer ist hilfreich, weil man dann nicht zusätzlich in der Patientenkartei nachlesen muss, falls sich Rückfragen ergeben;
- die Art der Behandlung beinhalten, wenn es sich um besondere Eingriffe oder Untersuchungen handelt, die zeitaufwendig sind oder einer besonderen Vorbereitung bedürfen;
- durch eine geeignete Farbkennzeichnung die Behandlungsart schnell erkennen lassen;
- Pufferzonen deutlich markieren;
- wichtige Ereignisse berücksichtigen, wenn sie nicht vergessen werden dürfen oder für die Terminvergabe wichtig sind. Dazu gehören Urlaubszeiten, besondere Geburtstage, Fortbildungsveranstaltungen, Privattermine der Chefin/des Chefs usw.;
- auch die Besuche von Pharmareferenten oder sonstigen Besuchern erfassen;
- besondere Zeiten auch besonders einstufen. Dazu gehört z. B., dass die Abrechnungstage (Quartalsende) oder die Tage vor und nach dem Urlaub Beachtung finden, weil hier in der Regel der Praxisbetrieb außergewöhnlichen Einschränkungen unterliegt.

3.6 Interner Informationsaustausch

Problematisch für die Terminplanung ist, dass bei einer Aufnahme von Patienten nie genau feststeht, wie viele Anschlussbehandlungen evtl. nötig sind. Vor allem könnte Ihre Planung dadurch durcheinandergeraten, dass der Zahnarzt ohne Berücksichtigung oder ohne Kenntnis Ihres Bestellbuches Behandlungszusagen macht.

Praxistipp

Geben Sie Ihren Patienten einen Laufzettel mit in die Sprechstunde. Diese Laufzettel werden vom Zahnarzt oder der Mitarbeiterin im Behandlungsraum ausgefüllt und dem Patienten am Schluss der Behandlung für den Empfang mitgegeben. Natürlich kann die Assistentin den Patienten auch begleiten und den Laufzettel selbst abgeben mit der Bitte, dass ein weiterer Termin vergeben wird.

Ein anderes Problem ist, dass auch die beste Termin- und Zeitplanung durch ungeplante Telefongespräche durcheinandergeraten kann.

Reden Sie mit Ihrem Chef darüber, wie Sie sich verhalten sollen, wenn ihn während der Sprechstunde jemand telefonisch sprechen möchte. Am besten ist, sie vereinbaren, dass alle Gespräche, die eingehen, auf einer Telefonliste festgehalten werden. Wenn Ihr Chef Luft hat, kann er sich die Liste ansehen und entscheiden, wie er sich verhält.

Außerdem hat eine solche Liste auch den Vorteil, dass Ihr Chef sieht, wie oft Sie angerufen (und bei Ihrer Arbeit unterbrochen) wurden ...

Anrufliste

Montag, 15. August

Zeit	Wer	Für wen	Grund	Rückruf erbeten	Ruft wieder an
07:45	Dr. Manns	Dr.	privat	X	-
08:20	Frau Müller	Frau Dr. Heilmann	????	-	X
08:45	Rhön-Pharma	Dr.	Besuch	-	X
10:00	Zahnklinik	Dr.	Diagnose	X	-

3.7 EDV-gestützte Zeitmanagement-Systeme

Es gibt kaum eine Praxis, in die die Datenverarbeitung noch keinen Einzug gehalten hat. Wie in Untersuchungen festgestellt wurde, nutzen aber noch nicht alle die Möglichkeit, die moderne Computerprogramme auch bei der Terminvergabe zu bieten. Mit ihnen lässt sich eine „Überbuchung" der Arbeitskraft und der Arbeitszeit des Arztes weitgehend vermeiden.

Die Vorteile dieses Systems liegen u. a. darin, dass

- mit ihm ein Zugriff auf den elektronischen Terminplaner von allen Arbeitsplätzen und Behandlungszimmern aus möglich ist;
- es problemlos möglich ist, durch die einfache Eingabe des Namens der Patienten vergessene Behandlungstermine aufzufinden;
- man bei Bedarf Erinnerungshilfen für Termine ausdrucken lassen kann;
- feste Pausenzeiten in das Programm eingegeben werden können;
- verschiedene Zeitdauern für Behandlungsarten einzuprogrammieren sind;
- Auslastungsanzeigen für die Praxisfrequentierung grafisch angezeigt und statistisch ausgewertet werden können;
- es ohne Weiteres möglich ist, alle freien Termine auflisten zu lassen, um z. B. Patienten verschiedene Angebote machen zu können;
- Tages-, Wochen-, Monats- und Jahresübersichten erstellt werden können;
- nach der Terminvergabe der Terminzettel ausgedruckt werden kann.

Arbeitsaufträge

1. *Wodurch unterscheiden sich die „offene", die „halboffene" und die „Terminsprechstunde"?*
2. *Wie gehen Sie in Ihrer Praxis vor und welche Erfahrungen haben Sie mit der Terminplanung gemacht?*
3. *Welche Anforderungen sind an ein Patientenbestellbuch zu stellen?*
4. *Was halten Sie von den beiden Vorschlägen zur Verwendung eines Laufzettels und einer Telefonanrufliste?*
5. *Während der Sprechstunde ruft jemand an, der sagt, er habe ein besonders wichtiges Anliegen mit Ihrem Chef zu besprechen. Um was es sich handelt, will er Ihnen nicht sagen, weil es privat sei. Der Anrufer macht die Sache sehr dringend und bringt Sie in Bedrängnis, weil Sie wissen, dass Ihr Chef eigentlich keine Störungen während der Behandlung von Patienten wünscht. Zurzeit hat er gerade einen Privatpatienten auf dem Stuhl, der sich einer nicht ganz einfachen Wurzelbehandlung zu unterziehen hat.*

   Versuchen Sie, in einem Rollenspiel diese Szene nachzustellen. Dabei nimmt eine Auszubildende die Rolle des Anrufers und eine andere Auszubildende die Rolle der Mitarbeiterin am Empfang ein. Jede hat ihre Rolle mit Überzeugung zu spielen, d. h., der Anrufer lässt sich nicht einfach abwimmeln und die Mitarbeiterin in der Praxis versucht überzeugend darzustellen, dass der Chef jetzt nicht gestört werden kann.

3.8 Praxis-Check statt Praxisschock

Oft werden die Stärken und Schwächen des Praxisablaufes gar nicht erkannt, weil man davon ausgeht, dass sich doch nichts ändern lässt. Dies mag zwar oft so sein, aber trotzdem sollte man die Chance aufgreifen, das Praxisgeschehen einmal kritisch unter die Lupe zu nehmen. An erster Stelle steht dabei eine **Untersuchung des gesamten Betriebsklimas und des Arbeitsablaufes:**

Möglichkeit 1

Befragen Sie Ihre Patienten: **Wie bewerten Sie unsere Praxis?**

	Bewertung						
	3	*2*	*1*	*0*	*-1*	*-2*	*-3*
Fragenkatalog (ist praxisspezifisch zu ergänzen oder abzuändern)	*stimmt genau*			*…*			*stimmt gar nicht*
Die Wartezeiten sind angemessen.							
Der Zahnarzt hat zu wenig Zeit für die Behandlung.							
Es wäre schön, wenn der Zahnarzt mehr Zeit für ein persönliches Gespräch hätte.							
Der Praxisablauf ist sehr hektisch.							
Ich ärgere mich oft über zu lange Wartezeiten.							
Die Reihenfolge der Patienten wird nicht immer eingehalten.							
Das Wartezimmer ist langweilig eingerichtet.							
Ein anderes System der Terminvergabe wäre mir angenehmer.							
Ich habe das Gefühl, dass der Zahnarzt unter großem Zeitdruck steht. …							

Bitte keine Eintragung in das Buch

Möglichkeit 2

Statistik über Wartezeiten

Oft ist es nur die Unkenntnis über eine bestimmte Situation, die daran hindert, dass man bestehende Probleme ausmerzt. Dies gilt auch für die Terminplanung. Viele Patienten stöhnen zwar über vermeintlich lange Wartezeiten, aber nur selten wird festgestellt, wie lange diese Zeiten wirklich sind. Dabei kann eine einfache Tabelle sehr hilfreich sein:

1. Fertigen Sie ein Kärtchen nach folgendem Muster an und legen es zu der Patientenkartei:

Uhrzeit (Std.)	Minuten												Wartezeit
	00	05	10	15	20	25	30	35	40	45	50	55	
07													
08													
09													
10													
11													9:15–11:30
12													

Patient betritt die Praxis — Wartezeit — Beginn der Behandlung

2. Kreuzen Sie an, wann der Patient in die Praxis kommt.
3. Machen Sie erneut ein Kreuzchen, wenn der Patient zur Behandlung aufgerufen wird.
4. Tragen Sie die Wartezeit in eine eigene Tabelle ein.
5. Ermitteln Sie am Ende eines Tages die durchschnittliche Wartezeit aller Patienten.

Möglichkeit 3

Praxis-Check Terminplanung
Die Ursachen für Terminverschiebungen oder eine ständig hektische Arbeitsatmosphäre lassen sich evtl. auch herausfinden, wenn man sich systematisch mit einigen damit verbundenen Sachverhalten beschäftigt:

Praxis-Check: Terminplanung	*Ja*	*Nein*
1 Wird ein Terminplaner geführt?		
2 Erfolgen die Eintragungen mit Bleistift, sodass sie ggf. geändert werden können?		
3 Werden nur Patienten zum Arzt gelassen, die einen Termin haben, sofern es sich nicht um Notfälle handelt?		
4 Werden Termine ausschließlich von den Mitarbeiterinnen vergeben?		
5 Beginnt die Sprechstunde immer pünktlich?		
6 Erscheinen die Patienten in der Regel pünktlich zu den vereinbarten Terminen?		
7 Haben Patienten mit Termin Vorteile gegenüber Patienten ohne Termin?		
8 Reicht das Personal aus, um eine reibungslose Behandlung der Patienten sicherzustellen?		
9 Sind die Öffnungszeiten der Praxis dem Patientenstamm angemessen?		
10 Gibt es „Sondersprechstunden" (z. B. für Berufstätige)?		
11 Hält der Zahnarzt die Zeitvorgaben für die Behandlungen im Großen und Ganzen ein?		
12 Werden den Patienten die weiteren Behandlungstermine schriftlich mitgeteilt?		

Bitte keine Eintragung in das Buch

Wenn nicht immer mit „ja" geantwortet wurde, besteht Handlungsbedarf.

Arbeitsaufträge

1. *Natürlich kann man Patientenbefragungen durchführen, aber nur wenige Zahnarztpraxen machen dies tatsächlich. Worauf führen Sie das zurück? Liegt es daran, dass der Arzt kein Interesse daran hat? Liegt es daran, dass die Praxis auch ohne eine solche Befragung bestens läuft? Liegt es daran, dass weder für eine Befragung noch für deren Auswertung überhaupt Zeit vorhanden ist? Oder liegt es an ganz anderen Dingen?*
2. *Wie gestaltet sich in Ihrer Praxis die Termin- und Zeitplanung? Welche Erfahrungen machen Sie? Was ist aus Ihrer Sicht verbesserungsbedürftig und was hat sich bewährt?*

Arbeitsaufträge

3. *In den Ausführungen wird der Eindruck erweckt, als könne man die Terminplanung punktgenau steuern. Deckt sich das mit Ihren Erfahrungen oder glauben Sie, dass das eher nicht möglich ist? Wo liegen die Schwierigkeiten und was können Sie als versierte Fachangestellte tun, um diese Probleme zu lösen bzw. zu umgehen?*

4. *Welche Rolle spielt der Zahnarzt bei der Frage, ob die Terminplanung auch tatsächlich eingehalten wird?*

5. *Gerade Terminplanung hat viel mit Teamarbeit zu tun. Schildern Sie, wie ein Team diesbezüglich funktionieren muss, damit keine unnötigen Konflikte auftreten.*

6. *In einer Zahnarztpraxis wird nach dem Terminsystem gearbeitet. Das heißt, dass außer Schmerzpatienten nur diejenigen behandelt werden, die vorher einen Termin vereinbart haben. Auszug aus dem Behandlungsplan eines Vormittags:*

Uhrzeit	**Patient**	**Behandlung**	**Zeit ca. Min.**	**Sonstiges**	**unvorhergesehene Ereignisse**
08:00	Zeppelin	Kontrolle	8	Privat	
08:15	Assauer	Füllung	10		
08:30	Blume	Abschleifen/Krone	30		Schmerzpatient Mauser 15 Min.
08:45	–				
09:00	Manner	Backenzahn	10	Kind	
09:15	Slunki	Brücke	15		Fahrt zum Labor
09:30	Hollberg	Füllung	10		
09:45	Hossbach	Anpassung Krone	15		Schmerzpatient König 20 Min.
10:00	Mehlbach	Vereiterung	20		
10:15	Moshorn	3 Füllungen	15		Besuch Pharmareferent Kunz 30 Min.
10:30	–				
10:45	Schwarz	Zahnstein, Kontrolle	12		
11:00	Seemann	Gebiss	25	85 Jahre	Anruf Schmerzpatient Meinig
11:15	Hoffmann	Klammer	20	Kind	
11:30	Meiers	Füllung	10		
11:45	Deiters	Überkronung	25		
12:00	Heldmann	Vitaltest	15		

Wie beurteilen Sie die Umsetzbarkeit dieses Behandlungsplans?

4 Was man schwarz auf weiß besitzt ... Formen und Vorschriften der schriftlichen Kommunikation

Die beiden Auszubildenden Lucia Fernandez und Selin Kahya hatten den Auftrag, allen Patienten mitzuteilen, dass ab 1. Juli des Jahres mit Herrn Dr. Missler ein weiterer Zahnarzt das Team der Praxis Heilmann verstärken würde. Hintergrund dieser Maßnahme war, dass die Praxis so gut läuft, dass es ohne eine personelle Unterstützung durch einen weiteren Dentisten nicht mehr geht.

Und nun standen die beiden vor einem Problem. Wie formuliert man einen solchen Brief, wer soll ihn erhalten, welche Formvorschriften sind bei der Anfertigung zu beachten, wie wird er versandt und, und, und ... Sie schlugen Frau Dr. Heilmann vor, statt des Briefes doch eine andere Form der Mitteilung zu wählen oder die Nachricht „ganz einfach“ auf die Homepage zu stellen.

„Früher ging alles nur per Post. Da musste man nicht nur genau überlegen, was man schreibt und wie man antwortet, sondern man hatte auch etwas in der Hand“, versuchte Frau Dr. Heilmann ihre beiden Auszubildenden darüber aufzuklären, dass „eben nicht alles per Telefon, Mail oder SMS gehe“.

Ein persönlicher Brief, so Dr. Heilmann, zeuge auch von einem gewissen Stil der Praxis und einer Wertschätzung gegenüber ihren Patienten. Sie habe nichts gegen moderne Formen der Kommunikation, aber es gäbe auch Dinge, die sich damit nicht machen ließen, wie z. B. der Versand von medizinischem Material, bei dem ein eigenständig formuliertes Begleitschreiben unerlässlich sei.

Lucia Fernandez und Selin Kahya wussten schließlich auch, dass z.B. zahnärztliche Gutachten oder sonstige wichtige Mitteilungen nach wie vor in schriftlicher Form verfasst werden.

Also mussten die beiden Auszubildenden ran - und waren froh, dass sie das Thema schriftliche Kommunikation in seiner vollen Breite gerade in der Schule hatten ...

→ FK LF 11, Kap. 4

- *Mit welchen schriftlichen Kommunikationsformen haben Sie es in „Ihrer“ Praxis hauptsächlich zu tun?*
- *Wo sehen Sie die Herausforderungen, die mit dem Abfassen von Briefen und den unterschiedlichen Formen der Versendung sowie der Behandlung der Eingangspost verbunden sind?*

4.1 Schriftliche Kommunikation im Überblick

In einer zahnärztlichen Praxis überwiegt die mündliche Kommunikation mit den Patienten, ganz gleich, ob sie am Telefon, während der Behandlung oder persönlich am Empfangsbereich abläuft. Aber nicht alles kann, soll oder darf nur mündlich erfolgen. Es gibt eine Vielzahl von Fällen, in denen die Schriftform bevorzugt wird oder unabdingbar ist.

Auch für die schriftliche Kommunikation per Brief oder Karte gelten im übertragenen Sinne die gleichen Regeln wie für Gespräche:

- norm- und formgerechter Aufbau,
- Sachlichkeit,
- klarer Betreff und Bezug,
- zielgerichtete Sprache (man muss wissen, worum es geht),
- höfliche Ansprache,
- keine Bedingungen oder Unterstellungen,
- klare Ausdrucksweise.

Gespräche sind zweckmäßigerweise als Gesprächs- oder Aktennotiz festzuhalten. Schriftliche Mitteilungen werden als Eingangspost oder als Kopie der Ausgangspost registriert und archiviert.

4.2 Formen der schriftlichen Korrespondenz

Die Frage, wie man schriftlich miteinander kommuniziert, hängt wesentlich davon ab, um was es in einer Mitteilung geht. Daher gelten bei rein privaten Briefen ganz andere Anforderungen als im geschäftlichen Briefverkehr.

Briefe zu erstellen, zählt in den meisten Zahnarztpraxen zu einer der aufwendigsten Tätigkeiten. Dies gilt zwar für allgemeine Arztpraxen in einem noch stärkeren Maße, weil die Anzahl der Gutachten und Befundberichte hier größer ist als bei Zahnärzten, aber das Problem der möglichst effektiven Bewältigung der Arbeit bleibt dasselbe.

Es ist von Praxis zu Praxis unterschiedlich, welche Kompetenzen die Mitarbeiterinnen dabei jeweils haben. Es gibt Chefs, die auch wirklich jedes Wort und jeden Satz selbst schreiben oder diktieren wollen. Es gibt aber auch Praxen, in denen versierte Mitarbeiterinnen weitgehend freie Hand haben.

Wichtig dürfte in beiden Fällen sein, dass man mit **Textbausteinen** arbeitet. Bei Texten, deren Elemente sich häufig wiederholen und sich gut strukturieren lassen, bringt der Vorgang der Textverarbeitung weniger Aufwand mit sich, als dies z. B. bei einem Arztbrief häufig der Fall ist. Vordrucke oder auch selbst erstellte Formulare, bei denen die Textbearbeitung z. B. durch Ankreuzen, Durchstreichen und/oder das Einfügen weniger Informationsbestandteile erfolgt (Beispiel: Patientenanmeldung, Terminmerkzettel für Patienten, Kurzmitteilung), lassen sich relativ schnell vervollständigen.

Aber auch Zahnarztbriefe lassen sich durch standardisierte Textpassagen rationell erstellen. Über eine computergesteuerte Texterstellung werden **Textbausteine** mit einem individuellen Text zusammengefügt.

4.3 Versendungsmöglichkeiten

Im Brief- und Paketverkehr gibt es unterschiedliche Möglichkeiten des Versandes. Im Folgenden werden die wichtigsten Versendungsformen der Post AG, die das größte Leistungsspektrum anbietet, kurz skizziert.

Postkarten

Sie dürfen höchstens das Format C6 haben, was einem Maß von 235 x 125 mm entspricht. Ihr Mindestmaß darf die Abmessungen 140 x 90 mm nicht unterschreiten.

Postkarten müssen nicht langweilig sein. Beispiel für eine etwas andere Mitteilung über eine fällige Untersuchung:

Warensendungen

Hierbei handelt es sich um offene Briefsendungen. Sie dienen zum Versenden von kleineren Gegenständen wie Proben, Muster oder Ähnlichem. Allen Warensendungen dürfen nur kurze Angaben zum Inhalt (z. B. „3 x täglich einnehmen“) und eine Rechnung nebst Zahlscheinvordruck beigefügt sein.

Wurfsendungen

Das sind anschriftenlose Sendungen, die alle den gleichen Inhalt bzw. die gleiche Beschaffenheit haben. Sie werden z. B. an alle Haushalte mit Tagespost verteilt.

Infopost und Infobriefe

Eine besondere Variante der Briefpost stellen die Infopost und die Infobriefe dar. Bedingung, um dieses kostengünstige Angebot der Post nutzen zu können, ist die Einlieferung einer bestimmten Min-

destzahl inhaltsgleicher Sendungen (z. B. bei Infopost 50 Stück). Für den normalen Praxisbetrieb haben diese Sonderformen keine größere Bedeutung.

Pakete

Pakete haben ein Höchstgewicht von 31,5 kg. Das Höchstmaß eines Normalpakets beträgt 120 x 60 x 60 cm. Pakete in Rollenform sowie sperrige Pakete sind möglich. Bei Verlust oder Beschädigung haftet die Post. Durch Abschluss einer speziellen Transportversicherung erhöht sich die Haftsumme. Durch Aufkleben von Freeway-Postmarken oder im Online-Service kann der Versender das Paket selbst freimachen. Auch ein Abholservice ist hierbei möglich.

Päckchen

Päckchen haben ein Höchstgewicht von 2 kg und dürfen die Maße von 60 x 30 x 15 cm (Länge, Breite, Höhe) nicht überschreiten. Die Mindestmaße liegen bei 15 x 11 x 1 cm. Ein DHL-Pluspäckchen darf bis zu 10 kg schwer, aber nicht größer als 37,5 x 30 x 13,5 cm sein. Bei Päckchen liegt das Risiko des Versandes grundsätzlich bei dem Versender, die Post übernimmt keine Haftung.

Besondere Versendungsformen

Für die ausgehende Post können auch einige Versendungsformen von Bedeutung sein, die die Post gegen ein zusätzliches Entgelt anbietet.

Versendungsform	Merkmale
Einschreiben	Der Absender erhält bei Einlieferung von der Post eine Bescheinigung, mit der er beweisen kann, wann die Sendung abgegeben wurde. Zwei Arten von Einschreiben sind zu unterscheiden: - **Einschreiben Einwurf:** Die Post bescheinigt den Einwurf in den Briefkasten des Empfängers. - **Einschreiben:** Die Übergabe wird durch den Empfänger bescheinigt.
Eigenhändig	Die Sendung wird nur dem Empfänger persönlich oder einer von ihm besonders bevollmächtigten Person ausgehändigt. Die Bemerkung „Eigenhändig“ ist nur bei Übergabe-Einschreiben und bei Nachnahme möglich.
Rückschein	Die Empfangsbestätigung des Empfängers für eine bestimmte Postsendung wird dem Absender zurückgeschickt. Rückscheine sind gebräuchlich bei Einschreiben und Nachnahmesendungen.
Transport-versicherung	Gegen ein entsprechendes Entgelt kann eine Transportversicherung für Pakete abgeschlossen werden. Die beiden Wertstufen sind 2.500,00 € und 25.000,00 €. Eine Versiegelung oder sonstiger Hinweis auf wertvollen Inhalt ist nicht zulässig.
Werbeantwort	Das ist eine vorbereitete Antwortkarte oder ein Briefumschlag, die vorwiegend Werbesendungen beigefügt werden. Beispiel: Um den Zahnärzten das Bestellen von Waren zu erleichtern, legt das Versandhaus Modefix seinem Katalog eine vorgedruckte Postkarte bei. Der bestellende Zahnarzt trägt seine eigene Adresse und die Bestellnummer des gewünschten Artikels ein. Das Porto zahlt bei dieser Werbeantwort der Empfänger. Neben der Adresse des Empfängers muss die Bemerkung „Porto zahlt Empfänger“ oder „Bitte frankieren, falls Briefmarke zur Hand“ und der Vermerk „Antwort“ oder „Werbeantwort“ aufgedruckt sein.

Versendungsform	Merkmale
Post-Express	Das ist die Eilzustellung der Deutschen Post AG, die für Briefe und Pakete vereinbart werden kann. Die Post garantiert eine Zustellung am Tag nach der Einlieferung. Als Zusatzleistung kann vereinbart werden: Frühzustellung (z. B. vor 09:00 Uhr morgens), Sonn- und Feiertagszustellung, Transportversicherung, Auslieferung eigenhändig oder gegen Rückschein.
Nachnahme	Von der Post werden hierbei Geldbeträge für einen bestimmten Absender von dem Empfänger eingezogen. Der gezahlte Betrag, abzüglich einer Gebühr, wird mit einem beigefügten Zahlschein auf das Postbankkonto des Empfängers überwiesen. Der Wert von Postnachnahmen ist auf 1.600,00 € begrenzt.

Praxistipp

Die Post AG bietet ständig neue Leistungen an. Ebenso bleiben die Gebühren und die Beförderungsbedingungen nicht immer gleich. Sie können sich auf der Website http://www.deutschepost.de/de.html über die aktuellen Versandmöglichkeiten informieren.

4.4 Briefe mit medizinischem Material richtig versenden

Sendungen mit medizinischem Material bedürfen einer besonderen Vorsorge. Dafür gibt es eine eigene **E**uropäische **N**orm: EN 829. Sie schreibt vor, welche Versandverpackungen in bestimmten Fällen zugelassen sind.

Wichtig ist generell, dass

- von einem Versand medizinischer und chemischer Güter keine Gefahren ausgehen dürfen. Das heißt, dass die Versandverpackung den eventuellen mechanischen Belastungen durch Werfen, Stoßen, Fallen usw. standhalten muss;
- flüssige Stoffe auslaufsicher verpackt sind;
- in der Verpackung zur Erhöhung der Sicherheit bei flüssigen Gütern aufsaugendes Material als Füllstoff enthalten sein muss, dessen Saugfähigkeit für die gesamte transportierte Flüssigkeit ausreicht;
- flüssige Stoffe in einem strapazierfähigen, wasserdichten und tropfsicheren Schutzgefäß, das keinesfalls aus zerbrechlichem Glas bestehen darf, verpackt sind;
- nichtflüssiges Untersuchungsgut so sicher verpackt ist, dass es vor Beschädigungen durch Druck oder Stoß geschützt ist;
- die Warensendung mit der Aufschrift „Medizinisches Untersuchungsgut“ gekennzeichnet ist.

Arbeitsaufträge

1. *In welchen der folgenden Fälle würden Sie der mündlichen Kommunikation den Vorzug vor der schriftlichen Form geben?*
   a) Ein Privatpatient hat dreimal hintereinander einen Termin platzen lassen.
   b) Sie erhalten eine Mahnung für eine nachweislich schon beglichene Rechnung.
   c) Eine Mitarbeiterin kommt trotz eines schon erfolgten Gespräches nach wie vor verspätet in die Praxis.
   d) Das Abonnement für eine Loseblatt-Sammlung zum zahnmedizinischen Recht soll gekündigt werden.
   e) Sie wollen den Arbeitsplatz wechseln und fristgerecht kündigen.
   f) Den Patienten soll eine neue Praxisadresse mitgeteilt werden.

4.5.4 Bezugszeichenzeile

Die Bezugszeichenzeile hat verschiedene Funktionen. Zum einen enthält sie die Angabe, um welchen Sachverhalt es in dem Brief geht. Zum anderen stehen hier wichtige Informationen über diejenigen, die mit diesem Brief zu tun haben. Dazu gehört die Abkürzung des Namens sowie die Telefonnummer einschließlich der Durchwahlmöglichkeit.

Beispiel 1
Die Praxis Dr. Heilmann versendet ein Schreiben. Diktiert hat es Frau Dr. Heilmann, geschrieben wurde es von Frau Harris.

Beispiel 2
Die Praxis erhält eine Antwort auf den vorausgegangenen Brief.

Beispiel 3
Unser Antwortbrief auf das eingegangene Schreiben.

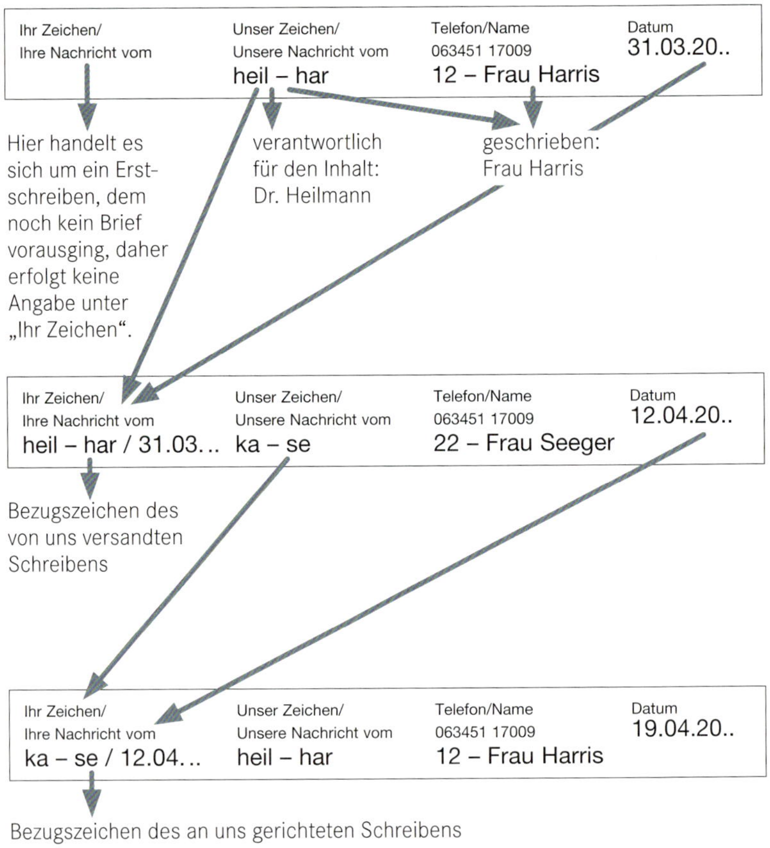

Ist **keine Bezugszeichenzeile** vorgedruckt, werden die Angaben entweder

- rechts oben neben dem Anschriftenfeld aufgelistet (man beginnt in Höhe der 1. Zeile des Anschriftenfeldes) oder
- die Angaben erfolgen in der Höhe, wo sie auch auf vorgedruckten Formularen stehen. In diesem Fall können sie auch untereinander geschrieben werden.

Nach der Bezugszeichenzeile kommt der **Betreff.** Er soll in sehr kurzer Form (Stichworte - keine Sätze) den Empfänger knapp informieren, worum es geht.

4.5.5 Praxisbriefe inhaltlich richtig gestalten

Geschäftsbriefe sind etwas anderes als Privatbriefe. Im Mittelpunkt steht ohne Zweifel der Inhalt. Er soll möglichst kurz und präzise schildern, um was es geht, denn niemand liest gerne etwas, das er nicht braucht, um einen Sachverhalt verstehen und beurteilen zu können.

Jeder Brief besteht (wie jeder Aufsatz) inhaltlich aus drei Teilen:

	Funktion	Beispiele
Einleitung	Sie hat die Aufgabe, in kurzen Worten einen Bezug zu einem wichtigen Zusammenhang herzustellen oder an eine vorangegangene Vereinbarung anzuknüpfen.	– Bei unserem letzten telefonischen Gespräch haben wir vereinbart, dass ... – Wie wir bei unserer letzten Zusammenkunft feststellten, ... – Es besteht Einvernehmen, dass wir versuchen sollten ... – Sie können sich wahrscheinlich daran erinnern, dass ... – Bezug nehmend auf Ihr Schreiben vom 20. Juni teile ich Ihnen mit, dass ...
Hauptteil	Er hat die Aufgabe darzustellen, um was es im Kernbereich des Anliegens geht. Zu beachten sind: **1.** sachlogischer und nachvollziehbarer Aufbau **2.** innere Geschlossenheit der Argumentation **3.** aufeinander abgestimmte Abfolge von Gründen und daraus abgeleitete Forderungen **4.** psychologische Erfordernisse • unwichtig → wichtig (führt zu) • leicht verständlich → schwierig (führt zu) • Bekanntes → Neuem (führt zu) **5.** keine unangenehmen Mitteilungen am Anfang oder am Schluss **6.** zu Beginn des Briefes Interesse und Aufmerksamkeit erzeugen	Ihre Sendung vom ... enthielt, wie von uns bestellt, 5 Pakete Wattetupfer (Artikelnummer 344563) der Größe 3. Leider ist uns bei unserer Bestellung ein Fehler unterlaufen; wir hätten sowohl die Größe 3 als auch die Größe 2 benötigt. Obwohl unsere Auszubildende im Rahmen der Wareneingangskontrolle die Pakete schon geöffnet hat, bitten wir daher um Rücknahme von zwei Einheiten der Größe 3 und Umtausch in Größe 2 (Artikelnummer 355465). Gleichzeitig bitten wir um Rechnungskorrektur und bedanken uns schon jetzt für Ihre Mühe.
Schluss	Am Ende eines ggf. auch noch so kritischen Briefes versucht man, den Inhalt noch einmal zusammenzufassen und das Anliegen bezüglich des weiteren Vorgehens auf den Punkt zu bringen.	– Zusammenfassend bitte ich darum, dass Sie das Anliegen noch einmal prüfen ... – In beiderseitigem Interesse erwarte ich, dass Sie sich noch einmal ...

4.5.6 Briefe richtig falten

Briefformate und Umschläge sind so aufeinander abgestimmt, dass es immer passt, wenn man die Briefe richtig beschriftet und vor allem korrekt faltet. Auf den gedruckten Briefbögen sind Faltmarken angebracht. Das Problem ist nur, dass sie oft nicht beachtet werden. Aber nichts ist unschöner als ein mehrfach geknickter Brief.

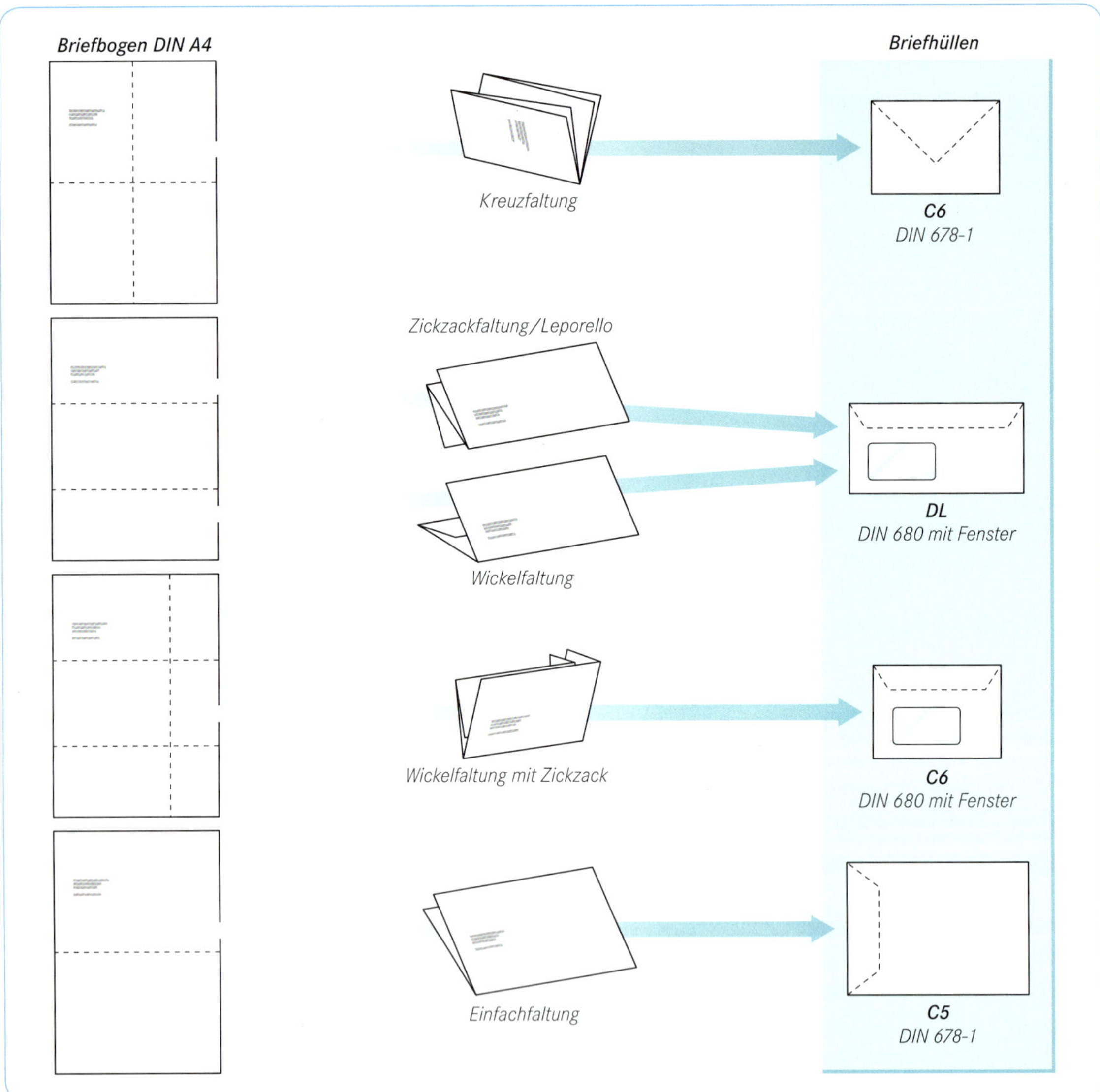

Praxistipp

Briefe richtig gestalten: Es kommt nicht nur darauf an, was man sagt, sondern auch wie man es sagt! Dies gilt nicht nur für das gesprochene Wort, sondern es gilt auch für ein Schriftstück. Aus einem Bogen Papier kann man etwas ganz Individuelles und Unverwechselbares machen – wenn man will.

Arbeitsaufträge

1. *Ein eingehender Brief ist adressiert an:* *Zahnarztpraxis*
Dr. Heilmann
Andertensche Straße 92
64289 Darmstadt

   Wie gehen Sie mit dem Brief um? Dürfen Sie ihn öffnen oder müssen Sie ihn ungeöffnet weiterleiten, wenn es keine besonderen Anweisungen gibt?

2. *Welche Briefformate unterscheidet man?*
3. *Wie kommt es, dass ein A4-Brief problemlos in einen A4-Umschlag passt?*
4. *Welche Briefformate werden in Ihrer Praxis hauptsächlich verwendet?*
5. *Erläutern Sie die Vorschriften zur normgerechten Briefgestaltung.*
6. *Bisher haben Sie Mitteilungen an die Patienten immer in einem normalen Brief oder auf einer herkömmlichen Postkarte versandt. Wie in der Ausgangssituation geschildert, sollen Sie sich jetzt etwas Besonderes einfallen lassen.*
   a) Stellen Sie sich vor, Sie hätten für Ihre Praxis ein Logo (d. h. ein Firmenkennzeichen) zu entwerfen. Wie sähe dies aus?
   b) Versuchen Sie, in Arbeitsgruppen Briefe an Patienten inhaltlich und optisch ansprechend zu gestalten.
   Themen:
   - *Erinnerung an einen Termin*
   - *Zahlungserinnerung für Privatpatienten*
   - *Hinweis auf eine geänderte Praxisanschrift nach einem Umzug*

4.6 Posteingang

Im Normalfall erfolgt eine direkte Zustellung der Post in die Praxisräume. Für größere Praxen kann es sinnvoll sein, ein Postfach anzumieten und die Post selbst abzuholen. Die Post kann so früher abgeholt werden, als sie zugestellt würde.

- In der Praxis erfolgt zuerst das **Aussortieren** von Privatpost und von Irrläufern.
- Als Nächstes wird die **Öffnung** der Praxispost vorgenommen. Ein Hilfsmittel für die Briefpost sind Brieföffner. Bei Verwendung spezieller Brieföffnermaschinen werden nur schmale Streifen an der Briefhülle abgeschnitten. Das Schriftstück wird so nicht beschädigt.
- Bei der **Kontrolle** der Eingangspost wird festgestellt, ob alle Anlagen (z. B. Untersuchungsbefunde, Röntgenbilder) gemäß den Angaben auch wirklich mitgeschickt wurden. Es sollte außerdem auch immer eine Leerkontrolle (Restinhaltskontrolle) der Briefhülle durchgeführt werden. Spezielle Durchleuchtungsmaschinen erleichtern diesen Vorgang, rentieren sich aber nur für Praxen mit hohem Postaufkommen.
- Beim **Sortieren** geht es u. a. darum, wichtige von unwichtigen Schriftstücken zu trennen. Der Umgang mit Werbebroschüren wird dabei in den Praxen unterschiedlich gehandhabt. Häufig gibt es Absprachen, die nicht medizinischen Werbebroschüren gleich in den Papierkorb zu werfen. Anders wird mit medizinischer Werbung umgegangen. Liegt z. B. der Werbebroschüre eine Anforderungskarte für Medikamentenmuster bei, sollte diese evtl. ausgefüllt und nur noch dem Zahnarzt zur Unterschrift vorgelegt werden. Zu sortieren sind die Schriftstücke aber auch nach ihrer sachlichen Zusammengehörigkeit. So sind z. B. alle eingehenden Befunde oder Rechnungen zusammenzuhalten,

um die Postverteilung zu erleichtern.
- Gehören zu der eingehenden Post auch Zeitschriften, ist der Sortiervorgang ein anderer. In manchen Praxen wird dabei so verfahren, dass eine spezialisierte Mitarbeiterin im Inhaltsverzeichnis die wichtigen Themen für ihren Chef markiert und ihm dann vorlegt.
- Hilfsmittel für die Sortierung sind spezielle Mappen, Körbe und in größeren Arztpraxen auch spezielle Registraturregale.

- Wichtiges Schriftgut wird mit einem **Eingangsstempel** versehen (Ausnahmen: Urkunden, Schecks usw.). Dieser Vorgang ist immer dann besonders wichtig, wenn es um die Einhaltung von Fristen geht. So sollte z. B. bei einer Rechnung der exakte Eingangstermin für den Abzug von Skonto innerhalb des vorgegebenen Zahlungszeitraumes festgehalten werden.
- Die **Verteilung** der Post auf die einzelnen Mitglieder der Praxisteams ist der abschließende Vorgang bei der Bearbeitung des Posteingangs. In manchen Fällen ist es sinnvoll, die eingegangenen Schriftstücke (z. B. Laborbefunde, Untersuchungsbefunde, Facharztberichte) um weitere Unterlagen zu ergänzen (z. B. ein bereits vorliegendes Röntgenbild), die für eine abschließende Diagnose wichtig sind.

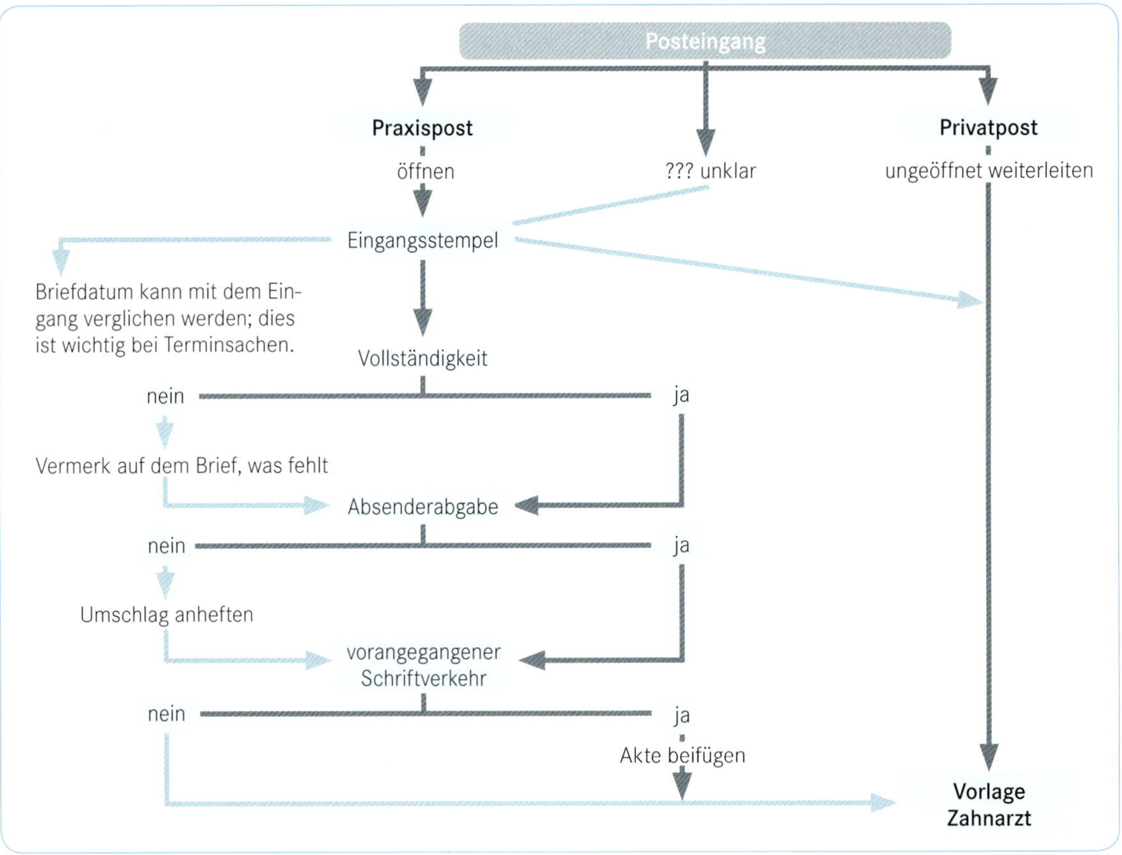

Durch die Postvollmacht kann der Zahnarzt eine oder mehrere seiner Mitarbeiter/-innen zur Annahme von Postsendungen ermächtigen.

Arten von Postvollmacht

allgemeine Postvollmacht	besondere Postvollmacht
berechtigt zur Annahme aller gewöhnlichen Postsendungen	ist notwendig, um Postsendungen, die dem Zahnarzt eigenhändig zuzustellen sind oder die postlagernd an den Empfänger gesandt werden, anzunehmen

werden beantragt mit einem speziellen bei der Post erhältlichen Formular „Postvollmacht"

Arbeitsaufträge

1. *Schildern Sie, wie die Bearbeitung der Eingangspost in Ihrer Ausbildungspraxis erfolgt.*
2. *Was sollten Sie nach Öffnung der Briefe kontrollieren?*
3. *Welche Bedeutung hat der Eingangsstempel auf der Eingangspost?*
4. *Welche Arten der Postvollmacht unterscheidet man?*
5. *Nach welchen Regeln wird die Eingangspost im Normalfall sortiert?*
6. *Ihr Chef hat einmal gesagt, dass er mit der ganzen Werbung in der Eingangspost nichts anfangen könne. Was lässt sich daraus für die Bearbeitung und Verteilung der eingehenden Postsendungen ableiten?*
7. *Bei der heutigen Eingangspost haben Sie*
   a) ein auf dem Anschreiben vermerktes Röntgenbild, das aber nicht im Umschlag beiliegt;
   b) die monatliche Abonnementlieferung einer zahnärztlichen Fachzeitschrift;
   c) den handschriftlichen Brief einer Patientin ohne Absenderangabe im Briefkopf.

   Wie verfahren Sie in den drei Fällen?

4.7 Schriftgutablage/Registratursysteme

Die Schriftgutablage (Registratur) hat die Aufgabe, das Schriftgut geordnet aufzubewahren und zu verwalten. Da Mitarbeiterinnen in einer Zahnarztpraxis durchschnittlich 20% ihrer Arbeitszeit für Schriftgutverwaltung benötigen, wird eins deutlich:

Schriftgut schlecht zu managen, ist ein Luxus, den sich viele Praxen in der heutigen Zeit einfach nicht mehr erlauben können.

Im Einzelnen sollte eine effektive Schriftgutverwaltung in einer Zahnarztpraxis folgende Anforderungen erfüllen:

- Die benötigten Informationen sollten schnell verfügbar sein (z. B. kurze Zugriffszeit auf Patientenkartei).
- Die Aufbewahrung des Schriftguts sollte sicher erfolgen (z. B. Zugriffssicherung auf Patientendatei durch abschließbare Schränke).
- Die Schriftverwaltung sollte wirtschaftlich (kostengünstig) sein (z. B. preiswertes Registratursystem, gute Ausnutzung der Praxisräume durch die jeweiligen Registraturmöbel, geringe Personalkosten für Schriftgutverwaltung).

Hängeregistratur

Beschreibung

Bei der vertikalen Hängeregistratur hängen die Behälter für Schriftgut (z. B. Hängemappen, Hängebehälter) hintereinander z. B. in speziellen Schränken oder auch in Schreibtischauszügen.

Bewertung

Vorteile

- sehr übersichtlich
- schneller Zugriff auf das Schreibgut
- schnelle Loseblattablage
- besonders geeignet als Arbeitsplatzablage

Nachteile

- hoher Raumbedarf für Auszüge
- Ausnutzung der Raumhöhe begrenzt
- hohe Einrichtungskosten (Möbel mit Schriftgutbehälter)

Pendelregistratur

Beschreibung

Hefter oder auch für ungelochtes Schriftgut. Die Mappen werden an Schienen nebeneinander aufgehängt (lateral hängende Aufbewahrung).

Bewertung

Vorteile

- geringe Einrichtungskosten
- sehr flexibel, da Mappen und Hefter an Pendelschienen verschoben werden können
- gute Raumausnutzung

Nachteile

- Zugriffszeit höher als bei der vertikalen Hängeregistratur
- Markierungsmöglichkeiten der Einzelakten sind begrenzt.

Kassettenregistratur

Beschreibung

In Kassetten (Stehsammlern) werden Einstellmappen bzw. Einstellbehälter aufbewahrt. Aber auch z. B. Kataloge und Prospekte können in Kassetten eingestellt werden.

Bewertung

Vorteile

- niedrige Einrichtungskosten
- bei Farbcodierung sehr übersichtlich
- gute Raumausnutzung

Nachteile

- Markierungsmöglichkeiten der Einzelakten sind begrenzt.
- durch starre Kassetten unflexibel

Ordnerregistratur

Beschreibung

Schriftgut in Ordnern aufzubewahren, ist die bekannteste Art der Registratur. Ordner gibt es in verschiedenen Rückenbreiten und für unterschiedliche DIN-Formate der abzuheftenden Seiten. Register und Trennblätter ermöglichen, die Inhalte zu gliedern.

Bewertung

Vorteile

- leichte Handhabung
- gute Beschriftungsmöglichkeit der breiten Rücken
- gute Übersicht
- geringe Investitionskosten

Nachteile

- höherer Zeitaufwand für das Ablegen als bei anderen zu heftenden Ablageformen
- durch starre Rückenbreite gute Raumausnutzung nur bei voll gefüllten Ordnern

4.8 Schriftgutarten/Aktenführung

Vor der Frage, wie man etwas sinnvoll so ablegt, dass man es später auch problemlos wiederfindet, ist zu klären, ob man das jeweilige Schriftgut überhaupt aufbewahren muss. Es gibt zwar schon Zahnarztpraxen, die auf eine weitgehend papierlose Aufbewahrung von Unterlagen umgestellt haben, doch auch wenn diese Form der Aufbewahrung z. B. durch die elektronische Gesundheitskarte (→ Lernfeld 2, Kap. 5) sicher zunehmen wird, ist sie derzeit eher die Ausnahme. In der Regel wird auf herkömmliche Weise aufbewahrt und archiviert.
Um die Informationsflut, die täglich in einer Praxis auftritt, zu bewältigen, wird differenziert:

Um was handelt es sich?	Wie wird es behandelt?
Unverlangte Zusendungen Allgemeine Werbeblätter, Einladungen zu Fachtagungen, Spendenaufrufe usw.	Eigenständige Beurteilungen durch die Mitarbeiterin, evtl. Vorlage bzw. Weitergabe an Praxisinhaber/-in oder sofortige Vernichtung (Papierkorb)
Spezielle Zusendungen Bewerbungsschreiben, Angebote von Laboren und Lieferern, Informationen der Kammern, fehlerhaft zugestellte Liquidationen usw.	Prüfung und Auswertung, danach fallbezogene Entscheidung, wie damit weiter zu verfahren ist
Aufbewahrungspflichtige Unterlagen Abrechnungen, Mahnungen, Anamnesebogen, Krankenberichte, Gutachten, aber auch Praxisübernahmeverträge, Krankenkassenzulassungen	Gesetzliche Aufbewahrungspflichten (→ Kap. 4.10) sind zu beachten. Bestimmte praxisbezogene Unterlagen sind unabhängig davon auch dauerhaft aufzubewahren.

Auch bezüglich der Aktenführung lässt sich eine Unterscheidung treffen:[1]

Hauptakten
Schriftgut von allgemeiner oder grundsätzlicher, genereller Bedeutung (Gesetze, Verordnungen, Satzungen, Bekanntmachungen, Erlasse und Verfügungen allgemeinen Charakters, Krankenzulassungen, Approbation, Entscheidungen von grundsätzlicher Bedeutung)

Nebenakten
Schriftgut von begrenzter, spezieller Bedeutung, das einzelne Personen, Sachen, Ereignisse oder Rechtsverhältnisse betrifft, das voraussichtlich nach Abschluss der Bearbeitung nicht wieder benötigt und in einer Akte zusammengefasst wird (z. B. Genehmigungen, Erlaubnisse)

Einzelakten
Schriftgut von begrenzter, spezieller Bedeutung, das einzelne Personen, Sachen oder Rechtsverhältnisse betrifft, für das wegen der Notwendigkeit seines wiederholten späteren Gebrauchs zweckmäßigerweise anstelle oder neben einer Nebenakte eine Reihe einzelner Akten gebildet wird (z. B. Personal-, Bau-, Liegenschafts- und Darlehensakten)

Beiakten
Akten, die zusätzlich zu Haupt-, Neben- oder Einzelakten gebildet werden, wenn in größerem Umfang Schriftgut von geringerer oder vorübergehender Bedeutung anfällt, das die Übersichtlichkeit dieser Akten beeinträchtigt (z. B. Antworten auf Rundfragen, umfangreiche Berechnungen, Aufstellungen).

Sonstiges Schriftgut
das wegen seiner äußeren Beschaffenheit zur Aufnahme in die Akten, zu denen es gehört, nicht geeignet ist. Hierzu zählen z. B. Bücher, Druckschriften, Karten, Pläne, Zeichnungen, Bildmaterial, Filme, DVDs.

[1] Quelle: www.sin.uni-magdeburg.de

4.9 Ordnungssysteme bei der Schriftgutablage und -verwaltung

Es gibt verschiedene Arten von Ordnungssystemen:

4.9.1 Alphabetische Ordnung

Ordnungsmittel ist die Reihenfolge der Anfangs- und Folgebuchstaben der jeweiligen Ordnungswörter. Die alphabetische Ordnung ist nach DIN 5007 geregelt.

- Die Umlaute ä, ö, ü werden wie ae, oe und ue und ß wird wie ss behandelt.
- Der Familienname ist das erste, der Vorname das zweite Ordnungswort. Ist das nicht ausreichend, sind weitere Merkmale, wie z. B. Straße, Wohnort, beim Ordnen zu beachten.
  Beispiel: Mueller, Sascha, Bahnhofstr. 17
  Mueller, Sascha, Burggraben 8
- Akademische Grade (z. B. Dr., Dipl.-Kfm.) werden nicht berücksichtigt und stehen nach dem Vornamen.

In der Zahnarztpraxis findet die alphabetische Ordnung vor allem in der Patientenkartei Anwendung.

4.9.2 Numerische Ordnung

Ordnungsmerkmal sind Zahlenwerte. Die einfachste Art und Weise der numerischen Ordnung ist die fortlaufende Nummerierung. Komplizierter ist das System einer „sprechenden“ Nummerierung. Jede Ziffer innerhalb einer Zahlenfolge hat hierbei eine spezielle Bedeutung.

Beispiele: Chronologisch können z. B. Bankauszüge, Eingangsrechnungen, Durchschriften von Arbeitsunfähigkeitsbescheinigungen geordnet werden. Die Reihenfolge der Heftung kann unterschiedlich sein. Bei der kaufmännischen Heftung werden die neuen Schriftstücke auf die alten geheftet. Bei der Behördenheftung ist dies umgekehrt.

4.9.3 Mnemotechnische Ordnung

Bei diesem System wird mit Erinnerungshilfen gearbeitet, die man herkömmlich auch als eine Art Eselsbrücke oder Gedächtnisstütze bezeichnen könnte. (Das Wort Mnemotechnik ist griechisch und bezeichnet die Kunst des Erinnerns.) Gewählt werden Abkürzungen, die sich leicht in einen Zusammenhang mit dem zu merkenden Begriff bringen lassen.

Beispiel:
- ER = Eingangsrechnung
- PA = Postausgang
- AB = Arztbefund
- BS = Berufsschule

4.9.4 Sachlogische Ordnung

Die Ablage erfolgt nach Oberbegriffen bzw. nach bestimmten Stichwörtern. Die Stichwörter werden dabei individuell dem Sachverhalt des Vorgangs entnommen.

Beispiel: So kann das Wort „Ärztekammer“ als Stichwort für die Ablage von Schriftverkehr mit dieser Institution dienen.

4.9.5 Farbliche Ordnung

Farben sind häufig zusätzliche Ordnungsmittel für Zahlen und Buchstaben. Bei dieser Art der Farbcodierung wird einem bestimmten Zahlenwert oder eine Buchstabenfolge eine eindeutige Farbe zugeordnet. Farbverwendung hat den Vorteil, dass sie direkt die Sinne anspricht, das Auge leitet (Signalwirkung der Farbe) und so die Zugriffszeit auf die Akten verkürzt.

Beispiel: Ordner, auf denen nicht nur der jeweilige Sachbegriff steht (wie z. B. Mahnungen, Befunde oder Gutachten), sondern deren Aktenrücken außerdem unterschiedlich eingefärbt sind.

4.10 Aufbewahrungsfristen

Alle in Ausübung des Berufes gemachten Feststellungen und getroffenen Maßnahmen müssen aufgezeichnet werden. Dabei gelten folgende Aufbewahrungsfristen:

Nr.	Art der Unterlagen	Aufbewahrung	Rechtsgrundlage
01	– Aufzeichnungen über zahnärztliche Behandlungen – Krankenblätter – Patientendaten	mind. 3 Jahre (Empfehlung: 10 Jahre)	Berufsordnung für Zahnärzte § 5 Absatz 3
02	Gutachten nach der Gutachterordnung der Landeszahnärztekammer	3 Jahre	Gutachterordnung der Landeszahnärztekammer
03	Planungsmodelle für – Zahnersatz – Kieferorthopädie – Parodontologie – Kieferbruch		– § 5, Abs. 2 Bundesmantelvertrag Zahnärzte – § 7, Abs. 3 Ersatzkassenvertrag
04	Kieferorthopädische Anfangs- und Endmodelle	3 Jahre	"
05	Arbeitsunfähigkeitsbescheinigungen	1 Jahr	Bundesmantelvertrag Zahnärzte (§ 12, Abs. 2)
06	Röntgenaufzeichnungen – Protokoll der Abnahmeprüfung, Referenzaufnahmen – Röntgenaufnahmen bzw. Aufzeichnungen über Röntgenuntersuchungen – Konstanzprüfungen	 2 Jahre 10 Jahre 2 Jahre	§ 28, Abs. 3/4 Röntgenverordnung
07	Medizinproduktebuch	5 Jahre	§ 9 Medizinprodukte-betreiberverordnung
08	Prüfberichte Sterilisatoren (Funktionsprüfung)	1 Jahr	DIN 58946 / 58947
09	Wartungsbuch für Amalgamabscheider	5 Jahre	Kreislaufwirtschafts- und Abfallgesetz
10	Belehrung von Mitarbeitern – Gefahrstoffverordnung – Röntgenverordnung	 2 Jahre 5 Jahre	 Gefahrstoffverordnung § 16 Abs. 2 Röntgenverordnung § 36 Abs. 4

Arbeitsaufträge

1. *Nach welchem System ist in Ihrer Praxis die Schriftgutablage organisiert?*
2. *Wie lange bewahren Sie die einzelnen Unterlagen über die Patienten auf?*
3. *Sie wissen, dass ein Patient in die USA ausgewandert ist. Überlegen Sie, ob dies an der Aufbewahrungsfrist irgendetwas ändert.*

→ www.lzk-bw.de

5 Nie ohne das Gesetz
Beratung und Aufklärung der Patienten über die Behandlungsleistungen nach dem Sozialgesetzbuch V

Viele Patienten wissen es, aber sie tun trotzdem nicht das, womit sie bares Geld sparen könnten. Immer wieder muss Manuela Harris die Patienten darüber aufklären, dass die Krankenversicherung nicht alles bezahlt, wenn es der Patient an der eigenen Vorsorge mangeln lässt. Und dann muss sie sich auch noch böse Worte anhören. Vor allem, wenn abends in einer Fernsehsendung Informationen über ganz neue Behandlungsmethoden gezeigt werden, klingelt das Telefon heiß. So verlangte kürzlich ein Patient, der mit seinem Zahnersatz nicht zurechtkam, dass ihm insgesamt acht fehlende Zähne nach einer neuen Methode implantiert werden sollten.
Auf den Hinweis, dass die Krankenkasse dies erst im Rahmen eines Heil- und Kostenplanes genehmigen müsse, reagierte er äußerst ungehalten. Er habe sein Leben lang Beiträge bezahlt und habe jetzt ein Recht auf eine solche Behandlung. Wenn sich die Zahnärztin weigere, verdiene sie anscheinend nicht genug Geld daran oder sie könne es nicht. Dann ginge er eben woanders hin ...

... und nun?

5.1 Zahnärztliche Pflichten nach dem Sozialgesetzbuch V

Für die Durchführung und Abrechnung von zahnärztlichen Leistungen gibt es eine Vielzahl von Einzelregelungen, die im **Sozialgesetzbuch V** festgelegt sind. Die wichtigsten Bestimmungen sollten Sie kennen: → AW LF 1, Kap. 1.1.1

§ 12 Wirtschaftlichkeitsgebot

(1) Die Leistungen müssen ausreichend, zweckmäßig und wirtschaftlich sein; sie dürfen das Maß des Notwendigen nicht überschreiten. Leistungen, die nicht notwendig oder unwirtschaftlich sind, können Versicherte nicht beanspruchen, dürfen die Leistungserbringer nicht bewirken und die Krankenkassen nicht bewilligen.
(2) Ist für eine Leistung ein Festbetrag festgesetzt, erfüllt die Krankenkasse ihre Leistungspflicht mit dem Festbetrag.
(3) Hat die Krankenkasse Leistungen ohne Rechtsgrundlage oder entgegen geltendem Recht erbracht und hat ein Vorstandsmitglied hiervon gewusst oder hätte es hiervon wissen müssen, hat die zuständige Aufsichtsbehörde nach Anhörung des Vorstandsmitglieds den Verwaltungsrat zu veranlassen, das Vorstandsmitglied auf Ersatz des aus der Pflichtverletzung entstandenen Schadens in Anspruch zu nehmen, falls der Verwaltungsrat das Regressverfahren nicht bereits von sich aus eingeleitet hat.

§ 15 Ärztliche Behandlung, Krankenversichertenkarte

(1) Ärztliche oder zahnärztliche Behandlung wird von Ärzten oder Zahnärzten erbracht. Sind Hilfeleistungen anderer Personen erforderlich, dürfen sie nur erbracht werden, wenn sie vom Arzt (Zahnarzt) angeordnet und von ihm verantwortet werden.

(2) Versicherte, die ärztliche oder zahnärztliche Behandlung in Anspruch nehmen, haben dem Arzt (Zahnarzt) vor Beginn der Behandlung ihre Krankenversichertenkarte (§ 291) ... auszuhändigen.

→ AW LF 1, Kap. 1.2

(3) Für die Inanspruchnahme anderer Leistungen stellt die Krankenkasse den Versicherten Berechtigungsscheine aus, soweit es zweckmäßig ist. Der Berechtigungsschein ist vor der Inanspruchnahme der Leistung dem Leistungserbringer auszuhändigen.

(4) In die Krankenversichertenkarte oder den ... Berechtigungsschein sind neben der Bezeichnung der Krankenkasse Familienname, Vorname, Geburtsdatum, Anschrift, Krankenversichertennummer und Status des Versicherten sowie der Tag des Beginns des Versicherungsschutzes, bei befristeter Gültigkeit das Datum des Fristablaufs, aufzunehmen. Weitere Angaben dürfen nicht aufgenommen werden.

(5) In dringenden Fällen kann die Krankenversichertenkarte oder der ... Berechtigungsschein nachgereicht werden.

„Wenn ich sage, Zähne zusammenbeißen, dann meine ich das nur symbolisch."

5.2 Aufbau des Sozialgesetzbuchs V

Das Sozialgesetzbuch V gliedert sich in insgesamt 13 Kapitel. Nicht alle sind für den Bereich der Zahnärzte gleichermaßen von Bedeutung. Da das Sozialgesetzbuch auch in Zukunft nicht vor weiteren Veränderungen geschützt sein wird, empfiehlt sich im Zweifelsfall immer ein Blick in das umfangreiche Gesetzespaket.

Praxistipp

Im Internet finden Sie die jeweils aktuelle Fassung des Sozialgesetzbuches V, sobald das Bundesministerium für Gesundheit es veröffentlich hat.
www.gesetze-im-internet.de/sgb_5/index.html

1. Kapitel

Allgemeine Vorschriften
- Solidarität und Eigenverantwortung
- Leistungen
- Leistungen an behinderte und chronisch kranke Menschen
- solidarische Finanzierung
- Krankenkassen
- Sonderregelungen zum Verwaltungsverfahren

2. Kapitel

Versicherter Personenkreis
- Versicherungspflicht
- Versicherungsfreiheit
- Versicherungsfreiheit bei geringfügiger Beschäftigung
- Befreiung von der Versicherungspflicht
- Freiwillige Versicherung
- Familienversicherung

3. Kapitel

Leistungen der KV
- Leistungsarten
- Wirtschaftlichkeitsgebot
- Leistungen zur Verhütung von Krankheiten
- Leistungen zur Früherkennung
- Leistungen bei Krankheit
- Krankenbehandlung
- Krankengeld
- Leistungsbeschränkung
- Selbstbehalt, Beitragsrückzahlung
- Zahnersatz
- Zuzahlungen, Belastungsgrenzen

4. Kapitel

Beziehungen der Krankenkasse zu den Leistungserbringern

5. Kapitel

Sachverständigenrat zur Begutachtung der Entwicklung im Gesundheitswesen

6. Kapitel

Organisation der Krankenkassen

7. Kapitel

Verbände der Krankenkassen

8. Kapitel

Finanzierung

9. Kapitel

Medizinischer Dienst der Krankenversicherung

10. Kapitel

Versicherungs- und Leistungsdaten, Datenschutz, Datentransparenz

11. Kapitel

Straf- und Bußgeldvorschriften

12. Kapitel

Überleitungsregelungen Deutsche Einheit

13. Kapitel

Weitere Übergangsvorschriften

5.3 Was gehört zu den Kernleistungen der zahnärztlichen Behandlung? oder: Worauf hat der Kassenpatient Anspruch?

Nicht alles, was Kassenpatienten verlangen, gehört automatisch zu dem, was durch die gesetzlichen Krankenkassen abgedeckt ist und bezahlt wird. Dies gilt insbesondere für chirurgische Leistungen im Zusammenhang mit Zahnersatz, aber auch für Zahnfüllungen.

§ 28 Ärztliche und zahnärztliche Leistung

(1) Die ärztliche Behandlung umfasst die Tätigkeit des Arztes, die zur Verhütung, Früherkennung und Behandlung von Krankheiten nach den Regeln der ärztlichen Kunst ausreichend und zweckmäßig ist. Zur ärztlichen Behandlung gehört auch die Hilfeleistung anderer Personen, die von dem Arzt angeordnet und von ihm zu verantworten ist.

(2) **Die zahnärztliche Behandlung umfasst die Tätigkeit des Zahnarztes, die zur Verhütung, Früherkennung und Behandlung von Zahn-, Mund- und Kieferkrankheiten nach den Regeln der zahnärztlichen Kunst ausreichend und zweckmäßig ist; sie umfasst auch konservierend-chirurgische Leistungen und Röntgenleistungen, die im Zusammenhang mit Zahnersatz einschließlich Zahnkronen und Suprakonstruktionen erbracht werden. Wählen Versicherte bei Zahnfüllungen eine darüber hinausgehende Versorgung, haben sie die Mehrkosten selbst zu tragen.** In diesen Fällen ist von den Kassen die vergleichbare preisgünstigste plastische Füllung als Sachleistung abzurechnen. In Fällen des Satzes 2 ist vor Beginn der Behandlung eine schriftliche Vereinbarung zwischen dem Zahnarzt und dem Versicherten zu treffen. Die Mehrkostenregelung gilt nicht für Fälle, in denen intakte plastische Füllungen ausgetauscht werden.
Nicht zur zahnärztlichen Behandlung gehört die kieferorthopädische Behandlung von Versicherten, die zu Beginn der Behandlung das 18. Lebensjahr vollendet haben. Dies gilt nicht für Versicherte mit schweren Kieferanomalien, die ein Ausmaß haben, das kombinierte kieferchirurgische und kieferorthopädische Behandlungsmaßnahmen erfordert. Ebenso gehören funktionsanalytische und funktionstherapeutische Maßnahmen nicht zur zahnärztlichen Behandlung; sie dürfen von den Krankenkassen auch nicht bezuschusst werden. Das Gleiche gilt für implantologische Leistungen, es sei denn, es liegen seltene, vom Bundesausschuss der Zahnärzte und Krankenkassen in Richtlinien nach § 92 Abs. 1 festzulegende Ausnahmeindikationen für besonders schwere Fälle vor, in denen die Krankenkasse diese Leistung einschließlich der Suprakonstruktion als Sachleistung im Rahmen einer medizinischen Gesamtbehandlung erbringt.

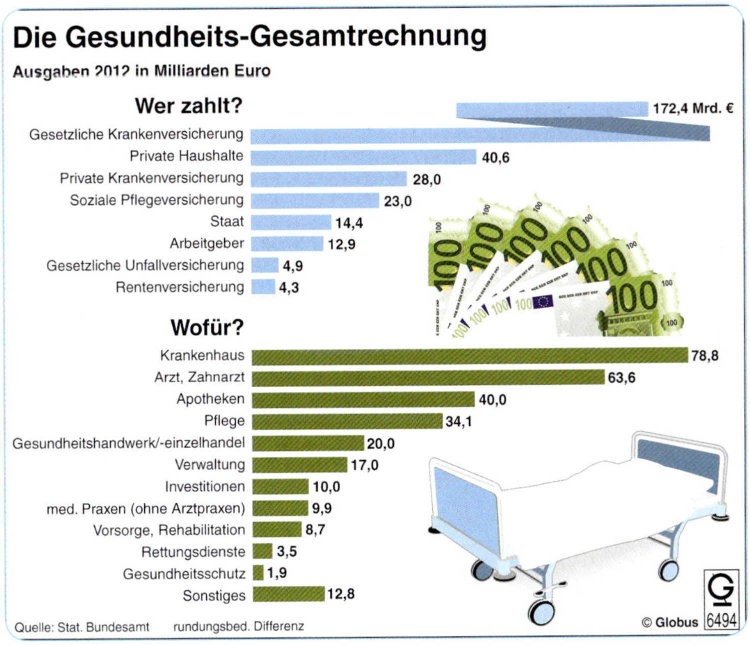

§ 29 Kieferorthopädische Behandlung

(1) Versicherte haben Anspruch auf kieferorthopädische Versorgung **in medizinisch begründeten Indikationsgruppen,** bei denen eine Kiefer- oder Zahnfehlstellung vorliegt, die das Kauen, Beißen, Sprechen oder Atmen erheblich beeinträchtigt oder zu beeinträchtigen droht.

(2) **Versicherte leisten zu der kieferorthopädischen Behandlung nach Absatz 1 einen Anteil in Höhe von 20 Prozent der Kosten an den Vertragszahnarzt.** Satz 1 gilt nicht für im Zusammenhang mit kieferorthopädischer Behandlung erbrachte konservierend-chirurgische und Röntgenleistungen. Befinden sich mindestens zwei versicherte Kinder, die bei Beginn der Behandlung das 18. Lebensjahr noch nicht vollendet haben und mit ihren Erziehungsberechtigten in einem gemeinsamen Haushalt leben, in kieferorthopädischer Behandlung, beträgt der Anteil nach Satz 1 für das zweite und jedes weitere Kind 10 Prozent.

(3) Der Vertragszahnarzt rechnet die kieferorthopädische Behandlung abzüglich des Versichertenanteils nach Absatz 2 Satz 1 und 3 mit der Kassenzahnärztlichen Vereinigung ab. Wenn die Behandlung in dem durch den Behandlungsplan bestimmten medizinisch erforderlichen Umfang abgeschlossen worden ist, zahlt die Kasse den von den Versicherten geleisteten Anteil nach Absatz 2 Satz 1 und 3 an die Versicherten zurück.

(4) Der Gemeinsame Bundesausschuss bestimmt in den Richtlinien nach § 92 Abs. 1 befundbezogen die objektiv überprüfbaren Indikationsgruppen, bei denen die in Absatz 1 genannten Voraussetzungen vorliegen. Dabei sind auch einzuhaltende Standards zur kieferorthopädischen Befunderhebung und Diagnostik vorzugeben.

§ 55 Leistungsanspruch (bei Zahnersatz)

→ LF 12, Kap. 1.3

(1) Versicherte haben nach den Vorgaben in den Sätzen 2 bis 7 befundbezogene Festzuschüsse bei einer medizinisch notwendigen Versorgung mit Zahnersatz einschließlich Zahnkronen und Suprakonstruktionen (zahnärztliche und zahntechnische Leistungen) in den Fällen, in denen eine zahnprothetische Versorgung notwendig ist ...
Die Festzuschüsse umfassen 50 Prozent der ... festgesetzten Beträge für die jeweilige Regelversorgung.
Für eigene Bemühungen zur Gesunderhaltung der Zähne erhöhen sich die Festzuschüsse nach Satz 2 um 20 Prozent. Die Erhöhung entfällt, wenn der Gebisszustand des Versicherten regelmäßige Zahnpflege nicht erkennen lässt und der Versicherte während der letzten fünf Jahre vor Beginn der Behandlung
1. die Untersuchungen nach § 22 Abs. 1 nicht in jedem Kalenderhalbjahr in Anspruch genommen hat und
2. sich nach Vollendung des 18. Lebensjahres nicht wenigstens einmal in jedem Kalenderjahr hat zahnärztlich untersuchen lassen.

Die Festzuschüsse nach Satz 2 erhöhen sich um weitere 10 Prozent, wenn der Versicherte seine Zähne regelmäßig gepflegt ... hat ...

(2) Versicherte haben bei der Versorgung mit Zahnersatz zusätzlich zu den Festzuschüssen nach Absatz 1 Satz 2 einen Betrag in jeweils gleicher Höhe, angepasst an die Höhe der tatsächlich entstandenen Kosten, höchstens jedoch in Höhe der nach § 57 Abs. 1 Satz 1 und Abs. 2 Satz 1 entstandenen Kosten, vorzusehen, wenn Versicherte ansonsten unzumutbar belastet würden ... (Näheres dazu siehe in § 55 des Gesetzes)

§ 56 Festsetzung der Regelversorgungen

(1) Der Gemeinsame Bundesausschuss bestimmt ... die Befunde, für die **Festzuschüsse** nach § 55 gewährt werden und ordnet diesen prothetische Regelversorgungen zu.

(2) Die Bestimmung der Befunde erfolgt auf der Grundlage einer international anerkannten **Klassifikation des Lückengebisses.** Dem jeweiligen Befund wird eine zahnprothetische Regelversorgung zugeordnet. Diese hat sich an zahnmedizinisch **notwendigen zahnärztlichen und zahntechnischen Leistungen** zu orientieren, die zu einer ausreichenden, zweckmäßigen und wirtschaftlichen Versorgung mit Zahnersatz einschließlich Zahnkronen und Suprakonstruktionen bei einem Befund im Sinne von Satz 1 nach dem allgemein anerkannten Stand der zahnmedizinischen Erkenntnisse gehören.
Bei der Zuordnung der Regelversorgung zum Befund sind insbesondere die **Funktionsdauer,** die **Stabilität und die Gegenbezahnung** zu berücksichtigen. Zumindest bei kleinen Lücken ist festsitzender Zahnersatz zugrunde zu legen. Bei großen Brücken ist die Regelversorgung auf den Ersatz von bis zu vier fehlenden Zähnen je Kiefer und bis zu drei fehlenden Zähnen je Seitenzahngebiet begrenzt.
Bei **Kombinationsversorgungen** ist die Regelversorgung auf zwei Verbindungselemente je Kiefer, bei Versicherten mit einem Restzahnbestand von höchstens drei Zähnen je Kiefer auf drei Verbindungselemente je Kiefer begrenzt. Regelversorgungen umfassen im Oberkiefer Verblendungen bis einschließlich Zahn fünf, im Unterkiefer bis einschließlich Zahn vier.
In die Festlegung der Regelversorgung einzubeziehen sind die **Befunderhebung, die Planung, die Vorbereitung des Restgebisses,** die Beseitigung von groben Okklusionshindernissen und alle Maßnahmen zur Herstellung und Eingliederung des Zahnersatzes einschließlich der Nachbehandlung sowie die Unterweisung im Gebrauch des Zahnersatzes.

„Heutzutage kann man sogar mit dem Zahnarzt handeln. Ich habe meine neue Prothese zum halben Preis bekommen."

5.4 Wer alles kann auf meine vertraulichen Daten zugreifen? Bin ich ein „gläserner" Patient?

Die Kommunikation über Gesundheitsdaten wird zunehmend elektronisch, d. h. über den PC erfolgen. In einer persönlichen Gesundheitsakte können die Krankenkassen Patientendaten in einer ganz neuen Form verwalten. Der Datenabgleich ist damit wesentlich einfacher als früher.

§ 67 Elektronische Kommunikation

(1) Zur Verbesserung der Qualität und Wirtschaftlichkeit der Versorgung soll die papiergebundene Kommunikation unter den Leistungserbringern so bald und so umfassend wie möglich durch die elektronische und maschinell verwertbare Übermittlung von Befunden, Diagnosen, Therapieempfehlungen und Behandlungsberichten, die sich auch für eine einrichtungsübergreifende fallbezogene Zusammenarbeit eignet, ersetzt werden.

§ 68 Finanzierung einer persönlichen elektronischen Gesundheitsakte

Zur Verbesserung der Qualität und der Wirtschaftlichkeit der Versorgung können die Krankenkassen ihren Versicherten zu von Dritten angebotenen Dienstleistungen der elektronischen Speicherung und Übermittlung patientenbezogener Gesundheitsdaten finanzielle Unterstützung gewähren. Das Nähere ist durch die Satzung zu regeln.

§ 295 Abrechnung ärztlicher Leistungen

(1) Die an der vertragsärztlichen Versorgung teilnehmenden Ärzte und ärztlich geleiteten Einrichtungen sind verpflichtet,
   (1) in dem Abschnitt der Arbeitsunfähigkeitsbescheinigung, den die Krankenkasse erhält, die **Diagnosen,**
   (2) in den Abrechnungsunterlagen für die vertragsärztlichen Leistungen die von ihnen **erbrachten Leistungen einschließlich** des Tages der Behandlung, bei ärztlicher Behandlung mit Diagnosen, bei zahnärztlicher Behandlung mit **Zahnbezug und Befunden,**
   (3) in den **Abrechnungsunterlagen** sowie auf den Vordrucken für die vertragsärztliche Versorgung ihre **Arztnummer,** in Überweisungsfällen die Arztnummer des überweisenden Arztes sowie die Angaben nach § 291 Abs. 2 Nr. 1 bis 10 maschinenlesbar aufzuzeichnen und zu übermitteln.

§ 305 Auskünfte an Versicherte

(1) Die Krankenkassen unterrichten die Versicherten auf deren Antrag über die im jeweils letzten Geschäftsjahr in Anspruch genommenen Leistungen und deren Kosten. Die Kassenärztlichen und die Kassenzahnärztlichen Vereinigungen übermitteln den Krankenkassen in den Fällen des Satzes 1 die Angaben über die von den Versicherten in Anspruch genommenen ärztlichen und zahnärztlichen Leistungen und deren Kosten für jeden Versicherten gesondert in einer Form, die eine Kenntnisnahme durch die Krankenkassen ausschließt.
Die Krankenkassen leiten die Angaben an den Versicherten weiter. Eine Mitteilung an die Leistungserbringer über die Unterrichtung des Versicherten ist nicht zulässig. Die Krankenkassen können in ihrer Satzung das Nähere über das Verfahren der Unterrichtung regeln.

(2) Die an der vertragsärztlichen Versorgung teilnehmenden Ärzte, ärztlich geleiteten Einrichtungen und medizinischen Versorgungszentren haben die Versicherten auf Verlangen schriftlich in verständlicher Form, direkt im Anschluss an die Behandlung oder mindestens quartalsweise spätestens vier Wochen nach Ablauf des Quartals, in dem die Leistungen in Anspruch genommen worden sind, über die zulasten der Krankenkassen erbrachten Leistungen und deren vorläufige Kosten (Patientenquittung) zu unterrichten.
Satz 1 **gilt auch für die vertragszahnärztliche Versorgung.** Der Versicherte erstattet für eine quartalsweise schriftliche Unterrichtung nach Satz 1 eine Aufwandspauschale in Höhe von 1,00 € zuzüglich Versandkosten. Das Nähere regelt die Kassenärztliche Bundesvereinigung.
Die Krankenhäuser unterrichten die Versicherten auf Verlangen schriftlich in verständlicher Form innerhalb von vier Wochen nach Abschluss der Krankenhausbehandlung über die erbrachten Leistungen und die dafür von den Krankenkassen zu zahlenden Entgelte.

Arbeitsaufträge

1. *Was versteht man unter dem Wirtschaftlichkeitsgebot für ärztliche Leistungen?*
2. *Inwieweit haben Versicherte einen Anspruch auf eine zahnärztliche Versorgung ihrer Wahl?*
3. *Erläutern Sie den Inhalt von § 28 des Sozialgesetzbuches V.*
4. *Welche Vorschriften enthält das Sozialgesetzbuch V über den Zahnersatz?*
5. *Was ist ein Heil- und Kostenplan?*
6. *Sie haben die Aufgabe, dem in der Eingangssituation geschilderten Patienten klarzumachen, dass es so nicht geht. Bilden Sie zwei Gruppen:*
   a) Patient, der auf seinem Recht bestehen möchte;
   b) Mitarbeiterin, die ihn über die rechtliche Situation aufzuklären hat.

   Simulieren Sie ein Telefongespräch über dieses Problem.
7. *Ein neuer (Schmerz-)Patient kommt in Ihre Praxis und muss aus zahnmedizinischer Sicht sofort behandelt werden. Er hat aber die Krankenversichertenkarte nicht dabei. Was tun Sie jetzt?*

Arbeitsaufträge

8. Welche Unterlagen müssen der Krankenkasse bei der Abrechnung der erbrachten Leistungen übermittelt werden?

9. Ein Versicherter möchte von Ihnen eine Auskunft darüber haben, welche Leistungen Sie nach der letzten Behandlung eingetragen und abgerechnet haben. Er fordert Einsicht in seine Kranken- und Behandlungsblätter. Wie gehen Sie mit dieser Anfrage um?

10. Mit welchen Merkmalen lässt sich die Tätigkeit eines Zahnarztes beschreiben?

11. Welche Altersbegrenzung gibt es für die Abrechnung kieferorthopädischer Behandlungen?

12. Schildern Sie, welche konkreten Vorteile die regelmäßige Untersuchung im Rahmen der Gesunderhaltung der Zähne für den Versicherten hat.

13. Wie oft müssen zahnärztliche Untersuchungen mindestens erfolgen, um von dem Bonussystem bei Zahnersatz zu profitieren?

14. Was verbirgt sich hinter der Abkürzung „BEMA“?

15. Ein Patient soll einen Zahnersatz erhalten. Laut Heil- und Kostenplan entstehen Kosten in Höhe von 2.500,00 €. Der Patient hat nachweislich in den letzten 10 Jahren ohne Unterbrechung an zahnmedizinischen Vorsorgemaßnahmen teilgenommen. Mir welchem Eigenanteil muss der Patient nach den Regelungen von § 55 Sozialgesetzbuch rechnen?

16. So könnte eine Prüfungsaufgabe aussehen:

„Eine neue Patientin kommt das erste Mal in die Praxis. Am vitalen Zahn 11 ist ein großer Eckenaufbau locker und die Patientin ist unzufrieden mit dem Aussehen des Zahnes. Nach einer Beratung durch die Zahnärztin entscheidet sie sich für die Versorgung des Zahnes mit einer voll verblendeten Metallkeramikkrone.
Die Zahnmedizinische Fachangestellte erstellt die nötigen Unterlagen für die Krankenkasse und erklärt den Verwaltungsweg. Anschließend erhält die Patientin die Termine für die einzelnen Sitzungen.
Erläutern und demonstrieren Sie für diesen Behandlungsfall Ihre Aufgaben vom Empfang bis zur Verabschiedung der Patientin. Setzen Sie Ihren Schwerpunkt dabei auf das situationsgerechte Informationsgespräch. Vereinbaren Sie die nötigen Termine und geben Sie der Patientin alle nötigen Unterlagen für die Krankenkasse mit.“

Spielen Sie anhand dieser Aufgabe im Klassenverband eine Prüfung durch.
a) Erstellen Sie in Stichworten einen Ablaufplan für Ihren Prüfungsvortrag.
b) Stellen Sie die Unterlagen zusammen, die Sie für den ordnungsgemäßen Ablauf dieses Vorgangs in der Praxis benötigen.
c) Bereiten Sie zu Hause einen 10-minütigen freien Vortrag so vor, wie Sie ihn in der Prüfung zu diesem Fall halten würden.
d) Spielen Sie im Klassenverband mehrere Vorträge und anschließende Feedbacks durch.
TIPP: Auch das Feedback zu den Vorträgen Ihrer Mitschülerinnen kann Ihnen wertvolle Hinweise zu Ihrem eigenen Vortrag geben!

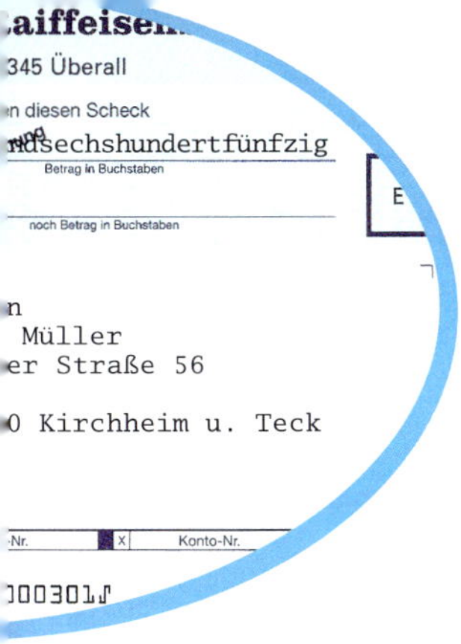

Lernfeld 9

Waren beschaffen und verwalten

Sie planen die bedarfs- und umweltgerechte Versorgung der Praxis mit Waren und Materialien. Sie erkunden Beschaffungsmöglichkeiten, holen Informationen ein und bereiten die gewonnenen Daten zur Vorbereitung von Kaufentscheidungen auf. Dazu nutzen Sie die Formen mündlicher und schriftlicher Kommunikation mit aktuellen Medien. Angebote analysieren und vergleichen Sie unter qualitativen, quantitativen und wirtschaftlichen Aspekten und treffen eine ökonomisch und ökologisch begründete Auswahlentscheidung. Sie überwachen und erfassen den Wareneingang. Auftretende Erfüllungsstörungen und damit verbundene Konflikte werden identifiziert, Praxisinteressen verdeutlicht und unter Berücksichtigung rechtlicher und wirtschaftlicher Gesichtspunkte gegenüber dem Kaufvertragspartner vertreten. Dazu kommunizieren Sie sowohl mündlich als auch schriftlich unter Verwendung moderner Informationstechnik. Unter Nutzung Ihrer Fachkenntnisse über Zahlungsbedingungen und aktuelle Zahlungsformen bereiten Sie Zahlungsvorgänge vor, erfassen und überwachen diese. Beim Umgang mit Belegen wenden Sie relevante Rechtsvorschriften an. Sie verschaffen sich einen Überblick über die zu lagernden Materialien und Werkstoffe und berücksichtigen die mit der Lagerung verbundenen Besonderheiten. Sie nutzen Möglichkeiten der Energieeinsparung und planen die umweltgerechte Wiederverwertung und Entsorgung von Materialien und Geräten entsprechend den rechtlichen Vorschriften.

1 Zeitverschwendung oder lohnende Arbeit? Die Bezugsquellenermittlung

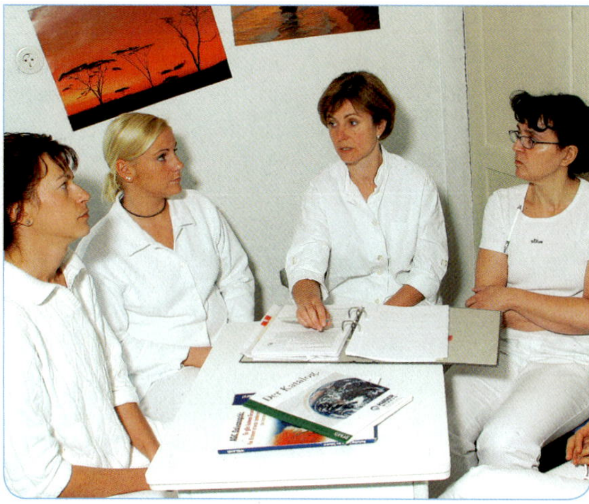

In einer Team-Besprechung erzählt Frau Dr. Heilmann von einem Vortrag, in dem über Kostensenkung in Zahnarztpraxen referiert wurde.

„Auch wir müssen Kosten sparen ...", sagt die Zahnärztin. „Unsere Praxis ist ein Dienstleistungsbetrieb, bei dem das Wohl unserer Patienten zwar an oberster Stelle steht, sie ist aber auch ein Wirtschaftsunternehmen. Und Letzteres bedeutet, dass wir versuchen müssen, Kosten zu sparen, ohne unsere Leistungen zu mindern."

„Bedeutet das, dass Sie eine Fachangestellte entlassen wollen?", fragt Carmen. „Nein, keine Angst", beruhigt Frau Dr. Heilmann, „ein erster Schritt wäre, bei unseren Einkäufen betriebswirtschaftlicher vorzugehen, so, wie es die meisten Betriebe auch machen. Bisher war auch ich der Meinung: Materialbeschaffung und -verwaltung ist eine lästige Nebenaufgabe, die uns von der anderen Arbeit abhält. Sie kostet Geld, sie verursacht einen Zeitaufwand und eigentlich rentiert es sich nicht einmal, darüber länger nachzudenken, weil man ohnedies nichts einsparen kann. Doch das ist nicht richtig.

Der Referent legte eine Untersuchung der ‚I+G Gesundheitsforschung' vor. Danach liegt der Durchschnittsverbrauch pro Behandler zwischen 12.000,00 und 15.000,00 €. Dies allerdings ohne Kosten für Legierungen, KFO, Implantologie und Praxislabor. Es könnten 5-10 % Einsparungen erzielt werden. Auch wir wollen in Zukunft versuchen, mehr als 5 % einzusparen. Sollte uns das in diesem Jahr gelingen, lade ich Sie alle zum Essen ein."

- *Was wird benötigt?*
- *Wann müssen wir bestellen?*
- *Wo müssen wir bestellen?*

1.1 Welche Produkte werden in Praxen benötigt?

1.1.1 Praxisinventar

Wenn Praxen neu eingerichtet oder umgestaltet werden, müssen Möbel gekauft werden. Daneben werden auch immer mal wieder neue Geräte angeschafft. Die Kaufentscheidungen für diese teuren Produkte treffen natürlich die Zahnärzte. Die ZFA ermittelt hierfür die Bezugsquellen, schreibt Anfragen, bearbeitet Angebote, trägt die Geräte in das Medizinproduktebuch und das Bestandsverzeichnis ein, wickelt evtl. den Zahlungsverkehr ab und bearbeiten die Belege.

1.1.2 Sprechstundenbedarf

Sprechstundenbedarf sind Waren, die speziell am Patienten angewendet werden und die bei mehreren Versicherten Verwendung finden. Es sind aber auch Produkte für Notfälle sowie alle Mittel, die im Zusammenhang mit einem zahnärztlichen Eingriff für mehr als einen Patienten zur Verfügung stehen müssen. Dazu gehören z. B. Verbands- und Nahtmaterial, Mittel zur Narkose und örtlichen Betäubung, Desinfektionsmittel nur zur Anwendung am Körper des Patienten, Reagenzien und Schnelltests, diagnostische und therapeutische Hilfsmittel, Röntgenmittel sowie bestimmte Arzneimittel.

Die Mittel des Sprechstundenbedarfs dürfen nur für Kassenpatienten und nicht für Versicherte privater Kranken- oder Unfallversicherungen eingesetzt werden. Sprechstundenbedarf wird über Rezepte abgerechnet, die sich der Arzt verordnet hat.
Mittel, die nur für einen Patienten gebraucht werden, sind kein Sprechstundenbedarf, sondern müssen auf den Namen des Patienten verordnet und mit der zuständigen Krankenkasse abgerechnet werden. Folgende Mittel dürfen ebenfalls **nicht** als Sprechstundenbedarf verordnet werden: allgemeine Praxiskosten, Desinfektionsmittel für zahnärztliche Instrumente, Einmalprodukte (Spritzen, Kanülen usw.) und Röntgenfilmmaterial.

1.1.3 Praxisbedarf

Praxisbedarf sind alle die Mittel, die in der Praxis benötigt werden und nicht als Sprechstundenbedarf verordnet werden dürfen. Es sind Verbrauchsmittel für jeweils einen Patienten wie Einmalspritzen, Kanülen, Handschuhe, Händedesinfektionsmittel, Teststreifen usw. Der Praxisbedarf muss vom Zahnarzt selbst bezahlt werden. Er ist in seine erbrachten Leistungen eingerechnet. Zum Praxisbedarf zählt aber auch der gesamte Bürobedarf; Reinigungsmittel, Artikel für die Toiletten sowie die Warte- und Sprechzimmer, Laborbedarf sowie Hygiene- und Reinigungsartikel.

Sonstiges: Auch Zeitschriften, Fachzeitschriften, Fachbücher, Blumen, Bilder, Briefmarken usw. müssen in einer Praxis eingekauft werden.

1.2 Wie wird der Bedarf festgestellt und wann wird bestellt?

Oberstes Ziel ist es, alle notwendigen Produkte zur Verfügung zu haben, wenn sie benötigt werden, um die medizinische Leistung der Praxis sicherzustellen.

Die wirtschaftliche Beschaffungsplanung unterliegt einem Zielkonflikt:

Bestellung größerer Mengen	contra	Bestellung kleinerer Mengen
weniger Bestellaktivitäten, dadurch geringerer Personalaufwand		mehr Bestellaktivitäten, dadurch größerer Personalaufwand
man erhält Mengenrabatte		einzelne Produkte sind teurer
pro Bestellung wird mehr Geld benötigt		Zinsersparnis durch kleinere Rechnungsbeträge
es ist immer ein genügender Vorrat da		kann zu Engpässen bei der Behandlung führen
höhere Kosten durch Lagerhaltung		geringere Lagerhaltungskosten
evtl. Platzproblem, da größeres Lager benötigt wird		kleinere Lagerfläche – aber häufigere Kontrolle, ob noch genügend Materialien vorhanden sind
evtl. Verluste durch Ablauf des Verfalldatums		

Kaufmännisch einkaufen bedeutet, die richtige Menge zur richtigen Zeit beim günstigsten Lieferanten zu bestellen. Dabei ergibt sich der Zeitpunkt der Bestellung oftmals durch folgende Situationen:

- Aktueller Bedarf: Hier kommt es auf eine möglichst schnelle Lieferung an. Diese garantieren die Apotheke oder der Stammlieferant (Großhändler, Medizindepot), die oftmals noch am gleichen Tag liefern. Es wird also sofort bestellt.
- Angebote: Sie werden sofort bestellt (z. B. Sonderangebote für Praxisbedarf, der länger haltbar ist, wie z. B. Reinigungsmittel).
- Sprechstundenbedarf: Er muss quartalsmäßig bestellt werden (→ siehe 1.3).
- Bei Erreichen des Meldebestandes von lagerfähigen Produkten: Es sollte ein bestimmter Mindestbestand für verspätete Lieferungen oder unerwartet starke Nachfrage vorhanden sein. Dazu addiert man die Zahl von Produkten, die für den Zeitraum von der Bestellung bis zur Lieferung benötigt wird. Ist diese Menge erreicht, dann muss umgehend neu bestellt werden. Formel für den Meldebestand: (Tage der Lieferung · täglicher Verbrauch) + Mindestbestand.

1.3 Besonderheiten bei der Bestellung von Sprechstundenbedarf

Den Sprechstundenbedarf verordnet der Zahnarzt seiner eigenen Praxis. Es dürfen höchstens drei Positionen auf einem Verordnungsblatt aufgeführt werden. Das Rezept wird dem Lieferanten wie z. B. der Apotheke, dem Groß- oder Versandhandel zugestellt. Da Sprechstundenbedarf nur für die Kassenpatienten verwendet werden darf, rechnet der Lieferant mit einer gesetzlichen Krankenkasse des jeweiligen Bundeslandes (in den meisten Bundesländern der AOK) ab. Diese verteilt den Betrag dann auf die anderen gesetzlichen Krankenkassen.

Sprechstundenbedarf soll möglichst nur einmal pro Vierteljahr verordnet werden. Daher muss der Verbrauch für die nächsten drei Monate vorausgerechnet und auch gelagert werden.

In allen Vereinbarungen über Sprechstundenbedarf der jeweiligen Bundesländer wird gefordert, dass bei der Verordnung und Verwendung stets der Grundsatz der Wirtschaftlichkeit zu beachten ist. Das bedeutet: Werden größere Mengen von einem Mittel benötigt, dann sollen preisgünstigere Großpackungen bestellt werden.

Für nichtapothekenpflichtige Mittel (z. B. Verband- und Nahtmaterial) sollen möglichst wirtschaftliche Bezugsformen gewählt und ggf. direkt beim Hersteller oder Großhandel bestellt werden.

Die AOK überprüft die Einhaltung der Wirtschaftlichkeit und die richtige Verordnung. Werden Mittel nicht als Sprechstundenbedarf genehmigt, müssen die Rechnungsbeträge ersetzt werden.

Praxistipp

Mittel, die auf den Namen eines Patienten verordnet wurden und nicht mehr benötigt werden, dürfen nicht dem Lieferanten zurückgegeben, sondern müssen dem Sprechstundenbedarf zugerechnet werden.

1.4 Welche Informationsquellen gibt es?

Sicherheit und Qualität stehen bei der Behandlung Ihrer Patienten im Vordergrund. Wenn Sie bei den Lieferanten Praxismaterial auswählen, ist neben der Qualität sicherlich auch noch der Preis entscheidend. Manchmal ist auch eine möglichst kurze Lieferzeit wichtiger als der Preis. Häufig ist es jedoch nicht einfach, Lieferanten mit einem guten Preis-Leistungs-Verhältnis zu ermitteln. Viele haben sogenannte Mischkalkulationen. Das bedeutet, dass einige Produkte knapp kalkuliert, also recht preisgünstig angeboten werden. Andere Artikel werden dagegen mit hohen Spannen kalkuliert und sind daher verhältnismäßig teuer. Bei Bestellungen ohne Vergleich werden diese hohen Preise übersehen. Hier kann Ihre Praxis Einsparungen erzielen.

Um vergleichen zu können, müssen Hinweise auf neue Produkte gesammelt und mögliche Lieferanten ermittelt werden. Welche Möglichkeiten gibt es?

1.4.1 Apotheken

Meist arbeiten Praxen nur mit einer Apotheke zusammen. Kurze Bestell- und Lieferwege sind von Vorteil. Daneben kennt der Apotheker die Wünsche und den Bedarf seiner Praxen, er ist auf mögliche Bestellungen vorbereitet. Wenn es besonders schnell gehen soll oder wenn z. B. Impfstoffe in einer lückenlosen Kühlkette geliefert werden müssen, hat die nahe Apotheke besondere Vorteile.

Im Internet gibt es inzwischen verschiedene Versandapotheken, die evtl. bei verschiedenen Produkten preiswerter sind. Allerdings fehlt die persönliche Beziehung und meist dauert die Lieferung länger. Bei Qualitätsmängeln unterliegt die ausländische Versandapotheke nicht dem deutschen Recht.

1.4.2 Bekannte Lieferanten

Von den Händlern und Herstellern, mit denen eine Praxis bisher in Geschäftsbeziehung stand, erhalten die Zahnarztpraxen Kataloge und Werbebriefe. Daneben werden die Praxen auch von den Außendienstmitarbeitern der Unternehmen besucht. Es werden Seminare und andere Informationsveranstaltungen angeboten.

1.4.3 Neue Lieferanten

Zum Vergleich sollten auch Angebote von neuen Lieferanten hinzugezogen werden. Deren Adressen erhält man

- **aus Fachzeitschriften:** Dort inserieren Händler und Hersteller von Geräten, Möbeln, IT-Lösungen und Organisationsmitteln. Deren Adressen sollten gesammelt werden.
- **aus Branchenbüchern:** Im Branchenbuch findet man die jeweiligen regionalen Anbieter.
- **unter www.wlw.de:** „Wer liefert was?“ Eine spezielle Suchmaschine im Internet. Nahezu alle Lieferanten aus Deutschland und auch anderen Ländern sind bei ihr gespeichert. Man kann die Produkte eingeben und erhält die wichtigsten Lieferanten.
- **im Internet:** Gibt man bei den verschiedenen Suchmaschinen das Stichwort „Dental-Depot“ ein, wird man eine große Anzahl von Adressen finden, so z. B. bei www.fireball.de und www.google.de. Man kann sich die jeweiligen Homepage-Adressen speichern. Auf der Homepage des Bundesverbandes Dentalhandel (BVD) sind die Mitglieder nach Postleitzahlen geordnet. Hier erhält man Links zu den jeweiligen Homepages und E-Mail-Adressen der Dental-Depots.

Arbeitsauftrag

1. *Erklären Sie den Unterschied zwischen Praxisbedarf und Sprechstundenbedarf ausgehend von Beispielen aus Ihrer Praxis.*
2. *Ihre Praxis möchte ein neues Kombigerät Pulverstrahl mit Ultraschall zum Airpolishing beschaffen. Sie sollen Prospekte einholen. Welche Wege können Sie gehen?*
3. *Wie werden in Ihrer Praxis mögliche Lieferanten ermittelt?*
4. *Erklären Sie Ihrer Chefin (Ihrem Chef), warum sie/er nicht immer bei seinen alten Lieferanten bleiben soll, sondern deren Leistungen immer einmal wieder mit den Angeboten neuer Lieferanten vergleichen soll.*
5. *Sie sollen mögliche neue Lieferanten für Ihren Praxisbedarf im Internet suchen. Es gibt hier verschiedene Möglichkeiten. Unterbreiten Sie einen Vorschlag, wie Sie vorgehen.*

Arbeitsaufträge

1. *Beurteilen Sie, ob folgende Angebote verbindlich sind, und begründen Sie Ihre Antwort:*
   a) Ein fehlerhaftes Angebot wird per Brief verschickt, am Absendetag abends aber per E-Mail widerrufen.
   b) Angebote in einem Katalog
   c) Ein Angebot an Ihre Ausbildungspraxis hat folgenden Zusatz: „Gültigkeitsdauer 4 Wochen ab Absendetag".
   d) Sonderangebot per Brief an Ihre Praxis geschickt mit dem Zusatz: „Solange Vorrat reicht".
2. *In welcher Zeit müssen Sie ein unbefristetes Angebot annehmen, das per Brief geschickt wurde?*
3. *Berechnen Sie die drei Angebote über das Endodine-Gerät mit Akku (siehe S. 264, Kap. 3.2.6).*
4. *Wie viel % ist das günstigste Angebot preiswerter als die jeweiligen anderen? (siehe hierzu auch S. 267 ff.)*
5. *Ermitteln Sie die jeweiligen Bruttopreise einer Bestellung von jeweils 5 Stück der folgenden Instrumente (unter Ausnutzung des höchstmöglichen Skontos):*

Angebot A:

Produkt – Best.-Nr.	Preis pro Stück/netto	Angebot
Scaler H6/7 – 96156	17,65 €	ab 5 Stück: 15,65 €/Stück
Sichelscaler S204/Sd – 86304	17,65 €	ab 5 Stück: 15,65 €/Stück
Kürette L3/4 – 86754	17,65 €	ab 5 Stück: 15,65 €/Stück
Zementspatel 2201 schmal – 65743	5,78 €	ab 12 Stück: 4,90 €/Stück
Zementstopfer 2360 Birne, 12345	8,70 €	ab 12 Stück: 7,90 €/Stück
Zahnzange UK-Molaren, 45675	28,90 €	ab 5 Stück: 26,90 €/Stück
Zahnfleischschere gebogen, 56781	7,60 €	ab 3 Stück: 7,00 €/Stück

Alle Preise zzgl. 19 % MwSt.
Lieferungs- und Zahlungsbedingungen: Lieferung bis 590,00 €: 10,00 € Porto- und Verpackungsanteil; ab einem Netto-Bestellwert von 591,00 €: frei Haus
Rabatt: bei Bestellwert über 200,00 € = 2 %; über 500,00 € = 3 %; über 1.000,00 € = 5 %; bei Zahlung innerhalb von 10 Tagen abzügl. 2 % Skonto, innerhalb 30 Tagen netto Kasse

Angebot B:

Produkt – Best.-Nr.	Preis pro Stück/netto	Angebot
Scaler H6/7 – 96156	16,95 €	ab 10 Stück: 15,20 €/Stück
Sichelscaler S204/Sd – 86304	16,95 €	ab 10 Stück: 15,20 €/Stück
Kürette L3/4 – 86754	16,95 €	ab 10 Stück: 15,20 €/Stück
Zementspatel 2201 schmal – 65743	5,15 €	ab 10 Stück: 4,80 €/Stück
Zementstopfer 2360 Birne, 12345	8,70 €	ab 10 Stück: 7,00 €/Stück
Zahnzange UK-Molaren, 45675	29,90 €	ab 5 Stück: 27,90 €/Stück
Zahnfleischschere gebogen, 56781	6,90 €	ab 5 Stück: 6,25 €/Stück

Alle Preise zzgl. 19 % MwSt.
Lieferungs- und Zahlungsbedingungen: Lieferung frei Haus ab einem Netto-Bestellwert von 200,00 €; bis 200,00 €: 12,00 € Porto- u. Verpackungsanteil
Rabatt: bei Bestellwert über 200,00 € = 2,5 %; über 500,00 € = 4 %; über 1.000,00 € 5 %
Bei Zahlung innerhalb von 10 Tagen abzügl. 2 % Skonto, innerhalb 30 Tagen netto Kasse, bei Bankeinzugsermächtigung 3 % Skonto

6. *Diskutieren Sie die Behauptung: „Nicht immer wird bei dem Anbieter mit dem niedrigsten Preis auch bestellt."*

4 Ein „alter Hut" – in der Praxis angewendet
Lernfeldbezogene Prozent- und Zinsrechnung

Im Durchschnitt benötigt die Praxis von Frau Dr. Heilmann Verbrauchsmaterialien in Höhe von ca. 18.000,00 € im Jahr. Die Zahnärztin stellt folgende Überlegungen an: „Wenn wir die Rechnungen immer innerhalb von 10 Tagen bezahlen würden, könnten wir 3 % Skonto abziehen. Wenn wir aber jeweils nach 30 Tagen bezahlen, dann hätten wir zwar keinen Skontoabzug, aber ich könnte dann das Geld auf der Bank mit 1 % verzinsen. Wenn wir für die Rechnungsbegleichung sogar das laufende Konto überziehen müssten, dann müsste ich 8 % Zinsen bezahlen. Lohnt sich dann ein Skontoabzug überhaupt?"

„Ist doch klar, Sie machen bei sofortiger Zahlung einen Verlust", sagt Lucia Fernandez.

„Rechnen Sie mir die verschiedenen Möglichkeiten bitte einmal aus", erwidert Frau Dr. Heilmann.

„Wäre ich doch nur ruhig geblieben", denkt Lucia ...

- *Wie wird der Prozentwert ermittelt?*
- *Wie errechnet man die Zinsen?*

In diesem Kapitel werden lediglich die Bereiche der Prozent- und Zinsrechnung behandelt, die für die Überlegungen der Beschaffung in diesem Lernfeld notwendig sind.

4.1 Berechnung des Prozentwertes

Wie viel Euro spart man mit 3 % Skonto bei einem durchschnittlichen Beschaffungsbetrag von 18.000,00 €?

$$\text{Prozentwert} = \frac{\text{Grundwert} \cdot \text{Prozentsatz}}{100} = \frac{18.000,00\ € \cdot 3}{100} = 540,00\ €$$

Die Praxis Dr. Heilmann würde also 540,00 € sparen, wenn von jedem Rechnungsbetrag 3 % Skonto abgezogen würden.

4.2 Berechnung des Prozentsatzes

Bei einer Lieferung waren von 500 Stück 14 Stück beschädigt. In den Allgemeinen Geschäftsbedingungen der Lieferfirma steht, dass ab einer Beschädigung von 2,5 % der Gesamtmenge die komplette Lieferung umgetauscht wird. Prüfen Sie, ob dies erfüllt ist.

$$\text{Prozentsatz} = \frac{\text{Prozentwert} \cdot 100}{500} = \frac{14 \cdot 100}{500} = 2{,}8\,\%$$

4.3. Berechnung des Grundwertes

Am Jahresende erhält die Praxis Dr. Heilmann eine Gutschrift ihres Dental-Depots für Treuerabatt in Höhe von 4 % der gesamten Umsatzsumme für Verbrauchsmaterial. Die Gutschrift betrug 313,87 €. Wie hoch war der Gesamtumsatz?

$$\text{Grundwert} = \frac{\text{Prozentwert} \cdot 100}{\text{Prozentsatz}} = \frac{313{,}87 \cdot 100}{4} = 7.846{,}75\ €$$

4.4 Berechnung der Zinsen

Ein Kapital in Höhe von 12.000,00 € wird zu 3,5 % Zinsen vom 15.02. bis zum 17.09. angelegt. Wie viel Zinsen bringt es in dieser Zeit?

Die Tage werden in der Zinsrechnung je nach dem Gebiet der Berechnung unterschiedlich ermittelt. Für Sparkonten, Kontokorrentkonten, Ratenkredite und Darlehen gilt die „Deutsche kaufmännische Methode". Danach wird ein Jahr grundsätzlich mit 360 Tagen und jeder Monat mit 30 Tagen berechnet. Dies gilt auch, wenn der Verfalltag z. B. auf den 31. eines Monats fällt. Ausnahme: Wenn der Verfalltag auf den 28. oder 29. Februar fällt, wird der Kalendertag exakt angesetzt. Liegt er aber z. B. im März, dann wird der Monat Februar auch mit 30 Tagen berechnet.

Für die Aufgabe bedeutet das: Vom 15.02. bis zum 17.09. sind es 272 Tage.

$$\text{Zinsen} = \frac{\text{Kapital} \cdot \text{Zinssatz} \cdot \text{Tage}}{100 \cdot 360} = \frac{12.000{,}00 \cdot 3{,}5 \cdot 272}{100 \cdot 360} = 317{,}33\ €$$

Ist die dritte Stelle hinter dem Komma 4 oder kleiner, dann bleibt die 2. Stelle (es wird abgerundet), ist die 3. Stelle 5 bis 9, dann wird die 2. Stelle um eins aufgerundet.

Arbeitsaufträge

1. *Einer Ihrer Patienten ist Bundesbeamter. Er erhält von seiner Beihilfe 80 % aller Heilkosten erstattet. Ein Medikament kostet 124,80 €. Wie viel € muss er selbst tragen?*

2. *Sie entdecken kurz nach der Lieferung an einem neuen Verbandmittelspender einen Kratzer. Der Lieferant macht Ihnen auf Ihre Reklamation hin ein Angebot von 14 % Preisnachlass. Wie hoch ist dieser Betrag bei einem Listeneinkaufspreis von 250,00 €?*

3. *Ein Medikament wird in einer Internetapotheke zum Preis von 17,85 € angeboten. Der normale Apothekenpreis ist 18,65 €. Wie viel Prozent preiswerter ist das Produkt in der Versandapotheke?*

4. *Ein Medikament kostet in der 20-Stück-Packung 28,60 €, in der 50-Stück-Packung 66,40 € und in der 100-Stück-Packung 108,80 €. Wie viel Prozent sind die 50er- und die 100er Packung pro Tablette preiswerter als die 20er-Packung?*

5. *Eine Zahnmedizinische Fachangestellte erhält eine 2,3-prozentige Gehaltserhöhung. Das sind 27,26 € brutto mehr. Wie hoch war ihr früheres Gehalt?*

6. *Die Angestellten einer Praxis erhalten eine Gewinnbeteiligung für IGeL-Verkäufe in Höhe von 6,6 %. In diesem Jahr erhielt Frau Schmidt 854,60 €. Wie hoch war der Gesamtwert der Produkte oder Leistungen, die sie den Patienten verkauft hat?*

7. *Überprüfen Sie folgende Rechnung des Elektroinstallateurs Meier:*

Summe Installationsmaterial	1.435,60 €
+ 7 % Kleinmaterial	104,92 €
Summe Material	1.540,52 €
+ Arbeitslohn (5,5 Std. à 42,00 €)	231,00 €
Summe (netto)	1.771,52 €
+ 19 % USt	336,59 €
Rechnungsbetrag	2.108,11 €

8. *Da Frau Dr. Heilmann mit dem Installateur Meier einen Wartungsvertrag abgeschlossen hat, muss er von jeder Rechnung 2,5 % Rabatt abziehen.*
   Sie sollen die Rechnungssumme überweisen. Wie hoch ist der Überweisungsbetrag?

9. *Frau Dr. Heilmann erhält eine Nachricht ihrer Wartungsfirma. In dieser wird mitgeteilt, dass die Wartungsgebühren ab nächsten Monat um 5,5 % angehoben werden. „Das sind bei Ihnen lediglich 9,90 €", heißt es in dem Schreiben. Wie hoch war die Wartungsgebühr bisher?*

10. *Selin Kahya verdient im ersten Ausbildungsjahr 410,00 € pro Monat. Im zweiten Jahr steigt die Ausbildungsvergütung auf 512,00 €. Wie viel Prozent verdient sie dann mehr?*

11. *a) Berechnen Sie die Zinsersparnis in der Einstiegssituation, S. 267, die Frau Dr. Heilmann für den Durchschnittsumsatz von 18.000,00 € hätte, wenn sie die Beträge jeweils 20 Tage vor Ablauf der Zahlungsfrist bezahlt und dafür 3 % Skonto abzieht.*
    b) Berechnen Sie die Soll-Zinsen, wenn die Zahnärztin jeweils das Konto für 20 Tage überziehen müsste, um statt am 30. jeweils am 10. Tag mit Skontoabzug zu bezahlen.
    c) Vergleichen Sie diese beiden Ergebnisse mit dem Skontoabzug und geben Sie Dr. Heilmann einen Rat.

5 Wenn zwei zueinander finden ... Der Kaufvertrag

5.1 Arten, Abschluss, Inhalte und Pflichten von Kaufverträgen

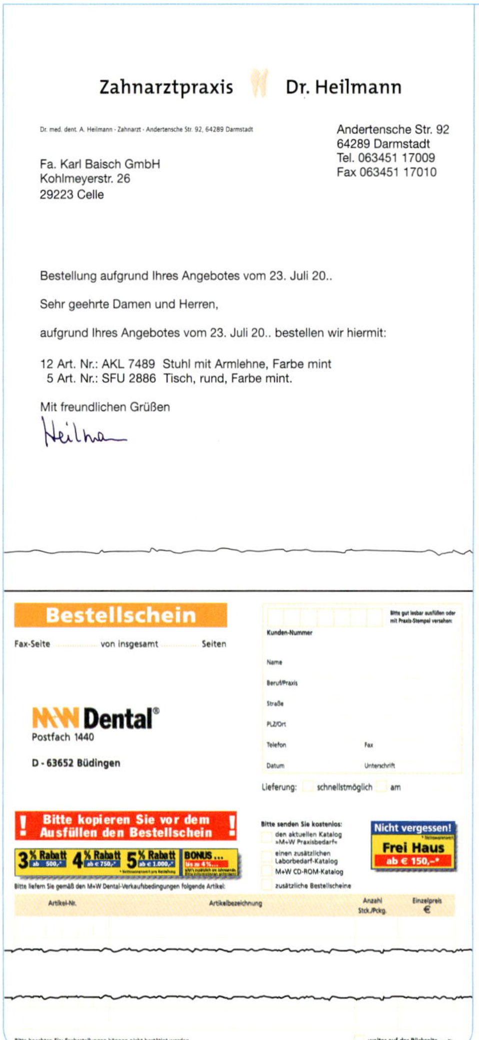

Zahnarztpraxis Dr. Heilmann

Dr. med. dent. A. Heilmann · Zahnarzt · Andertensche Str. 92, 64289 Darmstadt

Andertensche Str. 92
64289 Darmstadt
Tel. 063451 17009
Fax 063451 17010

Fa. Karl Baisch GmbH
Kohlmeyerstr. 26
29223 Celle

Bestellung aufgrund Ihres Angebotes vom 23. Juli 20..

Sehr geehrte Damen und Herren,

aufgrund Ihres Angebotes vom 23. Juli 20.. bestellen wir hiermit:

12 Art. Nr.: AKL 7489 Stuhl mit Armlehne, Farbe mint
5 Art. Nr.: SFU 2886 Tisch, rund, Farbe mint.

Mit freundlichen Grüßen

Heilma

Bestellschein

Fax-Seite ...... von insgesamt ...... Seiten

M+W Dental®
Postfach 1440

D - 63652 Büdingen

Bitte gut lesbar ausfüllen oder mit Praxis-Stempel versehen:

Kunden-Nummer

Name

Beruf/Praxis

Straße

PLZ/Ort

Telefon Fax

Datum Unterschrift

Lieferung: schnellstmöglich am

! Bitte kopieren Sie vor dem Ausfüllen den Bestellschein !

3 % Rabatt ab 500,-* 4 % Rabatt ab € 750,-* 5 % Rabatt ab € 1.000,-* BONUS ... bis zu 4 %...

Bitte senden Sie kostenlos:
den aktuellen Katalog »M+W Praxisbedarf«
einen zusätzlichen Laborbedarf-Katalog
M+W CD-ROM-Katalog
zusätzliche Bestellscheine

Nicht vergessen! Frei Haus ab € 150,-*

Bitte liefern Sie gemäß den M+W Dental-Verkaufsbedingungen folgende Artikel:

Artikel-Nr.	Artikelbezeichnung	Anzahl Stck./Pckg.	Einzelpreis €

Bitte beachten Sie: Faxbestellungen können nicht bestätigt werden.

weiter auf der Rückseite →

Wie kommen Kaufverträge zustande?

Welche verschiedene Arten gibt es?

Welche rechtlichen Wirkungen haben Kaufverträge?

Verschiedene Kaufverträge in der Zahnarztpraxis von Dr. Heilmann

Montag: Frau Dr. Heilmann bestellt eine neue Bestuhlung für das Wartezimmer aufgrund des Angebotes der Fa. Karl Baisch GmbH schriftlich. Lieferzeit 4 Wochen, Zahlungsziel 30 Tage ab Lieferung.

Dienstag: Lucia bestellt aus dem Katalog des Dental-Depots Dentis verschiedene Verbrauchsmaterialien mit beiliegendem Bestellschein per Fax.

Mittwoch: Ein Außendienstmitarbeiter stellt ein Endodontie-Gerät mit Akku vor und demonstriert die Vorteile des schnurlosen Arbeitens. Er lässt das Gerät zum Probieren da. Wenn es Frau Dr. Heilmann nicht gefallen sollte, kann sie es innerhalb von zwei Wochen zurückschicken.

Donnerstag: Selin kauft im Supermarkt ein Pfund Kaffee und Plätzchen für das Praxisteam, denn heute Abend ist Teambesprechung.

Mit Schrecken stellt Carmen fest, dass nur noch wenige Filme da sind. Sie bestellt sofort telefonisch im Dental-Depot zwei Packungen Röntgenfilme. Abends bestellt sie per Mail noch zwei Flaschen Entwicklungsflüssigkeit nach, da diese alle vier Wochen gewechselt werden muss.

Freitagnachmittag nach Ende der Sprechstunde probiert Frau Dr. Heilmann das neu installierte Bestellprogramm „AERApress“, das die jeweils günstigsten Anbieter heraussucht und mit einem Shopsystem auch gleich bestellt. Sie legt bei ihrer Probebestellung 10 Packungen Untersuchungshandschuhe, einen Karton Soft-Handtücher und eine Demonstrationspackung Zahnschmuck in den virtuellen Warenkorb.

5.1.1 Zustandekommen eines Kaufvertrages

Ein Kaufvertrag kommt durch zwei übereinstimmende Willenserklärungen zustande. Derjenige, der einen Vertrag schließen möchte, wendet sich mit einem Antrag an den Vertragspartner. Je nachdem, welche der beiden Parteien zuerst aktiv wird, kann es sich bei dem Antrag um ein Angebot des Verkäufers oder um eine Bestellung des Käufers handeln. Ist der Vertragspartner damit einverstanden, nimmt er den Antrag an und der Vertrag ist perfekt.

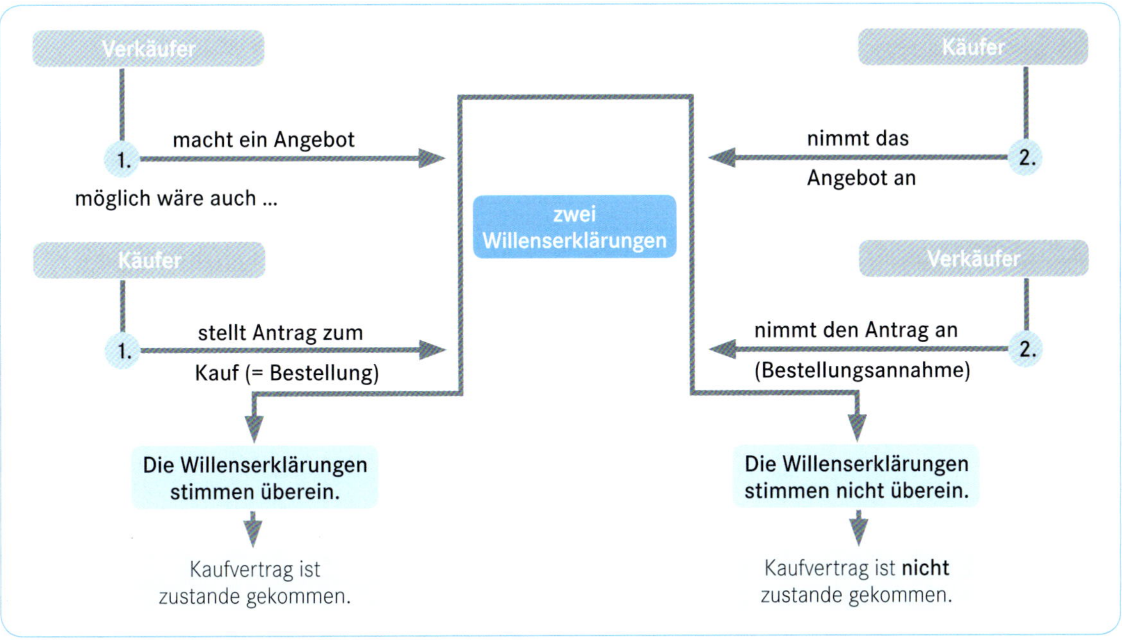

5.1.2 Formfreiheiten und Formvorschriften

In Deutschland herrscht Vertragsfreiheit. Das bedeutet, dass man grundsätzlich bei seinen Vertragsabschlüssen frei entscheiden kann. Dies gilt für die Wahl des Vertragspartners, den Inhalt und die Form, vorausgesetzt, es wird nicht gegen Gesetze verstoßen. Unter dem Aspekt des schwächeren Vertragspartners kann diese Vertragsfreiheit aber gesetzlich eingeschränkt werden. Bei größeren Beträgen empfiehlt sich in jedem Fall ein schriftlicher Kaufvertrag, da hier die Beweislage einfacher ist als z. B. bei einem mündlich geschlossenen Vertrag.

Detaillierte Informationen über Abschluss-, Inhalts- und Formfreiheit → LF 2, Kapitel 3.2.4, Seite 161 ff.

Weitere Einschränkungen der Vertragsfreiheit
→ LF 9, Kap. 5.3 „Schuldverhältnisse aus Kaufverträgen“

5.1.3 Die Bestellung

Mit einer Bestellung erklärt der Käufer seinen Willen zum Kauf unter den im Angebot erklärten Bedingungen oder unter Anerkennung der Allgemeinen Geschäftsbedingungen des Verkäufers. Fehlen diese, so gelten die gesetzlichen Regelungen.

Bestellungen sind grundsätzlich formfrei, d. h., sie können mündlich, schriftlich, telefonisch, per Fax oder E-Mail oder auch durch Schweigen und bloßes Handeln (z. B. Entnahme von Ware aus einem Regal) erfolgen.

Bei Bestellungen von höherem Wert empfiehlt sich aber die Schriftform per Brief, Fax oder E-Mail. Hierfür ist es sinnvoll, die wesentlichen Angebotsdaten in der Bestellung zur Sicherheit zu wiederholen, z. B. Art, Preis und Menge der Ware, Liefertermin, Lieferungs- und Zahlungsbedingungen.

Wann muss die Bestellung aufgrund eines Angebots erfolgen?

Eine Bestellung muss in der Zeit erfolgen, in der ein Lieferant eine Antwort erwarten darf. Sonst kommt kein Kaufvertrag zustande. Die Bestellung muss dabei mindestens auf gleichem Weg wie das Angebot versendet werden.

Antrag (Angebot)	Annahme (Bestellung) muss mindestens erfolgen ...
mündlich	sofort; Schweigen gilt als Ablehnung
telefonisch	sofort; Schweigen gilt als Ablehnung
per Fax	am gleichen Tag mit Fax, E-Mail oder telefonisch
per E-Mail	am gleichen Tag mit Fax, E-Mail oder telefonisch
per Brief	bei neuen Produkten, Geschäftseröffnung oder zur Gewinnung neuer Kunden
Personalrabatt	spätestens innerhalb einer Woche

5.1.4 Auftragsbestätigung

Eine Bestellung nach Katalog oder einem anderen Angebot an die Allgemeinheit ist ein Antrag zum Kauf. Der Kaufvertrag kommt dann durch sofortige Lieferung oder eine Auftragsbestätigung zustande (Annahme).

Eine Auftragsbestätigung ist auch notwendig

- bei Bestellung ohne vorhergegangenes Angebot,
- bei unverbindlichen Angeboten,
- bei verspäteter Annahme oder zu spät eingegangener Bestellung,
- bei Änderung der Angebotsbedingungen durch den Käufer,
- bei E-Commerce (Käufen im Internet).

Im täglichen Geschäftsverkehr ist eine Auftragsbestätigung aber auch bei jeder anderen Angebotsannahme üblich.

5.2 Wichtige Kaufvertragsarten

Es gibt verschiedene Kaufvertragsarten, die auch im Rahmen der Vertragsfreiheit gewählt werden können. Die wichtigsten werden nachfolgend erklärt.

5.2.1 Nach der rechtlichen Stellung der Vertragspartner

Danach wird generell unterschieden in:

Art	Vertragspartner	Beispiel
bürgerlicher Kauf	beide sind Privatpersonen	Eine Zahnmedizinische Fachangestellte kauft einen gebrauchten Pkw von einer Privatperson.
einseitiger Handelskauf	ein Betrieb und eine Privatperson	Eine ZFA kauft ein Kleid in einer Boutique.
zweiseitiger Handelskauf	zwei Betriebe	Ein Handelsbetrieb kauft Waren von einem Industriebetrieb.

Merke: Ein Zahnarzt zählt auch als Praxisinhaber zu der Gruppe der Privatpersonen.

5.2.2 Nach der Güte und Beschaffenheit der Produkte

Danach unterscheidet man:

Art	Erklärung
Stückkauf	Der Käufer ist nur an einem besonderen Stück interessiert, da jedes individuell verschieden ist. Ein Reitpferd z. B. kann nicht einfach durch ein anderes derselben Rasse ersetzt werden. Bei mangelhafter Lieferung ist es dem Verkäufer unmöglich, einen Ersatz zu liefern.
Gattungskauf	Ein Produkt aus der Massenfertigung kann durch ein anderes ersetzt werden. Wenn z. B. ein neuer Pkw beschädigt ist, kann ein baugleicher anderer geliefert werden.
Kauf nach Probe	Ein Produkt wird nach einer Beschreibung im Katalog, nach einem Muster, nach Vorstellung durch einen Vertreter usw. bestellt. Die gelieferte Ware muss dem Muster oder der Beschreibung entsprechen.
Kauf zur Probe	Sie bestellen eine kleine Menge eines neuen Füllmaterials, um es auszuprobieren. Sollte das Produkt Ihre Erwartungen erfüllen, wird eine größere Menge nachbestellt.
Kauf auf Probe	Ein Gerät wird gekauft. Es kann nach einer Probezeit bei Nichtgefallen zurückgegeben werden. Der Kaufvertrag wird dann rückgängig gemacht.
Spezifikationskauf	Ein Kaufvertrag wird über eine bestimmte Abnahmemenge geschlossen. Nach einer bestimmten Frist hat der Käufer dann die Möglichkeit, Farbe, Form, Größe usw. der zu liefernden Produkte noch näher zu bestimmen.

5.2.3 Nach der Lieferzeit der Ware

Es wird unterschieden:

Sofortkauf	Wurde im Kaufvertrag keine Aussage über den Liefertermin getroffen, muss der Verkäufer sofort liefern.
Terminkauf	Hier wird im Vertrag eine bestimmte Lieferfrist genannt (z. B. „Lieferung innerhalb vier Wochen“ oder „... innerhalb der 40. Woche“). Der Käufer kann dann die Lieferung nicht vorher verlangen, der Verkäufer kann aber vorher liefern.
Fixkauf	Ein genauer Liefertermin wurde genannt (z. B. Lieferung am 12.03.). Ist der Termin verstrichen, dann ist der Lieferer sofort in Verzug.
Kauf auf Abruf	Eine größere Menge (z. B. der Jahresbedarf an Briefpapier) wurde vereinbart, um Mengenrabatt zu erhalten. Bei Bedarf werden dann jeweilige Teilmengen abgerufen.
Teillieferungskauf	Ein Gesamtpaket wird geordert, im Kaufvertrag sind aber die Lieferungen in einzelnen Teilmengen festgelegt (z. B. Bestellung eines Sammelordners und Ergänzungslieferungen monatlich).

5.2.4 Nach dem Zahlungszeitpunkt

Hier wird unterschieden:

Art	Erklärung
Barkauf 	Dieses „Zug-um-Zug-Geschäft“ gilt immer dann, wenn keine anderen Vereinbarungen getroffen wurden. Lieferung und Zahlung erfolgen sofort (Beispiel: Einkauf im Supermarkt und Zahlung an der Kasse). Die Nachnahmesendung, bei der man die Ware erst nach Bezahlung ausgehändigt bekommt, ist eine besondere Form des Barkaufs.
Zielkauf	Der Verkäufer räumt dem Käufer eine bestimmte Zahlungsfrist ein (z. B. „Zahlung innerhalb 30 Tagen netto Kasse“).
Ratenkauf	Auch „Abzahlungs- oder Teilzahlungskauf“; der Kunde zahlt in vorher festgelegten Raten.
Vorauszahlungskauf	Der gesamte Kaufpreis muss im Voraus (vor der Lieferung) bezahlt werden.
Anzahlungskauf	Ein Teil des Kaufpreises wird bei Vertragsabschluss bezahlt, der Rest bei Lieferung oder in Raten (z. B. Bestellung von Möbeln).

5.3 Schuldverhältnisse aus Kaufverträgen

Durch den Abschluss von Kaufverträgen entstehen Schuldverhältnisse, denn beide Vertragsparteien verpflichten sich, bestimmte Leistungen zu erfüllen. Der jeweilige Schuldner ist dabei verpflichtet, seine Leistungen nach Treu und Glauben (übliche Verkaufssitte, § 242 BGB) zu erbringen.
Die Pflichten des einen sind dabei jeweils die Rechte des anderen Vertragspartners. Dem Verpflichtungsgeschäft muss dann die Erfüllung (Erfüllungsgeschäft) folgen.

5.3.1 Erfüllungsgeschäft

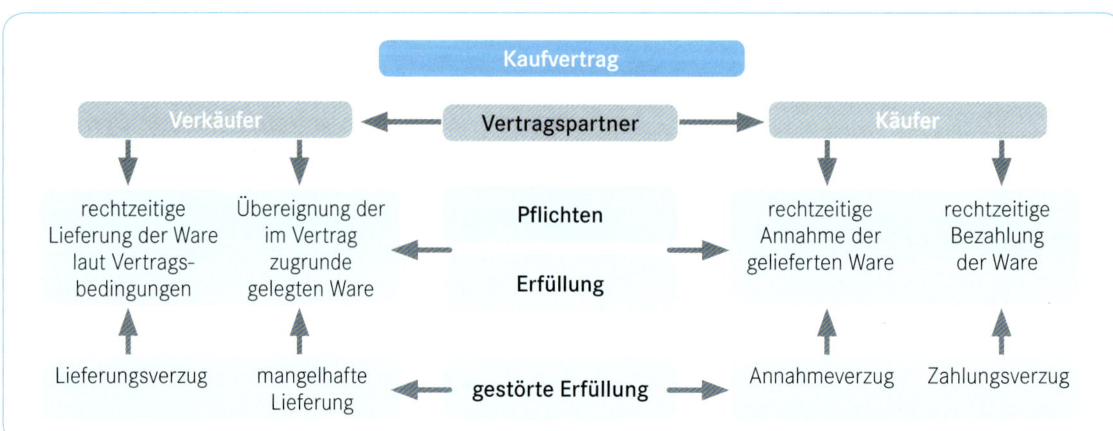

5.3.2 Leistungsort

Als „Leistungsort“ wird der Ort bezeichnet, an dem der jeweilige Schuldner seine Leistungen zu erbringen hat. Dies ist für:

Warenlieferung: Ort des Lieferers	Zahlung: Ort des Käufers
Der Lieferer muss die Ware zum vereinbarten Zeitpunkt an seinem Wohn- oder Geschäftssitz zur Abholung bereitstellen. „Warenschulden sind Holschulden.“ Die Kosten und das Risiko der Versendung trägt der Käufer. (§ 448 BGB)	Eine Zahlungsschuld gilt dann als rechtzeitig erfüllt, wenn die vereinbarte Zahlung zum vereinbarten Zeitpunkt am Wohn- oder Geschäftssitz des Geldschuldners angewiesen wurde. Da aber „Geldschulden gleichzeitig Bringschulden“ sind, trägt der Schuldner die Kosten und das Risiko der Geldübermittlung. (§ 270 BGB)

Im Rahmen der Vertragsfreiheit können aber auch hier von den Vertragspartnern abweichende Bedingungen vereinbart werden.

→ „Angebotsinhalte“, Kap. 3.2 und „Allgemeine Geschäftsbedingungen“, Kap. 5.3.6

5.3.3 Leistungszeit

Ist die Zeit für die Erbringung der Leistungen weder festgelegt noch aus den Umständen zu entnehmen, kann der jeweilige Gläubiger die Leistung sofort verlangen. Ist aber eine konkrete Zeit vereinbart, dann hat der Gläubiger keinen Anspruch auf eine frühere Erfüllung. Der Schuldner kann dagegen früher leisten (§ 271 BGB).

5.3.4 Ausschluss der Leistungspflicht

Es besteht kein Anspruch auf eine Leistung, wenn diese objektiv oder für den Schuldner subjektiv bzw. faktisch unmöglich ist.

Beispiel:
Objektiv unmöglich: Ein Kaufvertrag über ein bestimmtes Reitpferd wurde geschlossen. Wenn das Pferd danach stirbt, kann es nicht durch ein genau Gleiches ersetzt werden. Der Lieferer kann nicht liefern.

Subjektiv/faktisch unmöglich: Beim Aufbau eines Behandlungsstuhls fehlt eine kleine Bodenabdeckklappe. Die Nachlieferung mit einer Bestellung aus Japan dauert ca. 14 Tage. Eine Lieferung per 24-Stunden-Eil-Luftfracht würde ein Vielfaches des gesamtes Warenwertes kosten. Dem Verkäufer ist dieser erhöhte Aufwand nicht zuzumuten.

→ Kapitel 6 „Mangelhafte Lieferung“ und 7 „Lieferungsverzug“

5.3.5 Annahmeverzug

Der Käufer gerät in Annahmeverzug, wenn er die ordnungsgemäß gelieferte Ware nicht annimmt (§ 293 BGB). Dabei ist es egal, aus welchen Gründen er die Annahme verweigert. Das heißt, der Käufer kommt auch in Verzug, wenn ihn keine Schuld trifft und er z. B. wegen Krankheit die Ware nicht annehmen kann.

In Annahmeverzug gerät der Käufer auch, wenn die Warenlieferung angekündigt wurde und z. B. an diesem Termin die Praxis geschlossen ist.

Wurde vereinbart, dass der Kunde die Ware beim Verkäufer abholen muss, dann gerät der Käufer in Annahmeverzug, wenn die Ware bereitgestellt wurde und er diese nicht abholt.

Voraussetzungen des Annahmeverzugs

Die Leistung muss fällig sein.

Wenn ein fester Liefertermin (Fixkauf) vereinbart wurde, gerät der Käufer dann in Annahmeverzug, wenn er die Ware zu diesem Zeitpunkt nicht annimmt.

Der Lieferer liefert ordnungsgemäß.

Der Lieferer liefert ordnungsgemäß.
Ordnungsgemäß bedeutet:
Der Lieferer liefert

- die richtige Ware ohne Mängel
- zum richtigen Zeitpunkt
- an den richtigen Ort.

Der Käufer verweigert die Annahme dieser Leistung.

- Ist ein Zug-um-Zug-Geschäft vereinbart, kommt der Käufer auch dann in Annahmeverzug, wenn er zwar die Ware annehmen, diese aber nicht sofort bezahlen will (z. B. bei einer Nachnahmesendung).
- Wurde nicht vereinbart, dass der Verkäufer die Ware zusendet, dann kommt der Käufer in Annahmeverzug, wenn er die rechtzeitig bereitgestellte Ware nicht beim Verkäufer abholt.

Rechtsfolgen des Annahmeverzugs

- Haftung des Lieferers: Wenn die nicht angenommene Ware beschädigt wird oder abhanden kommt, haftet der Lieferer nur bei grober Fahrlässigkeit und Vorsatz (§ 300 (1) BGB).
- Die Gefahr geht auf den Käufer über, der auch die anfallenden Kosten übernehmen muss.
- Der Käufer schuldet dem Verkäufer Ersatz für alle Mehraufwendungen, die durch die Nichtannahme entstehen.

Rechte des Verkäufers bei Annahmeverzug

Rücktritt vom Vertrag und anderweitiger Verkauf der Ware bei ...

- **guter Absatzlage** (Er kann die Ware problemlos anderweitig oder sogar teurer verkaufen.)
- **langjährigen Kunden oder aus Kulanz** (Bestehen gute Geschäftsbeziehungen mit einer Zahnarztpraxis, dann kann aus Kulanzgründen auf rechtliche Maßnahmen verzichtet werden.)
- **geringen Rechnungsbeträgen** (Hier lohnen sich weitere Bemühungen oftmals nicht.)

Lagerung der Ware im eigenen Lager oder im **öffentlichen Lagerhaus** (Kosten gehen zulasten des Käufers.) und **Klage vor Gericht auf Abnahme**

Selbsthilfeverkauf

Die Ware wird öffentlich versteigert. Oftmals wird dieser Weg einer Klage vorgezogen. Erstens erhält der Verkäufer schneller und sicherer das Geld und zweitens werden dem Käufer Gerichts- und Anwaltskosten erspart.
Zur Durchführung eines Selbsthilfeverkaufs muss der Verkäufer aber bestimmte Pflichten zum Schutze des Käufers erfüllen.

- Er muss dem Käufer die Hinterlegung der Ware mitteilen, eine Frist zur Abnahme setzen und den Selbsthilfeverkauf androhen.
- Nimmt der Käufer die Ware dennoch nicht ab, wird die Versteigerung angesetzt. Dem Käufer müssen rechtzeitig Ort und Zeitpunkt des Selbsthilfeverkaufs angekündigt werden. Damit kann der Käufer selbst an der Versteigerung teilnehmen und die Ware bei zu niedrigem Preis selbst ersteigern. Dies entfällt bei Notverkauf (bei verderblichen Waren).
- Der Verkäufer muss dem Käufer das Ergebnis der Versteigerung mitteilen und einen evtl. Mehrerlös an den Käufer abführen.

Der Käufer muss die Kosten des Selbsthilfeverkaufes übernehmen und einen evtl. verbleibenden Restbetrag zwischen vereinbartem Kaufpreis und Versteigerungserlös übernehmen.

5.3.6 Allgemeine Geschäftsbedingungen (AGB)

Unternehmen schließen täglich viele Kaufverträge. Vor allem bei solchen mit kleineren oder mittleren Auftragssummen wäre es nur mit großem Aufwand möglich, jeden Vertrag individuell auszuhandeln und zu formulieren. Daher sind die Bedingungen für Angebote und Kaufverträge einheitlich ausgestaltet, d. h. standardisiert.

Praxistipp

Persönliche Absprachen haben Vorrang. Haben Sie Zeugen für diese? Besser ist, Sie lassen sich alle Absprachen schriftlich geben.

Da oftmals der Verkäufer versuchte, mit seinen AGB die Rechte des Käufers einzuschränken, schützt der Gesetzgeber im § 305 BGB diese besonders.

AGB werden also dann Vertragsbestandteil, wenn

ausdrücklich auf sie hingewiesen wurde	**und**	die Möglichkeit geschaffen wird, (auch bei erkennbaren körperlichen Behinderungen) von ihrem Inhalt Kenntnis zu nehmen
oder		**und**
wenn dies wegen der Art des Vertragsschlusses nur unter unverhältnismäßig großen Umständen möglich ist, durch einen deutlich sichtbaren Aushang auf sie hingewiesen wird		wenn die andere Vertragspartei damit einverstanden ist.

Praxistipp

Für Verträge im Telekommunikationsbereich, für Beförderungsverträge durch den Einwurf von Postsendungen in Briefkästen, für die Beförderung in öffentlichen Verkehrsmitteln usw. gelten die AGB auch ohne Einhaltung der o. g. Erfordernisse.

5.3.7 Verbraucherschutz und Allgemeine Geschäftsbedingungen

Nicht alles, was in Allgemeinen Geschäftsbedingungen festzulegen versucht wird, ist auch rechtlich in Ordnung. Der Gesetzgeber hat eine ganze Reihe von Vorgaben erlassen, die insbesondere dem Verbraucherschutz dienen.

Allgemeine Geschäftsbedingungen sind im Geschäftsleben unabdingbar. Sie müssen in Geschäften auch an deutlich sichtbarer Stelle aushängen oder ausliegen. Allgemeine Geschäftsbedingungen enthalten aber oft so viele Regelungen, dass man sie auf engstem Raum sehr klein gedruckt den Verträgen beifügt. Der normale Verbraucher kann sie kaum lesen und verstehen, bevor es zum Vertragsabschluss kommt. Ihn deshalb vor einer Übervorteilung zu schützen und cleveren Geschäftemachern das Handwerk zu legen, ist der eigentliche Sinn der folgenden Regelungen:

Grundsatz (§ 307 BGB, Inhaltskontrolle)
Bestimmungen in AGB sind unwirksam, wenn sie den Vertragspartner entgegen den Geboten von Treu und Glauben unangemessen benachteiligen:

- Die Bestimmungen sind nicht klar und verständlich formuliert.
- Wesentliche Grundgedanken der gesetzlichen Regelung, von der abgewichen wird, werden verletzt.
- Wesentliche Rechte oder Pflichten, die sich aus der Natur des Vertrages ergeben, werden so eingeschränkt, dass das Erreichen des Vertragszweckes gefährdet ist.

Bei der Frage der unangemessenen Benachteiligung sind auch die den Vertragsabschluss begleitenden Umstände zu berücksichtigen (§ 310 Abs. 10 [3/3]).

Folge: Es muss im Einzelnen beurteilt werden, ob Klauseln der AGB in Ordnung sind oder nicht.

Merke: Individuelle Abreden haben Vorrang vor den AGB.
Bestimmungen in den AGB, die so ungewöhnlich sind, dass der Vertragspartner damit nicht zu rechnen brauchte, werden nicht Vertragsbestandteil.
Zweifel bei der Auslegung der AGB gehen zulasten des Verwenders der AGB.

Was passiert, wenn ...
AGB ganz oder teilweise **nicht** Bestandteil des Vertrages geworden sind (§ 306 BGB)?

- Der Vertrag bleibt wirksam.
- Der Vertrag richtet sich nach den gesetzlichen Vorschriften. Dies gilt auch für die Teile des Vertrages, welche Allgemeine Geschäftsbedingungen enthalten, die unwirksam sind.
- **Aber:** Der Vertrag ist unwirksam, wenn die nötigen Änderungen der unwirksamen Bestandteile für eine Vertragspartei eine unzumutbare Härte darstellen würden.

Vertragsklauseln

mit Wertungsmöglichkeit	**ohne Wertungsmöglichkeit**
Das bedeutet, hier sind juristische Abwägungen möglich (was heißt z. B. „unangemessen lange" usw.).	Das bedeutet, hier sind keine juristischen Abwägungen möglich, da klare Aussagen getroffen werden.
Folgende Bestimmungen sind in AGBs insbesondere deshalb **unwirksam, weil sie gesetzlichen Vorschriften widersprechen:**	Auch **wenn eine Abweichung von gesetzlichen Vorschriften möglich** ist, sind folgende Bestimmungen in AGBs **trotzdem unwirksam:**

(Fortsetzung auf S. 279)

(Fortsetzung von S. 278)

- **unangemessen lange oder nicht hinreichend bestimmte Fristen** für die Annahme oder Ablehnung eines Angebotes oder die Erbringung einer Leistung.

Beispiel:
Bestellung einer Wohnzimmergarnitur. Bestimmung in den AGB: „Der Lieferzeitpunkt liegt allein im Ermessen des Verkäufers."

- **Rücktrittsvorbehalt**, d. h., dass der Verwender der AGB das Recht in Anspruch zu nehmen versucht, sich ohne sachlich gerechtfertigten Grund von seiner Leistungspflicht zu lösen.

Beispiel:
„Der Lieferer hat das Recht, ohne Begründung innerhalb von 4 Wochen nach Vertragsabschluss vom Vertrag zurückzutreten."

Dies gilt nicht, wenn die Leistung tatsächlich unmöglich wird (Beispiel: Zerstörung der Produktionsanlagen oder Verkaufsräume).

- **Änderungsvorbehalt**, d. h., Vereinbarungen, nach denen der Verwender der AGB von der vereinbarten Leistung in einer für den Vertragspartner unzumutbaren Weise abweichen kann.

Beispiel:
Ein in der Farbe Rot bestellter Pkw wird nach vier Wochen in der Farbe Schwarz geliefert. Der Pkw-Händler besteht auf Abnahme, der Käufer weigert sich.

- Abwicklung von Verträgen im Falle von Vertragsrücktritten **mit unangemessen hohen Forderungen für den Ersatz von Aufwendungen.**

Beispiel:
Aufgrund eines Todesfalles wollen die Hinterbliebenen eines Familienvaters den Kauf einer neuen Küche stornieren. Die Küche ist noch nicht angefertigt. Trotzdem will der Verkäufer eine Stornogebühr von 50%, weil dies in seinen AGB so enthalten ist.

- **kurzfristige Preiserhöhungen** für Waren oder Leistungen, die innerhalb von 4 Monaten nach Vertragsabschluss geliefert oder erbracht werden.

- Das **Leistungsverweigerungsrecht,** das nach § 320 BGB vorsieht, dass eine vertragsmäßige Leistung bis zur Erbringung der Gegenleistung verweigert werden kann, darf nicht eingeschränkt werden.

- **Aufrechnungsverbot,** d. h., dass eine Minderleistung des Verwenders der AGB in einem Fall mit der unbestrittenen Forderung in einem anderen Fall verrechnet wird.

Beispiel:
Gegenüber einem Lieferer besteht eine Verbindlichkeit in Höhe von 500,00 €. Der Käufer braucht aber nur 350,00 € zu zahlen, wenn er aus einem anderen Vertrag eine Forderung von 150,00 € gegenüber dem Lieferer hat.

- **Mahnungen und Fristsetzungen dürfen von dem Verwender der AGB nicht ausgeschlossen werden,** d. h., dass z. B. bei einem Zahlungsverzug nicht sofort ohne Mahnung eine Zwangsvollstreckung betrieben werden kann.

- **Pauschale Schadenersatzansprüche** dürfen den „nach gewöhnlichem Lauf der Dinge" eintretenden Schaden oder die „gewöhnlich" eintretende Wertminderung nicht (wesentlich) übersteigen.

Beispiel:
Ein bestellter, aber aus persönlichen, nachvollziehbaren Gründen nicht angenommener Neuwagen soll mit einem Wertverlust von 40% angesetzt werden.

Beispiel 2:
Während die Stornogebühr für eine Urlaubsreise zwei Tage vor Reiseantritt 100% betragen kann, wäre eine Regelung, dass z. B. auch sechs Monate vorher 100% Ausfallgebühr zu zahlen sind, nichtig.

- **Vertragsrücktritt,** wenn der Verwender der AGB seine Leistung nicht oder nicht in der vereinbarten Form erbringen kann.

- **Ausschluss der Rechte, die aus mangelhaften Lieferungen** geltend gemacht werden können.

Arbeitsaufträge

1. *Prüfen Sie, ob es sich nachfolgend um einen bürgerlichen Kauf, einen ein- oder einen zweiseitigen Handelskauf handelt. Begründen Sie Ihre Antwort.*
a) Frau Dr. Heilmann kauft bei einem Dental-Depot.
b) Mareike kauft Lebensmittel im SB-Markt.
c) Ein Dental-Depot bezieht Waren von einem pharmazeutischen Hersteller.
d) Sie bestellen Kleidungsstücke bei einem Versandhaus.

2. *Welche Formen des Kaufvertrages liegen in nachfolgenden Beispielen vor? Ordnen Sie jedem Beispiel jeweils eine Form nach den Vertragspartnern und eine weitere Form nach Kap. 5.2.2 bis 5.2.4 zu.*
a) Ein Zahnarzt bestellt den Jahresbedarf Heizöl für seine Praxis. Bei Bedarf ruft er Teilmengen ab.
b) Conny kauft einen gebrauchten Pkw von einem Werksangehörigen.
c) Dr. Schnell kauft ein Kapselmischgerät. Bei Nichtgefallen kann er es innerhalb eines Monats zurückgeben.
d) Ein Veranstalter bestellt für ein Fest am 14.03. ..., 08:00 Uhr, 300 Bratwürstchen.
e) Bei Buchung einer Reise zahlen Sie 250,00 €, den Rest in zwei Teilen, jeweils nach Erhalt der Unterlagen und 14 Tage vor Reiseantritt.
f) „Bestellen Sie spätestens am 23.12., unser Weihnachtsservice liefert noch am 24.12. bis spätestens 16:00 Uhr aus. Bezahlen Sie erst am 16.01."

3. *Prüfen Sie, ob der Käufer in folgenden Fällen in Annahmeverzug geraten ist:*
a) Eine abzuholende Ware liegt zum vereinbarten Zeitpunkt bereit, wird aber nicht abgeholt.
b) Auf die Ankündigung, dass die bestellten Sitzmöbel für das Wartezimmer zwei Wochen vor der vereinbarten Zeit geliefert werden sollen, erklärt der Zahnarzt, die Renovierungsarbeiten seien noch nicht begonnen und er könne die Möbel jetzt noch nicht annehmen.
c) Frau Dr. Heilmann verweigert die Annahme einer bestellten Lieferung von Füllmaterial im Dezember, da sie wegen der Auswirkungen des Kostendämpfungsgesetzes in diesem Monat weniger Füllungen ausgeführt habe.
d) Eine kurzfristig gelieferte Ware wird nicht angenommen, weil das Praxisteam eine Betriebsfahrt macht.

4. *Nicht abgenommene Waren werden vom Verkäufer öffentlich versteigert. Dabei wird ein Mehrerlös erzielt. Der Käufer verlangt diesen Betrag sofort. Der Verkäufer verrechnet mit dem Mehrerlös die Kosten für Lagerhaltung, Transport und Versteigerung. Nach dieser Rechnung muss der in Annahmeverzug geratene Käufer selbst noch einen geringen Betrag zahlen. Wer hat Recht?*

5. *Erklären Sie die Vertragsfreiheit und deren Einschränkungen an Beispielen.*

5.4 Widerrufsrecht bei Haustür- und ähnlichen Geschäften sowie bei Fernabsatzverträgen

Der Ehemann von Carmen Kirsten ist 2. Vorsitzender des Sportvereins „TuS 1911 Neustadt". Dieser hatte für den 25. Juli zu einer Verkaufsveranstaltung eingeladen. Es gab eine bayrische Brotzeit und zwei Bier je Teilnehmer kostenlos. Außerdem erhielt der Verein vom Veranstalter auch noch 10,00 € pro teilnehmendes Ehepaar. Wegen der erhofften Einnahme für den Verein warb Carmen Kirsten auch im Praxisteam für diese Veranstaltung. Auch Saskia Schultz mit Ehemann und Corinna Maybaum folgten dieser Einladung.

Auf eindrucksvolle Weise wurde ihnen dargestellt, wie der „magnetische Nordpol" mit dem „magnetischen Südpol" die Kraftlinien verbindet und dass die „Magnetfeld-Matratze" einen viel gesünderen Schlaf garantiere. Hinzu kam der einmalige Sonderpreis von 399,00 €, sonst müsse man über 500,00 € bezahlen. Und ein Topfset gab es noch gratis dazu. Als das Ehepaar Kirsten sie kaufte, wollte sich auch das Ehepaar Schultz dieses Schnäppchen nicht entgehen lassen - auch sie unterschrieben einen Kaufvertrag.

Herr Schultz hatte noch gefragt, warum der Kaufvertrag auf den 25. Juni und nicht auf das heutige Datum ausgestellt wurde. „Reines Versehen", war die Antwort des Verkäufers. Aber eigentlich wäre die Sonderaktion des Herstellers auch Ende Juni ausgelaufen. Alle Verträge, die vorher ausgestellt worden seien, würden aber noch von den Sonderkonditionen profitieren.

Wenn er aber wolle, fülle er auch einen neuen Vertrag aus. „Sie können den Vertrag aber auch widerrufen", erklärte der Verkäufer zur Beruhigung von Familie Schultz weiter und zeigte zum Beweis die ebenfalls auf den 25. Juni datierte und von Carmen Kirsten unterschriebene Widerrufserklärung ...

Als Carmen am nächsten Tag in der Praxis von ihren Käufen erzählte, erklärte ihr Selin, dass sie ein Angebot einer solchen Matratze im Teleshopping für 100,00 € gesehen habe. Lucia meinte: „Und bei ebay im Internet bekommt man so was bestimmt noch viel billiger ..."

Was ist das Besondere und das Typische an Vertragsabschlüssen auf Kaffeefahrten, an Haustüren oder beim Teleshopping?

5.4.1 Haustürgeschäfte

Unter Haustürgeschäften versteht man im Sinne der Rechtsvorschriften des BGB Verträge zwischen einem Unternehmer und einem Verbraucher, die eine entgeltliche Leistung zum Gegenstand haben (d.h. Kauf von Gegenständen, Abonnementverpflichtungen usw.) und zu dessen Abschluss der Verbraucher

- durch mündliche Gespräche (Verhandlungen) an seinem Arbeitsplatz oder
- im Bereich seiner Privatwohnung oder
- anlässlich einer von einem Unternehmer oder dessen Beauftragten durchgeführten Freizeitveranstaltung (Stichwort: Kaffeefahrt) oder
- im Anschluss an ein überraschendes Ansprechen in Verkehrsmitteln oder im Bereich öffentlicher Plätze gekommen ist (§ 312 BGB).

5.4.2 E-Commerce

E-Commerce-Geschäfte gehören mehr und mehr zum Alltag der Geschäftsverbindungen. Zahlreiche Dental-Depots bieten ihre Produkte inzwischen auch im E-Commerce an. Da der Handel im Internet grenzüberschreitend funktioniert, wurden einheitliche Regelungen für die EU geschaffen (§ 321b BGB).

5.4.3 Fernabsatzvertrag

Unter einem Fernabsatzvertrag versteht man die Übereinkunft zwischen einem Unternehmer und einem Verbraucher über die Lieferung von Waren oder eine Erbringung von Dienstleistungen, die ausschließlich über Fernkommunikationsmittel zustande kommt. Dazu gehören insbesondere Briefe, Kataloge, Telefonanrufe, Telekopien, E-Mails, Rundfunk-, Tele- und Mediendienste.

Die Vorschriften über Fernabsatzverträge gelten nicht für den Fernunterricht, Finanz- und Wertpapierdienstleistungen, Bankgeschäfte, die Lieferung von Lebensmitteln, Getränken oder sonstigen Haushaltsgegenständen des täglichen Bedarfs, sofern diese häufiger und regelmäßig erfolgen (§ 312 b Absatz 3 BGB).

Da es sich bei Angeboten im Internet in der Regel um solche handelt, die sich an die Allgemeinheit richten, kommt ein Vertrag nach folgendem Ablauf zustande:

1. Schritt	**Verkäufer** richtet ein Angebot an die Allgemeinheit und nutzt dazu das Internet.
2. Schritt	**Käufer** geht auf das Angebot ein, stellt z. B. einen Warenkorb zusammen. Die Bestellung per E-Mail stellt den Antrag auf einen Kauf dar.
3. Schritt	**Verkäufer** entscheidet, ob er den Antrag annimmt oder nicht. Nimmt er ihn an (Bestätigung per E-Mail oder Lieferung), so ist der Kaufvertrag zustande gekommen.

Praxistipp

Da hierbei keine Unterschrift geleistet wird, gilt der „Klick" als abgegebene Willenserklärung.

Vor dem Vertragsschluss muss der Käufer über folgende Sachverhalte informiert werden:

- komplette Anschrift des Unternehmens;
- geschäftlicher Zweck des Angebotes (z. B. Versandhandel, Versteigerung usw.);
- Angaben über wesentliche Eigenschaften der Produkte;
- Preis inkl. aller Nebenkosten und Steuern (wichtig bei verschiedenen Umsatzsteuersätzen);
- Zahlungs- und Lieferbedingungen;
- Gültigkeitsdauer des Angebotes;
- Widerrufsrecht.

Den Nachweis über diese Informationen muss der Verkäufer führen. Er muss beweisen, dass die Informationen beim Kunden eingegangen sind.

Der Gerichtsstand ist im jeweiligen Land des Verbrauchers. Dieses Gericht muss aber nach dem Herkunftslandprinzip bei einem ausländischen Lieferanten das Recht dessen Herkunftslandes anwenden.

5.4.4 Rechte des Verbrauchers

Sowohl bei Haustürgeschäften als auch bei Fernabsatzverträgen wird dem Verbraucher ein

- **Widerrufsrecht** und/oder ein
- **Rückgaberecht**

eingeräumt (§§ 312, 355 BGB).

Das Rückgaberecht greift, wenn die Waren vor dem Widerruf schon geliefert oder die Leistungen schon erbracht wurden. Voraussetzung für ein Rückgaberecht ist aber, dass der Verbraucher die Ware noch nicht genutzt bzw. die Leistung noch nicht in Anspruch genommen hat.

Beispiel:
Aufgrund einer Teleshopping-Sendung bestellte eine Hausfrau ein Beauty-Set für 89,50 €. Nachdem sie die Schlankheitspillen und die Anti-Stress-Creme zwei Tage genutzt hatte, erinnerte sie sich an das Widerrufs- und Rückgaberecht. Der Lieferer lehnte aber eine Rücknahme der Ware wegen Öffnung und Anbruch ab.

Der Widerruf
Wenn der Verbraucher von seinem Widerrufsrecht Gebrauch macht, so ist er an seine auf den Abschluss des Vertrages ausgerichtete Willenserklärung nicht mehr gebunden. Ein Widerruf muss keine Begründung enthalten und ist schriftlich oder durch Rücksendung der Sache innerhalb von zwei Wochen gegenüber dem Unternehmer zu erklären. Zur Fristwahrung genügt die rechtzeitige Absendung.

Praxistipp

Bei einem einfachen Brief hat man keinerlei Beweis dafür in der Hand, dass man einen Widerruf rechtzeitig (oder überhaupt) abgesandt hat. Darum: Widerrufsschreiben als entsprechendes Einschreiben (mit Übergabeerklärung oder mit Rückschein) absenden. Dies ist zwar teurer, aber sicherer!

Achten Sie darauf, dass Verträge nicht so weit rückdatiert werden, dass die Widerspruchsfrist schon bei Vertragsabschluss abgelaufen ist oder erheblich verkürzt ist! Unseriöse Verkäufer schreiben ein früheres Datum (z. B. 15.07. statt 15.08. oder 08.08. statt 18.08.) in den Kaufvertrag. Wenn Sie dies bei Ihrer Unterschrift merken, entschuldigen sich die Verkäufer und behaupten, es wäre aus Versehen passiert. Merken Sie diese Rückdatierung nicht, ist die Frist abgelaufen.

Rechtsfolgen des Widerrufs

Auf das Widerrufs- und Rückgaberecht finden die Vorschriften über den gesetzlichen Rücktritt Anwendung (§ 357 BGB):

- Kosten und Gefahr der Rücksendung trägt bei Widerruf und Rückgabe der Unternehmer.
- Bei einer Bestellung von bis zu 40,00 € dürfen dem Verbraucher die Kosten der Rücksendung vertraglich auferlegt werden. Dies gilt nicht, wenn die gelieferte Ware nicht der bestellten entspricht.
- Der Widerruf für eine bestellte Ware oder Leistung schließt auch den Widerruf eines damit ggf. verbundenen Vertrages (z. B. Verbraucherdarlehen) ein (§ 358 BGB).

Ein Widerruf ist **nicht** möglich bei

- verderblicher Ware, deren Verfallsdatum überschritten ist;
- Produkten, die speziell auf Kundenwunsch angefertigt wurden;
- Zeitungen, Zeitschriften, Illustrierten;
- Software, Audio- und Videoaufzeichnungen, die vom Käufer entsiegelt wurden;
- Produkten, die angebrochen wurden;
- Produkten, die schon einmal getragen oder benutzt wurden.

Arbeitsaufträge

1. *Was ist die „typische“ Situation bei Haustür- und Kaffeefahrtgeschäften und welche Konsequenzen hat der Gesetzgeber daraus gezogen?*
2. *Was versteht man unter einem Fernabsatzvertrag?*
3. *Prüfen Sie, ob die Familien Schultz und Kirsten von den Kaufverträgen zurücktreten können* (siehe Einstiegssituation, S. 281). *Begründen Sie Ihre Meinung.*
4. *Unter welchen Bedingungen und innerhalb welcher Frist können solche Geschäfte widerrufen werden?*
5. *Wer trägt die Kosten und das Risiko der Rücksendung der Waren bei einem Vertrag, der rechtskräftig widerrufen wurde?*
6. *Welche weiteren Geschäfte fallen unter die Bestimmungen der Haustürgeschäfte?*
7. *Wie kommt ein Kaufvertrag im Internet zustande und welche Besonderheiten gibt es dort?*
8. *Bei welchen Geschäften ist ein Widerruf nicht möglich?*
9. *Corinna Maybaum hat auf einer Verkaufsparty für Frischhaltedosen mehrere Salatschüsseln gekauft. Nach der ersten Nutzung stellt sie fest, dass die Schüsseln nicht (mehr) in den Geschirrschrank passen. Sie will von ihrem Widerrufsrecht Gebrauch machen und die Dosen innerhalb der 2-Wochen-Frist gegen Rückerstattung des Geldes zurückgeben. Diskutieren Sie über den möglichen Erfolg.*
10. *Machen Sie Vorschläge, wie Sie sich verhalten könnten, wenn ein Verkäufer an der Haustür das Datum zurückdatiert hat (statt 18.09. den 03.09.) und Sie von Ihrem Widerrufsrecht Gebrauch machen wollen.*

6 Das kann schon mal passieren ...
Die mangelhafte Lieferung (Schlechtleistung)

Der Bote vom Paketdienst hatte drei große Pakete abgeliefert und forderte auf seinem Laptop die Empfangsbestätigung durch eine Unterschrift. „Moment, ich muss nur noch gerade sehen, ob die Lieferung auch keine Verpackungsschäden hat. Wegen der offenen Mängel“, sagte Lucia und begutachtete die drei Pakete. „Alles in Ordnung, wo soll ich unterschreiben?“ Als der Bote verschwand, begann Lucia sofort mit dem Auspacken. „Nach offenen Mängeln zu suchen haben wir in der Berufsschule gelernt“, murmelt sie vor sich hin. Mit der Bestellung vergleicht sie die angelieferte Ware. Selbstbewusst sagt sie dann aber lauter: „Wer sucht, der findet“, und erklärt ihrer Kollegin Selin: „... haben die doch fünf Pakete Papierhandtücher hochweiß geliefert anstatt der bestellten grünen aus Recycling-Material, wo unsere Chefin doch so ein Ökofreak ist.“
„Und was willst du jetzt machen?“, fragt Selin.
„Ganz einfach, unsere Rechte wahrnehmen“, triumphiert Lucia.

- *Wann liegt eine mangelhafte Lieferung vor?*
- *Welche Möglichkeiten hat der Kunde bei mangelhafter Lieferung?*

6.1 Das Wesen der mangelhaften Lieferung

Der Verkäufer übernimmt mit dem Abschluss eines Kaufvertrages die Pflicht, eine Ware in der Beschaffenheit und Güte zu liefern, die vertraglich festgelegt wurde. Dies bedeutet:

- Der Verkäufer muss die richtige Menge und Größe der im Vertrag zugrunde liegenden Ware liefern.
- Die Ware darf keine Fehler haben.
- Eine vom Verkäufer ausdrücklich zugesicherte Eigenschaft darf der Ware nicht fehlen.

6.2 Mängelarten

6.2.1 Mängel nach deren Erkennbarkeit

Erkennbarkeit	offene Mängel	sofort erkennbar (z. B. defekter Verschluss einer Flasche Konzentrat für Instrumentendesinfektion)
	versteckte Mängel	erst bei Gebrauch erkennbar (z. B. defekter Druckverschluss einer Flasche mit Silikonschaum zur Gerätereinigung)
	arglistig verschwiegene Mängel	vom Verkäufer absichtlich verschwiegene Mängel (z. B. wenn ein Unfallwagen als „unfallfrei“ verkauft wird)

Falschlieferung	Mängel in der Art	Lieferung einwandfreier, aber falscher Ware (z. B. Heidemannspatel, breit statt schmal)
	Mängel in der Menge[1]	mehr oder weniger Waren wurden geliefert (z. B. 2 Packungen Kugelstopfer statt 3 bestellter Packungen)
Qualitätsmängel	Mängel in der Güte	Fehlen einer bestimmten Eigenschaft (z. B. nicht sterile statt sterile Mullkompressen)
	Mängel in der Beschaffenheit	fehlerhafte, beschädigte oder verdorbene Ware (z. B. Kratzer im Lack eines Röntgenbildbetrachters)
	Ware ungleich Werbeaussage	fehlende Eigenschaften, die in der Werbung, Katalogen, Prospekten usw. über das Produkt gemacht wurden (z. B. „garantiert steril“)
Montagemängel	Fremdmontage	Fehler in der Montage, unsachgemäße oder andere als vereinbarte Montage (bei Montage durch den Verkäufer oder dessen Erfüllungsgehilfen)
	mangelhafte Montageanleitung für Selbstmontage	auch „IKEA-Klausel“ genannt. Ein Fehler entstand an einer Ware durch eine falsche Montageanleitung (z. B. wenn deswegen ein Schrank nochmals ab- und aufgebaut werden musste und dadurch die Schrauben nicht mehr halten).

[1] Für zu wenig gelieferte Ware gelten die Regelungen des Lieferungsverzuges.

6.2.2 Rechtsmängel

unerlaubter Verkauf	Eigentumsmangel	Der Verkäufer ist nicht Eigentümer und darf die Sache daher nicht verkaufen.
	Verpfändungsmangel	Die „verkaufte“ Sache ist pfandrechtlich gesichert.

6.3 Pflichten des Käufers bei einer mangelhaften Lieferung

6.3.1 Prüfungspflicht

Jede Lieferung muss vom Käufer auf eventuelle Transportmängel geprüft werden. Diese müssen dem Transportunternehmen sofort angezeigt werden. Wird eine Lieferung nicht geprüft und werden dadurch offene Mängel nicht bemerkt, liegt grobe Fahrlässigkeit vor. Damit würden die längeren Verjährungsfristen entfallen.

→ Kap. 6.4 „Verjährungsfristen“

6.3.2 Aufbewahrungspflicht

Wenn Mängel festgestellt wurden, muss bei einseitigem Handelskauf oder bürgerlichem Kauf die Ware zum Beweis, zur Prüfung, Mängelbeseitigung oder Abholung aufbewahrt werden. Beim zweiseitigen Handelskauf gilt: Bei einem **Platzkauf** (Käufer und Verkäufer sind am gleichen Ort) kann der Käufer die Annahme der Ware mit offenem Mangel verweigern. Bei einem **Distanzkauf** (Käufer und Verkäufer sind an verschiedenen Orten) muss die beanstandete Ware eingelagert werden, bis sie abgeholt wird.

6.4 Verjährungsfristen für Ansprüche aus mangelhafter Lieferung

Der Käufer muss seine Rechte, die aus einer mangelhaften Lieferung bestehen, innerhalb folgender Fristen geltend machen, da sie sonst verjähren:

3 Jahre	**Regelverjährung:** Sie gilt für alle Fälle, in denen keine anderweitigen Regelungen vorliegen (also für den Normalfall). Beginn: am Schluss des Jahres, in dem - der Anspruch entstanden ist und - der Käufer von dem Mangel Kenntnis erlangt oder ohne grobe Fahrlässigkeit hätte erkennen müssen

Andere Verjährungsfristen:
Dadurch, dass der Käufer die Mängel erst erkannt haben muss, könnte quasi eine endlose Verjährungsfrist erfolgen. Dies wird jedoch durch nachfolgende Höchstfristen verhindert:

1 Jahr	für Sachen, die gebraucht gekauft wurden. Beginn: mit Übergabe der Ware bzw. Abnahme der Leistung.
2 Jahre	regelmäßige Frist bei Kauf-, Werkverträgen. Beginn: mit Übergabe der Ware bzw. Abnahme der Leistung.
3 Jahre	bei arglistig verschwiegenen Mängeln aus Kauf-, Werkverträgen (Ausnahme: wenn der Mangel aus grober Fahrlässigkeit nicht erkannt wurde). Beginn: am Schluss des Jahres, in dem der Mangel erkannt wurde.
5 Jahre	bei Mängeln an Bauwerken oder Sachen, die üblicherweise in Bauwerken verarbeitet werden. Beginn: mit dem Tag der Abnahme des Werkes durch den Käufer.
10 Jahre	bei Mängeln an verkauften Grundstücken. Beginn: mit Fälligkeit des Anspruchs.
30 Jahre	bei - Herausgabeansprüchen aus Eigentum, - familien- u. erbrechtlichen Ansprüchen, - Ansprüchen, die aus Insolvenzverfahren vollstreckbar wurden, und - anderen vollstreckbaren Titeln. Beginn: mit Fälligkeit des Anspruchs.

Merke: Eine Mängelrüge kann formlos erteilt werden. Obwohl sie mündlich, telegrafisch und telefonisch gegenüber einem Pharmareferenten oder Handelsvertreter abgegeben werden kann, wird im kaufmännischen Geschäftsgebrauch die **schriftliche Form** vorgezogen (Beweismittel).

6.5 Rechte bei mangelhafter Lieferung

Wenn eine mit Mängeln behaftete Sache geliefert wird, kann der Käufer mehrere Rechte geltend machen. Vorrangige Rechte müssen zuerst in Anspruch genommen werden.

Vorrangig: Nacherfüllung

Der Verkäufer hat das Wahlrecht zur ...

Nachbesserung | **Neulieferung**

- Der Verkäufer kann Nachbesserung und/oder Neulieferung verweigern, wenn diese Leistung mit unverhältnismäßig hohen Kosten verbunden wäre oder sie sogar unmöglich zu erbringen ist.
- Eine Nachbesserung gilt nach zwei erfolglosen Nachbesserungsversuchen als fehlgeschlagen.
- Die Forderung nach Nachbesserung ist verschuldensunabhängig.

Zusätzlich zu diesen Leistungen kann **Schadenersatz** gefordert werden, wenn Verschulden des Lieferers vorliegt.

Nachrangig

kann der Käufer wählen (i.d.R. erst nach erfolglosem Ablauf einer dem Verkäufer zur Nacherfüllung gesetzten Frist, wenn der Verkäufer die Nachbesserung verweigert oder diese auch nach zweimaligem Versuch fehlschlägt):

Rücktritt vom Vertrag

nicht bei geringfügigen Mängeln

Minderung

zusätzlich Schadenersatz möglich

Schadenersatz statt Leistung

nur bei Rücktritt möglich – nicht bei geringfügigen Mängeln

Ersatz vergeblicher Aufwendungen

nicht bei geringfügigen Mängeln

Voraussetzungen (Rücktritt vom Vertrag, Minderung)

angemessene Nachfrist setzen;
entfällt bei:

- Verkäufer verweigert Nacherfüllung
- zwei Nacherfüllungsversuche sind fehlgeschlagen
- Fix- oder Zweckkauf

Voraussetzungen (Schadenersatz statt Leistung, Ersatz vergeblicher Aufwendungen)

Schuldner muss den Schaden zu vertreten haben;
angemessene Nachfrist setzen;
entfällt bei:

- Verkäufer verweigert Nacherfüllung
- zwei Nacherfüllungsversuche sind fehlgeschlagen

Es liegt bei dem Käufer, welches Recht er in Anspruch nehmen möchte. Dabei ist in einigen Fällen eine Einigung mit dem Verkäufer nicht nur sinnvoll, sondern zwingend erforderlich.

6.5.1 Nachbesserung

Der Verkäufer hat bei einer Nachbesserung alle dazu erforderlichen Aufwendungen einschließlich der Transport-, Wege-, Arbeits- und Materialkosten zu tragen. Dafür ist dem Verkäufer eine angemessene Frist zu setzen.

Der Verkäufer kann die vom Käufer gewählte Art der Nachbesserung verweigern, wenn diese nur mit unverhältnismäßig hohen Kosten verbunden ist. Dabei geht es insbesondere um den Wert der Ware in mangelfreiem Zustand, die Bedeutung des Mangels und die Frage, ob auf die andere Art der Nacherfüllung ohne erhebliche Nachteile für den Käufer zurückgegriffen werden kann.

Beispiel:
In einem gekauften PC ist eine andere als die im Prospekt angegebene Grafikkarte installiert. Der Käufer verlangt ein völlig neues Gerät, der Verkäufer ist aber nur bereit, die Grafikkarte auszutauschen.

6.5.2 Preisnachlass (Minderung)

Anstelle einer Nachbesserung kann der Käufer auch einen Preisnachlass verlangen. Dabei kann der Verkaufspreis in dem Verhältnis herabgesetzt (gemindert) werden, in welchem der Wert der Sache in mangelfreiem Zustand zu dem tatsächlichen Wert steht. Gibt es hierüber keine Einigung zwischen den beiden Vertragspartnern, kann die Minderung durch eine Schätzung ermittelt werden.

6.5.3 Rücktritt vom Vertrag (Wandelung)

Wenn eine Nachbesserung wiederholt scheitert oder aus der Sicht des Käufers keine Verbesserung bringt, kann der Vertrag auch rückgängig gemacht werden.

Das Recht auf Minderung und Rücktritt ist an eine nicht erfolgreiche oder ausgebliebene Nacherfüllung gekoppelt. Dieses Recht verjährt daher, sobald der Nacherfüllungsanspruch verjährt ist.

6.5.4 Schadenersatz

Unabhängig von den vorausgehenden Rechten kann der Käufer zusätzlich auch einen Ersatz des ihm durch die mangelhafte Lieferung entstandenen Schadens verlangen.

Voraussetzung ist aber, dass ein Schaden entstanden ist, der auch durch die Nachbesserung, Minderung oder den Rücktritt nicht abgedeckt ist.

- Dabei kann es sich um einen **konkreten Schaden** handeln.

  Beispiel:
  Ein Behandlungsstuhl ist beschädigt. Frau Dr. Heilmann bezieht den Stuhl von einem anderen Lieferer, weil der erste Lieferer nicht in der Lage ist, den Mangel nachzubessern. Der Mehrpreis und die sonstigen Beschaffungskosten für die Ersatzlieferung können als Schaden geltend gemacht werden.

- Oder es liegt ein **abstrakter (immaterieller) Schaden** vor. Dies kann z. B. ein entgangener Gewinn sein, weil sie wegen des defekten Behandlungsstuhls zwei Tage keine Behandlungen durchführen konnte.

Die Rechte des Käufers wegen eines Mangels sind ausgeschlossen, wenn er den Mangel bei Vertragsschluss kannte.

Sind sie ihm infolge eigener Fahrlässigkeit unbekannt geblieben, können Rechte nur geltend gemacht werden, wenn der Mangel arglistig verschwiegen wurde oder eine Garantie für die Beschaffenheit der Sache übernommen wurde.

Eine Vereinbarung, die die Rechte des Käufers wegen eines Mangels ausschließt (z. B. „gekauft wie gesehen“) ist ebenfalls nichtig, wenn ein Mangel arglistig verschwiegen wurde oder der Verkäufer eine Garantie für die Beschaffenheit der Sache übernommen hat.

Weist ein Käufer den Kaufgegenstand wegen eines Mangels zurück, sodass keine Übergabe bzw. keine Versendung stattfindet, kommen die Ergänzungen des Kaufrechtes (hier: Minderung des Kaufpreises) nicht zur Anwendung.

6.5.5 Beweislastumkehr

Grundsätzlich trägt der Käufer die Darlegungs- und Beweislast für den Mangel der Kaufsache. Er muss beweisen, dass der Mangel bereits beim Kauf bzw. zum Zeitpunkt des Gefahrenüberganges vorhanden war und nicht erst später entstanden ist.

Beim Verbrauchsgüterkauf (einseitiger Handelskauf!) wird aber eine Beweislastumkehr angewandt. Hier wird vermutet, dass ein Sachmangel, der sich innerhalb von sechs Monaten seit Gefahrenübergang zeigt, bereits bei der Übergabe vorhanden war. Dies gilt aber nicht, wenn die Vermutung mit der Art der Sache oder des Mangels unvereinbar ist.

Arbeitsaufträge

1. *Warum muss Lucia die Transportverpackung im Beisein des Boten prüfen?*
2. *Um welche Mängelart handelt es sich in der Einstiegssituation, S. 285?*
3. *Nennen Sie mögliche andere Mängelarten anhand von Beispielen aus Ihrem Praxisalltag.*
4. *Welche der beiden Vertragsparteien ist im Falle einer mangelhaften Lieferung im Rahmen der Gewährleistungsfrist beweispflichtig?*
5. *Welche Rechte hat ein Käufer bei mangelhafter Lieferung?*
6. *Verfassen Sie eine unterschriftsreife Mängelrüge für den Fall der Einstiegssituation, S. 285. Sie schicken anbei die mangelhafte Ware mit Postpaket unfrei zurück und verlangen sofortige Ersatzlieferung. Adresse: Kleinschmidt GmbH, Postfach 1122, 90443 Nürnberg.*

7 Die bestellte Ware kommt nicht ...
Der Lieferungsverzug (Nicht-Rechtzeitig-Lieferung)

„Wir machen Urlaub vom 02.08. bis zum 23.08.“ Mit diesem Schild an der Praxistür macht Frau Dr. Heilmann ihre Patienten auf ihren Urlaub aufmerksam.

Doch es ist kein normaler Urlaub, denn in dieser Zeit sollte auch die Praxis renoviert werden. Am 24.08. sollte alles wieder fertig sein, um dann den Praxisbetrieb wieder aufnehmen zu können. Die Handwerker mussten Hand in Hand arbeiten, damit in dieser kurzen Zeit auch alles geschafft würde. Die Zahnärztin kümmerte sich selbst um den reibungslosen Ablauf.

Aber noch während die Maler arbeiteten, kam die erste Hiobsbotschaft: „Der Teppichboden ist in der bestellten Farbe momentan nicht lieferbar, da das Muster ausläuft.“ Dann kam es noch schlimmer: Die Lieferung der angefertigten Bestuhlung verschiebe sich um vier Wochen, da es Lieferengpässe beim ausländischen Holzlieferanten gebe.

Was soll Frau Dr. Heilmann unternehmen?

- *Wie gerät ein Lieferer in Verzug?*
- *Welche Folgen können daraus entstehen?*

7.1 Voraussetzungen des Lieferungsverzuges

Nach Abschluss eines Kaufvertrages hat der Verkäufer die Pflichten übernommen, die unbeschädigte und richtige Ware rechtzeitig (d. h. zum vereinbarten Liefertermin) und an den richtigen Ort zu liefern und das Eigentum an ihr auf den Käufer zu übertragen.

Wurde kein Termin vereinbart, muss er sofort liefern. Der Käufer hat also den Anspruch auf eine rechtzeitige Lieferung.

Dieser Anspruch entfällt, wenn es für den Verkäufer objektiv oder subjektiv unmöglich ist zu liefern. Eine objektive Unmöglichkeit kann infolge höherer Gewalt wie Naturkatastrophen, Streik, Brandschaden entstehen. Als subjektiv unmöglich wird z. B. eine sofortige Lieferung angesehen, wenn das Produkt dafür extra mit einer teuren Sonderlieferung besorgt werden müsste.

Grundvoraussetzung des Lieferungsverzuges ist also die **Fälligkeit der Leistung**.

7.1.1 Verschulden des Lieferers

Eine grundsätzliche Voraussetzung des Lieferungsverzuges ist, dass ihn der Verkäufer verschuldet hat. Dies ist der Fall bei:

Fahrlässigkeit	Vorsatz
Der Verkäufer handelt nicht mit der erwarteten Sorgfalt. Zum Beispiel wurden die Produktionstermine nicht überwacht. Der Lkw-Fahrer des Lieferers verursachte durch Trunkenheit einen Unfall.	Der Verkäufer kalkuliert bewusst ein, dass er den Liefertermin nicht einhalten kann. Zum Beispiel wird ein Großkunde bevorzugt beliefert.

7.1.2 Mahnung und Fristsetzung durch den Käufer

Erfolgt die Lieferung nicht, muss der Käufer den Verkäufer mahnen und ihm eine angemessene Frist setzen, in der er die Lieferung nachholen kann. Die Frist muss so lange sein, dass es möglich ist, die Ware zu liefern (z. B. 1 Tag Ware bereitstellen, 1 Tag Suche nach Frachtführer, 2 Tage Lieferung = 4 Tage). Im Inland geht man von höchstens 1 Woche aus, ins Ausland dauert es entsprechend länger. Erst nach Ablauf dieser Frist kommt der Lieferer in Lieferungsverzug.

Die Mahnung und Fristsetzung entfällt bei:

Fixkauf (oder Zweckkauf)	Selbstinverzugsetzung
Wenn ein kalendermäßig bestimmter Liefertermin überschritten oder der Kaufzweck nicht mehr gegeben ist (z. B. Feuerwerkskörper sind am 31. Dezember noch nicht geliefert).	Der Lieferer erklärt selbst, dass er die Ware nicht rechtzeitig liefern kann oder will.

7.2 Ausschluss der Leistungspflicht

Es besteht kein Anspruch auf eine Leistung, wenn diese objektiv oder für den Schuldner subjektiv bzw. faktisch unmöglich ist. → Kap. 5.3.4

Ein Tier, das z. B. krank ist, kann man nicht liefern. Die sofortige Lieferung eines Ersatzteils aus China ist subjektiv unmöglich, da zu teuer.

7.3 Rechte des Käufers bei Lieferungsverzug

Sind vorstehend genannte Voraussetzungen erfüllt, kann der Käufer zwischen folgenden Rechten wählen:

Rechte des Käufers

Er setzt dem Käufer **keine Nachfrist** und kann

- **Lieferung verlangen,**
  wenn er die Ware nur von diesem Lieferer haben möchte oder dieser nur in der Art oder Qualität liefern kann.
- **Lieferung und Schadenersatz verlangen**
  für den entstandenen Schaden.

Er setzt dem Käufer **eine Nachfrist** und kann, wenn auch diese verstrichen ist,

- **Lieferung ablehnen**
  - bei Preissenkung
  - bei günstigerem Angebot eines anderen Lieferanten
- **Lieferung ablehnen und Schadenersatz verlangen für**
  Deckungskauf[1], Forderung des Unterschiedsbetrages zum eventuell höheren Preis und der Beschaffungskosten.

Anmerkung:
Bei einem Fix- oder Zweckkauf entfällt eine Nachfristsetzung. Da eine Lieferung nach dem angegebenen Termin in der Regel sinnlos ist (z. B. ein Partyservice liefert einen Tag nach dem Geburtstag), wird der Käufer auf die Lieferung verzichten, eventuell einen Deckungskauf tätigen und Schadenersatz verlangen.

Arbeitsaufträge

1. *Wann gerät ein Lieferer in Lieferungsverzug?*
2. *In welchen Fällen ist eine Mahnung des säumigen Schuldners entbehrlich?*
3. *Der Raumausstatter hat Frau Dr. Heilmann im Eingangsfall die Nicht-Lieferfähigkeit angezeigt. Prüfen Sie, ob er noch gemahnt werden muss, und schlagen Sie vor, welches Recht die Zahnärztin in Anspruch nehmen sollte.*
4. *Wie beurteilen Sie die Lage bezüglich der Sitzmöbel von Frau Dr. Heilmann in der Einstiegssituation, S. 291?*
5. *Formulieren Sie den Text für eine E-Mail mit Ihren Forderungen an den Lieferanten der Bestuhlung.*
6. *Erklären Sie Ihrer Klasse in einem kleinen Fachvortrag die Voraussetzungen eines Lieferungsverzuges sowie die daraus entstehenden Rechte des Käufers.*

[1] Deckungskauf: Kauf bei einem anderen Verkäufer - auch zu einem eventuell höheren Preis

händigt die Sendung nur gegen Barzahlung des Betrages aus. Der Rechnungsbetrag wird dann auf das Konto des Versenders eingezahlt.

Wenn der Empfänger den Betrag nicht bezahlt, bleibt die Sendung sieben Tage in der Postfiliale liegen. Wenn sie der Empfänger dann noch immer nicht abgeholt hat, geht die Sendung an den Absender zurück.

Per Nachnahme können Waren (Pakete und Päckchen) versendet werden. Es ist aber auch möglich, Liquidationen oder Mahnungen (z. B. an säumige Privatpatienten) per Brief oder spezieller Postkarte mit Nachnahme zu versenden.

8.3.2 Barscheck

Mit einem Barscheck weist man seine Bank an, dem Inhaber des Schecks bei Vorlage die eingetragene Summe bar auszuzahlen.

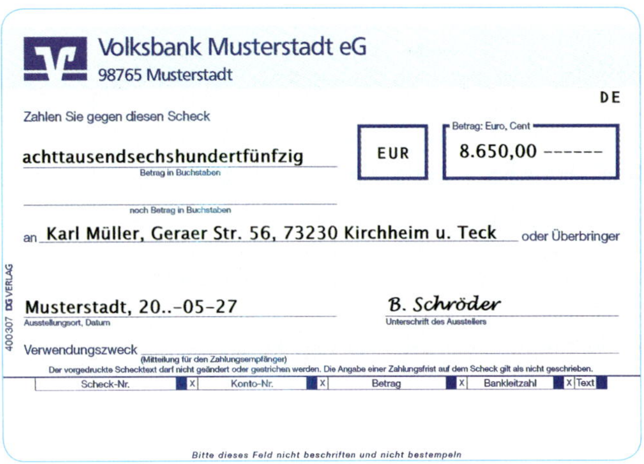
Volksbank Musterstadt eG
98765 Musterstadt

DE

Zahlen Sie gegen diesen Scheck

achttausendsechshundertfünfzig
Betrag in Buchstaben

EUR | Betrag: Euro, Cent 8.650,00 ------

noch Betrag in Buchstaben

an Karl Müller, Geraer Str. 56, 73230 Kirchheim u. Teck oder Überbringer

Musterstadt, 20..-05-27
Ausstellungsort, Datum

B. Schröder
Unterschrift des Ausstellers

Verwendungszweck
(Mitteilung für den Zahlungsempfänger)
Der vorgedruckte Schecktext darf nicht geändert oder gestrichen werden. Die Angabe einer Zahlungsfrist auf dem Scheck gilt als nicht geschrieben.

Scheck-Nr. | X | Konto-Nr. | X | Betrag | X | Bankleitzahl | X | Text

Bitte dieses Feld nicht beschriften und nicht bestempeln

400307 DS VERLAG

Die Verwendung ist allerdings gefährlich, da sich bei Verlust jeder Finder oder Dieb den Betrag bar auszahlen lassen kann.

8.4 Bargeldlose Zahlung

8.4.1 Überweisung, Dauerauftrag, Einzugsermächtigung, Abbuchungsverfahren

Eine Überweisung ist eine Anweisung an die Bank, einen Betrag vom Konto des Schuldners auf das Konto des Gläubigers zu übertragen. Bei herkömmlicher Überweisung wird ein Durchschreibeformular ausgefüllt und auf der Bank abgegeben. Die Durchschrift erhält der Einzahlende. Diese sollte als Beleg zu den Kontoauszügen geheftet werden. Der Betrag wird dem Konto des Empfängers gutgeschrieben und dem Konto des Schuldners belastet.

Im einheitlichen europäischen Zahlungsverkehrsraum (Single Euro Payments Area, SEPA) sollen Bankgeschäfte zwischen den Ländern, die an SEPA teilnehmen, genauso funktionieren wie inländische Bankgeschäfte. Daher wurden ab Februar 2014 die bisherige Kontonummer durch die IBAN (International Bank Account Number) und die bisherige Bankleitzahl durch die internationale Bankkennzeichnung BIC (Bank Identifier Code) ersetzt. Privatkunden haben jedoch bis Februar 2016 eine zweijährige Übergangsphase, in der für inländische Überweisungen die BIC entfallen kann. Diese setzt sich zusammen aus dem Ländercode (in Deutschland ist das „DE"), einer zweistelligen Prüfziffer, der Bankleitzahl und der Kontonummer. Beispiel:

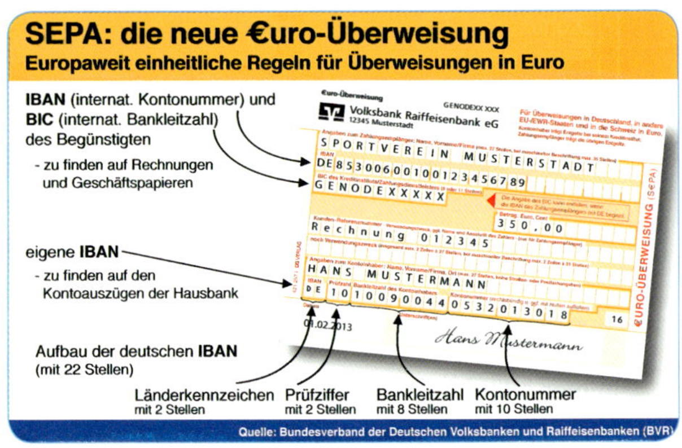

Quelle: BVR

Die Angabe des BIC (Business Identifier Code) ist nur bei grenzüberschreitenden Zahlungen notwendig und entfällt ab Februar 2016. Bequem von zu Hause oder aus der Praxis lässt sich der Zahlungsverkehr auch mit **Internet-Banking** abwickeln. Kontoübersicht, Überweisungen tätigen, Daueraufträge einrichten, ändern und stornieren – alles geht ohne großen Zeitverlust auch nach Geschäftsschluss.

Zur Sicherheit muss der Kontoinhaber neben seiner Kontonummer auch die PIN (persönliche Identifikationsnummer) und eine TAN (Transaktionsnummer) eingeben.

Praxistipp

Unbedingt bei Überweisungen die Kunden- und Rechnungsnummer angeben.

Dauerauftrag

Fallen immer wiederkehrende Zahlungen in **gleicher Höhe zu gleichen Zeitpunkten** an denselben Zahlungsempfänger an, ist es sinnvoll, seiner Bank oder Sparkasse einen Dauerauftrag zu erteilen. Bis auf Widerruf werden dann automatisch Beträge überwiesen, ohne dass der Zahlungspflichtige sich selbst darum kümmern muss.

Bedingungen für Dauerauftrag sind:

- Der Zahlungsbetrag bleibt gleich (Miete, Zinsen, Beiträge usw.);
- es handelt sich immer um denselben Empfänger und
- der Zahlungstermin wiederholt sich regelmäßig.

Einzugsermächtigungsverfahren

Es ist besonders für solche Zahlungen geeignet, bei denen es sich stets um denselben Gläubiger handelt, die **Zahlungsbeträge und/oder die Zeiten der Bezahlung aber unterschiedlich sind** (z. B. Telefon-, Gas-, Wasser-, Stromrechnung). Hier erteilt der Kontoinhaber dem Zahlungsempfänger die Genehmigung, von seinem Konto die jeweils anstehenden Beträge einzuziehen.

Abbuchungsverfahren

Hiermit ermächtigt der Kontoinhaber sein Kreditinstitut, Beträge von seinem Konto abzubuchen, ohne dass er vorher gefragt werden muss (z. B. Tilgung eines Kredits mit monatlichen Raten, Umbuchungen auf Sparverträge, Lieferrechnungen).

8.4.2 Bezahlen mit Karte

Diese Zahlungsart ist zwar für den Zahlungsverkehr der Zahnarztpraxis noch nicht so wichtig, sie setzt sich aber vor allem für Verbraucher immer mehr durch. Sollten die Verkäufe in der Praxis und die Leistungen, die die Patienten selbst zahlen müssen (z. B. Zahnschmuck, Bleaching, Veneers, Sportmundschutz o. Ä.), zunehmen, könnte auch hier die Möglichkeit des Eectronic Cash die aufwendige Barzahlung verdrängen. Außerdem ist diese Möglichkeit ein weiterer Service für die Patienten.

Praxistipp

Vergleichen Sie unbedingt vor Beantragung einer Karte die Leistungen und die Kosten. Überlegen Sie auch, ob Sie die jeweiligen Leistungen überhaupt nutzen oder benötigen!

Es gibt heute eine Vielzahl von Karten. Sie werden zwar generell oft als „Kreditkarte" bezeichnet, tatsächlich trifft dies aber nur auf die wenigsten zu.

Ein Überblick:

Kreditkarten

Der Inhaber einer Kreditkarte erhält ein gesondertes Konto mit einem Kreditrahmen. Es erfolgt eine monatliche Abrechnung, wobei der Karteninhaber die Möglichkeit hat, in einer Summe oder in Raten zu zahlen. Es werden Gebühren und Soll-Zinsen berechnet.

Charge[1]-cards

Sie sind der Kreditkarte sehr ähnlich. Auch hier wird monatlich oder 14-tägig abgerechnet. Allerdings werden keine Sollzinsen berechnet. Dafür muss der Betrag sofort beglichen werden. Er wird in der Regel als Lastschrift vom Girokonto abgebucht. Durch die Sammlung der Zahlungsbeträge und einmalige Abbuchung hat man einen kleinen Zinsvorteil.

Die bekanntesten sind „Eurocard" und „Eurocard Gold" (mit zusätzlichen Leistungen wie Versicherungen) und VISA-Card.

Co-branding-cards

„Co-branding" bedeutet gemeinsame Marktplatzierung. Kommerzielle Unternehmen bieten gemein-

[1] charge = die Belastung; to charge an account = ein Konto belasten

sam mit einer Bank oder Kartenorganisation eine Karte an. Der Vorteil ist, dass man mit einer solchen Karte zusätzlich besondere Leistungen in Anspruch nehmen kann, wie z. B. bequem Eintrittskarten bestellen oder preiswerter Mietwagen buchen, mehr Gepäck auf Reisen mitnehmen, später einchecken und Plätze im Flugzeug reservieren.

Affinity[1]-cards

Sie werden von Verbänden oder Vereinen zusammen mit einer Kartenorganisation herausgegeben z. B. für Golfer, Segler, Jäger usw. Die Zusatzleistungen sind ähnlich der Co-branding-card.

Electronic cash Kreditkartenleser

Debit[2]-cards

Die ec-Karte oder eine andere Bankkarte sind die bekanntesten Karten, die heute die meisten Giro-Kontobesitzer benutzen. Mit ihnen bezahlt man bargeldlos. Die Zahlungsbeträge werden direkt dem Girokonto abgezogen oder per Lastschrift eingezogen. Auf dem Kontoauszug ist die Abbuchung sichtbar.

Man kann mit der Debit-card auch Kontoauszüge ausdrucken lassen, Bargeld über Geldautomaten von seinem Girokonto abheben, an Geldautomaten Überweisungen tätigen, sogar Daueraufträge erteilen, ändern oder stornieren.

Beispiele für Debit-cards

Zur Zahlung mit der ec-Karte gibt es generell zwei Systeme:

1. POS (Zahlung am point of sale)

Die Karte wird eingelesen und der Zahlende muss seine PIN (persönliche Identifikationsnummer = Geheimnummer) eingeben. Dadurch erfolgt online ein direkter Zugriff auf das Girokonto. Jetzt muss er die Höhe des Betrages bestätigen und die Abbuchung ist erfolgt. Ist der Kreditrahmen seines Kontos überzogen, wird die Zahlung verweigert und der Kunde muss bar bezahlen. Der Gläubiger (z. B. der Zahnarzt) erhält also eine Zahlungsgarantie. Allerdings ist der Onlinezugang für den Gläubiger etwas teurer.

2. Die ELV-Zahlung mit Kundenkarte

Preiswerter als die POS-Zahlung ist für die Betriebe das elektronische Lastschriftverfahren (ELV). Die Kundenkarte wird dabei durch ein Lesegerät gezogen oder eingeführt. Die Kassiererin gibt den Rechnungsbetrag in das Terminal ein und der Kunde bestätigt ihn. Der Kassenbeleg (mit Durchschrift) wird ausgegeben und vom Kunden unterschrieben. Das Original wird als Lastschriftbeleg an die Bank weitergegeben. Der Kunde erhält die Durchschrift. Bei der ELV-Zahlung trägt der Zahlungsempfänger das Risiko, denn wenn das Konto überzogen ist, gibt die Bank die Lastschrift zurück und bezahlt die Forderung nicht. In der Praxis versuchen einige Betriebe dieses Risiko zu mindern, indem sie sich stichpro-

[1] affinity = die (Wesens-)Verwandtschaft
[2] debit = die Lastschrift, der Sollposten

benartig die Ausweisdaten kopieren oder per Zufallsauswahl Kunden mit POS bezahlen lassen.

Sollte der Zahnarztpraxis eine Zahlung ausfallen, besitzt die Praxis die Patientendaten. Der Patient wird dann gemahnt. Wenn er dann immer noch nicht bezahlt, kann er einen Mahnbescheid erhalten oder er kann auf Zahlung verklagt werden. Nach einem Bericht der Bild-Zeitung - unter Berufung auf die Kassenärztliche Bundesvereinigung - mussten allein im Jahr 2006 über 887.000 Mahnungen wegen nicht bezahlter Praxisgebühr verschickt werden.

Praxistipp

Kontrollieren Sie, bevor Sie den Betrag bestätigen oder die Unterschrift leisten, unbedingt den Zahlungsbetrag.

8.4.3 Verrechnungs-, Order-, Travellerscheck

Verrechnungsscheck

Während ein Barscheck demjenigen, der den Scheck vorlegt, bar ausbezahlt wird (siehe S. 296), wird ein Verrechnungsscheck nur auf dem Konto des Zahlungsempfängers gutgeschrieben. Er ist daher erheblich sicherer. Üblich ist es, dass Vordrucke schon den Aufdruck „Verrechnungsscheck" tragen. Durch den Zusatz „Nur zur Verrechnung" kann aus jedem Barscheck auch ein Verrechnungsscheck gemacht werden. Dies geht jedoch nicht umgekehrt, da eine Streichung dieses Zusatzes als nicht erfolgt gilt, d. h. ungültig ist. So kann ein Dieb oder unehrlicher Finder einen Verrechnungsscheck nicht in einen Barscheck umwandeln und sich den Betrag bar auszahlen lassen. Mit einem Verrechnungsscheck könnte daher auch eine Schuld beglichen werden, indem man den ausgefüllten Scheck per Brief versendet.

Volksbank Musterstadt eG
98765 Musterstadt
Zahlen Sie gegen diesen Scheck DE
achttausendsechshundertfünfzig
Nur zur Verrechnung
Betrag in Buchstaben
noch Betrag in Buchstaben
EUR
Betrag: Euro, Cent 8.650,00 -----
an
oder Überbringer
Karl Müller
Geraer Str. 56
73230 Kirchheim u. Teck
Musterstadt
Ausstellungsort
20..-05-27
Datum
B. Schröder
Unterschrift des Ausstellers
Der vorgedruckte Schecktext darf nicht geändert oder gestrichen werden. Die Angabe einer Zahlungsfrist auf dem Scheck gilt als nicht geschrieben.
400377 DG VERLAG
Scheck-Nr. | X | Konto-Nr. | X | Betrag | X | Bankleitzahl | X | Text
Verrechnungsscheck
... eses Feld nicht beschriften und nicht bestempeln

Orderscheck

Er ist üblich bei höheren Beträgen. Statt der Klausel „oder Überbringer" im Bar- oder Verrechnungsscheck steht bei ihm „oder Order". Damit wird er nur an den genannten Zahlungsempfänger ausbezahlt, es sei denn, der Scheck wurde mit einem

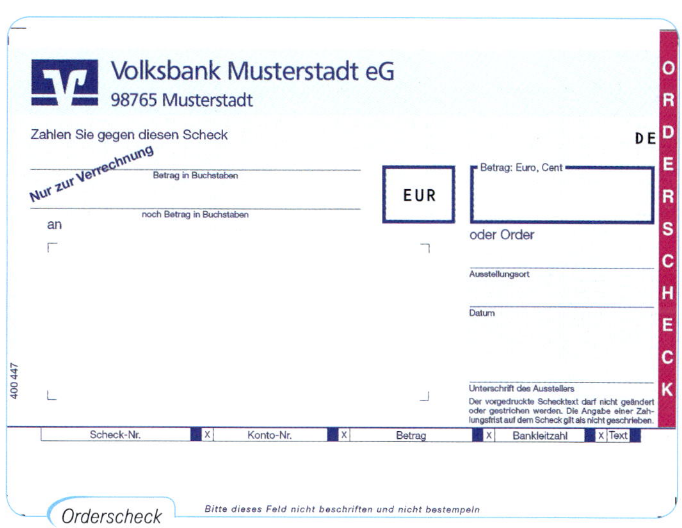
Volksbank Musterstadt eG
98765 Musterstadt
Zahlen Sie gegen diesen Scheck DE
Nur zur Verrechnung
Betrag in Buchstaben
noch Betrag in Buchstaben
EUR
Betrag: Euro, Cent
an
oder Order
Ausstellungsort
Datum
Unterschrift des Ausstellers
Der vorgedruckte Schecktext darf nicht geändert oder gestrichen werden. Die Angabe einer Zahlungsfrist auf dem Scheck gilt als nicht geschrieben.
ORDERSCHECK
400 447
Scheck-Nr. | X | Konto-Nr. | X | Betrag | X | Bankleitzahl | X | Text
Orderscheck
Bitte dieses Feld nicht beschriften und nicht bestempeln

schriftlichen Übergabevermerk (Indossament) an eine andere Person abgetreten. Wenn das Konto des Scheckausstellers nicht gedeckt ist, die Einlösungsfrist überschritten ist oder gesetzliche Bestandteile fehlen (z. B. die Unterschrift), können Schecks nicht eingelöst werden.

Travellerscheck

Travellerschecks sind sichere Zahlungsmittel für Reisen im In- und Ausland. Vor der Reise werden die Travellerschecks gekauft und auch dem Girokonto belastet. Bei Übergabe in der Bank wird jeder Scheck einmal unterschrieben. Bei Verwendung eines Schecks im Ausland muss man diesen nochmals unterschreiben.

Travellerschecks

Praxistipp

Die zweite Unterschrift auf einem Travellerscheck nicht vor der Zahlung leisten.

Arbeitsaufträge

1. *Wie läuft eine Nachnahmesendung ab?*
2. *Unterscheiden Sie zwischen den verschiedenen Arten der Schecks.*
3. *Unterscheiden Sie zwischen Dauerauftrag, Einzugsermächtigungs- und Abbuchungsverfahren.*
4. *Zählen Sie mögliche bargeldlose Zahlungsarten für die wichtigsten Transaktionen in einer Zahnarztpraxis auf.*
5. *Welche weiteren Möglichkeiten können Zahnarztpraxen anbieten, wenn Leistungen von den Patienten selbst bezahlt werden müssen? Prüfen Sie, ob sich bei einer Erweiterung des Angebotes der Einsatz eines Kartenlesegeräts lohnt.*
6. *Unterscheiden Sie zwischen POS- und ELV-Zahlung.*
7. *Welche Arten von Karten zur Zahlung gibt es?*
8. *Diskutieren Sie über einen eventuellen Einsatz von POS- oder ELV-System in Ihrer Zahnarztpraxis. Überlegen Sie, ob Ihre Patienten sichere oder unsichere Schuldner sind.*

9 Viele wissen nicht, wohin mit ihnen – Der Umgang mit Belegen aus dem Beschaffungsbereich

Rechnung

Nr.: 78543-1
Datum: 20..-09-02
Lieferschein-Nr.: 259 627

Pos.	Art.-Nr.	Bezeichnung	Menge	Preis in €	Gesamtwert €
1	17538-4	LED-Kamera mit 4-fach-Bildspeicher	1	9.840,00	9.840,00
		Fracht und Verpackung			35,00
					9.875,00
		19 % Umsatzsteuer			1.876,25
					11.751,25

Zahlungsbedingungen:
innerhalb 10 Tagen ab Rechnungsdatum 2 % Skonto oder nach 30 Tagen netto

Frau Dr. Heilmann hat ein Gespräch mit ihrem Steuerberater Herrn Dr. Kraft. Als sie von dem Besuch zurückkommt, bittet sie Corinna, zuständig für die kaufmännischen Arbeiten in der Praxis, zu einem Gespräch. „Herr Dr. Kraft war voll des Lobes über Sie, wie sorgfältig die Belege von Ihnen zusammengestellt und für die Buchung vorbereitet wurden“, so die Zahnärztin. „Aber unserem Steuerberater ist aufgefallen, dass wir die letzte Rechnung über die LED-Kamera zu spät an den Lieferanten überwiesen haben. Wissen Sie eigentlich, welchen Betrag wir an entgangenem Skonto dadurch eingebüßt haben? Bitte denken Sie in Zukunft daran“, so Dr. Heilmann weiter, „die Zahlungstermine sorgfältiger zu überwachen. Denn Geld zu verschenken haben auch wir nicht.“

- *Welche Belegarten fallen bei der Beschaffung an?*
- *Was ist bei dem Umgang mit Belegen zu beachten?*

9.1 Sortieren der Ablage

Beispiel:

Beschaffung einer LED-Kamera
Die Beschaffungsbelege im zeitlichen Ablauf:

↓

Anfrage von Praxis Dr. Heilmann bei Lieferfirma, z. B. Dental-Depot

(schriftlich oder telefonisch)

↓

Ein Problem vieler Zahnarztpraxen besteht darin, dass zu viel Papier aufbewahrt wird. Im Durchschnitt sind 50 Prozent aller Informationsmaterialien überflüssig. Die Folge ist, dass es zu langen Such- und Ablegezeiten kommt, Mehrfacharbeiten erledigt werden müssen und der Überblick über die vorhandenen Informationen erschwert wird. Auch für das Schriftgut, das z. B. im Zusammenhang mit der Beschaffung von Geräten, Instrumenten und Verbrauchsmaterial anfällt, trifft dies zu. Anstatt die

Angebot der Lieferfirma

↓

Durchschrift der Bestellung
(Bestellung eventuell auch mündlich)

↓

eventuell Auftragsbestätigung

↓

Lieferschein über LED-Kamera

↓

Gebrauchsanweisung und Garantieschein der LED-Kamera

↓

Rechnung des Dental-Depots

↓

Überweisungsbeleg

Belege in dafür vorgesehenen Ordnern abzuheften, wird häufig erst einmal der Ablagekorb gewählt. Das scheint im ersten Moment schneller zu gehen und bequemer zu sein. Gibt es mehrere Ablagekörbe, deren Inhalte nicht sauber abgegrenzt sind, ist die Unordnung vorprogrammiert. Ein Grundsatz sollte sein, die anfallenden Belege nur vorübergehend in Ablagekörbe zu legen, deren Inhalte auch eindeutig benannt sind (z. B. Ablagekorb „Rechnungen"). Ablagebehälter sollten in kürzeren Zeitabständen entleert werden (z. B. wöchentlich), um dann Schriftstücke in einer geeigneten Form der Schriftgutverwaltung abzulegen. Verschiedene Registraturarten stehen hier zur Auswahl.

→ LF 6, Kap. 4.7

Um die Belege ohne größeren Zeitaufwand wiederfinden zu können, ist auch hier eine übersichtliche Ordnung unverzichtbar. So ist z. B. denkbar, für jede Belegart einen speziellen Ordner anzulegen, der auch eindeutig gekennzeichnet sein sollte.

Beispiel:
Jeweils ein Ordner für:

- Angebot, Bestellung und Auftragsbestätigung;
- Lieferscheine;
- Eingangsrechnungen;
- Gebrauchsanweisungen und Garantiescheine;
- Bankbelege;
- Quittungen.

9.2 Belegverwaltung

Bei der Belegverwaltung fallen eine Reihe von **Kontrollaufgaben** an, z. B.:

- Stimmen Anfrage und Angebot überein?
- Stimmen Angebot und Auftragsbestätigung überein?
- Stimmt das gelieferte Gerät mit der Bestellung und dem Lieferschein überein?
- Stimmen relevante Daten auf Bestellung und Rechnung überein?
- Stimmen Rechnung und Bankbeleg überein?

Sind Vorgänge nicht abgeschlossen, kommen sie in die **Wiedervorlage**. Die Organisationsmittel, die sich hier anbieten, sind z. B. die Hängeregistratur, die Wiedervorlagemappe oder auch eine Wiedervorlage mithilfe des PC.

Ein klassischer Wiedervorlagebeleg bei der Warenbeschaffung ist die **Eingangsrechnung**. Wird die Barzahlungsfrist versäumt, kann die Praxis evtl. kein Skonto mehr vom Rechnungsbetrag abziehen. Wird der Zahlungstermin ganz versäumt und eine fällige Schuld nicht beglichen, gerät die Praxis in Zahlungsverzug. Der Lieferant hat dann das Recht, Verzugszinsen zu verlangen.

Belege sind immer nur eine gewisse Zeit aufzubewahren. Nach Ablauf der Zeit können sie vernichtet werden, das gilt z. B. für Garantiebelege, wenn die Garantiezeit abgelaufen ist, oder Lieferscheine, die mit der Bestellung und der Rechnung verglichen worden sind. Auch bei medizinischen Geräten, die

„ausgemustert" wurden, kann natürlich die Betriebsanleitung in den Papiermüll wandern.

Regelmäßig sollten Ordner und Hängeregistraturen nach überflüssigen Belegen durchforstet werden. Überquellende Ordner verdienen dabei besondere Aufmerksamkeit.

Praxistipp

- Legen Sie die Belege immer nur vorübergehend in die Ablagekörbe.
- Werfen Sie alles weg, was nicht mehr gebraucht wird (z. B. Prospekte).
- Trennen Sie zwischen Vorgängen, die abgeschlossen, und solchen, die schwebend sind.
- Durchforsten Sie die Ordner in regelmäßigen Zeitabständen.

9.3 Buchungsbelege

Eine besondere Bedeutung haben Belege für die Buchführung. Für den Zahnarzt erfüllt eine gewissenhafte **Buchführung** wichtige Aufgaben:

- Sie informiert ihn über den Stand des Vermögens und der Schulden;
- sie gibt Auskunft über den Erfolg (Gewinn oder Verlust);
- sie bildet eine wichtige Grundlage für die Berechnung der Steuern;
- sie ist ein wichtiges Beweismittel bei Rechtsstreitigkeiten z. B. mit Kunden, Banken, Finanzamt.

Buchungsbelege, die bei der Warenbeschaffung anfallen, sind z. B. Eingangsrechnungen, Quittungen (z. B. über den Barkauf von Druckerpatronen) und Bankbelege. Immer wenn sich ein Geschäftsvorfall ereignet (z. B. Kauf einer LED-Kamera), fällt ein Beleg an (Eingangsrechnung), der zu verbuchen ist. In der Buchführung besteht der Grundsatz: **„Keine Buchung ohne Beleg"**. Der Grund für diese Bestimmung: Ob die Buchführung korrekt ist, kann z. B. vom Finanzamt immer nur anhand der Belege überprüft werden. Wegen der Bedeutung dieser Belege hat der Gesetzgeber im Handelsgesetzbuch (HGB) eine sechsjährige Aufbewahrungsfrist vorgeschrieben. Diese Frist gilt ebenfalls für Handelsbelege, wie z. B. Bestellungen. Die Unterlagen müssen nicht als Originale aufbewahrt werden. Zulässig ist auch eine Aufbewahrung auf einem Bildträger (Mikrofilm) oder auf einem anderen Datenträger (Diskette u. a.).

Nach der Herkunft der Belege unterscheidet man zwischen externen und internen Belegen.

Belegarten

Externe Belege	**Interne Belege**
Sie fallen im Geschäftsverkehr mit Außenstehenden an.	Sie entstehen aus innerbetrieblichen Geschäftsfällen.
Beispiele:	**Beispiele:**
- Eingangsrechnung - Quittung - Kontoauszüge	- Lohn- und Gehaltslisten - Belege über Privatentnahmen von Geld aus der Geschäftskasse

In der Regel lassen Zahnärzte ihre Buchführung vom Steuerberater erstellen.

Häufig ist es aber so, dass von den zahnärztlichen Mitarbeiterinnen gewisse Vorarbeiten zu erledigen sind.

Dazu gehören:

- ordnungsgemäße Ablage und Aufbewahrung der Belege;
- fortlaufende Nummerierung der Belege innerhalb der jeweiligen Belegart (z. B. Durchnummerierung der Eingangsrechnungen).

Arbeitsaufträge

1. *Corinna Maybaum (siehe Einstiegssituation, S. 301) hat es versäumt, den Rechnungsbetrag für die LED-Kamera rechtzeitig zu überweisen.*
   a) Ermitteln Sie den Betrag, den man bei einer rechtzeitigen Überweisung hätte einsparen können.
   b) Der Lieferant gewährt 2 % Skonto. Welchem Jahreszinssatz entspricht das?
   c) Was würden Sie Corinna raten, um verspätete Zahlungen künftig zu vermeiden?
2. *Zur Aushärtung von lichthärtendem Füllungsmaterial soll ein Polymerisationsgerät gekauft werden. Der Preis beträgt 1.420,00 € zuzügl. Mehrwertsteuer. Die Versandkosten belaufen sich auf 25,00 €. Die Zahlungsbedingung lautet: zahlbar innerhalb von 15 Tagen 3 % Skonto oder 30 Tagen netto Kasse.*
   a) Welcher Betrag ist nach 30 Tagen zu zahlen?
   b) Welcher Betrag wäre zu zahlen, wenn Skonto in Anspruch genommen wird?
   c) Annahme: Es besteht ein Liquiditätsengpass. Lohnt es sich, bei der Bank ein Darlehen zu 5,5 % aufzunehmen, um Skonto auszunutzen?
3. *Welche Bedeutung haben Belege für die betriebliche Buchführung?*
4. *Erfragen Sie in Ihrer Ausbildungspraxis weitere Belegarten und unterscheiden Sie diese nach internen und externen Belegen.*
5. *Eine Arbeitskollegin macht den Vorschlag, die Unordnung im Belegwesen durch die Verwendung weiterer Ablagekästen zu beseitigen. Diskutieren Sie in der Klasse über mögliche Vor- und Nachteile dieser Absicht.*
6. *Erkundigen Sie sich in Ihrer Ausbildungspraxis, wie dort das Belegwesen organisiert ist. Tauschen Sie in Ihrer Klasse diese Informationen aus und versuchen Sie einzelne Organisationsstile zu bewerten.*

10 Ein Buch, auf das es ankommt – Medizinproduktebuch und Bestandsverzeichnis

Mitte Januar ist es mal wieder soweit. Die Wartungsfirma Promed-AG hat den Besuch eines Technikers für die nächste Woche angekündigt. Er will die notwendigen sicherheitstechnischen Kontrollen und Instandhaltungsmaßnahmen bei den medizinischen Geräten durchführen. Frau Dr. Heilmann bittet deshalb die Auszubildende Lucia Fernandez, die Medizinproduktebücher für die einzelnen medizinischen Geräte und das Bestandsverzeichnis der Medizinprodukte bereitzulegen. Für Lucia sind beide Verzeichnisse unbekannt, aber sie hat ja nette Kolleginnen. „Kann mir mal jemand helfen, für mich sind das böhmische Dörfer", so Lucia zu der in Praxisangelegenheiten erfahrenen Carmen Kirsten.

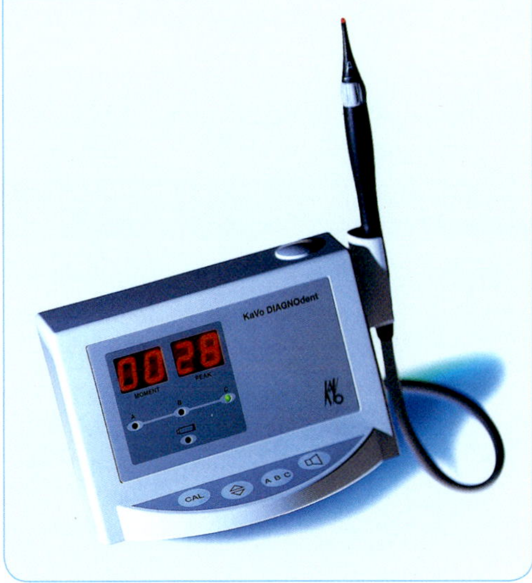

- *Welche Aufgaben haben Medizinproduktebücher und Bestandsverzeichnisse?*
- *Wie sind diese Unterlagen aufgebaut?*

10.1 Das Medizinproduktebuch

Medizinische Apparate, Instrumente, Vorrichtungen und Stoffe werden vom Gesetzgeber als Medizinprodukte bezeichnet. Dieser Begriff hat seinen Niederschlag in dem **M**edizin **P**rodukt **G**esetz (MPG) und der **M**edizin**p**rodukte-**Betreib**er**v**erordnung (MPBetreibV) gefunden. Jeder Zahnarzt ist als Anwender und Betreiber von Medizinprodukten verpflichtet, die entsprechenden Vorschriften einzuhalten.

Das MPG bestimmt in § 14, dass Medizinprodukte nicht betrieben oder angewendet werden dürfen, wenn sie Mängel aufweisen, durch die Patienten, Beschäftigte oder auch Dritte gefährdet werden können. Der Hersteller der Produkte muss die Unbedenklichkeit seiner Erzeugnisse nachweisen. Sind die grundlegenden Anforderungen erfüllt, darf das CE-Zeichen (Conformité-Europée) angebracht werden.

MPG und MPBetreibV werden ergänzt durch die jeweiligen Arbeitsschutz- und Unfallverhütungsvorschriften. → LF 1, Kap. 6

Nach der MPBetreibV darf ein Dental-Behandlungsplatz erst nach einer Funktionsprüfung des Herstellers oder des Lieferanten betrieben werden. Dabei ist auch vorgeschrieben, dass zuvor das Bedienungspersonal eingewiesen werden muss. Verfügen Geräte über ein Hochfrequenzmodul (HF-Modul), ist der Betreiber sogar verpflichtet, ein **Medizinproduktebuch** zu führen, in dem die Gerätekontrollen dokumentiert sind. Die Bestimmung trifft z. B. für den dentalen Behandlungsplatz mit integriertem HF-Modul zu. Dieses Medizinproduktebuch stellt ein Dokument dar, das untrennbar mit dem Behandlungsplatz verbunden ist. Medizinproduktebücher und die jeweiligen Gebrauchsanweisungen sind so aufzubewahren, dass sie der Anwen-

der jederzeit einsehen kann. Auf Verlangen ist auch der zuständigen Behörde Einsicht in die Bücher zu gewähren.

Merke: Selbst wenn der Behandlungsplatz nicht mehr in Gebrauch ist, muss das Buch noch 5 Jahre lang nach der Außerbetriebnahme der Geräte aufbewahrt werden.

Welchen Inhalt das Medizinproduktebuch enthalten muss, ist dem § 7 der MPBetreibV zu entnehmen:

	Inhalt
Gerätestammdaten	Aufzuführen sind alle wichtigen Daten für Service und Kontrollbehörden. Daten wie z. B. Seriennummern dienen der Identifikation des Gerätes.
Sicherheitstechnische Kontrolle	Nach der Montage des medizinischen Geräts und den erfolgten Instandsetzungsarbeiten müssen Funktionsprüfungen am Betriebsort durchgeführt werden. Dabei geht es vor allem darume festzustellen, ob elektrisch betriebene und leitfähige Teile gegen durchfließenden Strom abgesichert sind und keine Gefahr für Patienten und Praxispersonal besteht.
Verzeichnis der eingewiesenen Personen	Medizinische Geräte wie z. B. Behandlungsplätze dürfen nur bedient werden von Personen, die vom Hersteller oder Lieferanten eingewiesen wurden. Eingewiesene Personen dürfen auch weitere Personen einweisen. Namen mit Unterschrift der eingewiesenen Personen, Zeitpunkt der Einweisung und Name mit Unterschrift der mit der Einweisung Betrauten sind in das Verzeichnis aufzunehmen.
Sicherheitstechnische Kontrolle (Wiederholungsmessung)	Spätestens alle 12 Monate, nachdem das Gerät in Betrieb genommen wurde, hat der Zahnarzt (Betreiber) eine sicherheitstechnische Kontrolle zu veranlassen. In das Medizinproduktebuch sind einzutragen: - Datum der Durchführung der Kontrolle bzw. der Instandhaltung; - Ergebnis der sicherheits- und messtechnischen Kontrolle; - Name der verantwortlichen Person oder der durchführenden Firma sowie deren Anschrift.
Dokumentation von Funktionsstörungen	Sich wiederholende gleichartige Störungen der HF-Module, die die Sicherheit der Patienten oder des Praxispersonals gefährden können, müssen gesondert dokumentiert werden.
Meldung von Vorkommnissen	Passieren Vorfälle an dem medizinischen Gerät, durch die Personen geschädigt wurden oder hätten geschädigt werden können, so muss dies vermerkt werden. Anschließend hat eine Meldung an den Hersteller und die zuständige Behörde zu erfolgen.

Beispiel einer sicherheitstechnischen Kontrolle:

Datum: 04.03.20..

Sichtprüfung	[X]	ok.
Schutzleiterprüfung	[X]	ok.; 0,08 Ω
Ersatz-Geräteableitstromprüfung	[X]	ok.; Wert am Schlitten Arztelem.: 2 mA; am Chassis Arztelem.: 3 mA Wert am Sitzträger: 1 mA; am Rückenlehnenschwert: 4 mA
Ersatz-Patientenableitstromprüfung Alle vorstehenden Werte mit Erstmessung S.8 vergleichen, Grenzwerte wurden unterschritten	[X]	ok.; Wert an Sprayvit Spitze: 2 mA; an HF-Handstückelektrode: 2 mA am Micro-Motor: 2 mA verwendete Messschaltung/Prüfgerät für vorstehende Messungen: Sekutest
Funktionsprüfung	[X]	ok.

Sicherheit gegeben? ☐ ja

Müller, Peter	Promed-AG	Müller
Name / Vorname – Fachkraft	*Depot / ausfüllende Stelle*	*Unterschrift*

Über Personen, die einen Behandlungsplatz bedienen dürfen, muss ein spezielles Verzeichnis geführt werden. Hier sind solche Personen zu vermerken, die vom Hersteller oder Lieferanten in die Bedienung des Geräts eingewiesen wurden. Eingewiesene Personen dürfen wiederum andere Personen/Kolleginnen einweisen, aber auch das ist zu dokumentieren.

10.2 Das Bestandsverzeichnis

Die MPBetreibV schreibt nicht nur vor, dass ein Medizinproduktebuch zu führen ist, sondern für jede Betriebsstätte auch ein **Bestandsverzeichnis**. Alle aktiven Medizinprodukte (z. B. medizinische Geräte) sind lt. § 8 der MPBetreibV in diese Übersicht aufzunehmen. Für das Bestandsverzeichnis sind alle Datenträger zulässig. Der zuständigen Behörde ist auf Verlangen jederzeit Einsicht in das Bestandsverzeichnis zu gewähren. Angaben, die in dem Bestandsverzeichnis zu erscheinen haben, sind:

- Bezeichnung, Art und Typ des Medizinproduktes bzw. seine Seriennummer,
- Standort innerhalb der Praxis,
- Name der Firma des Herstellers,
- Anschaffungsjahr,
- CE-Kennnummer,
- die vom Hersteller genannte Frist für die sicherheitstechnische Kontrolle,
- Geräteklasse nach MPG.

Um sich einen Überblick über die Ausstattung der Arbeits- und Behandlungsplätze mit Geräten zu verschaffen, kann es sinnvoll sein, eine **Checkliste** (siehe folgende Seite) zu verwenden. Es muss dann entschieden werden, welche Geräte in das Bestandsverzeichnis lt. § 8 der MPBetreibV aufgenommen werden müssen:

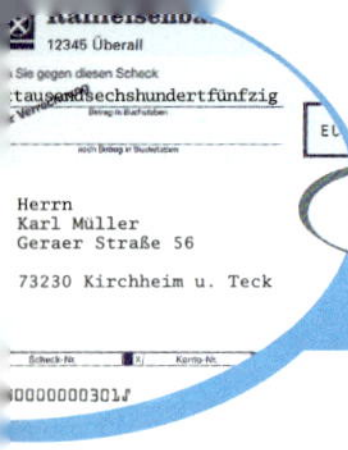

Geräte	Anzahl	Aufnahme in Bestandsverzeichnis
Arbeits- und Behandlungsplätze		
– mit integriertem Elektrochirurgiegerät:	1	✓
– ohne integriertes Elektrochirurgiegerät:	2	✓
– mit integrierter Röntgeneinrichtung:	2	
– ohne integrierte Röntgeneinrichtung:	–	
– mit integriertem Amalgamabscheider:	3	✓
– ohne integrierten Amalgamabscheider:	–	
Zentrale Einrichtungen		
Kompressor:	2	
Saugmaschine:	3	✓
Amalgamabscheider zentral:	–	
Zusatzeinrichtungen		
Elektrochirurgiegerät transportabel:	2	✓
Laser transportabel:	1	✓
Röntgeneinrichtung transportabel:	–	
Bildschirmarbeitsplätze		
– in der Verwaltung:	2	
– im Behandlungsraum:	–	
– in der Patientenberatung:	1	
– im Röntgenraum:	1	

Arbeitsaufträge

1. *Einer Mitschülerin sind die Begriffe Medizinproduktebuch und Bestandsverzeichnis unbekannt. Erklären Sie ihr die Bedeutung dieser Verzeichnisse.*
2. *Für welche medizinischen Geräte werden in Ihrer Ausbildungspraxis Medizinproduktebücher geführt?*
3. *Eine Arbeitskollegin vertritt die Meinung, dass für alle Medizinprodukte entsprechende Produktebücher zu führen sind, von denen jedes einzelne in einem Bestandsverzeichnis zu erfassen ist. Nehmen Sie zu dieser Meinung Stellung.*
4. *Überprüfen Sie, ob es für jeden Behandlungsplatz in Ihrer Ausbildungspraxis ein „Verzeichnis der eingewiesenen Personen" gibt. Wenn dies nicht der Fall ist, legen Sie ein Verzeichnis an und sorgen Sie für die notwendigen Eintragungen.*
5. *„Das Führen von Medizinproduktebüchern erhöht nur den Verwaltungsaufwand und bringt nichts!" Versuchen Sie diese Meinung zu entkräften.*
6. *Welche Eintragungen sind bei sicherheitstechnischen Kontrollen in dem Medizinproduktebuch vorzunehmen?*

11 Nicht verstecken, sondern übersichtlich lagern
Lagerhaltung des Grundbedarfs in der Zahnarztpraxis

Für die nächste Patientin sucht Lucia verzweifelt eine Tube Panasil contakt. „Hilf mir doch mal suchen", fordert sie Selin auf, „irgendwo da in den Schubladen müsste eine Packung mit mehreren Kartuschen liegen. Aber beeil dich, Frau Dr. Heilmann ist im Behandlungsraum 1 gleich fertig und die Patientin sitzt schon in Raum 2. Ich meine, wir hätten noch eine Packung mit 12 oder 16 Kartuschen liegen, aber wo?"

„Unsere Lagerhaltung müsste endlich einmal besser durchorganisiert werden", sagt Corinna Maybaum und sucht mit. Dabei fährt sie fort: „Erst gestern habe ich wieder einige Produkte, die das Verfallsdatum überschritten hatten, entsorgen müssen. Das sind Kosten, die wir sparen könnten."

- *Welche Ziele hat die Lagerhaltung?*
- *Welche Arbeiten fallen an?*
- *Was muss beachtet werden?*

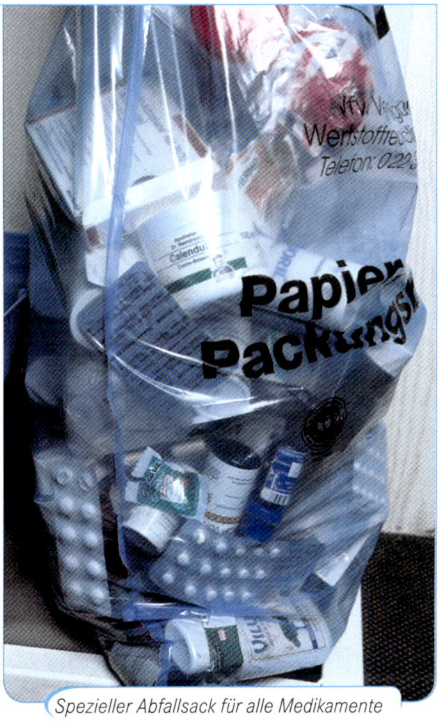

Spezieller Abfallsack für alle Medikamente

Um einen reibungslosen Ablauf der Behandlungen zu garantieren, benötigen die Zahnarztpraxen eine Grundausstattung mit Instrumenten und Verbrauchsmaterialien. Unter Berücksichtigung der räumlichen Gegebenheit (Lagerplatz, Kühlräume oder -geräte usw.) sind die Bestände in ihrer Höhe und Verfügbarkeit sowie nach Verfallsdaten zu planen und zu überwachen. Bei diesen Aufgaben sind die Fachangestellten besonders gefordert.

11.1 Vorteile einer umfangreicheren Lagerhaltung

Günstige Einstandspreise

Die Lagerhaltung ermöglicht es, größere Mengen der benötigten Materialien zu bestellen. Durch Mengenrabatte erzielt man günstigere Einkaufspreise. Viele Dental-Depots gewähren einen Mengenrabatt und zusätzlich noch einen Rabatt, der nach der Auftragsnummer gestaffelt ist. Zusammen können diese Rabatte schon 20 und mehr Prozent ausmachen.

Geringe Beschaffungsmühen und -kosten

Dadurch, dass größere Mengen bestellt werden können, haben die Zahnmedizinischen Fachangestellten weniger Zeitaufwand, als wenn häufiger kleinere Mengen bestellt werden müssten. So werden Zeit und dadurch Kosten gespart. In einer Praxis mit einem Behandler können so 3 bis 6 Arbeitsstunden im Monat eingespart werden. Bei einem Stundensatz von 15,00 € wären das 540,00 € bis 1.080,00 € Einsparung pro Jahr.

11.2 Nachteile einer umfangreicheren Lagerhaltung

Höhere Kapitalbindung (Lagerzinsen)

Wenn in größeren Mengen auf Lager bestellt wird, muss der Preis früher bezahlt werden, als wenn man jeweils kleinere Mengen verteilt über einen Zeitablauf kauft. Dieses Geld muss unter betriebswirtschaftlichen Gesichtspunkten verzinst werden. Denn entweder kann dieses Geld als Anlage bei Banken Guthabenzinsen bringen oder bei Kontoüberzug fallen Sollzinsen an.

Höhere sonstige Lagerkosten

Je größer ein Lagerbestand ist, desto höher sind auch die weiteren Lagerkosten wie

- Schwund durch unauffindbare Materialien (nach einer Untersuchung etwa 1–2 %), abgelaufenes Mindesthaltbarkeitsdatum (ca. 2–5 %).
- Lagereinrichtung: Hier sind die Kosten für Anschaffung der Kühlgeräte, Schränke, Regale usw. sowie Strom und Wartung, aber auch der Lohn für die Reinigungshilfe einzuberechnen.

11.3 Ziele der Lagerhaltung

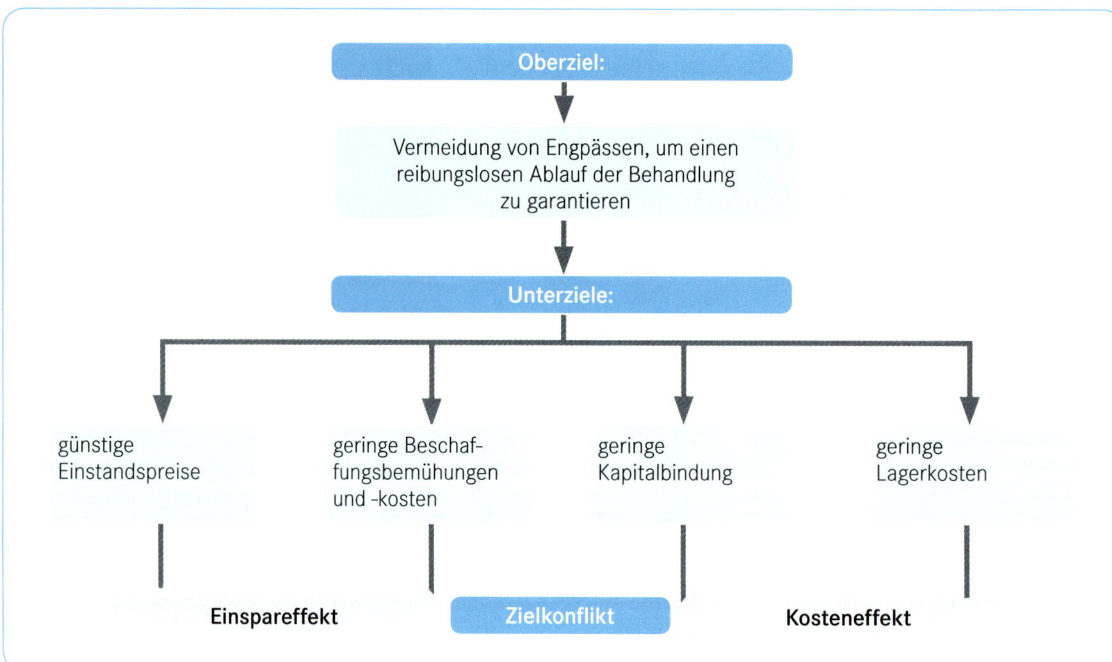

Merke: In der Lagerhaltung einer Praxis gilt es, diesen Zielkonflikt zwischen Vor- und Nachteilen einer umfangreicheren Lagerhaltung laufend zu optimieren.

11.4 Tätigkeiten im Lager einer Zahnarztpraxis

Die Aufgaben im Lager werden üblicherweise von den Fachangestellten übernommen, denn diese Tätigkeiten hängen eng mit der Bestellabwicklung und -kontrolle zusammen.

Natürlich hängen Umfang und Art der Lagertätigkeiten von der jeweiligen Größe, Art und Konzeption des Lagers ab. Nachfolgend die wichtigsten Arbeiten:

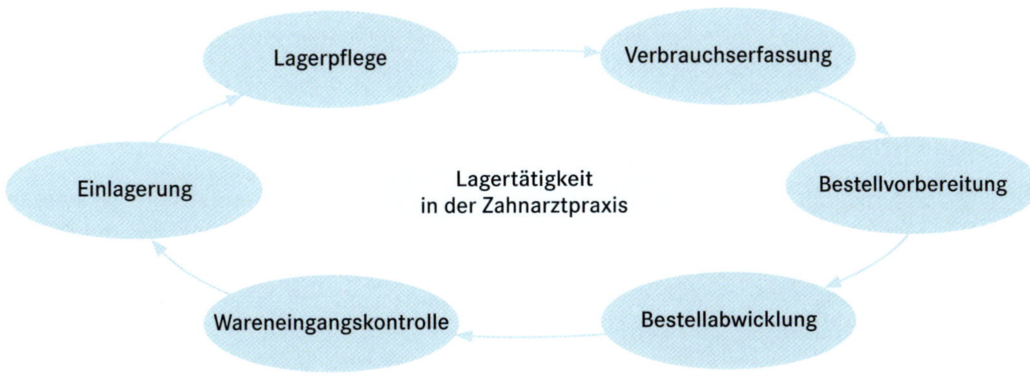

Aufgabengebiete	Tätigkeiten
Lagerpflege	- Bestandskontrolle - Inventur - Kontrolle des Verfallsdatums - Chargenkontrolle
Verbrauchserfassung	- Erfassen für Nachbestellungen - Lieferantenstatistik - Austragen verfallener Artikel - Anwenderzuordnung (bei mehreren Behandlern) - Patientenzuordnung (nur für bestimmte Artikel - nach Medizinproduktegesetz)
Bestellvorbereitung	- Fehlmengenerfassung - Bestellterminplanung - Artikelauswahl - Preisvergleiche - Lieferantenauswahl
Bestellabwicklung	- Bestelllisten erstellen - ggf. Angebote einholen - ggf. Preise aushandeln - Bestellfreigabe vom Zahnarzt einholen - Bestellung versenden

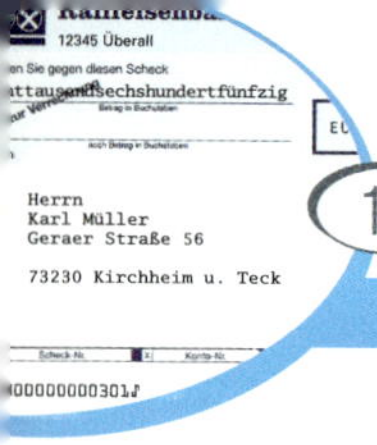

Wareneingangskontrolle	– Lieferscheinkontrolle – Kontrolle auf Transportschäden – Fehlmengenerfassung – auf offene Mängel prüfen – ggf. Mängelrüge versenden – Chargenerfassung – Mindesthaltbarkeitskontrolle
Einlagerung	– richtigen Lagerplatz suchen – ältere Artikel nach vorn oder oben legen, neue dahinter ordnen – Zahlungsanweisung vorbereiten

Weitere Besonderheiten

Von Einmalartikeln wie Handschuhen, Mundschutz, Handtüchern, Bechern, Desinfektions- und Pflegemitteln sollte immer ein gewisser Vorrat bestehen. Sie sind länger lagerfähig. Daher sollten beim Einkauf auch Mengenrabatte einkalkuliert werden.

Bei Artikeln mit Verfallsdatum (z. B. Röntgenprodukte, Anästhetika) muss die Planung abhängig von einem zu erwartenden durchschnittlichen Verbrauch und den Verfalls- oder Haltbarkeitsdaten der Produkte erfolgen.

Auch bei Abdruckmaterialien, Füllungsmaterialien, Pharmazeutika usw. sollte eine geringe Lagerhaltung erfolgen. Es muss dann aber unbedingt darauf geachtet werden, dass immer rechtzeitig nachbestellt wird, um Engpässe zu vermeiden.

Werkstoffe und Material müssen getrennt nach sterilen oder unsterilen Artikeln aufbewahrt werden. Sie sollten in Schubladen oder Ähnlichem staubgeschützt gelagert werden.

Die für invasive Eingriffe vorgesehenen Instrumente sind nach Desinfektion, Reinigung und Pflege entsprechend der DIN 58952/58953 zu verpacken. Die Verpackung soll das sterile Gut vor einer mikrobiellen Rekontamination schützen. Die Verpackungseinheiten sind daher möglichst klein zu halten, damit die nicht benötigten Instrumente nicht offen liegen. Sollte dies dennoch der Fall sein, müssen sie erneut desinfiziert und verpackt werden. Die Verpackungen sollten mit Kennzeichen versehen werden, aus denen Inhalt und Datum der Sterilisation bzw. das Verfallsdatum ersichtlich sind.

Die Dauer der Lagerfähigkeit ergibt sich aus der Verpackungs- und Lagerungsart. Einfach verpackte Materialien können bei geschützter Lagerung in Containerverpackungen bis sechs Wochen, in Klarsichtsterilisierverpackung bis zu sechs Monaten und Materialien in Sterilgutlagerverpackungen bis zu maximal fünf Jahren aufbewahrt werden.

Arbeitsaufträge

1. *Eine Statistik (Quelle: AERA GmbH) besagt, dass für einen Behandler im Jahr Materialien im Wert zwischen 12.000,00 € und 15.000,00 € anfallen. Berechnen Sie die Lagerzinsen für 12.000,00 € Bestellwert, wenn jeweils monatlich, vierteljährlich oder halbjährlich bestellt würde. Angenommen wird ein Guthaben-Zinssatz von 3,5 %.*

2. *Welche der in Kap. 11.4 genannten Aufgaben werden in Ihrer Ausbildungspraxis wahrgenommen?*

3. *Flipchart: Tragen Sie die von Ihnen gemachten Erfahrungen über Lagerhaltung in Ihrer Ausbildungspraxis mit denen Ihrer Klassenkameradinnen zusammen und machen Sie Verbesserungsvorschläge.*

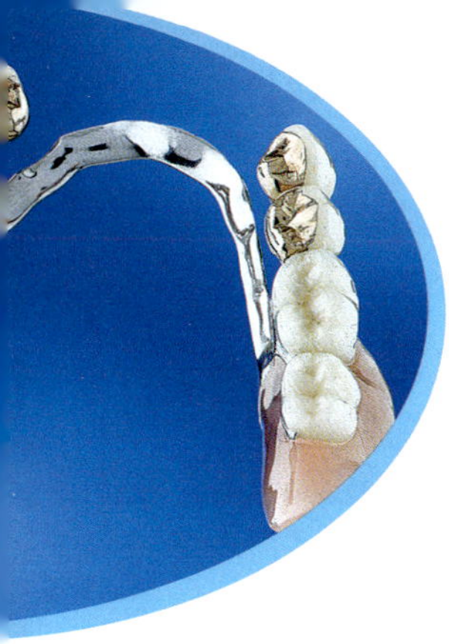

Lernfeld 12

Prothetische Behandlungen begleiten

Sie stimmen Termine vor dem Hintergrund zahntechnischer Arbeitsabläufe ab. Sie informieren und betreuen Patienten vor, während und nach der Behandlung, um den Zahnarzt bei der Beratung des Patienten zu unterstützen. Dabei berücksichtigen Sie medizinische, psychologische, rechtliche und finanzielle Aspekte. Sie planen die Vorbereitung des Behandlungsplatzes und die begleitenden Maßnahmen für Diagnostik und Therapie. Dafür ordnen Sie den prothetischen Behandlungen die jeweiligen Instrumente, Materialien, Werkstoffe, Arzneimittel und Hilfsmittel zu und machen sich mit den Arbeitsabläufen vertraut. Sie informieren nach Anweisung den Patienten unter Nutzung aktueller Medien über Arten von Zahnersatz und demonstrieren dessen Pflege. Auf der Grundlage zahnärztlicher Planung erstellen Sie Heil- und Kostenpläne. Sie überprüfen Material- und Laborkostenrechnungen anhand der Leistungen des Labors. Im Rahmen der Dokumentationspflicht zeichnen Sie die Leistungen bei prothetischen Behandlungen auf, wenden die Abrechnungsbestimmungen für verschiedene Versichertengruppen an und erstellen Privatrechnungen. Sie überwachen Zahlungstermine und kontrollieren Zahlungseingänge. Bei Zahlungsverzug leiten Sie unter Nutzung Ihrer Fachkenntnisse kaufmännische Mahnverfahren ein, führen den dazu notwendigen Schriftverkehr und zeigen Wege zur gerichtlichen Eintreibung von Forderungen auf. Sie nutzen aktuelle Medien der Informations- und Kommunikationstechnik.

1 „Voll- oder Teilkasko“? – Rundum versichert oder nur Mindestschutz?

Auch Kassenpatienten müssen zuzahlen

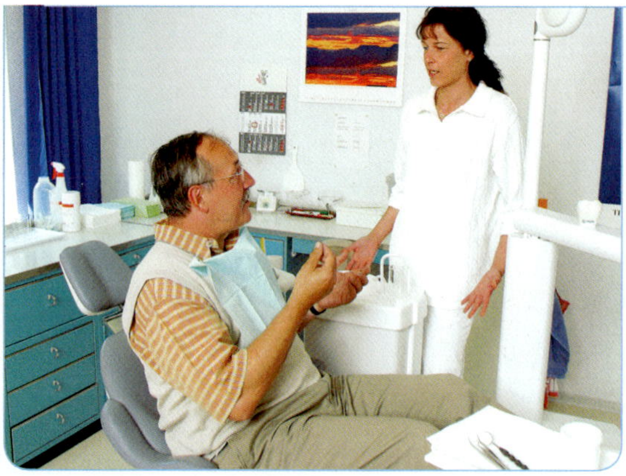

Der Patient war verstört: „Alle Welt spricht davon, dass Amalgam-Füllungen ersetzt werden sollen, und wenn ich etwas Vernünftiges will, dann soll ich zuzahlen! Wofür bin ich denn versichert? Wenn alles, was etwas wert ist, selbst bezahlt werden muss, dann kann ich ja gleich aus der Krankenkasse ausscheiden. Aber bei den Privatpatienten ist das ja wohl wieder mal anders, oder?“
Was wollte Corinna Maybaum da entgegensetzen? Etwa einen Hinweis auf das Sozialgesetzbuch V, in dem das ja geregelt ist? „Unsinn“, dachte sie sich, „das will der Patient nicht hören. Es wird ihn nicht interessieren, weil es ihm um etwas anderes geht.“ Aber antworten musste sie ihm auch. Oder zur Chefin schicken? Die war aber gerade in einer Behandlung. Also dachte sie sich: „Corinna, jetzt bist du dran – es gilt ...“

Was hätten Sie anstelle von Corinna getan und was hätten Sie geantwortet?

1.1 Sozialgesetzbuch V, § 2

In der Tat werden nicht alle zahnmedizinischen Leistungen in vollem Umfang von den Krankenkassen bezahlt. Es gibt zahlreiche Einschränkungen, die im Wesentlichen auf die Grundsatzaussagen im Sozialgesetzbuch V und die darin enthaltene Leitschnur der „Wirtschaftlichkeit“ zurückzuführen sind. → LF 5, Kap. 5.1

§ 2 Leistungen

(1) Die Krankenkassen stellen den Versicherten ... Leistungen unter Beachtung des Wirtschaftlichkeitsgebots (§ 12) zur Verfügung, soweit diese Leistungen nicht der Eigenverantwortung der Versicherten zugerechnet werden. ...
Qualität und Wirksamkeit der Leistungen haben dem allgemein anerkannten Stand der medizinischen Erkenntnisse zu entsprechen und den medizinischen Fortschritt zu berücksichtigen.

(2) Die Versicherten erhalten die Leistungen als Sach- und Dienstleistungen. Darüber schließen die Krankenkassen ... Verträge mit den Leistungserbringern.

(3) Bei der Auswahl der Leistungserbringer ist ihre Vielfalt zu beachten. Den religiösen Bedürfnissen der Versicherten ist Rechnung zu tragen.

(4) Krankenkassen, Leistungserbringer und Versicherte haben darauf zu achten, dass die Leistungen wirksam und wirtschaftlich erbracht und nur im notwendigen Umfang in Anspruch genommen werden.

1.2 Mehrkostenregelung bei zahnärztlichen Leistungen

Diese Regelung eröffnet den gesetzlich Versicherten die Wahl von Alternativen zu den Leistungen nach den Richtlinien über die vertragszahnärztliche Behandlung. Der Versicherte muss die anfallenden Mehrkosten selbst tragen, Voraussetzung ist eine schriftliche Vereinbarung mit dem Zahnarzt vor Beginn der Behandlung.

→ Informationen über diese Möglichkeit des Behandlungsvertrags finden Sie in LF 2, Kap. 4.

Zahnarztpraxis Dr. Heilmann

Dr. med. dent. A. Heilmann · Zahnarzt · Andertensche Str. 92, 64289 Darmstadt

Andertensche Str. 92
64289 Darmstadt
Tel. 063451 17009
Fax 063451 17010

Sprechstunden:
Mo., Di., Do., Fr.
09:00 – 12:00 Uhr
14:00 – 17:00 Uhr
und nach Vereinbarung

Vereinbarung über die Kosten der professionellen Zahnreinigung (gem. § 1 Abs. 2 Satz 2; § 6 Abs. 2 GOZ)

Ich bin über die Wirkung des Air-Flow-Gerätes aufgeklärt worden.

Ich wünsche eine Reinigung folgender Zähne mittels Air-Flow:

oben rechts	18	17	16	15	14	13	12	11	21	22	23	24	25	26	27	28	oben links
unten rechts	48	47	46	45	44	43	42	41	31	32	33	34	35	36	37	38	unten links

Zahn	GOZ-Nr.	Faktor	Preis pro Zahn	Patientenanteil

Ich verpflichte mich die für mich anfallenden Kosten selbst zu tragen.

Datum ____________ Unterschrift d. Zahnärztin ____________ Unterschrift d. Versicherten ____________

Merke:

- Die Patientin/der Patient muss schriftlich darüber aufgeklärt werden, dass als Mitglied einer gesetzlichen Krankenkasse die Möglichkeit zur zuzahlungsfreien Behandlung besteht.
- Einen Wunsch nach einer davon abweichenden Behandlung hat die Patientin/der Patient ebenfalls schriftlich zu bestätigen.
- Wird eine Behandlung verlangt, bei der die Grundlage einer wirtschaftlichen Versorgung nicht mehr gegeben ist oder für den anzustrebenden Behandlungserfolg nicht günstig ist, ist dies ebenfalls schriftlich festzuhalten und vom Patienten zu unterschreiben.

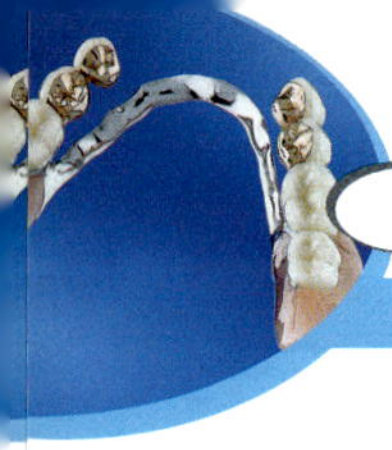

Name der Krankenkasse

Name/Vorname des Versicherten geb. am

Kassen-Nr Versicherten-Nr Status

Vertragszahnarzt-Nr. VK gültig bis Datum

Erklärung des Versicherten

Ich bin bei der genannten Krankenkasse versichert. Ich bin über Art, Umfang und Kosten der Regel-, der gleich- und andersartigen Versorgung aufgeklärt worden und wünsche die Behandlung entsprechend dieses Kostenplanes.

Datum/Unterschrift des **Versicherten**

Lfd.-Nr.

Stempel des **Zahnarztes**

Heil- und Kostenplan

Hinweis an den Versicherten: Bonusheft bitte zur Zuschussfestsetzung beifügen.

I. Befund des gesamten Gebisses/Behandlungsplan TP = Therapieplanung R = Regelversorgung B = Befund

Art der Versorgung

TP			PKM	M							M					
R			PK	KV							KV					
B			pw	ww							ww					
	18	17	16	15	14	13	12	11	21	22	23	24	25	26	27	28
	48	47	46	45	44	43	42	41	31	32	33	34	35	36	37	38
B		pw	k												k	
R		PK														
TP		PKM														

Der Befund ist bei Wiederherstellungsmaßnahmen nicht auszufüllen!

Bemerkungen (bei Wiederherstellung Art der Leistung)

15,23 Zirkonkronen 47,16 Keramikteilkrone

II. Befunde für Festzuschüsse (Spalten 1-3 vom Zahnarzt auszufüllen)

IV. Zuschussfestsetzung

Befund Nr. 1	Zahn/Gebiet 2	Anz. 3	Betrag Euro	Ct
1. 1	1 5 , 2 3	2	234,62	
1. 2	1 6 , 4 7	2	263,28	
1. 3	1 5 , 2 3	2	85,20	
vorläufige Summe			583,10	

Nachträgliche Befunde:

Unfall oder Unfallfolgen/ Berufskrankheit | Interimsversorgung | Unbrauchbare Prothese/Brücke/Krone

Versorgungsleiden | Immediatversorgung | Alter ca. Jahre | NEM

Die Krankenkasse übernimmt folgende Festzuschüsse:

Festzuschuss

Bonus 00 % Härtefall

Voraussetzung ist, dass der Zahnersatz innerhalb von 6 Monaten in der vorgesehenen Weise eingegliedert wird.

5. OKT. 2009

Datum, Unterschrift und Stempel der **Krankenkasse**

Erläuterungen

Befund

a = Adhäsivbrücke (Anker, Spanne)
b = Brückenglied
e = ersetzter Zahn
ew = ersetzter, aber erneuerungsbedürftiger Zahn
f = fehlender Zahn
i = Implantat mit intakter Suprakonstruktion
ix = zu entfernendes Implantat
k = klinisch intakte Krone
kw = erneuerungsbedürftige Krone
pw = erhaltungswürdiger Zahn mit partiellen Substanzdefekten
r = Wurzelstiftkappe
rw = erneuerungsbedürftige Wurzelstiftkappe
sw = erneuerungsbedürftige Suprakonstruktion
t = Teleskop
tw = erneuerungsbedürftiges Teleskop
ur = unzureichende Retention
ww = erhaltungswürdiger Zahn mit weitgehender Zerstörung
x = nicht erhaltungswürdiger Zahn
)(= Lückenschluss

Behandlungsplanung:

A = Adhäsivbrücke (Anker, Spanne)
B = Brückenglied
E = zu ersetzender Zahn
H = gegossene Halte- und Stützvorrichtung
K = Krone
M = Vollkeramische oder keramisch voll verblendete Restauration
O = Geschiebe, Steg etc.
PK = Teilkrone
R = Wurzelstiftkappe
S = implantatgetragene Suprakonstruktion
T = Teleskopkrone
V = Vestibuläre Verblendung

III. Kostenplanung 1 Fortsetzung Anz. 1 Fortsetzung Anz.

1 BEMA-Nrn.	Anz.
1 9	4

	Euro Ct
2 Zahnärztliches Honorar BEMA:	5 5 2 4
3 Zahnärztliches Honorar GOZ: (geschätzt)	7 3 7 3 2
4 Material- und Laborkosten: (geschätzt)	1 0 9 8 9 5
5 Behandlungskosten insgesamt: (geschätzt)	1 8 9 1 5 1

1 3. 0 9. 0 9

Datum/Unterschrift des **Zahnarztes**

V. Rechnungsbeträge (siehe Anlage)

		Euro	Ct
1	ZA-Honorar (BEMA siehe III)		
2	ZA-Honorar zusätzl. Leist. BEMA		
3	ZA-Honorar GOZ		
4	Mat.- und Lab.-Kosten Gewerbl.		
5	Mat.- und Lab.-Kosten Praxis		
6	Versandkosten Praxis		
7	Gesamtsumme		
8	Festzuschuss Kasse		
9	Versichertenanteil		

Gutachterlich befürwortet ja nein teilweise

Eingliederungs-datum:

Herstellungsort bzw. Herstellungsland des Zahnersatzes:

Der Zahnersatz wurde in der vorgesehenen Weise eingegliedert.

Anschrift des **Versicherten**

Datum/Unterschrift und Stempel des **Gutachters**

Datum/Unterschrift des **Zahnarztes**

Bei Handbeschriftung unbedingt in Blockschrift schreiben

Vordr. Z 311/1B 7.05

Anlage zum Heil- und Kostenplan 123 vom 13.09.2009-2

Für Ihre prothetische Behandlung werden entsprechend nachfolgender Aufstellung voraussichtlich folgende Kosten/Eigenanteile anfallen:

Zahn/Gebiet	GOZ	Leistungsbeschreibung	Anzahl	Betrag EUR
16	222	Keramikteilkrone/Keramikonlay	1	200,50
47	222	Keramikteilkrone/Keramikonlay	1	200,50
15,23	221	Zirkonkrone (Hohlkehl- oder Stufenpräparation)	2	336,32

Zahnärztliches Honorar GOZ (entsprechend Zeile III/3 HKP):	EUR	737,32
Zahnärztliches Honorar BEMA (entsprechend Zeile III/1 und 2 HKP):	EUR	55,24
Material und Laborkosten (entsprechend Zeile III/4 HKP):	EUR	1.098,95
Gesamtkosten (entsprechend Zeile III/5 HKP):	EUR	1.891,51
abzüglich Festzuschüsse:	EUR	583,10
Ihr voraussichtlicher Eigenanteil wird hiernach betragen	**EUR**	**1.308,41**

Kosten für allgemeine und konservierend-chirurgische Leistungen nach der GOZ sind in den Beträgen nicht enthalten. Unvorhersehbare Leistungen, die sich im Rahmen der Behandlung ergeben, werden gesondert berechnet. Unvorhersehbare Veränderungen der Schwierigkeit sowie des Zeitaufwandes der einzelnen Leistungen, der Umstände bei der Ausführung oder der Methode können zu Kostenveränderungen führen.

Ich wünsche eine Versorgung entsprechend des Heil- und Kostenplans nebst dieser Anlage

Unterschrift Zahnarzt

Datum/Unterschrift Versicherter

Informationen über die Kosten der Regelversorgung

Die Kosten für eine dem Befund entsprechende Regelversorgung liegen voraussichtlich in Höhe des doppelten Festzuschusses.

doppelter Festzuschuss	EUR	1.166,20
abzüglich von der Kasse festgesetzter Festzuschüsse	EUR	583,10

Ihr Eigenanteil würde im Falle der Regelversorgung daher voraussichtlich EUR 583,10 zzgl. der möglicherweise anfallenden Edelmetallkosten betragen.

Arbeitsaufträge

1. *Was versteht man unter „nicht vertragszahnärztlichen Leistungen"?*
2. *Worin unterscheiden sich die Kategorien A und B der auszugrenzenden Leistungen?*
3. *Warum muss mit den Kassenpatienten ein schriftlicher Vertrag geschlossen werden, wenn „nicht vertragszahnärztliche Leistungen" erbracht werden?*
4. *Wie sieht die Situation bei Privatpatienten aus, deren Versicherung gegebenenfalls auch nicht alle Leistungen voll bezahlt?*
5. *Warum wurde bei folgender Behandlung einer Kassenpatientin auch zum Teil privat abgerechnet?*

Zahnarztpraxis Dr. Heilmann

Dr. med. dent. A. Heilmann · Zahnarzt · Andertensche Str. 92, 64289 Darmstadt

Frau
Martha Müller
Lindenstr. 2
64289 Darmstadt

Andertensche Str. 92
64289 Darmstadt
Tel. 063451 17009
Fax 063451 17010

Sprechstunden:
Mo., Di., Do., Fr.
09:00 – 12:00 Uhr
14:00 – 17:00 Uhr
und nach Vereinbarung

RECHNUNG NR.: 149672

Datum: 16.04.2011

Aufgrund der Vereinbarung vom 5. Jan. 10 erlaube ich mir für meine Bemühungen folgende Beträge gem. §§ 5, 9 GOZ in Verbindung mit S 28 Abs. 2 Satz 4 SGB V in Rechnung zu stellen:

Datum	Zahn	Geb.-Nr.	Anzahl	Bezeichnung	S-Satz	Begründung	Betrag
5. Jan.	15	207	1	Zweifl. Füllung Komposit/adhäsiv/ Schicht	3,6489	16	42,10 €
5. Jan.				Kassenzuschuss			23,56 €
Rechnungsbetrag							18,54 €

Erläuterungen zu den Begründungskürzeln 16: Zeitl. Mehraufwand bei spez. Präparation

Der Zuschuss der Krankenkasse berechnet sich aus den Punktzahlen nach Nr. 13 a bis Nr. 13 d, multipliziert mit dem für die jeweilige Kassenart gültigen Punktwert am Sitz des Zahnarztes zuzüglich des Füllungszuschlages von 1,00 €.

6. *Schildern Sie, wie in Ihrer Ausbildungspraxis bei der Vornahme „nicht vertragszahnärztlicher Leistungen" bei Kassenpatienten vorgegangen wird. Wann wird beraten? Wie wird beraten? Lassen Sie die Patienten wirklich immer unterschreiben? Was tun Sie, wenn Patienten dies nicht einsehen wollen?*
7. *Versuchen Sie in einem Rollenspiel ein Gespräch mit einem Patienten zu führen, der zwar eine „nicht vertragszahnärztliche Leistung" in Anspruch nehmen will, aber nicht einsieht, dass er dafür zahlen soll.*

2 Niemand kann auf Geld verzichten
Mahnverfahren

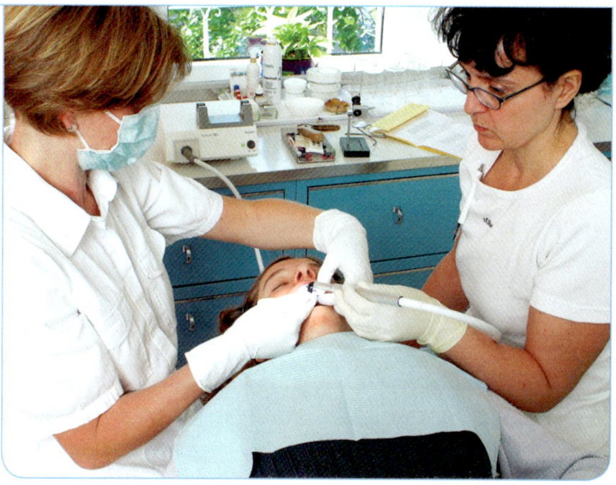

Gleich zweimal hatte Dr. Andrea Heilmann Grund, sich zu ärgern. Da hatte sie vor vier Monaten einer Patientin in einer sehr arbeitsaufwendigen Behandlung die oberen Schneidezähne so behandelt, dass sie danach wieder „perlweiß" waren. Und die Patientin war auch eingehend darüber aufgeklärt worden, dass die Behandlung nicht von ihrer Krankenkasse bezahlt würde. Der Vorgang war aktenkundig gemacht worden, aber auch sechs Wochen nach einer ersten Erinnerung und einer darauf folgenden Mahnung hatte die Patientin die Liquidation immer noch nicht beglichen. Bei einem Telefonanruf sagte sie, dass sie mit der zahnmedizinischen Leistung nicht zufrieden sei, weil die Zähne „schon wieder leicht gelb" aussähen ... Daher würde sie auch nicht zahlen.
Und dann kam heute von dem Dental-Labor ein gerichtlicher Mahnbescheid über eine Summe von mehr als 500,00 €. Hintergrund: Vor mehreren Monaten hatte das Labor einen Zahnersatz geliefert, der trotz mehrfacher Nachbesserung nicht passte. Frau Dr. Heilmann musste ihn schließlich bei einem anderen Labor neu in Auftrag geben. Aber der Techniker des ersten Labors vertrat die Meinung, dass der Abdruck fehlerhaft gewesen sei und ihn keine Schuld träfe. Also müsse die Zahnärztin zahlen ...
Was war nun zu tun? Und sollte man gegen die säumige Patientin vielleicht mit einem Mahnbescheid vorgehen, um die Zahlung zu erzwingen und zu verhindern, dass die Forderung am Ende noch verjähren würde?

Welche Maßnahmen können im Falle des Zahlungsverzugs eingeleitet werden?

2.1 Abrechnungswesen und Privatliquidation

Nahezu alle Zahnarztpraxen verwalten ihre Patientendaten heute elektronisch und benutzen dazu unterschiedliche Praxisverwaltungsprogramme. Im Rahmen Ihrer Berufsausbildung werden Sie in das Programm eingewiesen, das Ihre Ausbildungspraxis benutzt, und werden auf dieser Grundlage kaum Schwierigkeiten haben, sich auch in andere Verwaltungsprogramme einzuarbeiten, wenn Sie nach der Ausbildung die Praxis wechseln.

Sehr komfortabel lassen sich mit diesen Praxisverwaltungsprogrammen (neben Terminplanung, Schriftverkehr und Praxisstatistik) die KV-Abrechnungen erledigen. Ein flexibler Aufbau der Privatliquidation ermöglicht meist die Anpassung an die individuellen Praxisgegebenheiten; so können den Rechnungen z. B. bereits ausgefüllte Überweisungsträger beigelegt werden.

Mit der Abrechnung erfolgt zugleich der Eintrag in die Offene-Posten-Liste der Patienten, das Mahnwesen ist einbezogen und es ist jederzeit ein Überblick über die gezahlten Leistungen zu erhalten.

Merke:

- Beachten Sie beim Umgang auch mit elektronischen Patientendaten immer die Bestimmungen des Datenschutzgesetzes.
- Achten Sie sorgfältig darauf, in regelmäßigen Abständen Datensicherungen durchzuführen – sonst kann ein kurzzeitiger Stromausfall Ihre Arbeit von Stunden in Sekunden verschwinden lassen.

2.2 Rechnungstellung/Zahlung

Maßgebend für die Zahlungsfrist ist das Datum der Rechnung. In der Regel wird auf der Rechnung eine Frist angegeben, innerhalb derer eine Zahlung zu erfolgen hat. Der Erfüllungsort für Geldschulden ist der Wohn- oder Geschäftssitz des Schuldners. Sofern nichts anderes vereinbart wurde, ist der Betrag an dem Fälligkeitstag vom Schuldner zu überbringen oder anzuweisen. Das heißt, dass noch keine Buchung auf dem Konto des Empfängers erfolgt sein muss. Hier können noch einige Tage vergehen, ohne dass ein Verzug eingetreten ist.

* Gericht ist immer im Ort des Schuldners.

2.3 Zahlungsverzug (Nicht-Rechtzeitig-Zahlung)

Ein Geldschuldner kommt in Verzug, wenn die Schuld fällig ist:

- Ist ein konkreter Zahlungstermin festgesetzt, so gilt dieser Tag.
- Ist kein konkreter Tag festgesetzt, so kommt der Schuldner auch ohne Mahnung spätestens 30 Tage nach Eintritt der Fälligkeit und Zugang einer Rechnung oder einer gleichwertigen Zahlungsaufstellung in Verzug. Endverbraucher, d. h. auch Patienten einer Zahnarztpraxis, müssen darauf aber in der Rechnungs- oder Zahlungsaufstellung besonders hingewiesen werden.

Festgestellten Terminüberschreitungen von Forderungen sollte sofort nachgegangen werden. Die Gründe hierfür können Vergesslichkeit, Nachlässigkeit, absichtliche Verzögerungen (z. B. um Zinsen einzusparen), kurzfristige Zahlungsschwierigkeiten oder Zahlungsunfähigkeit der Schuldner sein.

Die Überwachung pünktlicher Zahlungseingänge hat seitens des Lieferers eine Reihe von Gründen. Bei nicht fristgemäßer Zahlung eines Schuldners kann z. B. die Situation entstehen, dass der Gläubiger unter Umständen

- selbst **Bankkredite** aufnehmen muss, um eigene Verbindlichkeiten zu begleichen;
- seine Forderungen nicht mehr gerichtlich geltend machen kann, weil sie **verjährt** sind.

Bei einem Zahlungsverzug stehen dem Gläubiger folgende Rechte zu:

- **Bestehen auf verspäteter Erfüllung:** Der Gläubiger wird i. d. R. zuerst versuchen, dass der Schuldner seiner Zahlungsverpflichtung nachkommt.
- **Schadenersatz:** Dem Geldgläubiger steht ohne Rücksicht auf einen konkreten Schaden ein Anspruch auf Verzugszinsen zu:
  - im unternehmerischen Geschäftsverkehr: 8 % über dem Basiszinssatz der Europäischen Zentralbank (EZB). Dieser Basiszinssatz betrug z. B. im August 2014 0,73 %.
  - im Geschäftsverkehr mit und unter Verbrauchern 5 % über dem Basiszinssatz der EZB. Der Schuldner kann nicht einwenden, dass dem Gläubiger kein oder nur ein geringerer Schaden entstanden sei. Über die Zinsen hinaus können zusätzlich entstandene Kosten (Porto usw.) geltend gemacht werden.

2.4 Mahnverfahren

Wenn die Zahlung fällig war, aber die Schuld nicht beglichen wurde, hat der Gläubiger die freie Wahl, wie er weiter vorgeht. In der Regel wird zunächst in einem freundlichen Erinnerungsschreiben auf die noch offenstehende Rechnung hingewiesen. Wenn dies nichts bewirken sollte, wird in einem nächsten Schritt schriftlich gemahnt. Ob es sich um eine, zwei oder evtl. sogar drei Mahnungen handelt, bleibt dem Gläubiger überlassen. Diese Entscheidung wird in der Zahnarztpraxis sicherlich davon abhängen, ob es sich um Stammpatienten handelt, ob als Motiv eher Vergesslichkeit als böser Wille zu vermuten ist, ob man auf aktuelle finanzielle Engpässe des Patienten Rücksicht nehmen will u. Ä. Aus rechtlicher Sicht muss auch überhaupt keine Mahnung erfolgen, wenn einwandfrei feststeht, dass der Schuldner im Verzug ist.

Spätestens nach der dritten Mahnung wird der Gang zum Gericht erfolgen (müssen), um die Forderungen mit juristischer Hilfe einzutreiben.

Der Mahnbescheid wird beim zuständigen Amtsgericht beantragt und dem Schuldner zugestellt.

Dieser kann

- **zahlen,** dann ist das Verfahren abgeschlossen.
- begründeten **Widerspruch** erheben. In diesem Falle wird aus dem Mahnverfahren ein Streitverfahren, in dem der Kläger (Gläubiger) seinen Anspruch in einer Klageschrift begründen muss.
- **nichts unternehmen.** Nach Ablauf der Widerspruchsfrist kann der Gläubiger binnen 6 Monaten einen Antrag auf Erlass eines Vollstreckungsbescheides stellen.

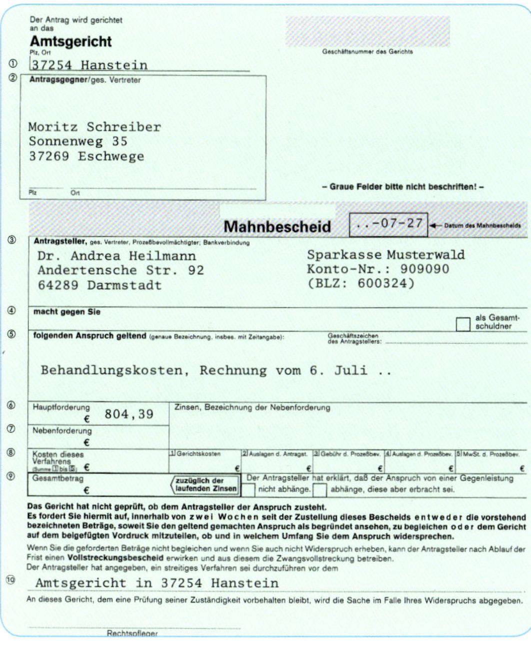
Der Antrag wird gerichtet an das
Amtsgericht
Plz, Ort
① 37254 Hanstein
Geschäftsnummer des Gerichts
② **Antragsgegner**/ges. Vertreter
Moritz Schreiber
Sonnenweg 35
37269 Eschwege
Plz Ort
– Graue Felder bitte nicht beschriften! –
Mahnbescheid ..-07-27 ← Datum des Mahnbescheids
③ **Antragsteller,** ges. Vertreter, Prozeßbevollmächtigter; Bankverbindung
Dr. Andrea Heilmann
Andertensche Str. 92
64289 Darmstadt
Sparkasse Musterwald
Konto-Nr.: 909090
(BLZ: 600324)
④ **macht gegen Sie** ☐ als Gesamtschuldner
⑤ **folgenden Anspruch geltend** (genaue Bezeichnung, insbes. mit Zeitangabe): Geschäftszeichen des Antragstellers:
Behandlungskosten, Rechnung vom 6. Juli ..
⑥ Hauptforderung € 804,39 | Zinsen, Bezeichnung der Nebenforderung
⑦ Nebenforderung €
⑧ Kosten dieses Verfahrens (Summe 1 bis 5) € | 1 Gerichtskosten € | 2 Auslagen d. Antragst. € | 3 Gebühr d. Prozeßbev. € | 4 Auslagen d. Prozeßbev. € | 5 MwSt. d. Prozeßbev. €
⑨ Gesamtbetrag € | zuzüglich der laufenden Zinsen | Der Antragsteller hat erklärt, daß der Anspruch von einer Gegenleistung ☐ nicht abhänge. ☐ abhänge, diese aber erbracht sei.
Das Gericht hat nicht geprüft, ob dem Antragsteller der Anspruch zusteht.
Es fordert Sie hiermit auf, innerhalb von zwei Wochen seit der Zustellung dieses Bescheids entweder die vorstehend bezeichneten Beträge, soweit Sie den geltend gemachten Anspruch als begründet ansehen, zu begleichen oder dem Gericht auf dem beigefügten Vordruck mitzuteilen, ob und in welchem Umfang Sie dem Anspruch widersprechen.
Wenn Sie die geforderten Beträge nicht begleichen und wenn Sie auch nicht Widerspruch erheben, kann der Antragsteller nach Ablauf der Frist einen **Vollstreckungsbescheid** erwirken und aus diesem die Zwangsvollstreckung betreiben.
Der Antragsteller hat angegeben, ein streitiges Verfahren sei durchzuführen vor dem
⑩ Amtsgericht in 37254 Hanstein
An dieses Gericht, dem eine Prüfung seiner Zuständigkeit vorbehalten bleibt, wird die Sache im Falle Ihres Widerspruchs abgegeben.
Rechtspfleger

2.5 Klageverfahren (Zivilprozess)

Wenn der Schuldner seiner Zahlungspflicht trotz Mahnbescheid nicht nachkommt oder wenn ein Widerspruch zu erwarten ist, kann der Gläubiger versuchen, seinen Anspruch in einem Klageverfahren durchzusetzen. Zuständiges Gericht ist

- das dem Erfüllungsort zugeordnete Amtsgericht bei einem Klagewert bis zu 5.000,00 € (keine Anwaltspflicht) oder
- bei einem höheren Klagewert das dem Erfüllungsort zugeordnete Landgericht (Anwaltspflicht).

Die Klage wird durch eine Klageschrift oder mündlich - durch ein Protokoll bei Gericht - eingeleitet. Sie muss folgende Angaben enthalten:

- eine genaue Bezeichnung der Parteien (Kläger, Beklagter) und des Gerichts,
- den Klageantrag (z. B. Bezahlung des Rechnungsbetrags einschließlich Kosten und Zinsen),
- die eigenhändige Unterschrift des Klägers bzw. des zugelassenen Anwalts.

Das Gericht prüft den Antrag, verlangt vom Kläger einen Gerichtskostenvorschuss, stellt dem Beklagten die Klageschrift zu und legt einen Termin zur mündlichen Verhandlung fest, zu dem beide Parteien eingeladen werden. Der Zeitraum zwischen der Zustellung der Klage und mündlicher Verhandlung beträgt mindestens zwei Wochen. Während dieser sogenannten Einlassungsfrist kann der Beklagte Gegenbeweise sammeln und Stellung nehmen.

Die mündliche Verhandlung soll den Streit der beiden Parteien klären. Sie stellen ihre Anträge und versuchen mithilfe von Beweismitteln ihren Standpunkt darzulegen. Die Verhandlung endet mit einem Urteil, einem Vergleich oder der Zurücknahme der Klage.

Gegen das Urteil kann jede der beiden Parteien unter bestimmten Bedingungen Berufung bei dem übergeordneten Gericht einlegen.

2.6 Die Zwangsvollstreckung

Kommt ein Schuldner trotz Gerichtsurteils seiner Zahlungspflicht nicht nach, kann der Gläubiger eine Zwangsvollstreckung betreiben. Die Zwangsvollstreckung ist ein vom vorhergehenden Rechtsstreit unabhängiges Verfahren. Sie wird nur auf Antrag des Gläubigers eingeleitet. Da ein rascher Zugriff auf das Vermögen des Schuldners erfolgen soll, wird dieser vorher nicht angehört. Bevor eine Zwangsvollstreckung jedoch durchgeführt werden kann, muss dem Schuldner ein Vollstreckungstitel (Urteil oder Vollstreckungsbescheid) zugestellt werden.

Bezüglich der zu pfändenden Sachen unterscheidet man:

1. Zwangsvollstreckung in beweglichen Sachen
Der Gerichtsvollzieher vollstreckt, indem er Gegenstände in Höhe der Schuld pfändet. Dabei nimmt er z. B. Bargeld, Wertpapiere oder Schmuck an sich. Auf größere Gegenstände klebt er ein Pfandsiegel. Danach darf der Gepfändete nicht mehr über diese Sachen verfügen. Bei Entfernung des Siegels macht er sich strafbar. Lebensnotwendige Sachen oder solche, die zur Berufsausübung des Gepfändeten notwendig sind, dürfen nicht gepfändet werden (z. B. Lebensmittel, Rundfunk-, Fernsehgerät, Tisch, Stühle, notwendige Kleidung). Über die Pfändung muss ein Protokoll geführt werden. Nach frühestens einer Woche, in der die Schuld noch beglichen werden kann, werden die gepfändeten Sachen öffentlich versteigert. Mit dem Erlös werden die Schuld und die Verfahrenskosten beglichen.

2. Zwangsvollstreckung in unbeweglichen Sachen
Auch Grundstücke und Gebäude können zur Begleichung der Schuld herangezogen werden. Je nach Höhe der einzutreibenden Summe können sie zwangsversteigert oder zwangsverwaltet werden. Im letzten Fall übernimmt das Gericht die Verwaltung des Grundstückes oder Gebäudes und verwendet die Pacht oder Miete, um die Schuld zu begleichen. Grundstücke können auch mit einer Hypothek belastet werden.

3. Zwangsvollstreckung in Forderungen und Rechten
Wenn dem Gläubiger bekannt ist, dass seinem Schuldner eine Forderung gegen einen Dritten zusteht, kann er auch diese pfänden lassen. Das Gericht erlässt auf Antrag des Gläubigers einen Pfändungs- und Überweisungsbeschluss gegen denjenigen, an den der Schuldner die Forderung hat. Dieser behält die gepfändete Forderung ein und überweist sie an den Gläubiger. Neben Forderungen können auch Bankguthaben, Löhne und Gehälter gepfändet werden. Bei Lohn- und Gehaltspfändung bekommt der Schuldner jedoch einen zum Leben notwendigen Betrag ausbezahlt. Der Rest wird gepfändet, bis die Schuld beglichen ist.

Je ungenauer die Kenntnis des Gläubigers über die Vermögenslage des Schuldners ist, desto wahrscheinlicher ist es, dass die Zwangsvollstreckung ganz oder teilweise erfolglos bleibt. Es ist auch möglich, dass der Schuldner pfändbare Vermögensteile dem Zugriff der Pfändung entzieht. Daher kann der Gläubiger im Fall einer fruchtlosen Pfändung die Vorlage eines Verzeichnisses aller Vermögensteile des Schuldners beantragen. Für dessen Richtigkeit muss dieser eine eidesstattliche Versicherung abgeben, die in ein gerichtliches Verzeichnis eingetragen wird. Aus diesem Verzeichnis kann der Gläubiger ersehen, welche Gegenstände und Forderungen pfändbar sind.

Verweigert der Schuldner die Abgabe der eidesstattlichen Versicherung, kann der Gläubiger gegen ihn einen Haftbefehl beim zuständigen Amtsgericht beantragen. Diese Haft wird jedoch nur dann vollzogen, wenn der Gläubiger die dabei entstehenden Kosten monatlich im Voraus bezahlt. Der inhaftierte Schuldner kann die eidesstattliche Versicherung jederzeit abgeben und wird dann aus der Haft entlassen. Diese darf die Dauer von sechs Monaten nicht überschreiten.

2.7 Verjährungsfristen für Ansprüche

Als Verjährungsfrist bezeichnet man den Zeitraum, innerhalb dessen ein Anspruch geltend gemacht und im Zweifelsfall auch unter Zuhilfenahme juristischer Schritte durchzusetzen versucht werden kann. Verjährungen beziehen sich nicht nur auf direkte Geldforderungen, sondern auf alle Ansprüche gegenüber einem Schuldner, die mit Geldzahlungen in Verbindung stehen. So können z. B. finanzielle (Rück-)Forderungen aus Gewährleistungsansprüchen entstehen, die auch der Verjährungsfrist unterliegen.

2.8 Hemmung und Neubeginn einer drohenden Verjährung

Wenn die Verjährung eines Anspruches droht, kann der Gläubiger versuchen, dem entgegenzuwirken.

Merke: Von „einfachen" Mahnungen wird die Verjährungsfrist nicht beeinflusst. Sie läuft trotz solcher Maßnahmen „normal" weiter. Werden keine der folgenden Schritte eingeleitet, droht die Verjährung.

Neubeginn (§ 212 BGB)
bedeutet, dass die Verjährung erneut in voller Länge zu laufen beginnt. Das geschieht bei:

- Anerkennung des Anspruchs durch den Schuldner (Abschlagszahlung, Zinszahlung, Sicherheitsleistung o. Ä.) oder
- Beantragung oder Vornahme einer gerichtlichen oder behördlichen Vollstreckungshandlung.

Hemmung (§ 204 BGB)
bedeutet, dass die Verjährungsfrist nicht neu zu laufen beginnt, sondern nur um einen bestimmten Zeitraum verlängert wird. Das geschieht bei:

- Erhebung der Klage auf Leistung, Feststellung des Anspruches, Erteilung der Vollstreckungsklausel oder Erlass des Vollstreckungsurteils,

Übersicht Verjährungsfristen:

3 Jahre — regelmäßige Verjährungsfrist aus allen „gewöhnlichen" Ansprüchen, die nicht anderweitig extra geregelt sind. **Beginn am Schluss des Kalenderjahres,**

- **in dem der Anspruch entstanden ist.** Dies trifft immer dann zu, wenn es sich um Ansprüche handelt, die ebenso wie die Person des Anspruchsgegners bekannt sind.
- **in dem der Gläubiger** von den Umständen, die zur Begründung des Anspruches geführt haben, oder von der Person des Schuldners **Kenntnis erlangt hat.**

30 Jahre — Verjährungsfrist für Schadenersatzansprüche, die auf der Verletzung des Lebens, des Körpers, der Gesundheit oder der Freiheit beruhen. Die Verjährungsfrist beginnt mit dem Tag der Entstehung des Anspruches.

10 Jahre — Verjährungsfrist für alle anderen Schadenersatzansprüche und für alle anderen bisher nicht genannten Ansprüche außer den Schadenersatzansprüchen. Die Verjährungsfrist beginnt mit dem Tag der Entstehung des Anspruches.

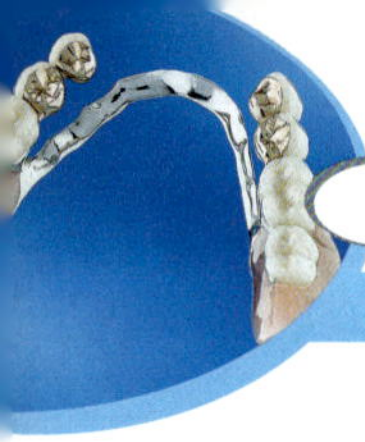

- Zustellung des gerichtlichen Mahnbescheides,
- Zustellung der Streitverkündung,
- Beginn eines schiedsrichterlichen Verfahrens,
- Anmeldung eines Anspruches im Insolvenzverfahren.

Die Hemmung endet in den vorgenannten Fällen sechs Monate nach der rechtskräftigen Entscheidung oder anderweitigen Beendigung des eingeleiteten Verfahrens.

Ausnahmen:

- Der Schuldner ist aufgrund einer Vereinbarung mit dem Gläubiger vorübergehend zur Verweigerung der Leistung berechtigt.
- Bei Ehegatten ist die Verjährung gehemmt, solange die Ehe besteht.
- Der Gläubiger war innerhalb der letzten sechs Monate der Verjährungsfrist durch höhere Gewalt an der Rechtsverfolgung gehindert.

Arbeitsaufträge

1. *Wann kommt ein Schuldner in Zahlungsverzug?*
2. *Wie beurteilen Sie die rechtliche Situation bei der Patientin, die nicht zahlt, weil sie angeblich mit der Behandlung nicht zufrieden war?*
3. *Wie stellt sich die rechtliche Situation aus Ihrer Sicht im Falle des Dental-Labors dar, das gegenüber Ihrer Praxis einen gerichtlichen Mahnbescheid erwirkt hat? Wie sollte Frau Dr. Heilmann Ihrer Meinung nach reagieren?*
4. *Welche Folgen hat ein gerichtlicher Mahnbescheid?*
5. *Was ist der Unterschied zwischen Zwangsvollstreckung und Zwangsverwaltung?*
6. *Erläutern Sie den Unterschied zwischen einer Hemmung und einem Neubeginn der Verjährung.*
7. *Versuchen Sie in einem Rollenspiel der Patientin im Ausgangsfall klar zu machen, dass sie zahlen muss und keine Gegenforderungen stellen kann.*

3 Drum prüfe, wer sich länger bindet ...
Vertragsbeziehungen zum Dental-Labor

Aufregung in der Praxis von Frau Dr. Heilmann. Im Wartezimmer sitzt Frau Meier, die heute zur Anpassung ihres neuen Gebisses bestellt wurde. Doch das Dental-Labor hat dieses nicht geliefert, obwohl die Zusage bestand, dass es am Vorabend mit Express geliefert werden sollte.
„Regeln Sie das bitte mit der Patientin, Frau Maybaum“, sagt Frau Dr. Heilmann, „aber seien Sie besonders diplomatisch, denn Frau Meier ist eine sensible Patientin. – Und ich glaube, wir müssen uns um ein neues Labor kümmern, denn diese Unzuverlässigkeit habe ich endgültig satt ...“

- *Welche Rechtsbeziehungen bestehen zwischen einer Zahnarztpraxis und dem Dental-Labor?*
- *Welche Auswahlkriterien gibt es?*

Kleinere und mittlere Zahnarztpraxen haben i.d.R. kein eigenes Dental-Labor und sind so auf die Zusammenarbeit mit einem oder mehreren eigenständigen Labors angewiesen. Aber auch größere Praxen und Gemeinschaftspraxen, die eigene Labors unterhalten, lassen bestimmte Arbeiten von Fremdlabors verrichten.

3.1 Vertragliche Beziehungen

Welche Rechtsbeziehung besteht zwischen einem Labor und der Zahnarztpraxis? Die Zahnarztpraxis schließt mit dem Dentallabor einen **Kaufvertrag,** auf den die allgemeinen gesetzlichen Bestimmungen des Kaufvertrages nach BGB zutreffen (→ LF 9, Kap. 5). Oder aufgrund eines Werkvertrages wird von dem Labor eine bestimmte Leistung erbracht, die die Zahnarztpraxis bei Erfolg bezahlt. Kennzeichnend für einen Werkvertrag ist, dass das Labor dafür keine Einsatzstoffe zur Verfügung stellt (z. B. Reparatur einer zerbrochenen Prothese). Mit dem Patienten, der z. B. einen Zahnersatz erhält, hat der Zahnarzt einen Dienstvertrag geschlossen, der aber zusätzlich einen Kaufvertrag über den Zahnersatz beinhaltet. Auch hier gelten daher die in Kapitel 3.2 aufgeführten Haftungsfristen.

3.2 Gewährleistungsfrist

In der Beziehung zwischen Zahnarzt und Zahntechniker gilt gemäß § 634a Abs. 1 Nr. 1 BGB eine Frist von **zwei Jahren.** Natürlich kann diese Garantie auch freiwillig verlängert werden. So gewähren zahlreiche Dental-Labors freiwillig eine dreijährige Garantie. Bei arglistigem Verschweigen von Mängeln ist die Garantie gesetzlich immer auf mindestens drei Jahren festgelegt. → LF 9, Kap. 6

Beweislastumkehr: Innerhalb der ersten sechs Monate muss der Verkäufer beweisen, dass kein Mangel vorliegt. Erst danach ist es Pflicht des Käufers, das Vorliegen eines Mangels zu beweisen. Liegt ein solcher vor, darf der Verkäufer allerdings zweimal nachbessern. Dies gilt sowohl für die Vertragsbeziehung zwischen Zahnarzt und seinem Patienten als auch zwischen dem Zahntechniker und dem Zahnarzt.

Bei Ansprüchen des Patienten gegen den Zahnarzt aus der sogenannten unerlaubten Handlung (ein Haftpflichtfall) wird aktuell differenziert. Bei hochrangigen Rechtsgütern wie Leben und Gesundheit sieht das BGB durchweg eine **dreißigjährige Verjährung** im Gegensatz zur bisher dreijährigen ab Kenntniserlangung vor.

Bei **mangelhafter Lieferung** gelten die Rechte aus Kaufvertrag (→ LF 9, Kap. 5), ebenso bei Lieferungsverzug (→ LF 9, Kap. 7).

3.3 Auswahlkriterien für eine Vertragsbeziehung

Die Arbeit zwischen einem Labor und dem Zahnarzt geht Hand in Hand. Abdruck, Anfertigung, Nacharbeiten, Farbbestimmung usw. müssen individuell und in enger Zusammenarbeit vollzogen werden.

Welche Kriterien könnten für die Wahl eines Dental-Labors entscheidend sein?

Vertrauensvolle Zusammenarbeit: Oftmals bestehen lange und relativ enge Beziehungen zwischen Zahnarztpraxen und Labors. Die Zufriedenheit mit den Leistungen und das Vertrauen in die Kompetenz des Labors ist sicherlich sehr wichtig. Denn zufriedene Patienten mit perfekt sitzendem und ästhetischem Zahnersatz sind das oberste Ziel.

Ausführung: Wird eine schnelle und unbürokratische Fertigung und Nachbesserung gewährleistet? (Längere Wartezeiten verärgern die Patienten.) Werden bei der Verarbeitung neuste Verfahren angewendet?

Werden nur hochwertige biokompatible Materialien und Legierungen nach den Vorschriften des Medizinproduktegesetzes verarbeitet, die nach CE, DIN 1509001 und EN 46001 zertifiziert sind?

Belieferung: Erfolgt eine schnelle, termingerechte und kostenlose Belieferung und Abholung durch Botenfahrzeuge oder bei weiteren Entfernungen Schnellversand durch Post-Express oder private Paketdienste?

Anschrift des Zahnarztes

Dental-Labor Amadeus Schraube (ZTM)
Zuckerfabriksweg 1
64289 Darmstadt
Telefon 06151 1343
Telefax 06151 1897

Schraube
Zahntechnik

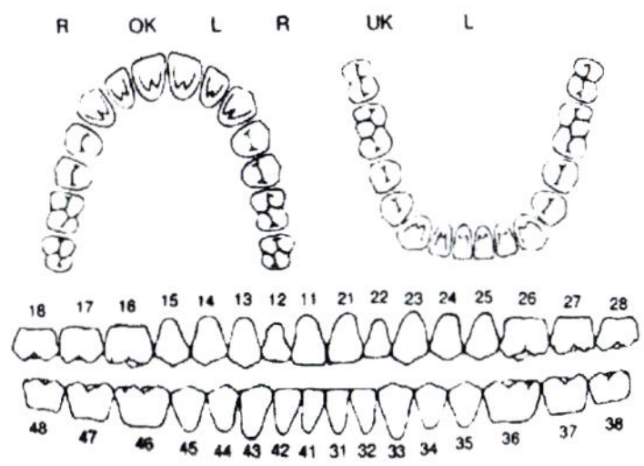

AUFTRAG Nr.

☐ GKV
☐ PKV

Datum

Zahnfarbe

Name, Patient			Termin Tag	Termin Uhrzeit
Alter	männl./weibl.	Fu/Indiv-Löffel		
		Bissschablone		
Angeliefertes Material				
Abformung	Artikulator			
Löffel	Zähne			
Modell	Legierung			
Biss	Edelmetall			
Sonstiges			Liefertermin	

Kommunikation: In der engen Beziehung zwischen Praxis und Labor muss die Kommunikation reibungslos und schnell möglich sein. Ist immer ein kompetenter Gesprächspartner - auch nach Geschäftsschluss - telefonisch zu erreichen?

Kostenvoranschläge: Sind diese kostenlos und werden sie umgehend sofort bei Anruf oder per Fax übermittelt?

Zu beachten ist dabei, dass nach § 57 Sozialgesetzbuch die Höhe der Vergütungen für zahntechnische Leistungen nicht frei vereinbart werden kann, weil dies ggf. sehr zu Lasten des Patienten oder der Sozialversicherungsträger gehen könnte.

Die Vergütung wird begrenzt durch Höchstpreise, die jeweils zum 30. September eines Jahres durch die Landesverbände der Krankenkassen und der Ersatzkassen gemeinsam mit den Innungsverbänden der Zahntechniker für die zahntechnischen Regelversorgungen festgelegt werden. Maßgebend dafür sind die für das jeweilige Kalenderjahr ermittelten bundeseinheitlich durchschnittlichen Preise, die jedoch um bis zu 5 % über- oder unterschritten werden können.

Weiterbildung der Mitarbeiter: Werden die Mitarbeiter des Labors durch Schulungen laufend auf den neuesten technischen Entwicklungsstand gebracht?

Zusatzleistungen: Im härter werdenden Wettbewerb bieten Dental-Labors immer häufiger Sonderleistungen an wie:

- Zahnfarbabnahme in Labor oder Praxis;
- individuelle Zahnaufstellung am Patienten;
- digitale Fotodokumentation;
- bei Problemen kommt ein Zahntechniker zur Beratung und Hilfe in die Praxis;
- kostenlose Service-Nummer 0800/...;
- Ausleihe des Kronenentfernungssystems „Coronaflex 2005“;
- Bereitstellung von Schaumodellen.

3.4 Ausländische Dental-Labors

Immer öfter werden aus dem Ausland preisgünstigere Leistungen als in Deutschland angeboten. Da der Zahnarzt diese günstigeren Preise aber weitergeben muss, erzielt er dadurch keinen Einsparungseffekt. Er haftet jedoch gegenüber den Patienten für die Qualität. So kann es bei ausländischen Anbietern mitunter bei Mängeln zu erheblichen Schwierigkeiten kommen. Ein weiteres Problem sind die längeren Lieferungszeiten und die schlechteren Kommunikationsmöglichkeiten. Von daher sollte ein solcher Schritt wohl überlegt sein.

Arbeitsaufträge

1. *Fertigen Sie eine Checkliste mit Kriterien für die Auswahl eines neuen Dental-Labors an.*
2. *Wie ist das Haftungsverhältnis zwischen Patienten – Zahnarzt – Dental-Labor geregelt?*
3. *Welche Rechte kann Frau Dr. Heilmann im Einstiegsfall von S. 327 in Anspruch nehmen* (→ „Lieferungsverzug, LF 9, Kap. 7)*?*
4. *Welche Rechte hat ein Zahnarzt bei mangelhafter Lieferung gegenüber einem Dental-Labor* (→ LF 9, Kap. 6)*?*
5. *Welches sind nach Ihrer Meinung die wichtigsten Auswahlkriterien (oder auch Beurteilungskriterien) für Dental-Labors?*
6. *Versuchen Sie in einem Rollenspiel der Frau Meier aus dem Einstiegsfall von S. 327 die Situation zu erklären.*
7. *Eine Patientin hat in einer Zeitschrift gelesen, dass die Anfertigung eines Gebisses in Ungarn erheblich preiswerter wäre. Sie müsste dann weniger oder gar nichts mehr zuzahlen. Erklären Sie der Patientin die Vor- und Nachteile.*

Lernfeld 13

Praxisprozesse mitgestalten

Sie planen Maßnahmen zu Qualitätssicherung und Zeitmanagement im eigenen Verantwortungsbereich und präsentieren und begründen Verbesserungsvorschläge. Dazu untersuchen Sie die Arbeitsabläufe in Ihrem Verantwortungsbereich und identifizieren Schnittstellenprobleme und kritische Punkte. Aufgrund Ihrer während der Ausbildung gewonnenen Erfahrungen und Fachkenntnisse tragen Sie zu Problemlösungsansätzen bei der Optimierung von Praxisabläufen bei und wägen Kosten und Nutzen einzelner Maßnahmen gegeneinander ab. Sie organisieren im Team den Personaleinsatz unter Berücksichtigung vorhandener Kompetenzen und Qualifikationen sowie Ihrer Kenntnisse über Schutzbestimmungen für schwangere Mitarbeiterinnen und deren Einsatzmöglichkeiten, nutzen Planungsinstrumente und dokumentieren die Ergebnisse. Bei der Personaleinsatzplanung vertreten Sie Ihre Interessen. Sie informieren sich über Möglichkeiten der berufsbezogenen Fort- und Weiterbildung, begründen deren Bedeutung für die Praxis und die eigene Entwicklung und erfahren Lernen als lebensbegleitenden Prozess. Vor diesem Hintergrund stellen Sie Ihre Persönlichkeit in einer Bewerbung dar. Sie nutzen aktuelle Medien der Informations- und Kommunikationstechnik.

1 Gemeinsam geht es besser
Mitarbeiterführung und Ablaufplanung

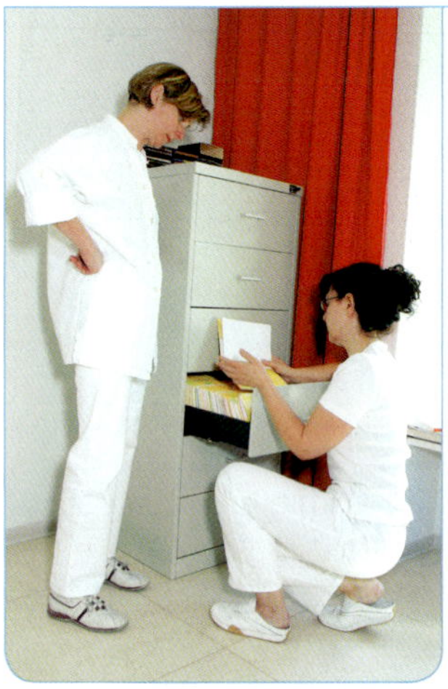

Frau Dr. Heilmann war in Fahrt. Das Wartezimmer war wie immer voll, sie selbst kam nicht einmal dazu, ihren „Zwischendurchmorgenkaffee“ zu trinken. Und dann war das Röntgenbild eines Patienten weg. Außerdem war der Sterilisator am Vortag nicht gereinigt worden – und die Fische im Aquarium des Wartezimmers mussten auch noch gefüttert werden. Als die Zahnärztin diese Probleme ansprechen wollte, zeigte sich keine der Mitarbeiterinnen verantwortlich. Carmen dachte, dass Selin das Röntgenbild weggelegt habe, Selin glaubte aber, dass hierfür Lucia verantwortlich sei, während die sich darauf verlassen hatte, dass Carmen das Röntgenbild wieder zurücklegen würde, nachdem sie es aus dem Archiv herausgezogen hatte ...
Als Corinna Maybaum während dieses Chefgespräches auch noch das Telefongespräch eines Patienten annahm, war das Maß voll ...
Frau Dr. Heilmann explodierte und warf ihren Mitarbeiterinnen vor, dass sie nicht einmal wüssten, „wer in der Praxis was zu tun hat und wofür verantwortlich ist“. Dass sich diese lautstarke Auseinandersetzung ausgerechnet auch noch vor dem Wartezimmer abspielte, war ein besonders unglücklicher Zufall.

Welche Grundsätze der Mitarbeiterführung und der Organisation des Arbeitsablaufes sind in einer Zahnarztpraxis unabdingbar?

1.1 Mitarbeiterführung

Das Zusammenspiel zwischen Zahnarzt und Helferteam hängt ganz wesentlich davon ab, welcher Führungsstil vorherrscht. Dieser wiederum ist eng mit der Person des Vorgesetzten verbunden. Er drückt die persönliche Art und Weise aus, mit der eine Weisungsbefugnis ausgeübt wird. Ein wichtiges Qualitätsmerkmal ist das **Führungsverhalten.**

Führungsstile

- **Laissez-faire-Stil,** d. h., der/die zu führende Mitarbeiter/-in entscheidet nach eigenem Gutdünken.
  Für den Praxisbereich hat der Laissez-faire-Stil, der durch weitgehende Planlosigkeit und wenig Kooperationsbereitschaft gekennzeichnet ist, keine Bedeutung. Eine straffe Führung fehlt, Mitarbeiter/-innen werden teilweise sich selbst überlassen und die Ausführung von Anordnungen wird nicht überwacht. Gleichgültigkeit führt zu unrationeller Arbeitsweise. Von daher ist dieser Stil wenig empfehlenswert.
- **Autoritärer Stil** mit alleiniger, starker, oft selbstherrlicher Lenkung der Mitarbeiter/-innen.
  Wer in diesem Stil führt, bevormundet die Mitarbeiter/-innen, lässt ihnen keine bzw. wenig Entscheidungsfreiheit. Die Kontrolle ist sehr stark und die Führung straff und hierarchisch organisiert, sodass eine Eigeninitiative der Mitarbeiter/-innen kaum zum Tragen kommt. Auch dieser Führungsstil eignet sich wenig, um den betrieblichen Problemen gerecht zu werden.

Anordnungen im Befehlston

- **Demokratischer oder kooperativer Stil** mit der Bereitschaft zur Anerkennung und Zusammenarbeit.
  Dieser Führungsstil orientiert sich an den Bedürfnissen der Mitarbeiter/-innen und den Kenntnissen über die soziale Struktur eines Betriebes. Er fördert die Zusammenarbeit, bezieht die Mitarbeiter/-innen in die Verantwortung mit ein, verlangt konstruktive Kritik und sieht Vertrauen als wichtige Grundlage an.
  Der kooperative Stil soll den sozialen Frieden und nicht zuletzt die Leistungsbereitschaft der Arbeitnehmer positiv beeinflussen.

Typische Verhaltensweisen für den kooperativen Führungsstil eines Vorgesetzten sind:

- Ermunterung der Mitarbeiter/-innen zur Einbringung eigener Vorschläge
- Beteiligung der Mitarbeiter/-innen an Entscheidungen und Planungen
- Aussprache über Ziele und Vorstellungen des Unternehmens
- Gespräche über Verfahren und Methoden
- Entgegennahme von Vorschlägen und Anregungen der Mitarbeiter/-innen
- Anerkennung und Bestätigung sowie sachbezogene Kritik mit Nennung der Ursachen
- Offenheit und Gesprächsbereitschaft
- Suche nach Gründen und Ursachen für Fehlverhalten der Mitarbeiter/-innen
- Durchführung sachbezogener Kontrollen als Mittel zur Ergebnisverbesserung

Erwartete Auswirkungen auf die Mitarbeiter/-innen:

- sachliche Arbeitsatmosphäre, gegenseitige Unterstützung
- Gruppenbewusstsein
- selbstständige und verantwortungsbewusste Arbeit
- Offenheit und Vertrauen
- Ausprägung von Spontanität und Kreativität
- Informationsbereitschaft und Selbstkontrolle
- positive Verarbeitung von Kritik

→ zum Thema Teamarbeit siehe auch LF 6

1.2 Arbeitsplatz- und Stellenbeschreibungen/Ablaufplanungen

Es gibt keine Vorschriften, wie die Arbeitsorganisation in einer Zahnarztpraxis zu erfolgen hat. Es ist aber dringend erforderlich, dass möglichst klar beschrieben wird, welche Aufgaben mit einem Arbeitsplatz verbunden sind und wer innerhalb eines Praxisteams an den einzelnen Arbeitstagen in den jeweiligen Bereichen zuständig und verantwortlich ist.

Arbeitsplatzbeschreibung

Neben dem quantitativen Personalbedarf ist festzulegen, welche konkreten Qualifikationen die Stelleninhaber/-innen haben müssen, um ihre Aufgabe erfüllen zu können. Damit sollen personelle Fehlbesetzungen vermieden werden, die den wirtschaftlichen Erfolg des Unternehmens gefährden könnten (Minderleistungen, Arbeitsfrust, geringe Motivation, hohe Fluktuation usw.). In einer Arbeitsplatz- oder Stellenbeschreibung werden die qualitativen Merkmale und die konkreten Anforderungen einer Stelle festgehalten.

Diese Arbeitsplatzbeschreibung enthält:

- detaillierte Darstellung der einzelnen Aufgabengebiete und Tätigkeiten,
- Auflistungen des zeitlichen Anteils der einzelnen Tätigkeiten,
- Angaben der erforderlichen Kenntnisse zur Aufgabenerfüllung,
- Angaben der erforderlichen Arbeitsmittel,
- Hinweise zur organisatorischen Eingliederung des Arbeitsplatzes,
- Angaben über die Weisungsverhältnisse.

Stellenbeschreibung

Die in den Arbeitsplatzbeschreibungen enthaltenen Informationen sind die Grundlage für die Ausarbeitung von sogenannten Stellenbeschreibungen, die in kurz gefasster Form folgende Angaben enthalten:

- organisatorische Stelleneingliederung
- Stellenbezeichnung, Stellennummer, Abteilung
- mit der Stelle verbundene Vollmachten
- rangmäßige Einordnung
- Vertretungsregelungen
- tarifliche Einstufung
- Anforderungen der Stelle
- Aufgabenziel und Tätigkeiten
- Kompetenzregelung (Abgrenzung der Entscheidungsgewalt in Breite und Tiefe)
- Verantwortungsübernahme für Menschen und Sachwerte
- Anforderungen an den/die Stelleninhaber/-in
- erforderliche Vorbildung und berufliche Qualifikationen
- notwendige Fachkenntnisse und berufliche Erfahrungen
- Persönlichkeitsstruktur (Führungsfähigkeit, Kooperationsbereitschaft, Entscheidungsfreudigkeit, Zielstrebigkeit, physische und psychische Belastbarkeit)

Arbeitsaufträge

1. *Worin sehen Sie in der Ausgangssituation die eigentlichen Probleme?*
2. *Wie sieht die Aufgabenverteilung in Ihrer Praxis aus? Machen Sie ähnliche Erfahrungen wie eingangs geschildert oder läuft alles wie am Schnürchen?*
3. *Häufig hört man die Aussage: „Man muss so viel organisieren wie nötig, aber gleichzeitig auch so wenig wie möglich, um flexibel zu bleiben.“ Was soll damit zum Ausdruck gebracht werden?*
4. *Wodurch entsteht Ihrer Meinung nach der Praxisstress und wie lässt er sich vermeiden?*
5. *Welche Anforderungen werden an Zahnmedizinische Fachangestellte im Praxisalltag gestellt? Versuchen Sie dabei auch abzuwägen, welche Bedeutung die fachlichen und die allgemeinen menschlichen Qualifikationen haben.*
6. *Warum ist in der Regel in größeren Praxen eine klare Aufgabenteilung eher möglich als in kleineren Praxen?*
7. *Wie unterscheiden sich die einzelnen Formen der Mitarbeiterführung?*
8. *Versuchen Sie für Ihre Praxis festzustellen, welcher Führungsstil hier praktiziert wird.*
9. *Häufig wird der kooperative Führungsstil damit gleichgesetzt, dass man über alles und jedes diskutieren kann. Ist dies Ihrer Meinung nach eine richtige Interpretation?*
10. *Welche Aufgaben haben Stellenbeschreibungen?*
11. *Gruppenarbeit: Fertigen Sie für Ihren Ausbildungs- bzw. Arbeitsplatz eine Stellenbeschreibung an.*
12. *Nehmen Sie an, Ihre Praxis sucht eine neue Auszubildende und Sie sollen dafür die Stellenanzeige für eine Zeitung entwerfen. Was müssen Sie beachten und wie wird die Anzeige aussehen?*

2 Keine unnötigen Verrenkungen
Ergonomische Arbeitsplatzgestaltung

Corinna Maybaum wagte es kaum zu sagen. Sie hatte beim Durchblättern von einem der vielen Prospekte und Kataloge, die der Praxis immer wieder unaufgefordert zugesandt wurden, einen wunderschönen und bequem aussehenden Bürostuhl entdeckt. Verstellbare Sitzhöhe, eine eingebaute und ebenfalls individuell einstellbare Stütze für die Wirbelsäule, die Rückenlehne verstellbar - kurzum: der perfekte Stuhl, auf dem „man auch wirklich im Gegensatz zu unseren unbequemen Billigstühlen den ganzen Tag sitzen kann."
Für die beiden Behandlungsräume wäre es nach Corinnas Meinung unbedingt nötig, endlich einmal neue Sitzstühle anzuschaffen, damit man nicht am Ende eines Arbeitstages immer wieder Rückenschmerzen hat.
Und weil sie glaubte, dass Frau Dr. Heilmann sicher gutgelaunt aus dem Urlaub zurückkommen würde, hatte sie gleich noch zwei andere Vorschläge. Um die dauernden Spiegelungen auf dem Monitor bei Sonneneinstrahlung zu unterbinden, müssten neue Vertikaljalousien für das Südfenster des Empfangsbereiches angebracht werden. Am allerbesten wäre es, wenn man außerdem noch eine Klimaanlage installieren würde, denn bei 28 Grad Raumtemperatur kann man nicht mehr arbeiten. Außerdem seien die 17-Zoll-Monitore sowieso auch nicht mehr zeitgemäß ...

Um welche Fragen geht es bei der Gestaltung des Arbeitsplatzes?

Jede Zahnarztpraxis hat ihre Besonderheiten, weil allein die räumlichen Voraussetzungen verschieden sind. Wohlfühlen bedeutet nicht nur, dass alles getan werden muss, damit die Patienten einen guten Eindruck von der Praxis bekommen und ihn auch behalten und weitergeben. Man darf nicht verkennen, dass die Arbeitsbedingungen in einer Praxis auch über das Leistungsvermögen der Mitarbeiterinnen entscheiden.

Daher sind an die Büroeinrichtung gerade im Empfangsbereich und am Behandlungsstuhl auch besondere Anforderungen zu stellen. Zum Teil geht es dabei nur darum, dass arbeitsmedizinische Vorgaben erfüllt werden, zum Teil geht es aber auch um die Frage, was darüber hinaus getan werden kann, damit sich die Mitarbeiter wie zu Hause fühlen und auf keinen Fall gesundheitliche Schäden erleiden.

2.1 Gesundheitsvorsorge bei Schreibtisch- und Bildschirmarbeitsplätzen

Zahnmedizinische Fachangestellte sind in unterschiedlichen Praxisbereichen tätig. Viel Arbeit wird am PC im Empfangs- oder bei großen Praxen auch im Bürobereich geleistet.

Hier ist es wichtig, dass Bildschirmarbeitsplätze den ergonomischen Anforderungen entsprechen, um gesundheitlichen Schäden vorzubeugen. Für

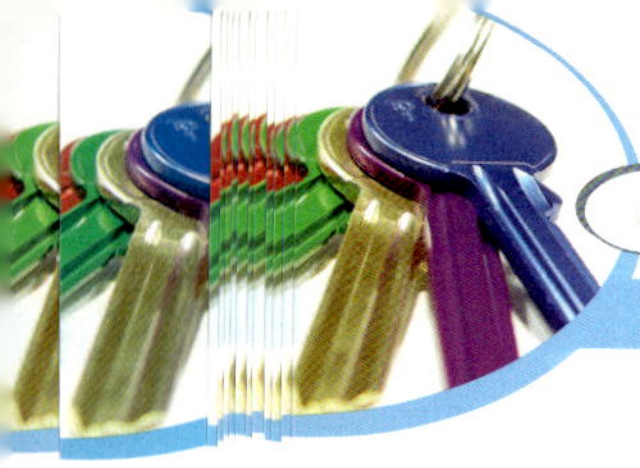

  - Vorbereitung von Trays für einzelne Behandlungsmaßnahmen
  - alle zahnmedizinischen Therapien (z. B. Individualprophylaxe, prothetische Restaurationen, PA-Behandlungen, chirurgische Maßnahmen)
  - Notfallmanagement
- Checklisten für Standardtexte und Redewendungen, z. B.:
  - Begrüßung und Verabschiedung von Patienten
  - Grußformel am Telefon
  - Mustertexte für den Praxisanrufbeantworter
  - „Liste der 10 Gebote für erfolgreiches Telefonieren"
  - Mustertexte für Patientenberatungsgespräche durch die Zahnmedizinische Assistentin
  - Hilfen zur Vermeidung von negativen Formulierungen

4.7.1 Praxis-Check – Wie gut sind wir?

Beispiel	🙂	😐	☹
Standort, Gebäude, Einrichtung			
1 Unser Praxisstandort ist für unsere Patienten leicht auffindbar.			
2 Unsere Praxis ist gut erreichbar (Parkplätze vorhanden, Anbindung an öfftl. Verkehrsmittel).			
3 Geschäfte, andere Praxen, Apotheken usw. sind schnell zu erreichen.			
4 Unser Praxisgebäude von außen und auch das Treppenhaus machen einen guten Eindruck.			
5 Unsere Praxisräume sind bequem zu erreichen (Etage/Fahrstuhl).			
6 Unsere Beschilderung (innen und außen) ist eindeutig.			
7 Anmeldung, Wartezimmer und WC sind für die Patienten leicht auffindbar.			
8 Unser Anmeldebereich und das Wartezimmer sind freundlich und angenehm gestaltet.			
9 Unsere Wartezimmerstühle sind bequem.			
10 Eine Spielecke für Kinder ist in unserem Wartezimmer eingerichtet.			
Zeitmanagement und Organisation			
11 Unsere Anmeldung ist immer besetzt.			
12 Wir verfügen über eine professionelle Telefonanlage und sind telefonisch schnell erreichbar.			
13 Unsere Patienten warten durchschnittlich nicht mehr als maximal 20 Minuten.			
14 Falls längere Wartezeiten auftreten, informieren wir unsere Patienten.			
Kommunikation mit den Patienten			
15 Telefongespräche werden freundlich, sachlich und kompetent geführt.			
16 Wir betreuen unsere Patienten freundlich und individuell.			
17 Auch in hektischen Situationen bewahren wir den Überblick und bleiben freundlich und ausgeglichen.			
18 Auf Behandlungswünsche gehen wir zuvorkommend ein (schmerzfreie Behandlung, ästhetische Wünsche, längere Termine usw.).			
Zahnarzt-Patienten-Kontakt			
19 Unsere Patienten beurteilen den Zahnarzt-Patienten-Kontakt gut (genügend Zeit, Aufmerksamkeit, Zuwendung ...).			

Bitte keine Eintragung in das Buch

(Fortsetzung Praxis-Check)			
20 Die Vorbereitung auf unsere Patienten funktioniert reibungslos (Karte, Röntgenbild, Zahnersatz vom Labor, Arztbriefe externer Kollegen).			
21 Die Patientenbehandlung verläuft reibungslos und ungestört.			
Praxisinformation und Kommunikation			
22 Unsere Patienten sind gut über unsere Abläufe und Leistungen informiert.			
23 Namen und Funktionen der Mitarbeiterinnen sind für unsere Patienten zu erkennen.			
24 Unsere Patienten werden vom Praxisteam über zahnmedizinische Fragen informiert.			
25 Wir verfügen über eine Corporate Identity (Praxislogo, einheitliche Briefbögen, Visitenkarten, Terminkarten).			
26 In einer Praxisbroschüre stellen wir unser Team und unsere Leistungen vor.			
27 Zu bestimmten zahnmedizinischen Themen bieten wir Informationsabende an (z. B. Prophylaxe, Laserbehandlung, ästhetische Zahnheilkunde).			
28 Zu bestimmten Therapien erhalten unsere Patienten spezielle schriftliche Informationen (z. B. PA-Behandlungen, Implantationen).			
Serviceleistungen			
29 Telefonische Auskünfte für die Patienten werden zuvorkommend eingeholt (z. B. Terminkapazitäten bei externen Behandlern, Taxibestellungen).			
30 Getränke (Kaffee, Wasser, Säfte) sind für unsere Patienten im Wartezimmer vorhanden.			
31 Unsere Zeitschriften im Wartezimmer sind aktuell und auf unsere Patientenbedürfnisse sortiert.			
32 Wir unterstützen unsere Patienten bei der Kostenerstattung.			
33 Unsere Patienten können während der Behandlung über Walkman oder Discman „Musik nach Wunsch" hören.			
34 Unsere Behandlungszeiten sind patientenfreundlich und auf unsere Klientel abgestimmt.			
Hygiene und Geräte			
35 Unsere Patiententoilette wird ständig sauber gehalten.			
36 Alle unsere Räume machen einen sauberen und hygienischen Eindruck.			
37 Zum Thema Hygiene und Sterilisation führen wir regelmäßig Mitarbeiterbelehrungen durch.			
38 Ein Hygieneplan hängt in unserem Sterilisationsraum aus.			
39 Unsere Instrumente und Geräte sind sauber/steril und in einem einwandfreien Zustand.			
40 Unsere Geräte vermitteln den Eindruck einer modernen und leistungsfähigen Zahnarztpraxis.			
41 Unsere Geräte werden professionell bedient und gewartet.			
42 Unsere Büromittel entsprechen einem rationellen und zeitgemäßen Standard.			

Bitte keine Eintragung in das Buch

aus: Gabriele Oppenberg: Praxismanagement – Erfolgsstrategien für die Zahnarztpraxis, Quintessenz Verlags-GmbH, Berlin 2002, ISBN 3-87652-456-3, S. 118.

Arbeitsaufträge

1. *Welches der vorgenannten Praxisziele halten Sie für das wichtigste?*

2. *Wie geht man in Ihrer Ausbildungspraxis mit der Anforderung des Qualitätsmanagements um? Fragen Sie Ihre Kolleginnen und/oder Ihren Chef, welche konkreten Auswirkungen die Bestimmung der §§ 135 und 137 des Sozialgesetzbuches auf die Arbeit in der Praxis hat.*

3. *Fragen Sie nach, ob man sich mit dem Gedanken einer Zertifizierung trägt oder – sofern Ihre Praxis zertifiziert ist – welche Vorteile man durch die Zertifizierung erlangt hat.*

4. *a) Versuchen Sie in Gruppen, verschiedene alternative Praxisleitlinien zu entwerfen.*
   b) Was halten Sie von der Idee, dass jede Zahnarztpraxis ihre Leitlinien für die Patienten deutlich sichtbar aushängt?

5. *Sie wollen wissen, was Sie tun können, damit die Patienten noch zufriedener mit Ihrer Praxis sind. Dazu entwickeln Sie bitte einen Patientenfragebogen.*

6. *Kopieren Sie den „Praxis-Check" und füllen Sie diese Checkliste für Ihre Ausbildungspraxis aus. Wenn Sie die Möglichkeit haben, sprechen Sie dieses Thema in der Praxis an und lassen Sie die Checkliste von Ihren Kolleginnen, aber auch von Ihrem Chef ausfüllen. Bringen Sie die Ergebnisse in die Schule mit und vergleichen Sie unter Wahrung der nötigen Anonymität die Ergebnisse.*

7. *Im Rahmen der Bemühungen um die ständige Verbesserung der Qualität der Praxisarbeit formulierte das Team der Zahnarztpraxis Dr. Heilmann eine Praxisleitlinie (siehe S. 354)*
   a) Wie beurteilen Sie dieses Ergebnis und welche Wirkungen könnten von ihm nach innen und gegenüber den Patienten nach außen ausgehen?
   b) Aus den Leitlinien soll ein kurzes und knackiges Leitziel abgeleitet werden, in dem in wenigen Worten die Philosophie der Arbeit in der Zahnarztpraxis auf den Punkt gebracht wird. Versuchen Sie, in Partnerarbeit hierzu Ideen zu entwickeln, die Sie sich dann gegenseitig vorstellen, und in der Klasse nach entsprechender Diskussion und Abwägung zu einem gemeinsamen Ergebnis zukommen, wie das künftige Leitmotiv aussehen soll.

8. *„Wer alles bewahren will, muss ständig alles verändern", erklärt Dr. Dr. Jürgen Weitkamp, Präsident der Bundeszahnärztekammer, und unterstreicht die Notwendigkeit einer stetigen Professionalisierung des Berufsstandes. „Mit Erteilung der Approbation ist der Zahnarzt zwar Profi, doch genau genommen ist er dies nur einen einzigen Tag. Danach beginnt die dauerhafte Aufgabe, sich diese Befähigung zu erhalten und aufzubauen."*

   aus: http://www.zm-online.de/m5a.htm?/zm/20_04/pages2/titel1.htm, Zugriff am 13. Juli 2008

   Und was für den Zahnarzt gilt, das gilt auch für die Zahnmedizinische Angestellte. Was bedeutet das konkret für die Arbeit in der Praxis und für Ihre berufliche Zukunft?

5 Mit einem Bein im Gefängnis?
Haftung und strafrechtliche Verantwortung von Zahnarzt und Fachangestellten

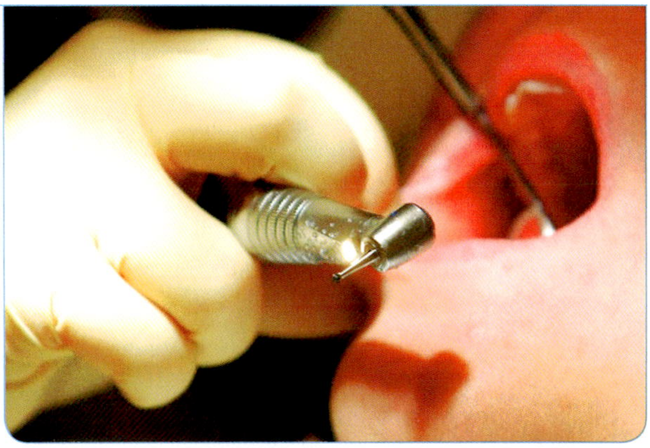

Die 38-jährige Monique Schleicher ist schon seit mehr als 10 Jahren eine alles in allem sehr zufriedene Patientin von Frau Dr. Heilmann. Der letzte Zahnarztbesuch wird ihr aber in Erinnerung bleiben. Bei der Extraktion eines Backenzahnes rutschte die Zahnärztin so unglücklich mit der Zange ab, dass ein nebenstehender Zahn beschädigt wurde. Die Folge: eine aufwendige Überkronung. Frau Dr. Heilmann gestand ihre Schuld zwar ein, aber Monique musste ihren ganzen beruflichen Terminplan für die nächste Woche ändern. Hinzu kam, dass sie den gebuchten Kurztrip nach London mit ihrem Mann auch nicht antreten konnte. Kosten: 1.400,00 € ...
Vor einigen Jahren hatte Moniques Freundin bei ihrem Zahnarzt ähnliches Pech: Ihre Wange blieb nach einer Spritze zwei Tage lang fast völlig gefühllos. Erst danach gab es sich wieder langsam ...
Als Monique im Treppenhaus ihren älteren Nachbarn traf, nickte der nur freundlich, ohne den Mund zu öffnen. Seine Frau berichtete, dass er nun schon zum fünften Mal bei seinem Zahnarzt gewesen sei und der Zahnersatz passe immer noch nicht.

Wofür können der Zahnarzt und/oder seine Mitarbeiterinnen haftbar gemacht werden?

Der Zahnarzt haftet für die Fehler seiner Mitarbeiterinnen genauso wie für sein eigenes Fehlverhalten. Dies gilt (zunächst) auch, wenn die Mitarbeiterinnen Handlungen vornehmen, für die sie nicht befugt waren und/oder keine extra Anweisung hatten.

§ 223 StGB

Wer einen anderen ... an der Gesundheit beschädigt, wird mit Freiheitsstrafe von bis zu drei Jahren oder mit Geldstrafe bestraft ...

§ 230 StGB

Wer durch Fahrlässigkeit die Körperverletzung eines anderen verursacht, wird mit Freiheitsstrafe bis zu drei Jahren oder mit Geldstrafe bestraft.

Im Schadensfall wird es darauf ankommen, ob der Zahnarzt nachweisen kann, dass er nicht gegen seine Sorgfaltspflicht verstoßen hat. Sie schreibt ihm vor, dass

- alles zu tun ist, um die **Eignung der Mitarbeiterinnen** sicherzustellen. Dies beginnt schon bei einer sorgfältigen und gezielten Personalauswahl. So kann man z. B. von einer ungelernten Kraft nicht das Gleiche verlangen und erwarten wie von einer ausgebildeten Fachkraft;
- die Mitarbeiterinnen die Möglichkeit bekommen, sich die mit der zahnmedizinischen Entwicklung verändernden **Fachkenntnisse** anzueignen;
- nötige **Spezialkenntnisse** (z. B. für den Bereich Röntgenassistenz) erworben werden können;
- sich der Zahnarzt ein **Bild von der Leistungsfähigkeit der Mitarbeiterinnen** macht und er einschätzen kann, für welche Bereiche sie geeignet bzw. weniger geeignet sind;
- keine Mitarbeiterin in Bereichen eingesetzt werden darf, für die sie nicht ausgebildet ist;
- alle **Praxisgeräte** technisch einwandfrei sind und ordnungsgemäß gewartet werden.

Nur wenn trotz aller Sorgfalt (es gibt keine 100 %ige Sicherheit!) ein Schaden nicht abwendbar war, kann sich der Zahnarzt gegebenenfalls aus der Regresspflicht befreien bzw. wird man ihm keine Fahrlässigkeit im Umgang mit Geräten und Patienten vorwerfen können. Dies kann sehr entscheidend sein. Vor allem wird auch die **Berufshaftpflichtversicherung** des Zahnarztes eine Leistung davon abhängig machen, ob ein Behandlungsfehler vermeidbar war oder nicht. Es kommt bei einem Behandlungsvertrag eigentlich nur darauf an, dass der Dienst ordnungsgemäß erbracht wird. Der Zahnarzt hat sich zu bemühen, dass die Behandlung erfolgreich verläuft.

§ 276 BGB

Der Schuldner (hier der Zahnarzt) hat ... Vorsatz und Fahrlässigkeit zu vertreten. Fahrlässig handelt, wer die ... erforderliche Sorgfalt außer Acht lässt ...

Arbeitsaufträge

1. *Was ist der Unterschied zwischen „Fahrlässigkeit“ und „Vorsatz“?*
2. *Eine Zahnmedizinische Fachangestellte hat am Vortag einen Geburtstag ausgiebig gefeiert. Pflichtbewusst kommt sie trotzdem am nächsten Tag zum Dienst. Und dann passiert es ... sie verwechselt beim Einsetzen einer provisorischen Überkronung den hierfür zu verwendenden Kleber mit dem richtigen Zement. Das Provisorium sitzt „bombenfest“. Wer haftet für die Folgeschäden?*
3. *Erläutern Sie, was die „Fachkenntnisse“ von den „Spezialkenntnissen“ unterscheidet.*
4. *Ein Patient will den Zahnarzt verklagen, weil die Behandlung keinen Erfolg hatte und ein Zahn nicht mehr gerettet werden konnte, sondern extrahiert werden musste. Wie beurteilen Sie die Frage von Behandlungsziel und Behandlungserfolg?*

5.1 Folgen nicht ordnungsgemäßer Leistung

§ **823 BGB**

Wer vorsätzlich oder fahrlässig das Leben, den Körper, die Gesundheit ... eines anderen verletzt, ist dem anderen zum Ersatz des daraus entstehenden Schadens verpflichtet.

→ LF 9, Kap. 6

Einer nicht oder nur mangelhaft erbrachten Leistung können Schadenersatzansprüche folgen. Dies ist nicht nur bei ärztlichen Kunstfehlern der Fall. Sondern es gilt ganz allgemein dann, wenn der Schuldner seine Leistung nicht erbracht hat:

Leistung **unmöglich**	Leistung **verspätet** erbracht	Leistung **mangelhaft**
↓	↓	↓
Zahnarzt verunglückt	Zahnarzt hat Sonntagsdienst, lässt sich aber trotz Notfalls im Anschauen einer Fußballübertragung nicht stören	gesunder Zahn wurde extrahiert

Patient (Gläubiger) muss beweisen, dass eine dieser Bedingungen vorliegt

↓

Schadenersatz

oder

Zahnarzt (Schuldner) muss beweisen, dass er diese Pflichtverletzung nicht zu vertreten hat

5.2 Gravierende Fehler

Können dem Zahnarzt **gravierende Fehler** nachgewiesen werden, entfällt gegebenenfalls nicht nur der Honorarnspruch, sondern eventuell können Schadenersatzansprüche geltend gemacht werden.

Dieser Schadenersatzanspruch kann sich auf folgende Bereiche erstrecken:

- Kosten für eine **weiter gehende zahnärztliche Behandlung oder einen Klinikaufenthalt** (z. B. kostspieliger Zahnersatz);
- Kosten der **beruflichen Wiedereingliederung und sozialen Rehabilitation** (z. B. bei einem Schauspieler, dessen rechte Gesichtshälfte nach einer Narkose vor einer Zahnextraktion gelähmt ist);
- Kosten für die **Notwendigkeit einer veränderten Lebensführung** aufgrund des Behandlungsfehlers;
- **Rechtsanwalts- und Gerichtskosten, Kosten für Gutachter;**
- **Einkommensverluste** (z. B. bci einem selbstständigen Handelsvertreter, der seiner Tätigkeit nicht nachgehen kann, weil eine Kieferoperation verpfuscht wurde).

5.3 Beweislast

Die **Beweislast** für einen Behandlungsfehler liegt beim Patienten. Liegt ein solcher Fehler vor, kommt es auf Antrag des Betroffenen oder der Hinterbliebenen zu einem **Zivil- oder Strafverfahren.** Dabei muss nachgewiesen werden, dass der Fehler zumindest fahrlässig verursacht wurde. In diesem Zusammenhang hat der Geschädigte oder dessen Anwalt natürlich das Recht auf Einsichtnahme in die ärztlichen Unterlagen. Wenn diese unvollständig oder gar nicht geführt wurden, dann gilt die **Beweislastumkehr.** In einem solchen Fall hat der Zahnarzt zu beweisen, dass ihn keine Schuld trifft.

Vor den Landeszahnärztekammern gibt es sogenannte **Gutachterausschüsse und Schlichtungsstellen,** die zeit- und kostenaufwendige Gerichtsverfahren abfangen sollen.

Die Kommission - bestehend aus zwei Zahnärzten und einem Juristen - wertet die schriftlichen Behandlungsunterlagen aus und holt gegebenenfalls ein Drittgutachten ein. Es entstehen keine Gebühren. Der Spruch des Schiedsgerichtes ist aber für keine Seite verbindlich. Er kann, muss aber nicht akzeptiert werden.

Merke: Verjährungsfristen für Behandlungsfehler beginnen zu dem Zeitpunkt, zu dem ein solcher Fehler entdeckt wurde.
- 30 Jahre bei Schadenersatzansprüchen aus dem Behandlungsvertrag
- 3 Jahre für Ansprüche aus unerlaubten Handlungen im Rahmen eines Behandlungsvertrages

Nicht selten werden Behandlungsfehler erst später entdeckt. Oft handelt es sich auch um versteckte Fehler. Dies ist z. B. dann der Fall, wenn eine fehlerhafte Behandlung zu anderen Beschwerden führt, die gegebenenfalls erst von einem anderen Arzt diagnostiziert werden müssen. Beispiel: Eine mangelhafte Zahnbehandlung führt bei einem Patienten zu dauerhaften Gleichgewichts- und Essstörungen.

5.4 Haftung konkret

Wie konkret die Haftung sein kann, zeigt die folgende Übersicht:

Möglicher Tatbestand	Beispiel	Strafmaß
Unterlassene Hilfeleistung	Ein Fußgänger wird auf dem Zebrastreifen angefahren, alle anderen gehen teilnahmslos vorbei.	Freiheitsstrafe bis zu einem Jahr oder Geldstrafe
Körperverletzung	Bei dem Entfernen eines Zahnes wird dem Patienten durch unsachgemäßes Arbeiten der Kiefer gebrochen.	Freiheitsstrafe bis zu drei Jahren oder Geldstrafe
Fahrlässige Körperverletzung	Ein Bestrahlungsgerät wird falsch eingestellt. Dadurch wird die Mundschleimhaut verbrannt.	Freiheitsstrafe bis zu drei Jahren oder Geldstrafe
Schwere Körperverletzung	Durch ein defektes Röntgengerät wird der Patient zeugungsunfähig.	Freiheitsstrafe von ein bis fünf Jahren
Fahrlässige Tötung	Eine Kieferoperation wird unter Vollnarkose durchgeführt. Wegen einer falschen Dosierung stirbt der Patient.	Freiheitsstrafe bis zu fünf Jahren oder Geldstrafe
Bruch der Schweigepflicht	Ein zahnärztlicher Befund wird an den geschiedenen Ehemann weitergegeben.	Freiheitsstrafe bis zu zwei Jahren oder Geldstrafe
Betrug	Der Arzt rechnet Leistungen ab, die er nicht erbracht hat.	Freiheitsstrafe bis zu zehn Jahren oder Geldstrafe
Verstoß gegen das Betäubungsmittelgesetz	Der Arzt spritzt dem Patienten Morphium ohne Eintragung in das Giftbuch.	Freiheitsstrafe bis zu vier Jahren oder Geldstrafe

Aus dem allgemeinärztlichen Bereich:

Unerlaubter Schwangerschaftsabbruch	Ein Schwangerschaftsabbruch wird ohne Vorlage der notwendigen Bescheinigung durchgeführt.	Freiheitsstrafe bis zu drei Jahren oder Geldstrafe

Ein Beispiel aus der Praxis:

Kein Zahnarzthonorar bei mangelhafter Leistung

Bei mangelhaften zahnärztlichen Leistungen kann ausnahmsweise der Honoraranspruch des Arztes entfallen. Diese Grundsatzentscheidung hat das Koblenzer Oberlandesgericht getroffen. Zwar schließe der Patient mit dem Arzt einen sogenannten Dienstvertrag ab, für den die Mängelhaftung nicht gelten würde. Der Zahlungsanspruch entfalle jedoch, wenn die Arbeit des Zahnarztes so schlecht sei, dass der Patient an einer weiteren Behandlung kein Interesse mehr habe, urteilten die Richter.

Damit gab das Gericht der Klage einer Patientin gegen ihren früheren Zahnarzt auf Zahlung von Schmerzensgeld statt und wies zugleich die Zahlungsklage des Zahnarztes ab. Der Arzt hatte der Klägerin eine Unterkiefer-Front-Zahnbrücke eingesetzt. Dies geschah jedoch so fehlerhaft, dass die Patientin über mehrere Wochen hinweg starke Schmerzen hatte. Sie verweigerte daraufhin die Zahlung des Honorars und verlangte stattdessen Schmerzensgeld in Höhe von mindestens 5.000,00 €.

Das OLG sprach ihr 1.500,00 € zu. Das Gericht war der Überzeugung, dass die zahnärztlichen Leistungen nicht vertragsgerecht waren. Die Richter ließen zwar erkennen, dass es eher ungewöhnlich sei, dass ein Zahnarzt bei einer fehlerhaften Behandlung seinen Honoraranspruch verliere. Dieser Rechtsgrundsatz greife im Prinzip nur bei sogenannten Werkverträgen. Allerdings räumten die Richter ein, dass bei nachhaltigen Verstößen gegen die Regeln der zahnärztlichen Kunst der Wegfall des Honoraranspruchs gerechtfertigt sei.

Arbeitsaufträge

1. *Was sagen die Begriffe „ärztliche Kunst" und „ärztlicher Kunstfehler" aus und in welchem Zusammenhang stehen sie mit der ärztlichen Leistungspflicht?*
2. *Warum ist es nicht ganz einfach, im medizinischen und zahnmedizinischen Bereich den Begriff „mangelhafte Leistung" anzuwenden? Nennen Sie trotzdem einige klare Beispiele für den Tatbestand einer mangelhaften Ausführung von zahnärztlichen Leistungen.*
3. *Erläutern Sie, wann ein Zahnarzt und/oder seine Fachangestellte haften.*
4. *Was unterscheidet „normale" Fehler von „gravierenden" Fehlern?*
5. *Welche Verjährungsfristen gelten für Behandlungsfehler?*
6. *Wer trägt die Beweislast für Behandlungsfehler?*

6 „Es geht weiter …“
Bewerbung nach bestandener Prüfung

Lucia Fernandez wird in Kürze ihre Ausbildung zur Zahnmedizinischen Fachangestellten abgeschlossen haben. Frau Dr. Heilmann hat ihr frühzeitig mitgeteilt, dass sie sie leider nicht mit voller Stelle übernehmen kann. Daher sucht Lucia schon jetzt laufend nach einer neuen Anstellung. Sie hat alle Klassenkameradinnen befragt, ob in deren Praxen eine Zahnmedizinische Fachangestellte gesucht wird. Die meisten haben gleich abgewunken, denn sie wären froh, wenn sie selbst übernommen würden. Lucia schaut außerdem jeden Tag in die Stellenanzeigen ihrer regionalen Tageszeitung. Zusätzlich surft sie auf den Seiten der Bundesagentur für Arbeit. Dort findet sie folgende Stellenbeschreibung, die ihr sofort zusagt:

Bundesagentur für Arbeit — Sprache Deutsch Ändern — Startseite | Kontakt | Nutzungsbedingungen | Datenschutz | Impressum | Inhalt | Leichte Sprache | Gebärdensprache | Hilfe

JOBBÖRSE — 3.094.218 Bewerberprofile 794.522 Stellen 235.165 Ausbildungsstellen

Meine JOBBÖRSE Anmelden | Noch nicht bei der JOBBÖRSE registriert? Jetzt registrieren

Vorheriges Stellenangebot — Zurück zur Ergebnisliste — Nächstes Stellenangebot — Seitenhilfe — Druckansicht

Stellenangebot

Überblick über das Stellenangebot

Referenznummer	10000-fiktiv-S
Titel des Stellenangebots	Zahnmedizinische Fachangestellte
Stellenangebotsart	vollzeit, befristet
Arbeitgeber	Dr. Silke Müller, Zahnärztin
Stellenbeschreibung	Abgeschlossene Berufsausbildung, auch Anfängerin, Patientenempfang, Termin-verwaltung, Assistenz am Stuhl, Ktn. in EDV-Zahnarztprogramm notwendig, selbstständiges Arbeiten, fortbildungsorientiert, freundlich.
Führungsverantwortung	Keine Führungsverantwortung
Arbeitsorte	Zahnweg 7 34567 Glücksstadt
Beginn der Tätigkeit	01.09.…
Anzahl offener Stellen	1 Stelle

Vormerken

Informationen

Quelle des Stellenangebots: arbeitsagentur.de
Letzte Änderung: 26.09.20.. 15:35

Weiterführende Links

- Rund um den Arbeitsplatz
- Informationen für ausländische Bewerber
- Bitte beachten Sie den Haftungsausschluss
- Verdienst/Einkommen in dem Beruf

(fiktives Stellenangebot)

Sie druckt sich das Angebot aus und will sofort mit der Bewerbung beginnen.

- *Wie verfasst man eine erfolgreiche Bewerbung?*
- *Wie bereitet man sich auf ein Vorstellungsgespräch vor?*
- *Wie führt man ein erfolgreiches Vorstellungsgespräch?*

Immer öfter können die Auszubildenden nach bestandener Prüfung nicht übernommen werden, da alle Stellen im Praxisteam besetzt sind. Auch möchten zahlreiche Auszubildende aus persönlichen Gründen ihren Arbeitsplatz wechseln.

6.1 Arbeitsplatzsuche

So können Sie mögliche Arbeitgeber finden:

Suche	Infos
Bundesagentur für Arbeit www.arbeitsagentur.de	In der Jobbörse der Bundesagentur für Arbeit werden offene Stellen nach Berufen und nach Gebieten aufgeführt. Sie können am PC bei der Bundesagentur für Arbeit suchen oder einfacher im Internet. Gehen Sie dazu auf die Webseite www.arbeitsagentur.de, dann auf Jobbörse. Geben Sie dort die Berufsbezeichnung ein (auch unter „Zahnarzthelferin“ suchen); wählen Sie durch Klick „Voll- oder Teilzeit“; wählen Sie dann den Wirtschaftsraum und die Region(en) aus.
Zeitungen	Suchen Sie in den regionalen Tageszeitungen oder kostenlosen Anzeigenblättern nach Stellenanzeigen.
Landeszahnärztekammern www.bzaek.de	Zahlreiche Landeszahnärztekammern bringen in ihren jeweiligen Homepages Stellenausschreibungen. Die jeweiligen Adressen finden Sie auf der ersten Seite der Homepage der Bundeszahnärztekammer (links oben ist eine Deutschlandkarte, gehen Sie mit dem Cursor darauf und die einzelnen Landeszahnärztekammern können angeklickt werden).
Initiativsuche	Rufen Sie bei den Zahnärzten in Ihrer Umgebung an und fragen Sie nach offenen Stellen.
Stellenanzeige	Sie können auch selbst mit einer Stellenanzeige mögliche Arbeitgeber suchen.

6.2 Die Bewerbung

Es gibt verschiedene Formen der Bewerbung:

- mündlich (oder persönliche Vorstellung);
- telefonisch (meist als erste Anfrage);
- im Internet auf Homepages von Zahnärzten oder per E-Mail (hiervon raten die Verfasser ab);
- schriftliche Bewerbung, (Sie ist noch immer die klassische Form. Mit ihr bewerben sich die meisten Arbeit Suchenden in Zahnarztpraxen.)

Mit einer „Be-Werbung" werben Sie für sich. Sie wollen sich aus der Menge der Mitbewerberinnen herausheben. Gemäß dem Sprichwort: „Der erste Eindruck zählt" sollten Sie daher unbedingt auf eine ansprechende äußere Form Ihrer Bewerbungsunterlagen achten. So kommen Sie in die engere Wahl.

Von Ihrer Bewerbung muss eine gewisse Spannung ausgehen. Eine gute Bewerbung fällt z. B. allein dadurch auf, dass sie in allen Kleinigkeiten aufeinander abgestimmt ist. Die Botschaft, die Sie versenden, muss im Anschreiben, Lebenslauf und auf der eventuellen Seite „Spot" dieselbe sein. Das Foto und die Anlagen müssen darauf abgestimmt sein. Auch die Gestaltung muss zur gesamten Bewerbung passen.

Eine erfolgreiche Bewerbung bewirkt bei dem Leser ein Verhalten nach der **A I D A** – Regel (genau wie ein erfolgreicher Werbespot):

A	ttention (Aufmerksamkeit erregen)
I	nterest (Interesse an der Bewerbung und der Verfasserin bekommen)
D	esire (den Wunsch haben, die Verfasserin kennen zu lernen)
A	ction (Aktion, d. h., eine Einladung zum Vorstellungsgespräch oder Test versenden)

Je nachdem, wie man sich bewirbt, kann die eine oder andere Hürde schneller übersprungen werden. Auslassen kann man aber keine dieser vier Stufen. Sie sind bei allen Arten der Bewerbung zu meistern.

Sie haben die Wahl:

Herkömmliche Form	Moderne Form
Anschreiben (1 bis 1,5 Seiten mit Begründung der Bewerbung um **diese** Stelle und Schlüsselqualifikationen)	Anschreiben (kürzer mit Hinweis auf Bewerbungsmappe)
Lebenslauf (tabellarisch mit Foto)	Bewerbungsmappe bestehend aus - Deckblatt (mit Foto) - Lebenslauf (ohne Foto) - kurze Zusammenstellung Ihrer „Pluspunkte" - Anlagen
Anlagen (Kopien vom letzten oder den beiden letzten Zeugnissen, Kopien über Zusatzqualifikationen usw.); alles in einer Mappe	Bewerbungsmappe bestehend aus - Deckblatt (mit Foto) - Lebenslauf (ohne Foto) - Seite „Spot" - Anlagen

→ www.top-bewerbung.de

Der 30-Sekunden-Check:
Wenn zahlreiche Bewerbungen eingehen, dann werden diese erst einmal überflogen. Im Durchschnitt dauert diese erste Auswahl dann ca. 30 Sekunden pro Bewerbung.

Zurückgeschickt werden Bewerbungen:

- die unvollständig sind (fehlende Unterlagen wie Zeugnisse, Lebenslauf usw.);
- die keine gute Form haben (keine DIN-Norm, Flecken, falsche Anschrift usw.);
- zurück erhaltene Unterlagen, denen man ansieht, dass sie erneut versandt werden;
- abgeschriebene und nicht auf den Betrieb bezogene Bewerbungen;
- Bewerbungen, aus deren Lebenslauf eine klare Unterqualifizierung hervorgeht;
- Bewerbungen, die überhaupt nicht ansprechen.

Daher ist es erst einmal wichtig, dass die äußere Form (mit Foto) stimmt. Dann kommt es natürlich auf den Inhalt an.

Praxistipp

Chancen-Killer: Damit Sie diese erste Hürde nehmen, sollten Sie auf folgende Formalien achten und die nachfolgenden Chancen-Killer vermeiden:

Diese Fehler wurden in meiner Bewerbung vermieden:

- kein weißes DIN-A4-Papier;
- DIN-Norm 5008 wurde nicht eingehalten;
- falsche Adresse (richtige Schreibweise des Namens des Ansprechpartners, eventuell Doktor-Titel nicht vergessen);
- die Bewerbung wurde geknickt und in einen kleinen Umschlag gepresst (nehmen Sie grundsätzlich DIN-B4-Umschläge);
- die Unterlagen sind nicht vollständig (Anschreiben, Lebenslauf, letztes Schul-, Prüfungs- und alle Prüfungszeugnisse);
- die Bewerbung wird als Einschreiben geschickt;
- man sieht den Bewerbungsunterlagen an, dass sie schon oft verwendet wurden;
- kein professionelles Foto oder gar ein Urlaubsbild bzw. ein eingescanntes Foto;
- das Anschreiben und/oder der Lebenslauf sind nicht unterschrieben;
- der Lebenslauf ist lückenhaft oder unübersichtlich.

6.3 Eisbrecher – das Anschreiben

Der erste Eindruck ist entscheidend, daher ist die äußere Form sehr wichtig. Daneben kommt es beim Anschreiben natürlich auf den Inhalt an. Es ist der Eisbrecher, es macht neugierig auf Sie. Es zeigt aber auch, warum Sie sich bewerben und welche Vorteile es bringt, wenn Sie eingestellt würden.

Mit dem Anschreiben zeigen Sie auch, dass Sie in das Praxisteam passen, die in der Anzeige oder der Stellenbeschreibung von „sis" geforderten Voraussetzungen besitzen sowie über die heute allgemein notwendigen Schlüsselqualifikationen verfügen. Das sind neben Ihren beruflichen Kenntnissen zusätzliche persönliche Eigenschaften, die Sie im Umgang mit den Patienten und dem Praxisteam benötigen und die Ihren Einsatzwillen und Ihr Engagement zeigen. Es gibt zahlreiche Schlüsselqualifikationen, sie sind individuell verschieden (→ LF 1, Kap. 3). Nachfolgend einige wichtige:

Freundlichkeit, Aufgeschlossenheit	Ihre Patienten stehen im Mittelpunkt Ihrer Praxis. Sie wollen freundlich und höflich empfangen und behandelt werden. Auch das Praxisteam und Ihr zukünftiger Chef arbeiten lieber mit freundlichen als mit verschlossenen Menschen zusammen.
Kommunikationsfähigkeit	Mit Patienten und Teammitgliedern reden zu können (auch am Telefon) wird heute immer wichtiger.
Einfühlungsvermögen	Nur wer sich in andere Menschen gut hineinversetzen kann, ist auch kundenfähig. Denn diese Schlüsselqualifikation benötigt man unbedingt, um Gespräche mit den Patienten führen zu können. Daneben ist diese Schlüsselqualifikation auch notwendig, um teamfähig zu sein, denn ohne sie kann man nur schwer im Team arbeiten.
Teamfähigkeit	Sie müssen in das Praxisteam passen. Einfühlungsvermögen, Rücksichtnahme und mit anderen zusammenarbeiten zu können sind ganz wichtig. Absprachen untereinander, auch einmal für die Kollegin einzuspringen und zu helfen, sind ebenso gefordert wie sich an die Praxisordnung und -abläufe zu halten.
Einsatzwillen	Ihr Chef bezahlt Sie für Ihre Einsatzbereitschaft. Dazu gehört auch, einmal etwas länger zu bleiben.

Weitere Schlüsselqualifikationen sind selbstständiges Arbeiten, Einsatzbereitschaft, Flexibilität, Konfliktfähigkeit, Stressfähigkeit, Belastbarkeit und Fortbildungsbereitschaft.

Praxistipp

Wenn in Stellenanzeigen solche oder andere Schlüsselqualifikationen gefordert sind, müssen sie auf diese unbedingt im Anschreiben eingehen.

Schreiben Sie aber eine sogenannte „Initiativbewerbung", d. h., Sie versenden eine Bewerbung ohne vorherige Stellenanzeige, dann sollten Sie auch unbedingt Ihre Schlüsselqualifikationen aufnehmen.

Lucia Fernandez

Birkenweg 5
64567 Neustadt
Tel: 06693 919293
E-Mail: mschmidt@gms.de

Zahnarztpraxis Müller
Frau Dr. Silke Müller
Im Triesch 7
34567 Glücksstadt

2014-02-17

Bewerbung um einen Arbeitsplatz als Zahnmedizinische Fachangestellte
Ihr Angebot in „SIS"/Arbeitsamt Borken, BKZ: 8562108

Sehr geehrte Frau Dr. Müller,

im Juli dieses Jahres werde ich meine Ausbildung zur Zahnmedizinischen Fachangestellten mit voraussichtlich gutem Erfolg beenden. Da das Praxisteam in meiner Ausbildungspraxis Dr. A. Heilmann (Andertensche Str. 92, 64289 Darmstadt) komplett ist, kann ich dort nicht übernommen werden, obwohl Frau Dr. Heilmann mit mir sehr zufrieden ist und ich auch mit dem Praxisteam harmonisch zusammen arbeite.

Ich bewerbe mich auf die von Ihnen ausgeschriebene Stelle, da ich die von Ihnen genannten Anforderungen erfülle.

Mein freundliches und aufgeschlossenes Wesen erleichtert mir den Umgang mit Patienten. Im Empfang und der Terminverwaltung habe ich in meiner Ausbildung selbstständig und oft allein gearbeitet. Die Assistenz am Stuhl macht mir besonderen Spaß. In der Berufsschule lernten wir mit dem Praxisprogramm „Dent-Plus". In unserer Praxis arbeitete ich selbstständig mit dem Programm „Dental-Star". Daneben holte ich Angebote mit dem Programm „AERA-Bestellkompass" ein und bestellte auch Materialien online.

Da mir der Beruf viel Freude bereitet, bin ich auch gern zu beruflichen Fortbildungsmaßnahmen bereit. Ich habe mich schon bei der Landeszahnärztekammer über einen Fortbildungskurs zur Zahnmedizinischen Fachassistentin informiert.

An selbstständiges Arbeiten bin ich gewohnt, denn Engagement und Eigeninitiative sind für mich selbstverständlich. Ich bin sicher, dass ich mich gut in ein neues Praxisteam integrieren werde.

Sie wollen einer Berufsanfängerin eine Chance geben – ich werde Sie nicht enttäuschen.

Über die Einladung zu einem Vorstellungsgespräch freue ich mich sehr.

Freundliche Grüße

Lucia Fernandez

Anlage:
Bewerbungsmappe

Quelle: www.top-bewerbung.de

6.4 Die Bewerbungsmappe

Ihr Anschreiben legen Sie auf Ihre Bewerbungsmappe. Kaufen Sie hierzu am besten eine Klemm-Mappe mit durchsichtigem Deckblatt (im Schreibwarenhandel erhältlich). In diese Mappe werden in Reihenfolge folgende Unterlagen geklemmt:

- Deckblatt,
- Lebenslauf,
- eine kurze Zusammenstellung Ihrer „Pluspunkte" (kann auch entfallen),
- Anlagenverzeichnis (dahinter kommen Ihre Anlagen in richtiger Reihenfolge).

Der Aufreißer: ein kreativ gestaltetes Deckblatt

Ihr erstes Ziel ist es, die „30-Sekunden-Hürde" zu überspringen. Um dies zu erreichen, muss sich Ihre Bewerbung positiv aus dem Stapel herausheben.

Da das Deckblatt Ihres Bewerbungsordners natürlich sofort ins Auge fällt, ist dieses ausgesprochen wichtig.

Das Deckblatt muss neugierig machen. Jeder weiß zwar ganz genau, was sich in der Mappe verbirgt, aber die erste große Hürde ist schon geschafft, wenn der Leser neugierig wird und sich die Mappe mit dem besonderen Deckblatt herauszieht. Obwohl es sich bei der grafischen Gestaltung ganz bewusst um einen „Aufreißer" handelt, muss Ihr Deckblatt zu Ihrer Bewerbung und zu Ihnen passen. Es darf aber auch nicht verschwiegen werden, dass Sie sich mit einer mutigeren Gestaltung auch auf einem schmalen Grat bewegen. Während ein modernerer Zahnarzt vielleicht von Ihrem Deckblatt ausgesprochen angetan ist, teilt ein konservativer Ihren Mut zur Gestaltung vielleicht ganz und gar nicht.

6.5 Bitte recht freundlich: das Bewerbungsfoto

Die Zahnärzte/Zahnärztinnen wollen sich ein Bild von den Bewerbern machen. Daher ist das Foto in einer Bewerbung für die 30-Sekunden-Hürde ganz besonders wichtig. Beachten Sie daher:

- Nehmen Sie kein Automatenfoto, auch kein Urlaubs- oder ähnliches Foto.
- Gehen Sie zu einem Fotografen, dessen Bilder Ihnen gefallen, und lassen Sie Bewerbungsfotos machen.
- Sagen Sie dem Fotografen, ob die Fotos auf das Deckblatt oder den Lebenslauf kommen sollen (wegen der Größe und der Art).
- Machen Sie die Bilder früh genug und gehen Sie an einem Tag zum Fotografieren, an dem Sie sich besonders gut fühlen.
- Lächeln Sie überlegt auf dem Bild oder sagen Sie beim Fotografieren „Cheese".
- Gehen Sie vor dem Fototermin zum Friseur?

- Seien Sie dezent geschminkt und dezent angezogen.
- Ob schwarz-weiß oder ein farbiges Bild steht in Ihrem Ermessen und sollte zur Bewerbung passen.

Alles andere macht ein guter Fotograf.

Wo gehört das Foto hin?
Bei modernen Bewerbungsunterlagen kommt das Foto auf das Deckblatt. Es kann hier ruhig etwas größer sein als ein Passfoto. Bei herkömmlichen Bewerbungsschreiben fehlt ja das Deckblatt. Hier kommt das Foto auf den Lebenslauf in die rechte obere Ecke (oder wenn Sie den Lebenslauf anders gestalten, auch in die Mitte bzw. nach links). Hier sollte es ein Passfoto sein.

6.6 Der Lebenslauf: die Visitenkarte Ihrer Bewerbung

Auch mit einem Lebenslauf kann man sich positiv aus der Masse der Bewerbungen abheben. Üblich ist der tabellarische Lebenslauf, denn er ist übersichtlicher und schneller zu bearbeiten. Den ausformulierten Lebenslauf wählen Sie nur, wenn er ausdrücklich verlangt wird. In diesem Fall empfehlen wir noch zusätzlich einen tabellarischen Lebenslauf hinzuzufügen. Im Normalfall wählen Sie den deutschen Lebenslauf, der mit den persönlichen Daten beginnt. Daran schließen sich Schulbildung, Berufsausbildung, eventuelle Zusatzqualifikationen und Hobbys usw. an.

- Verfassen Sie den Lebenslauf wahr und richtig, d. h., die Daten müssen mit denen der Zeugnisse übereinstimmen.
- Präsentieren Sie den Lebenslauf in ansprechender Form – vor allem übersichtlich.
- Versuchen Sie sich doch einmal in einer individuellen Gestaltung.
- Vergessen Sie nicht das Datum und die Unterschrift.
- Nennen Sie aber auch keine Hobbys oder Qualifikationen, die Sie gar nicht haben. Früher oder später kommt es heraus. („Ehrlichkeit" ist auch eine wichtige Schlüsselqualifikation.)

- Gerade bei dem Lebenslauf achtet man neben der Ausbildung und eventuellen Zusatzqualifikationen auch wieder auf die Schüsselqualifikationen. Hier können Sie Ihre persönlichen Schlüsselqualifikationen vor allem in den Rubriken „Hobbys“ oder „Persönliche Interessen“, „Berufliche Erfahrungen“ (oder auch: „Praktische Erfahrungen“) und „Besondere Kenntnisse“ (oder „Zusatzqualifikationen“) einbauen.
- Machen Sie sich Gedanken über Ihre Hobbys, Ihr Leben, Kurse, Zusatzqualifikationen, Mitarbeit in Vereinen und Verbänden, Schul- oder Klassensprechertätigkeiten usw. und suchen Sie nach geeigneten Schlüsselqualifikationen. Wenn es zu viele werden, wählen Sie diejenigen aus, die zum Beruf und auch zu Ihnen am besten passen.

LEBENSLAUF

Persönliche Daten

Name:	Lucia Fernandez
Geburtsdatum:	22.09.1990
Geburtsort:	Gudensberg
Familienstand:	ledig
Anschrift:	Birkenweg 5, 64567 Neustadt Tel. 06693 919293 Fax 06693 919294

Schulbildung

1997 – 2001	Grundschule in Deute
2001 – 2007	Realschule in Gudensberg

Berufsausbildung

2007 – 2010	Ausbildung zur Zahnmedizinischen Fachangestellten in der Praxis Dr. Heilmann, Darmstadt Berufsschule: Friedrich-List-Schule, Darmstadt

Berufliche Lehrgänge

September 2007	Hygiene-Kurs der LZK-Hessen
November 2008	Kurs Abrechnungswesen der LZK-Hessen

Sonstige Fähigkeiten

Textverarbeitung mit Word, gute Kenntnisse in „Libromed-Praxisprogramm“, Internet

Hobbys

Sport, Lesen, PC

Neustadt, 2014-02-17

Lucia Fernandez

Quelle: www.top-bewerbung.de

6.7 Die „dritte Seite" und das Anlagenverzeichnis

Auch die „dritte Seite" gehört zu einer erfolgreichen Bewerbungsmappe:

Hinter das Deckblatt und den Lebenslauf wird heute oftmals die „dritte Seite" gebracht. Diese ist eine Auflistung in Stichworten, in der nochmals plakativ alle Vorteile, Weiterbildungsmaßnahmen und wichtigen Schlüsselqualifikationen aufgelistet werden. Sie soll in Kürze dem Leser nochmals einen Impuls geben - unter dem Motto: „Nimm mich ..."

Das Anlagenverzeichnis:
Hinter die „dritte Seite" kommen die Anlagen wie Abschlusszeugnis der Schule, Berufsschule, Arbeitszeugnisse, Lehrgangsbescheinigungen usw. Wenn Sie mehrere Anlagen in die Mappe heften, machen Sie mit einem Anlagenverzeichnis und einer Nummerierung einen besseren Eindruck und erhöhen die Übersichtlichkeit.

6.8 Onlinebewerbung

Schnell und sparsam, das liegt im Trend. Da ist die Onlinebewerbung gerade richtig, denn mit ihr spart man Kosten für Papier, Bewerbungsmappe, Versandumschlag, Porto und Kopien. Daneben ist sie schnell an der richtigen Adresse und zeigt dem möglichen Arbeitgeber die Aufgeschlossenheit des Bewerbers gegenüber Neuem, wie den modernen Medien. So ist vor allem in groß- und mittelständischen Betrieben und in Krankenhäusern die Onlinebewerbung auf dem Vormarsch. Dagegen verlangen die meisten kleineren Unternehmen, zu denen auch die Zahnarztpraxen gehören, oftmals noch die alte Bewerbung in Papierform - ein Umdenken ist aber auch hier schon spürbar.

Generell sind folgende vier Arten der Onlinebewerbungen möglich: die Kurz-, die Voll- oder die Formularbewerbung und die Bewerbungs-Homepage.

6.8.1 Kurzbewerbung

Einige Unternehmen gehen dazu über, sich zunächst eine Kurzbewerbung per E-Mail schicken zu lassen. Bei Interesse wird dann eine traditionelle Printbewerbung angefordert - ein für beide Seiten zeitsparendes und faires Verfahren. Mit dieser Form könnte man mit einer sogenannten Blindbewerbung erst einmal bei verschiedenen Praxen erkunden, ob ein genereller Bedarf besteht, um dann die Bewerbung zu schicken oder sich für später vormerken zu lassen.

6.8.2 Vollbewerbung

Diese Art der Onlinebewerbung wird inzwischen auch von zahlreichen Praxen gewünscht. Sie ist inhaltlich gesehen genauso aufwendig wie eine Printbewerbung, aber preiswerter. Die Bewerbung besteht aus einer E-Mail, die dem Anschreiben der Printbewerbung entspricht. Dieser Mail wird dann ein „Attachment" als PDF-Datei mit Lebenslauf, Foto sowie Scans von Schul- und Arbeitszeugnissen usw. angehängt.

Es ist aber auch möglich, das Anschreiben in die PDF-Datei zu platzieren und in der E-Mail eine ganz kurze Anrede mit Grund und Hinweis auf die Anlagen zu schreiben.

6.8.3 Formularbewerbung

Immer mehr Unternehmen stellen auf ihrer Homepage ein spezielles Formular für die Onlinebewerbung zur Verfügung oder bieten die Möglichkeit, eine Online-Bewerberakte anzulegen. Diese Möglichkeiten sind in der Programmierung kostenaufwendig und daher für Praxen und kleinere Betriebe normalerweise nicht rentabel.

6.8.4 Bewerbungs-Homepage

Stellensuchende können sich für ihre Bewerbung auch eine eigene Bewerbungs-Homepage anlegen. Die wenigsten Arbeitgeber sind allerdings begeistert, wenn sie darauf verwiesen werden: Schließlich müssen sie dann Passwörter eingeben und finden nicht immer die Angaben, nach denen sie suchen.

Ganz wichtig für Onlinebewerbungen sind seriöse E-Mail-Adressen: lisa.mueller95@gmx.de ist eine seriöse, sexyblondi@hotmail.com oder sternchen1989@t-online.de nicht. Daneben sollten unbedingt Textmails und PDF-Anhänge und keine HTML-Mails verschickt werden, denn letztere kann nicht jeder Empfänger problemlos öffnen.

6.9 Wie glänzen Sie im Vorstellungsgespräch?

Vorstellungsgespräche können individuell sehr verschieden ablaufen. Dennoch haben alle Vorstellungsgespräche gemeinsam: die Zielorientierung. Der zukünftige Zahnarzt will Sie kennen lernen, Ihre Schlüsselqualifikationen erkennen, um zu sehen, ob Sie am besten von allen Bewerbern in das Praxisteam passen. Hier kann man mit der Vorbereitung ansetzen. Denn gut vorbereitet sollten Sie schon zu einem Vorstellungsgespräch gehen.

6.9.1 Einladungsbestätigung

Wenn Sie eine schriftliche Einladung erhalten haben, lassen Sie den Zahnarzt nicht warten. Bedanken Sie sich umgehend nach Erhalt schriftlich oder telefonisch für die Einladung. Wenn Sie telefonisch zusagen, bereiten Sie sich auf Ihr Telefongespräch vor.

Sie müssen auf einen Smalltalk oder bereits auf einige Fragen gefasst sein. Vielleicht will der Zahnarzt Sie schon vorab etwas kennen lernen. Denken Sie daran: Sie können einen ersten positiven, aber auch einen negativen Eindruck hinterlassen. Wenn Ihnen aus diesem Grund ein Anruf zu riskant ist, sollten Sie den Termin schriftlich bestätigen. Geben Sie sich auch hierbei große Mühe - mit diesem Brief können Sie einen weiteren positiven Eindruck erwecken. Eine gute Hilfe mit vielen Layoutvorschlägen bietet Ihnen auch hierfür www.top-bewerbung.de. Hier können Sie sich Ihre Gesprächsbestätigung aussuchen, individuell verändern und sogar mit Ihren Daten fertig zum Versand ausdrucken lassen. Sie müssen nur noch unterschreiben.

6.9.2 Ziele des Vorstellungsgesprächs

In einem Vorstellungsgespräch werden Sie darauf hin getestet, ob Ihre Persönlichkeit, Ihre Leistungsbereitschaft und Ihre fachliche Kompetenz und andere Schlüsselqualifikationen zu dem freien Arbeitsplatz und allgemein zu dem Praxisteam passen. Diese Hürde können nur diejenigen Bewerber nehmen, die sich gut vorbereiten.

Laufen Vorstellungsgespräche nicht alle sehr unterschiedlich ab, sodass man sich gar nicht gezielt darauf vorbereiten kann? Natürlich gibt es ganz verschiedene Arten von Vorstellungsgesprächen. Und Sie wissen auch nicht, was Sie erwartet. Dennoch kann man sich vorbereiten und erfolgreich sein.

Treten Sie zum Vorstellungsgespräch nicht nur gut gestylt an, sondern seien Sie topfit.

Merke: Erfolgsfaktoren für Vorstellungsgespräche:

- angemessenes Erscheinungsbild und sicheres, höfliches Auftreten,
- innere Ausgeglichenheit trotz Anspannung,
- gute Vorbereitung,
- Selbstvertrauen, dass Sie es schaffen.

6.9.3 Verhaltensweisen

Auch vor dem eigentlichen Gespräch mit dem Zahnarzt können Sie schon von den Mitarbeiterinnen begutachtet und beobachtet werden. Wenn Sie warten müssen, sind Sie hierfür auf einen kleinen Smalltalk vorbereitet, zeigen Sie sich teamfähig.

Schalten Sie unbedingt vor Betreten des Vorzimmers das Handy aus - wie peinlich, wenn es mitten im Gespräch klingelt oder Sie ablenkt, wenn es in der Tasche oder am Bein vibriert. Denken Sie daran, der Zahnarzt muss abschätzen, ob Sie in das betriebliche Team passen, d.h., Mitarbeiter und Patienten müssen Sie sympathisch finden und mit Ihnen gut auskommen.

- Gehen Sie gerade und zielstrebig auf den Gesprächspartner zu, sehen Sie ihn dabei an und blicken Sie nicht verschämt nach unten;
- grüßen Sie ihn freundlich mit seinem Namen;

- warten Sie, bis er Ihnen die Hand zur Begrüßung reicht;
- bedanken Sie sich nochmals für die Einladung;
- lächeln Sie und zeigen Sie mit Ihrer Körpersprache (Gestik, Mimik), dass Sie Ihren Gesprächspartner sympathisch finden.

6.9.4 Gesprächsvorbereitung

Natürlich kann man nicht voraussagen, welche Fragen Ihnen im Vorstellungsgespräch gestellt werden. Versetzen Sie sich dafür aber einmal in Ihr Gegenüber. Er will aus mehreren Kandidatinnen diejenige auswählen, die gute fachliche Qualitäten hat, gut mit den Patienten umgehen kann und am besten in das Praxisteam passt. Dazu versucht er sich ein Gesamtbild von Ihnen zu machen. Er will Ihre Schlüsselqualifikationen herauszufinden, um zu prüfen, ob Sie seinen Anforderungen möglichst gut entsprechen.

Wenn ihm die Kandidaten fremd sind, was soll er mit ihnen reden? Sehr oft laufen Vorstellungsgespräche nach einem bestimmten Schema ab. Daher gibt es Standardfragen, mit denen Sie rechnen müssen. Auf diese sollten Sie wenigstens gut vorbereitet sein. Auf eine vorbereitete Frage macht man natürlich auch rhetorisch einen besseren Eindruck als auf eine Überraschungsfrage (Schlüsselqualifikation „Kommunikationsfähigkeit“).

Welche Fragen dürfen gestellt werden?
Fragen nach Ihrer Schullaufbahn, Lieblings- und Mangelfächern, beruflichen Fähigkeiten, Ihrer Lebensplanung, nach Ihren Hobbys und Betätigungen in der Freizeit, nach Ihren Schlüsselqualifikationen und Fragen nach Ihrer Gesundheit. Letztere sind wichtig, wenn eventuelle Krankheiten Ihre Arbeitsleistung beeinträchtigen. Diese Fragen haben eine konkrete Beziehung zu dem Arbeitsplatz, der Arbeitgeber hat ein berechtigtes Interesse an diesen Informationen.

Praxistipp

Beantworten Sie erlaubte Fragen wahrheitsgemäß! Sollten Sie solche Fragen vorsätzlich falsch beantworten, kann Ihnen fristlos gekündigt werden – auch nach der Probezeit!

Fragen zu Ihrem Lebenslauf:

- **Können Sie sich bitte kurz vorstellen?**
  Name, Alter, Schulausbildung, Berufswunsch. Neigungen durch Hobbys, gute Noten, Zusatzqualifikationen belegen. Achtung: Ihre Schilderung muss mit den Daten in Ihrem Lebenslauf übereinstimmen.
- **Sind Sie körperbehindert?**
  Wenn ja, ruhig sagen. Größere Praxen müssen einen bestimmten Prozentsatz von Schwerbeschädigten einstellen oder eine Abgabe bezahlen.
- **Nennen Sie Ihre Stärken und Schwächen.**
  Die Kenntnisse der eigenen Stärken und Schwächen zeigt Ihre Kritikfähigkeit. Spielen Sie nicht die „Superfrau“ ohne Schwächen. Achten Sie aber auf Schlüsselqualifikationen: Sagen Sie z. B. nicht, dass Sie leicht reizbar sind oder bei Stress schnell nervös werden. Nennen Sie aber Stärken, die für den Beruf gebraucht werden.

Fragen zum Beruf:

- **Welches sind nach Ihrer Meinung die wichtigsten Qualifikationen für eine Zahnmedizinische Fachangestellte?**
  Denken Sie wieder an die Schlüsselqualifikationen (teamfähig, Umgang mit Patienten, immer freundlich, nicht nervös werden usw.).
- **Welche Tätigkeiten haben Ihnen während Ihrer Ausbildung besonderen Spaß gemacht?**
  Bereiten Sie sich auf eine solche oder ähnlich gestellte Frage fachlich gut vor!
- **Können Sie sich vorstellen, auch einmal länger zu arbeiten?**
  Zeigen Sie sich unbedingt flexibel.
- **Lassen Sie sich leicht von anderen ärgern?**
  Achtung: Schlüsselqualifikation Teamfähigkeit!

Arbeitsaufträge

1. *Welche Schlüsselqualifikationen sollten Zahnmedizinische Fachangestellte unbedingt haben, welche sind weniger wichtig, aber eventuell auch noch wünschenswert?*
2. *Entwerfen Sie in Gruppen- oder Teamarbeit ein individuelles Anschreiben.*
3. *Verfassen Sie Ihren Lebenslauf und vergleichen Sie diesen mit denen Ihrer Mitschülerinnen.*
4. *Eine neue Mitarbeiterin soll eingestellt werden. Sehr wichtig ist es, dass diese auch in das Praxisteam passt. Diskutieren Sie darüber, wie Sie sich eine solche neue Kollegin vorstellen. Auf welche Merkmale würden Sie besonders achten?*
5. *Stellen Sie in Gruppen- oder Partnerarbeit einen Fragenkatalog über mögliche weitere Fragen im Vorstellungsgespräch zusammen. Tragen Sie diese in der Klasse vor und wählen Sie dann die Ihnen am wichtigsten erscheinenden aus.*
6. *Simulieren Sie mit diesen Fragen ein Vorstellungsgespräch, indem eine Schülerin den Zahnarzt und eine andere die Bewerberin spielt. Die Mitschülerinnen achten auf Fehler und machen Verbesserungsvorschläge.*
7. *Stellen Sie sich kurz vor. Nennen Sie dabei Name, Alter, Schulausbildung, Berufswunsch. Belegen Sie Neigungen durch Hobbys, gute Noten, Zusatzqualifikationen. Lassen Sie Eltern, Geschwister usw. zunächst unerwähnt – wenn das interessieren sollte, wird danach gefragt.*
8. *Erzählen Sie etwas über sich selbst. Bereiten Sie dafür zu Hause Ihren Steckbrief vor. Achtung: Er muss mit den Daten in Ihrem Lebenslauf übereinstimmen. Tragen Sie frei vor der Klasse vor, was Ihrer Meinung nach Ihr zukünftiger Arbeitgeber über Sie und Ihre Fähigkeiten wissen sollte. Achten Sie darauf, dass Ihre Mimik und Ihre Körpersprache stimmen, und vermeiden Sie Wortwiederholungen. Ihre Mitschülerinnen sollten Ihnen danach in einem offenen Feedback sagen, was ihnen gut gefallen hat und was sie noch verbessern würden.*

Sachwortverzeichnis

B

C

D

E

L

M

N

O

P

Q

R

S

T

U

V

Bildquellenverzeichnis

1A Verbraucherportal, Rostock: 184.2
adpic Bildagentur, Bonn: 210.1 (B. Reitz-Hofmann)

Baaske Cartoons, Müllheim: 71.1 (Thomas Plassmann), 101.1 (Gerhard Mester), 277.1 (Gerhard Mester)

Barmer GEK, Abt. Unternehmenskommunikation, Berlin: 187.1

BilderBox Bildagentur GmbH, Breitbrunn/Hörsching: 347.1

BODE Chemie GmbH & Co. KG, Hamburg: 51.1

Bundesagentur für Arbeit, Nürnberg: 368.1

Bundesanstalt für Arbeitsschutz und Arbeitsmedizin, Berlin: 335.2

Bundesministerium für Arbeit und Soziales, Berlin: 103.1

Bundeszahnärztekammer, Berlin: 22.1

Colourbox.com, Odense: 182.1 (PetraD)

CORIDENTA GmbH & Co.KG, Krefeld: 49.1

deckermedia GbR, Vechelde: 52.4

Deutsche Post AG, Bonn : 229.1, .2, 236.1

Deutscher Genossenschafts-Verlag eG, Wiesbaden: 296.1, 299 (beide)

DH Studio - Werbeagentur, Köln: 229.1

epd-bild, Frankfurt am Main: 104.1 (W. Krüper)

Esselte Leitz GmbH & Co KG, Stuttgart: 240 (alle)

FOTODESIGN - HEINZ HEFELE , Darmstadt: 3 (alle), 26 (alle), 27 (alle), 28.1, 34.1, 35.1, 37.1, 40.1, 49.2, 55 (alle), 59.1, 61.1, 64.1, 66.1, 76.1, 80 (beide), 83.1, 85.1, 91.1, 98.1, 102.2, 105.1, 108.1, 112.1, 116.1, 119.1, 122.1, 126.1, 128 (alle), 129.1, 141.2, 143.1, 146.1, 148 (alle), 149 (alle), 153 (beide), 167.1, 171.1, 175.1, 188.1, 192.1, 199.1, 211 (beide), 213.1, 217.1, 218.1, 229.3, 244.1, 254.1, 285.1, 291.1, 294.1, 314.1, 321.1, 327.1, 332.1, 333.1, 339 (alle), 341 (alle), 342.1

fotolia.com, New York: 93.1 (JPC-PROD), 102.1 (Robert Kneschke), 114.1 (Gina Sanders), 123 (alle), 131.1 (arsdigital), 136.1 (goldencow_images), 140.1 (Miriam Dörr), 141.1 (Kzenon), 144.1 (goodluz), 161.1 (Volker Witt), 161.2 (nikiteev), 177.1 (Design_5D), 189.1 (Irina MANSIEUX), 189.2 (vetkit), 202.1 (Africa Studio), 206.1 (djama), 224.1 (Gina Sanders), 258.1 (XtravaganT), 298.1 (eyeami), 324.1 (B. Wylezich)

gesundheitsstuhl.de, Cloppenburg: 335.1

Getty Images, München: 32.2 (Luis Alvarez)

Görmann, Felix, Berlin: 18.1, 32.1, 42.1, 46.1, 48.1, 84.1, 97.1, 110.1, 197.1, 214.1, 225.1, 228.1, 251.1, 267.1, 290.1

Haus der Geschichte, Bonn: 79.1 (Jupp Wolter), 106.1 (Jupp Wolter)

Helga Lade Fotoagenturen GmbH, Frankfurt/M.: 158.1

Herm, Bettina, Berlin: 50.1

images.com, New York: 163.1 (V. M. Boogie), 165.1 (V.M.Boogie/), 309.1 (J. Tack)

Intro, Berlin: 31.1

iStockphoto.com, Calgary: 300.1 (maogg)

Jankofsky, Heinz, Bebersee: 180.1, 245.1, 249.1

Kerr GmbH, Rastatt: 260.1

Kleine Holthaus, Thorsten, Düsseldorf: 305.1

LOOK-foto, München: 184.1 (Jan Greune)

mauritius images GmbH, Mittenwald: 159.1 (Nikky)

MEIERZOSSO AG, Fällanden: 339.2

Mück, Herbert Dr. Dr. med., Köln: 150.2

OKAPIA KG - Michael Grzimek & Co., Frankfurt/M.: 170.1

Panther Media GmbH (panthermedia.net), München: 155.1, 209.1 (M. Dietrich)

Picture-Alliance GmbH, Frankfurt/M.: 53.1, 92.1, 99.1, 247.1, 250.1 (O. Berg), 281.1 (ZB/M. Gröning), 298.2 (K. Lenz), 328.1 (dpa/U. Perrey)

PictureNews, Frankfurt: 363.1

RWTÜV AG, Essen: 203.1

Schneider, Peter-J., Neuental: 373.1 (www.top-bewerbung.de), 375.1

Schwalge, Otto, Köln: 278.1, 283.1, 289.1, 325.1, 365.1

Süddeutsche Zeitung Photo, München: 95.1 (Matthias Luedecke)

transit - Fotografie und -Archiv, Leipzig: 110.2 (Thomas Härtrich)

Trux, Stefan, Großkarolinenfeld: 274.1

TÜV Rheinland AG, Köln-Poll: 337.1

Verband medizinischer Fachberufe e.V., Bochum: 25.1

VISA Europe Service Inc., Frankfurt: 297.1.

Umschlagfoto: mauritius images/Rudolf Pigneter